सूरदास

सूरदास

संपादक

हरबंशलाल शर्मा

राधाकृष्ण प्रकाशन

ISBN : 978-81-7119-676-0

सूरदास (आलोचना)

पहला संस्करण : 1966
चौदहवाँ संस्करण : 2021
पहली आवृत्ति : 2022

मूल्य : ₹995

प्रकाशक
राधाकृष्ण प्रकाशन प्राइवेट लिमिटेड
जी-17, जगतपुरी, दिल्ली-110 051

शाखाएँ : अशोक राजपथ, साइंस कॉलेज के सामने, पटना-800 006
पहली मंजिल, दरबारी बिल्डिंग, महात्मा गांधी मार्ग, प्रयागराज-211 001

वेबसाइट : www.radhakrishnaprakashan.com
ई-मेल : info@radhakrishnaprakashan.com

मुद्रक
बी.के. ऑफसेट
नवीन शाहदरा, दिल्ली-110 032

SOORDAS
(Criticism) Edited by Harbans Lal Sharma

प्रकाशकीय

'राधाकृष्ण मूल्यांकन माला' में प्रस्तुत ये निबन्ध-संग्रह एक विशेष दृष्टि से तैयार किए गए हैं। हिन्दी के प्राचीन तथा नवीन कवियों, साहित्यकारों तथा विशिष्ट कृतियों से सम्बन्धित बहुत-सी ऐसी अमूल्य सामग्री है जो अलग-अलग आलोचना-पुस्तकों, पत्रिकाओं तथा शोध-ग्रन्थों में बिखरी हुई है, और जिसे पाने के लिए किसी भी अच्छे विद्यार्थी या पाठक को कई-कई बार पुस्तकालयों में जाकर उसे खोजना पड़ता है। इस माला के अधिकारी सम्पादकों ने उस उच्चकोटि की गम्भीर और गवेषणापूर्ण उपयोगी सामग्री को चुनकर यहाँ एक-एक जिल्द में प्रस्तुत कर दिया है। हमें आशा है कि इस सामग्री का एक जगह सुलभ होना इन कृतियों एवं कृतिकारों के अध्ययन में विशेष सहायक होगा।

यहाँ हम उन सब लेखकों और प्रकाशकों के प्रति आभार प्रकट करना भी अपना कर्तव्य समझते हैं जिन्होंने विभिन्न पुस्तकों तथा पत्रिकाओं से अपने निबन्धों के यहाँ लिये जाने की अनुमति देकर हमारे इस प्रयास को सफल बनाने में योग दिया है।

अनुक्रम

सूरदास का जीवन-चरित	*हरबंशलाल शर्मा*	9
उस युग की साधना और तात्कालिक समाज	*हजारीप्रसाद द्विवेदी*	26
सूर का अन्धत्व	*जगमोहन कत्याल*	58
सूर-साहित्य : एक सर्वेक्षण	*विजयेन्द्र स्नातक*	64
सूर-सारावली के प्रणयन का रहस्य	*डॉ. गोवर्धननाथ शुक्ल*	77
सूर की भक्ति-भावना	*हरवंशलाल शर्मा*	88
सूर का संयोग-शृंगार-वर्णन	*सत्यदेव चौधरी*	100
सूर का वात्सल्य-वर्णन : कुछ प्रसंग	*प्रेमनारायण टंडन*	112
सूर का विरह-वर्णन	*सत्येन्द्र*	144
सूर की दार्शनिकता	*भगवतस्वरूप मिश्र*	151
सूर के गीति-काव्य का स्वरूप-विश्लेषण	*मनमोहन गौतम*	160
श्रीमद्‌भागवत और सूरसागर	*हरवंशलाल शर्मा*	171
सूरदास की राधा	*हजारीप्रसाद द्विवेदी*	202
सूर का प्रकृति-वर्णन	*पद्‌मसिंह शर्मा 'कमलेश'*	214
सूरदास और ब्रज की संस्कृति	*मुंशीराम शर्मा 'सोम'*	224
सूर की भाषा	*कैलासचन्द्र भाटिया*	235
सूर-साहित्य का रीतिकालीन काव्य पर प्रभाव	*भगीरथ मिश्र*	247
सूर-काव्य के महत्त्व पर कुछ विचार	*नलिनविलोचन शर्मा*	259
सूरदास और योग-भावना	*शिवशंकर शर्मा 'राकेश'*	263
पुष्टिमार्ग और सूरदास	*रामचन्द्र तिवारी*	270

सूरदास का जीवन-चरित

हरबंशलाल शर्मा

यद्यपि महाकवि सूरदास के विषय में अनेक ग्रन्थों का प्रणयन हो चुका है, पर्याप्त गवेषणा भी हो चुकी है और हो रही है, तथापि खेद का विषय है कि उनके जीवन और साहित्य के विषय में इतने विभिन्न मत अस्तित्व में आ गए हैं कि इस विषय में दृढ़तापूर्वक इदमित्थम् कहना नितान्त दुष्कर प्रतीत होता है।

सचमुच सूरदासजी की जन्म-तिथि और जीवन-वृत्त के विषय में सन्देह के लिए बहुत स्थान है किन्तु उनके अस्तित्व में 'ननु-नच' करने की अणुमात्र भी गुंजाइश नहीं। कारण स्पष्ट है, उन्होंने एक ऐसे परिनिष्ठित सम्प्रदाय में दीक्षित होकर योग दिया था जिसका उल्लेख तत्कालीन ऐतिहासिक ग्रन्थों में भी मिलता है। यद्यपि इस प्रश्न का निश्चयात्मक उत्तर देना कि क्या सूरदास का उल्लेख इन ऐतिहासिक ग्रन्थों में है, अति कठिन है, क्योंकि उन ग्रन्थों में सूरदास का जैसा उल्लेख है वह अनेक भ्रमात्मक कल्पनाओं को भी जन्म देता है। पुष्टिमार्ग की मान्यताओं के अनुसार वल्लभाचार्यजी का जन्म वैशाख कृष्णा एकादशी रविवार संवत् 1535 वि. में और मृत्यु आषाढ़ शुक्ल 3 संवत् 1587 वि. में हुई थी और उन्होंने गौ-घाट पर सूरदासजी को अपना शिष्य बनाया था। इसी सम्प्रदाय की अन्य मान्यताओं के अनुसार सूरदासजी महाप्रभु से अवस्था में 10 दिन छोटे थे और गोस्वामी विट्ठलनाथजी सूर की मृत्यु के समय जीवित थे। विट्ठलनाथजी का गोलोकवास संवत् 1642 है, अतः सूरदासजी का समय संवत् 1535 से संवत् 1642 तक माना जा सकता है। उनके जीवनचरित का निर्धारण करने में हमें उपलब्ध समसामयिक एवं परवर्ती सामग्री पर विचार करना होगा।

जीवन-सामग्री

सूर के सम्बन्ध में प्राप्त सामग्री के दो रूप हो सकते हैं—

1. बाह्य-साक्ष्य के रूप में।
2. अन्तःसाक्ष्य के रूप में।

बाह्य-साक्ष्य के रूप में अधिगत सामग्री भी दो प्रकार की है–प्रथम कोटि में सूर के जीवन से सम्बद्ध घटनाएँ आती हैं, जिनका उल्लेख समसामयिक तथा परवर्ती प्राचीन लेखकों तथा कवियों ने अपनी कृतियों में किया है। इसके अन्तर्गत साम्प्रदायिक साहित्य, वार्ता-साहित्य, परवर्ती कवियों तथा भक्तों द्वारा उल्लेख तथा तत्कालीन इतिहास-ग्रन्थ आते हैं। दूसरी कोटि में आधुनिक सामग्री आती है जो हिन्दी-साहित्य के इतिहास-ग्रन्थों तथा आलोचनात्मक प्रबन्धों में है।

जहाँ तक अन्तःसाक्ष्य के रूप में उपलब्ध सामग्री का प्रश्न है, उसके अन्तर्गत सूर के आत्म-कथन आते हैं जो उनके पदों में यत्र-तत्र उपलब्ध होते हैं। निश्चिन्त तिथियों के उल्लेख के अभाव के साथ-साथ ये कथन हमारे लिए अधिक सहायक नहीं हो सकते क्योंकि दैन्य-भाव-प्रेरित प्रायः सभी भक्त-कवियों के आत्म-प्रवंचना तथा आत्म-भर्त्सना सम्बन्धी पद एक-से मिलते हैं, जिनके आधार पर उनके भौतिक जीवन की कल्पना करना उनके जीवन के आध्यात्मिक पक्ष पर आवरण डालकर उनके प्रति घोर अन्याय करना होगा, अतः मेरे विचार में अन्तःसाक्ष्य के रूप में केवल उन्हीं पदों को उपस्थित करना तर्कसंगत एवं समीचीन होगा जिनमें किसी प्रकार की इयत्ता हो। यह सत्य है कि कवि की रचनाओं के कौशेय आवरण से उसके जीवन की अनुभूतियाँ झाँकती हुई मिलती हैं, किन्तु इस आधार पर सूर के पदों में से उनका जीवन-वृत्त खोज निकालने की धुन में हमें इस गुरुतर सत्य की ओर से नेत्र-निमीलन नहीं कर लेना चाहिए कि सूर कवि से पहले भक्त थे और फिर कृष्ण के परमधाम ब्रज में निवास करते हुए वे अपने लौकिक बन्धनों को विच्छिन्न कर अपने जीवन का स्वरूप ही बदल चुके थे।

बाह्य-साक्ष्य

बाह्य-साक्ष्य के रूप में अधिगत सामग्री में सबसे अधिक महत्त्वपूर्ण साम्प्रदायिक साहित्य तथा वार्ता-साहित्य है, जिसमें सूर का उल्लेख हुआ है। वार्ता साहित्य में 1. चौरासी वैष्णवन की वार्ता, 2. निज वार्ता, तथा 3. श्री हरिरायजी-कृत भाव-प्रकाश आते हैं। इनके अतिरिक्त सूर के जीवन पर कुछ प्रकाश डालने वाले सम्प्रदाय सम्बन्धी निम्नलिखित ग्रन्थ हैं–

1. वल्लभ-दिग्विजय।
2. संस्कृत वार्तामणि-माला।
3. अष्ट-सखामृत।
4. सम्प्रदाय-कल्पद्रुम।
5. जमुनादास-कृतघोल।

6. भाव-संग्रह।

7. वैष्णवाह्निक-पद।

इस सम्प्रदाय-साहित्य के अतिरिक्त जिन समकालीन अथवा परवर्ती भक्तों के ग्रन्थों में सूर का उल्लेख हुआ है, वे ये हैं–

1. भक्तमाल (नाभादास) तथा भक्तमाल की टीक (प्रियादास)
2. भक्त नामावली (ध्रुवदास)
3. राम रसिकावली (ठा. रघुराजसिंह)
4. भक्त-विनोद (कवि मियाँसिंह)
5. नागर समुच्चय (नागरीदास)

जिन ऐतिहासिक ग्रन्थों में सूर अथवा उनके पिता का उल्लेख हुआ है, वे निम्नलिखित हैं–

1. आयने-अकबरी
2. मुन्तख़िब-उल-तवारीख़
3. मुंशीयात-अबुल-फ़ज़ल

सूर के जीवन पर प्रकाश डालने वाले निम्नलिखित ग्रन्थ भी उल्लेखनीय हैं–

(अ) खोज रिपोर्ट (काशी नागरी-प्रचारिणी सभा)
(आ) गासाँदतासी का इस्त्वार है ला लितेरा त्यूर ऐन्दुवे ऐन्दुस्तानी
(इ) शिवसिंह सेंगर का शिवसिंह सरोज
(ई) सर जॉर्ज ग्रियर्सन का मॉडर्न वर्नाक्यूलर लिटरेचर ऑव हिन्दुस्तान
(उ) मिश्रबन्धुओं का मिश्रबन्धु विनोद
(ऊ) आचार्य रामचन्द्र शुक्ल का हिन्दी साहित्य का इतिहास
(ए) डॉ. रामकुमार वर्मा का हिन्दी साहित्य का आलोचनात्मक इतिहास
(ऐ) डॉ. हजारीप्रसाद द्विवेदी का हिन्दी साहित्य

इनके अतिरिक्त अनेक आलोचनात्मक तथा शोध-ग्रन्थ हैं, जिनमें परम्परा के अनुकूल सूर के जीवन-वृत्त का उल्लेख किया गया है।

इस सम्पूर्ण सामग्री के विवेचन से स्पष्ट है कि अपनी कीर्ति-ज्योति से दिग्दिगन्त को समुद्भासित करनेवाले इस अन्धे कवि के जीवन की कहानी अन्धकार में ही तिरोहित है। न तो किसी ऐतिहासिक ग्रन्थ में और न अन्यत्र कहीं बाह्य-साक्ष्य के रूप में प्रस्तुत किए जानेवाले ग्रन्थों में ही इसका निश्चयात्मकता के साथ प्रतिपादन है। अन्तःसाक्ष्य के रूप में उपस्थित किए जानेवाले पदों में केवल दो पद ही ऐसे हैं, जिनमें काल-प्रमाण का उल्लेख है। यदि ये भी अप्रामाणिक सिद्ध हो जायँ तो फिर केवल उन्हीं पदों का आश्रय लेने के लिए विवश होना पड़ेगा, जो भौतिक जीवन की अपेक्षा आध्यात्मिक जीवन की ओर ही विशेष संकेत करते हैं अथवा साधक की

मानसिक दशा के ही सूचक हैं। हम पहले कह चुके हैं कि ऐसे पदों के आधार पर किसी कवि के जीवन की घटनाओं का अनुमान लगाना केवल असंगत ही नहीं, भक्त के हृदय में प्रतिष्ठित उपास्यदेव की अवहेलना और भक्त की भावना का घोर तिरस्कार भी है। गोस्वामी तुलसीदास के विनय के पदों को लेकर कितनी ऊटपटाँग कल्पनाएँ की गई हैं, यह ऐतिहासिक तथ्यों से प्रमाणित हो चुका है। इसके अतिरिक्त यह बात भी द्रष्टव्य है कि साधक साधनावस्था में जब मानसिक वेदना का अनुभव करता है तो उसके हृदय की भाव-धारा अनेक सोतों में फूट निकलती है। ऐसी स्थिति में कोई आलोचक किसी विशेष मापदंड को लेकर कवि के उन उद्गारों को अपने अनुमान की पुष्टि का आधार बना सकता है, किन्तु यह कवि की मधुर भाव-धारा में कटुता उत्पन्न करने का प्रयास ही कहा जाना चाहिए। इसके अतिरिक्त किसी पद-विशेष के विश्लेषण में सबसे आवश्यक बात यह है कि हमें उसके सन्दर्भ का ठीक ज्ञान हो; पूर्वापर सम्बन्धज्ञान के बिना अनर्थ होने की सम्भावना ही रहती है।

आधुनिक आलोचकों ने अपने-अपने मत की पुष्टि में अन्तःसाक्ष्य का सहारा लिया है। यह अब परिपाटी भी हो गई है कि किसी कवि का जीवन-वृत्त निर्धारित करने के लिए अन्तःसाक्ष्य और बाह्य-साक्ष्य का सामंजस्य हो परन्तु यह प्रणाली उन कवियों के जीवन-वृत्त के विषय में भ्रामक हो सकती है, जिसके बाह्य-साक्ष्य प्रामाणिक न हों तथा जिनमें बहुत अधिक मात्रा में वैविध्य हो। हमारे महाकवि के विषय में भी यही बात है। उनके नाम, जाति, जन्मान्धत्व, सम्प्रदाय आदि के विषय में अपनी धारणा के अनुकूल आलोचकों ने उनकी रचनाओं में से बहुत-से पद खोज निकाले हैं, किन्तु मैं उन्हें पूर्ण रूप से प्रामाणिक नहीं मानता। प्रथम तो सूर और तुलसी जैसे महात्मा भक्ति के क्षेत्र में पहुँचकर स्वयं ही नाम, ग्राम, जाति आदि के आवरण छोड़ चुके थे, दूसरे भक्ति की साधना में कुछ ऐसी सर्वसामान्य भूमिकाओं को पार करना पड़ता है, जो दैन्य, ग्लानि या नैराश्यपरक होने के कारण पार्थिव दृष्टिकोण से जीवन की झाँकियाँ-सी प्रतीत होने लगती हैं। परन्तु इसके साथ-साथ हम इस तथ्य को भी नहीं भुला सकते कि साधक इसी पार्थिव शरीर से, इसी के संस्कारों से और इसी के सम्बन्ध से ब्रह्म-सम्बन्ध स्थापित करता है। भक्ति के अलौकिक क्षेत्र में भी वह इसी भौतिक शरीर को लिये हुए है और इसीलिए वह जीवनमुक्त है। कवि का व्यक्तित्व, परोक्ष रूप से ही सही, उसकी रचनाओं में सूक्ष्म रूप से इतना सम्बद्ध नहीं होता, जितना सूक्ष्म मानसिक प्रवृत्तियों से होता है। वह तो केवल अन्तर्द्वन्द्व की स्थिति का परिचायक होता है। हम जब संसार के स्थल सम्बन्धों से उसका समन्वय करने लगते हैं तो मैं उसे साधक या कवि के प्रति अन्याय ही समझता हूँ।

सूरदासजी का जीवन-वृत्त निर्धारित करने में हम वार्ता-साहित्य को भी प्रामाणिक मानते हैं। इसके दो कारण हैं। प्रथम तो सम्पूर्ण वार्ता-साहित्य में भी दिए हुए सूर-सम्बन्धी वृत्त की थोड़े-बहुत अन्तर के साथ अन्विति मिल जाती है, दूसरे कुछ समसामयिक रचनाओं को छोड़कर सूरदासजी का सर्वाधिक एवं सर्वप्रथम उल्लेख इसी वार्ता-साहित्य में है।

जन्म-स्थान

सूरदासजी की जन्म-भूमि के सम्बन्ध में चार स्थानों की प्रसिद्धि है—गोपाचल, मथुरा प्रान्त में कोई ग्राम, रुनकता तथा सीही। गोपाचल और गोपाद्रि ग्वालियर के पुराने नाम हैं। 'साहित्य-लहरी' के वंश परिचय वाले पद में सूर के पिता का निवास-स्थान गोपाचल माना गया है। स्व. डॉ. पीताम्बरदत्त बड़थ्वाल ने ग्वालियर का नाम 'गोपाचल' सिद्ध किया है और इसे ही सूर की जन्म-भूमि माना है। कवि मियाँसिंह-कृत 'भक्त-विनोद' में सूर की जन्म-भूमि के विषय में लिखा है—

मथुरा प्रान्त विप्र कर गेहा। भो उत्पन्न भक्त हरि जेहा।

इस पद में किसी स्थान-विशेष का उल्लेख तो नहीं है परन्तु इसके कारण सूर के आलोचकों में पर्याप्त भ्रान्ति रही है। पं. रामचन्द्र शुक्ल ने अपने 'हिन्दी-साहित्य का इतिहास' (संस्करण संवत् 1990, पृ. 55) में सूर का जन्म-स्थान रुनकता लिखा है। डॉ. श्यामसुन्दरदास ने भी अपने ग्रन्थ 'हिन्दी भाषा और साहित्य' (संस्करण संवत् 1944, पृ. 322) में सूर की जन्म-भूमि रुनकता लिखी है। रुनकता को सूर का जन्म-स्थान मानने की भ्रान्ति का कारण सम्भवतः सूरदासजी का गौ-घाट पर रहना है। वहाँ से दो मील की दूरी पर यमुना के किनारे रेणुकाजी का स्थान और परशुरामजी का मन्दिर है। यहाँ से कुछ दूरी पर गौ-घाट है। यहाँ आस-पास बहुत-से खंडहरों के चिह्न हैं।

वार्ता-साहित्य के अनुसार सूर का जन्म-स्थान 'सीही' है। 'चौरासी वैष्णवन की वार्ता' के भाव-प्रकाश में श्री हरिरायजी ने सबसे पहले सूरदासजी का जन्म-स्थान दिल्ली से चार कोस की दूरी पर सीही स्थान बतलाया था। श्री हरिरायजी के 'भाव-प्रकाश' की रचना सूरदासजी के लगभग 100 वर्ष पश्चात् हुई थी। उससे पहले कहीं वार्ता-साहित्य में सूरदासजी के लौकिक जीवन की ओर संकेत नहीं है। श्री हरिरायजी के समय तक महाकवि सूरदासजी की पर्याप्त प्रसिद्धि हो चुकी थी; सम्भवतः इसीलिए उन्होंने उनके सम्पूर्ण जीवन-वृत्त का लिखना आवश्यक समझा। हो सकता है कि उनको जो सूचनाएँ मिली हों, कुछ अतिरंजित अथवा भ्रान्तिपूर्ण हों; किन्तु अन्य पुष्ट ऐतिहासिक प्रमाणों के अभाव, में इतने ही से सन्तोष करना पड़ता

है। गोकुलनाथजी के समकालीन प्राणनाथ कवि ने भी 'अष्ट सखामृत' में सूर का जन्म-स्थान सीही ही माना है। सीही की स्थिति हरिरायजी ने अपने 'भाव-प्रकाश' में इस प्रकार बताई है–

"दिल्ली के पास चार कोस उरे में एक सीही ग्राम है, जहाँ परीक्षित के बेटा जन्मेजय ने सर्प-यज्ञ किया है।"

दिल्ली के आस-पास इस सीही ग्राम का आज कहीं पता नहीं है। कहा जाता है कि जहाँ आज नई दिल्ली है, वहाँ के छोटे-छोटे गाँव उठा दिए गए थे और वे दूसरे जिलों में जाकर आबाद हो गए। दिल्ली-मथुरा सड़क पर वल्लभगढ़ के निकट सीही नाम का एक ग्राम है। वहाँ यद्यपि सूर-सम्बन्धी कोई स्मारक अब विद्यमान नहीं है तथापि वहाँ के लोगों में यह अनुश्रुति प्रचलित है कि महाकवि सूरदास का जन्म उसी सीही ग्राम में हुआ था। इसके साथ-साथ वहाँ यह भी कथा प्रचलित है कि जन्मेजय ने सर्प-यज्ञ उसी स्थान पर किया था। इन दोनों अनुश्रुतियों से 'भाव-प्रकाश' वाले सीही ग्राम की स्थिति तो ठीक बैठ जाती है परन्तु दूरी वाली बात का समाधान नहीं हो पाता। दिल्ली के अनेक बार उजड़ने और बसने के कारण भी दूरी में अन्तर आ सकता है; दूसरे दिल्ली से दिल्ली-राज्य की भी कल्पना की जा सकती है; तीसरे आज भी दिल्ली के निकटवर्ती ग्रामों की दूरी भ्रामक माप के रूप में प्रचलित है। वर्तमान सीही को सूरदासजी का जन्म-स्थान मान लेने पर कवि मियाँसिंह वाले मत की भी संगति बैठ जाती है, इसलिए सूरदासजी का जन्म-स्थान सीही ठहरता है।

जन्म-तिथि

सूरदासजी की जन्म-तिथि के सम्बन्ध में भी वार्ता-साहित्य में कोई स्पष्ट उल्लेख नहीं है, वास्तव में 'चौरासी वैष्णवन की वार्ता' में सूर की कथा का आरम्भ उस समय से होता है, जब वे आगरा-मथुरा के बीच गौ-घाट पर रहते थे। गौ-घाट पर रहने से पहले की शृंखला हरिरायजी ने अपने 'भाव-प्रकाश' में मिलाई है।

पुष्टि सम्प्रदाय की मान्यता के अनुकूल सूरदासजी श्री वल्लभाचार्यजी से आयु में 10 दिन छोटे थे। आचार्यजी का जन्म संवत् 1535 की वैशाख कृष्णा 10 उपरान्त 11 रविवार निश्चित है। इसलिए सूरदासजी की जन्म-तिथि संवत् 1535 की सुदी 5 मंगलवार को हुई। सम्प्रदाय के अन्य लेखों से भी इस तिथि की पुष्टि होती है। श्री वल्लभाचार्य जी के वंशज श्री गोपिकालंकार भट्टजी महाराज ने भी सूर की जन्म-तिथि का एक पद में उल्लेख किया है–

प्रगटे भक्त-शिरोमणि राय।
माधव शुक्ला पंचमि ऊपर छट्ट अधिक सुखदाय॥

श्री द्वारिकेशजी के 'भाव संग्रह' और श्री गोकुलनाथजी के 'निज-वार्ता' से भी इस तिथि की पुष्टि होती है। श्रीनाथद्वारे में सूरदासजी का जन्मोत्सव श्री वल्लभाचार्यजी के जन्मोत्सव से दस दिन पश्चात् मनाया भी जाता है।

हिन्दी के विद्वानों ने सूरदासजी का जन्म संवत् प्रायः 1540 माना है और सभी इतिहासकारों ने इसी को दुहराया है। मिश्रबन्धुओं ने अनुमान से सूर का जन्म संवत् 1540 लिखा था; फिर सभी विद्वानों ने उसी को मान्य समझा। आचार्य रामचन्द्र शुक्ल ने 'सूर-सारावली' के–

"गुरु परसाद होत यह दरसन सरसठ बरस प्रवीन।"

वाले पद के आधार पर सूरदासजी का जन्म संवत् 1620 के आस-पास अनुमित किया है। सूर का जन्म संवत् 1540 मानने वालों ने 'सूर-सारावली' और 'साहित्य-लहरी' की रचना लगभग साथ-साथ ही मानी है और क्योंकि 'साहित्य-लहरी' का रचनाकाल 'मुनि-पुनि रसन के रस लेख' वाले पद से संवत् 1607 ठहराया है, इसलिए 'सूर-सारावली' की रचना भी लगभग इसी संवत् के समीप मान ली गई है। इस समय सूरदासजी की आयु 67 वर्ष की थी, इसलिए उनका जन्म संवत् 1540 अनुमित किया गया है। सूर-निर्णय के लेखकों ने अन्तःसाक्ष्य के आधार पर सूरदास का जन्म संवत् 1535 वि. ही निश्चय किया है। उन्होंने लिखा है : वल्लभ-सम्प्रदाय की सेवा-प्रणाली के इतिहास की संगति से 'सूर-सारावली' का रचना-काल संवत् 1602 में से 67 वर्ष कम कर देने से 1535 रहते हैं; अन्तःसाक्ष्य से भी सूरदासजी का जन्म संवत् 1535 ही सिद्ध होता है।[1]

बड़ौदा कॉलेज के संस्कृत के आचार्य श्री भट्टजी ने महाप्रभु वल्लभाचार्यजी का जन्म संवत् 1530 माना है। परन्तु अभी तक भट्टजी का मत भी मान्य नहीं है, क्योंकि उनकी युक्तियाँ तब तक अकाट्य नहीं मानी जा सकतीं, जब तक कि वे श्री वल्लभाचार्यजी के जीवन से सम्बद्ध घटनाओं को इस हेर-फेर के साथ सिद्ध न कर दें। श्री वल्लभाचार्यजी के सम्बन्ध में अभी तक 'वल्लभ-दिग्विजय' ही प्रामाणिक है और उसमें उनका जन्म संवत् 1535 ही माना है। इसलिए सूरदासजी की जन्म-तिथि वैसाख शुक्ल 5 मंगलवार संवत् 1535 ही ठहरती है।

जाति तथा वंश परिचय

सूरदासजी की जाति तथा वंश भी विवादग्रस्त है। जैसा कि पहले कहा जा चुका है, 'साहित्य-लहरी' का सूर का वंश-वृक्ष तथा तत्कालीन इतिहास-ग्रन्थ इस विषय को और भी उलझा देते हैं। इस वंश-वृक्ष की पुष्टि महामहोपाध्याय श्री हरिप्रसाद

1. सूर-निर्णय, पृ. 53।

शास्त्री द्वारा भी की गई। इस वंश-वृक्ष में सूरदास का नाम है और 'साहित्य-लहरी' के वंश-वृक्ष से बहुत साम्य रखता है। वार्ता में भी सूर को सारस्वत ब्राह्मण ही लिखा है। हाँ, गोकुलनाथ-कृत 'चौरासी वैष्णवन की वार्ता' में सूर की जाति का उल्लेख न होने के कारण कुछ सन्देह अवश्य होता है, जिसके निराकरण के हेतु 'सूर-निर्णय' के लेखकों की यह युक्ति कि सूर पुष्टि सम्प्रदाय में दीक्षित होने के पूर्व अपनी जाति का परित्याग कर चुके थे तथा बाल्यावस्था में ही घर से निकलने, अन्धे होने से जाति मर्यादा-पालन में असमर्थ होने एवं 'जाति-पाँति पूछे नहिं कोई, हरि को भजे सो हरि का होई' का प्रचार करनेवाले विरक्त सन्तों से प्रभावित होने के कारण जाति-बन्धन-विमुक्त हो चुके थे, केवल हेत्वाभास-सी ही प्रतीत होती है। हमें तो यही तथ्य प्रतीत होता है कि गोकुलनाथजी ने साधारण रूप से भक्तों के साम्प्रदायिक जीवन-वृक्ष का ही संकलन 'चौरासी वैष्णवन की वार्ता' में किया है, अतः उन्होंने उनके सांगोपांग जीवन की घटनाओं का विवेचन करने की आवश्यकता नहीं समझी, जिसके कारण सूर की जाति का प्रश्न भी उनकी दृष्टि से दूर ही रहा, परन्तु हरिरायजी ने सम्पूर्ण जीवन-वृत्त लिखने की भावना से प्रेरित होकर यथासम्भव समग्र जीवन-घटनाओं का उद्घाटन एवं उल्लेख किया है और प्रसंगवश अपने 'भाव-प्रकाश' में सूर की जाति के विषय में भी संकेत करना वे नहीं भूले हैं।

सूर के परिवार के विषय में अनेक भ्रामक कथन प्रचलित हैं, जिनका उद्गम 'साहित्य-लहरी' का वंश-वृक्ष वाला पद है, जिसके अप्रामाणिक सिद्ध होने पर वार्ता-साहित्य का ही आश्रय लेना होगा और हरिरायजी द्वारा 'भाव-प्रकाश' में उल्लिखित कथन पर ही सन्तोष करना पड़ेगा। किसी-किसी आलोचक ने सूर को विवाहित भी माना है, ब्रदाहरणार्थ, पं. ब्रजेश्वर वर्मा उनके गृहस्थ होने की कल्पना कर बैठे हैं। कुछ आलोचक इतने से सन्तुष्ट न होकर बिल्वमंगल की कहानी के सूत्र में महाकवि सूरदास को गूँथकर उन्हें युवावस्था में प्रेम-पाश-बद्ध भाषित करने में भी नहीं हिचकते। तथ्य तो यह है कि भक्त-शिरोमणि सूरदास न तो गृहस्थ ही थे और न कभी किसी कामिनी के कटाक्षों से आहत होकर वे प्रेम-पाश में आबद्ध होकर यदि केवल सांसारिक विषयों के सूक्ष्म, यथार्थ एवं शृंगारिक वर्णन के कारण किसी व्यक्ति को गृहस्थ अथवा प्रणय-रसास्वादक करार दिया जा सकता है तो संसार की असारता के प्रबल प्रचारक महान् दार्शनिक शंकराचार्य को भी इस दोष से मुक्त नहीं माना जा सकता। संस्कृत-साहित्य से इस प्रकार के अनेक उदाहरण दिए जा सकते हैं। वस्तुतः भक्त अथवा साधक कवि की उक्तियाँ स्वान्तःसुखाय होते हुए भी सर्वभूत-हिताय होती हैं, क्योंकि आत्मसाक्षात्कार अथवा मुक्त-हृदयत्व के कारण उसके स्व का इतना विस्तार हो जाता है कि वह समस्त विश्व को अपनी सीमा में

समेट लेता है, व्यष्टि समष्टि में लीन हो जाता है और वह इस प्रकार की वैराग्यपरक उक्तियाँ प्रस्तुत करता है जो सर्वसाधारण के लिए पथ-दर्शिका सिद्ध हों। इस प्रकार के कथन जहाँ एक ओर उसकी स्वयं की भक्ति को दृढ़ करते हैं वहाँ दूसरी ओर जन-साधारण के कल्याण का भी वहन करते हैं। सूर के सम्बन्ध में कहा जाता है कि जब वे सीही ग्राम से चार कोस दूर किसी गाँव में रहने लगे थे, वहाँ उनके पास यथेष्ट वैभव, शिष्य, सेवक और गाने-बजाने का प्रबन्ध हो गया था, जिसका उल्लेख हरिरायजी ने भी अपने 'भाव-प्रकाश' में किया है। भक्ति का उदय होने पर उन्हें उस जीवन से विरक्ति हुई और वे उसका पश्चात्ताप बहुत दिनों तक करते रहे। तीसरे, जैसा कि हम पहले निवेदन कर चुके हैं, विरक्ति-विषयक पद उनके दैन्य-विनय और शील को ही प्रकट करनेवाले हैं, इसीलिए उन पदों को आधार मानकर उनके जीवन के विषय में अन्यथा कल्पना करना समुचित नहीं।

अन्धत्व

वार्ता-साहित्य में सूरदासजी को न केवल साधारण जन्मान्ध ही माना है अपितु सलपट अन्ध भी, अर्थात् उनके चक्षु नाम मात्र को भी न थे बल्कि कुहर-रूप में केवल चक्षु-चिह्न थे। वार्ता के अतिरिक्त अनेक अन्य बाह्य-साक्ष्य सूरदासजी को जन्मान्ध ही सिद्ध करते हैं–

1. सूरदासजी के समकालीन श्रीनाथ भट्ट ने 'संस्कृत मणिमाला' में इन्हें जन्मान्ध कहा है :

''जन्मान्धो सूरदासोऽभूत।''

2. श्री हरिरायजी ने सूरदासजी की मृत्यु के लगभग सौ वर्ष बाद की रचना 'भाव-प्रकाश' में सूर की जन्मान्धता का स्पष्टीकरण इस प्रकार किया है–

सो सूरदास को जन्म ही सों नेत्र नाहीं हैं।

3. प्राणनाथ कवि ने भी स्पष्ट जन्मान्ध कहा है–

बाहर नैन-विहीन सो, भीतर नैन विसाल।
जिन्हें न जग कछु देखिवो, लखि हरि रूप निहाल॥

4. मियाँसिंह के 'भक्ति-विनोद' में स्पष्ट कथन है–

जनम अंध दृग ज्योति-विहीना।

5. राज रघुराजसिंह की 'रामरसिकावली' में लिखा है–

जनमहिं ते हैं नैन विहीना।

आज भी इस प्रकार के अन्धे यत्र-तत्र दृष्टिगोचर हो जाते हैं। प्रचलित सूर-विषयक जनश्रुतियों में भी सूर के अन्धत्व की बात दुहराई गई है, किन्तु आज

के अधिकांश आलोचक उनके विचित्र रूप-वर्णन, अंग-प्रत्यंग के सौन्दर्य का ब्यौरे के साथ संश्लिष्ट चित्रण एवं विभिन्न प्राकृतिक दृश्यों की अवतारणा को देखकर उन्हें जन्मान्ध मानने के लिए प्रस्तुत ही नहीं हैं।

सूरसागर में अनेक पद सूर के अन्धत्व के प्रतिपादन में प्रमाणस्वरूप प्रस्तुत किए जा सकते हैं, जैसे–

रास रस रीति नहिं बरनि आवै।
इहैं निज मन्त्र, यह ज्ञान यह ध्यान है, दरस दम्पति भजन सार गाऊँ।
इन्हें माँगौ बार-बार प्रभु, सूर के नयन द्वै रहो, नर देह पाऊँ॥

(सूरसागर, ना.प्र.स., पद 1624)

तथा

कहावत ऐसे त्यागी दानि।
चार पदारथ दिये सुदामहिं, अरु गुरु के सुत आनि॥
रावन के दस मस्तक छेदे, सर गहि सारंग पानि।
लंका दई विभीषन जन कों, पूरबली पहिचानि॥
विप्र सुदामा कियौ अजाची, प्रीति पुरातन जानि।
सूरदास सौ बहुत निठुरता, नैननि हू की हानि॥

(सूरसागर, ना. प्र. स., पद 135)

अन्तिम पंक्ति स्पष्टतः सूर के अन्धत्व की सूचक है और बहुत निठुरता तो जन्मान्धत्व को ही सूचित करती है। 'सूर-निर्णय' के साक्ष्य पर निम्नलिखित पद सूर को जन्मान्धत्व का स्पष्ट प्रतिपादन करते हैं–

किन तेरो गोविन्द नाम धर्‌यो।
संदीपनि के सुत तुम ल्याये, जब विद्या जाय पठ्‌यो।
सूर की बिरियाँ निठुर होइ बैठे, जन्म अन्ध कर्‌यो॥

हरि बिन संकट में को काकौ।
रहौ जात एक पतित जनम कौ आँधरो सूर सदा कौ॥

तथा

नाथ मोहिं अबकी बेर उबारौ।
करम-हीन जनम कौ आँधो मोते कौन न कारो॥

यदि इन पदों की प्रामाणिकता निर्विवाद हो जाय तब तो सूर की जन्मान्धता में सन्देह का कोई अवसर ही नहीं हो सकता किन्तु ये पद नागरी प्रचारिणी सभा, काशी द्वारा सम्पादित 'सूरसागर' में प्राप्त नहीं होते। इसलिए केवल 'सूर-निर्णय' के साक्ष्य पर इन्हें स्वीकार नहीं किया जा सकता।

यह कल्पना भी की जा सकती है कि पद-रचना के समय सूरदासजी नेत्रविहीन हो गए हों, जन्म से अन्धे न हों जैसाकि अनेक आधुनिक आलोचकों ने माना है। इस प्रकार रूप-वर्णन, रंगों एवं विभिन्न वस्तुओं के चित्रण करनेवाले पदों की अन्विति तो बैठ सकती है किन्तु इससे सूर की दिव्य आध्यात्मिक शक्ति की अवहेलना और उपेक्षा भी द्योतित होती है। यह अनिवार्य नहीं कि सूर ने जिन वस्तुओं का चित्रण किया है उनका उपभोग भी किया हो या चर्म-चक्षुओं से देखा भी हो। वास्तव में इस प्रकार का वर्णन, जिसमें अमूर्त भावों के आन्तरिक पक्ष का भी उद्‌घाटन किया गया हो, सान्त के प्रसार में झलकते हुए अनन्त का पूर्ण चित्र उपस्थित किया गया है। मोहान्धकार को भेदकर शान्ति का शुभ सन्देश लाने-वाली विरक्ति-उषा की अरुण आभा का विकीरण हो, जहाँ प्रवृत्ति और निवृत्ति का मधुर योग हो, विलास और साधनों के विकास का सुन्दर विश्वास हो, स्वर्ग और वसुधा का समन्वय हो और मानवता में देवत्व की प्रतिष्ठा हो, केवल दिव्य-दृष्टि सम्पन्न महात्मा ही कर सकते हैं। यह बात भी नहीं भूलनी चाहिए कि जन्मान्ध व्यक्तियों के अन्तःकरण के नेत्र उन्मीलित हो जाते हैं और वे अन्तर्जगत से ही बाह्य जगत का साक्षात्कार करने लगते हैं। आज भी ऐसे व्यक्ति देखे जाते हैं, जिनकी जन्मान्धता प्रत्यक्ष प्रमाणित है और जो अपनी क्रियाओं से चक्षुष्मान् व्यक्तियों को भी आश्चर्यचकित कर देते हैं। फिर सूर तो सूर थे, भगवान् का सान्निध्य प्राप्त कर चुके थे, प्रकाशमय आराध्य में विलीन होकर स्वयं तेजोमय हो चुके थे, फिर उनके लिए संसार में क्या वस्तु अप्रकाशित रह जाती? वे भक्ति द्वारा उस साधना-स्थिति पर पहुँच चुके थे, जहाँ पहुँचकर भक्त के लिए समस्त ब्रह्मांड हस्तामलकवत् हो जाता है। पाश्चात्य भौतिकवाद एवं जड़वाद से प्रभावित होकर भारतीय ब्रह्मज्ञान के महत्त्व की छीछालेदर अनुचित एवं अस्पृहणीय है।

सूर के पदों के आधार पर उनके भौतिक जीवन और व्यक्तित्व का चित्र नहीं बनाया जा सकता है। भौतिकता की दृष्टि से परस्पर-विरोधी भावों को प्रकट करनेवाले इन पदों के आधार पर जो चित्र बनेगा वह बड़ा ही विकृत, विकल और सामंजस्यहीन होगा। कुछ पदों के आधार पर सूर को एक आँख का भी सिद्ध किया जा सकता है। उदाहरणस्वरूप निम्नलिखित पद द्रष्टव्य है–

अब हों माया हाथ बिकानौ।
परबस भयौ पसू जो रजुबस भज्यौ न श्रीपति रानौ॥

सूरदास की एक आँखि है, ताहू में कछु कानौ॥

सारांश यह कि बाह्य-साक्ष्य के अनुसार सूरदासजी का जन्मान्ध होना ही सिद्ध है। अन्तःसाक्ष्य में भी यत्र-तत्र उनके अन्धत्व पर तो स्पष्ट प्रकाश है किन्तु जन्मान्धत्व पर प्रामाणिक पदों की उपलब्धि नहीं हुई है। फिर भी उनके जन्मान्ध न

होने अथवा बाद में अन्धे होने के सम्बन्ध में न तो कहीं से कोई साक्ष्य मिलता है और न इतने वृहत् सूरसागर में ही कहीं कोई झलक मिलती है। इसलिए इतिहास-पुष्ट प्रमाणों के अभाव में सूर को जन्मान्ध ही स्वीकार करना उचित है।

वैराग्य तथा सम्प्रदाय-प्रवेश

हरिरायजी के 'भाव-प्रकाश' के अनुसार केवल छह वर्ष की आयु में ही विरक्त होकर सूरदास अपना ग्राम छोड़कर चार कोस के अन्तर पर एक तालाब के तट पर पीपल के वृक्ष के नीचे रहने लगे थे। 18 वर्ष की आयु तक वे उस स्थान पर रहे और इसके पश्चात् मथुरा-आगरा के बीच गौ-घाट पर रहने लगे, इस प्रकार यदि सूर के आविर्भाव का संवत् 1535 है तो उसमें 18 जोड़ने से 1553 होते हैं जो उनके गौ-घाट पर रहने का संवत् माना जा सकता है। गौ-घाट पर जाने के बहुत दिन पश्चात् सूरदासजी का महाप्रभु से साक्षात्कार हुआ। इस समय का ठीक-ठीक निर्धारण अभी तक नहीं हो पाया। इसका निर्धारण करने के लिए 'चौरासी वैष्णवन की वार्ता' और 'वल्लभ-दिग्विजय' का अवलम्ब लिया जा सकता है। 'चौरासी वैष्णवन की वार्ता' के अनुसार वल्लभाचार्यजी दक्षिण देश और काशी में मायावाद का खंडन और भक्ति-मार्ग की स्थापना कर अडैल (प्रयाग) से ब्रज को आए थे और उसी समय मार्ग में गौ-घाट पर ठहरे थे। 'वल्लभ-दिग्विजय' से भी इस कथन की पुष्टि होती है। उसके अनुसार अडैल से ब्रज आते हुए महाप्रभुजी गौ-घाट पर रुके थे और जब वे वापस अडैल पहुँचे तब उनके ज्येष्ठ पुत्र गोपीनाथजी का जन्म हुआ था, जिसकी तिथि आश्विन कृष्ण द्वादशी संवत् 1568 मानी गई है। महाप्रभु की दक्षिण देश में राज-सभा वाला शास्त्रार्थ संवत् 1565 में हुआ था। इस शास्त्रार्थ के अनन्तर ही आचार्यजी अडैल में आए थे। इस प्रकार संवत् 1567 या 1568 में उन्होंने सूर को दीक्षा दी। इस घटना के पश्चात् का सूर का जीवन-वृत्त हरिरायजी ने अपने 'भाव-प्रकाश' में विस्तृत रूप में दिया है। श्री हरिरायजीकृत 'सूरदास की वार्ता' श्री प्रभुदयाल मीतल ने (अपने अग्रवाल प्रेस, मथुरा से) अलग भी प्रकाशित कर दी है, जिसमें सन्, संवत् तथा तिथियों का उल्लेख नहीं है। अतः घटनाओं से सम्बद्ध तिथियों की निश्चयात्मकता के लिए अन्य साम्प्रदायिक ग्रन्थों का आश्रय लेना पड़ता है, जिनका उल्लेख हम पहले कर चुके हैं। इस विषय में सम्प्रदाय के दो महत्त्वपूर्ण ग्रन्थ 'वल्लभ-दिग्विजय' और 'सम्प्रदाय-कल्पद्रुम' विशेष सहायक सिद्ध होते हैं। 'सूर-निर्णय' में सूर के शरणागति-काल के विषय में इन ग्रन्थों के आधार पर यह निश्चय किया गया है।

श्री वल्लभाचार्यजी की प्रेरणा से पूर्णमल खत्री ने श्रीनाथजी के मन्दिर के निर्माण का कार्य संवत् 1559 की वैसाख शुक्ला तृतीया को आरम्भ कर दिया था। द्रव्याभाव

से यह कार्य बीच में ही रुक गया था; किन्तु तब तक मन्दिर का अधिकांश भाग बन चुका था और इस स्थिति में था कि इस नवीन मन्दिर में श्रीनाथजी का स्वरूप स्थापित हो सके। संवत् 1564 में महाप्रभु वल्लभाचार्य ने इस मन्दिर में श्रीनाथजी को विराजमान कर दिया था जैसा कि 'वल्लभ-दिग्विजय' और 'सम्प्रदाय-कल्पद्रुम' से सिद्ध है। इसके बाद द्रव्य की व्यवस्था होने पर मन्दिर के शिखर आदि बाह्य भाग की पूर्ति संवत् 1576 में हुई थी। इस निर्माण-मूर्ति के संवत् की संगति के कारण ही श्रीनाथजी की प्राकट्य वार्ता में सूरदास का शरणागति-काल संवत् 1577 माना प्रतीत होता है।

यदि सूर वास्तव में 1577 में ही वल्लभ सम्प्रदाय में होते तब उनके द्वारा संवत् 1572 में गोस्वामी विट्ठलनाथजी के प्राकट्य-अवसर पर गाया हुआ बधाई का पद किस प्रकार उपलब्ध होता? इस प्रकार अन्तः एवं बाह्य साक्ष्य के आधार पर सूर का शरणागति-काल संवत् 1567 विक्रमी निश्चित होता है। आचार्य शुक्ल ने सूर का आचार्य वल्लभ का शिष्य होना संवत् 1580 के लगभग माना है। इस कथन का कारण कदाचित् श्रीनाथजी के मन्दिर का संवत् 1576 में पूर्ण होना है। इसी के आधार पर डॉ. मुंशीराम शर्मा ने भी सूर का शरणागति-काल संवत् 1581 माना है। 'सूरदास की वार्ता' से प्रकट होता है कि महाप्रभु से दीक्षा प्राप्त करने के अनन्तर सूर ने अपना सारा जीवन गोवर्द्धन में रहते हुए श्रीनाथजी की सेवा में ही बिताया, परन्तु उनका स्थायी निवास-स्थान गोवर्द्धन नहीं था अपितु उसके पास पारसौली ग्राम में चन्द्र सरोवर था। वहीं से वे प्रतिदिन श्रीनाथजी की कीर्तन-सेवा के लिए आते थे। 'वार्ता' में आए हुए प्रसंगों से ज्ञात होता है कि वे एक बार मथुरा तथा अनेक बार नवनीतप्रियजी के दर्शन के लिए गोकुल गए थे। उनके पूर्व श्रीनाथजी का सेवा-भार बंगाली वैष्णवों के ऊपर था और कीर्तन-कार्य कुम्भनदासजी के अधीन था। श्रीनाथजी के कीर्तन और सेवा-मंडल का कार्य विशेष रूप से श्री विट्ठलनाथजी के आने पर आरम्भ हुआ था। महाप्रभु वल्लभाचार्य के जीवनकाल में उनके जो चार प्रमुख शिष्य श्रीनाथजी का सेवा-कार्य तथा कीर्तन किया करते थे, वे कुम्भनदास, सूरदास, परमानन्ददास और कृष्णदास थे। कुम्भनदासजी संवत् 1556, सूर और कृष्णदास संवत् 1567 और परमानन्ददास 1577 में वल्लभाचार्यजी के शिष्य हुए। महाप्रभु ने वाराणसी के हनुमानघाट पर गंगा के मध्य में आषाढ़ शुक्ला तृतीया संवत् 1587 के मध्याह्न के समय जल-समाधि ली और उनके पश्चात् उनके ज्येष्ठ पुत्र गोपीनाथजी पुष्टि सम्प्रदाय के आचार्य हुए। किन्तु संवत् 1599 में असमय ही उनका देहान्त हो गया और विट्ठलनाथजी को सम्प्रदाय का कार्य वहन करना पड़ा। किन्तु विधिपूर्वक आचार्यत्व उन्हें संवत् 1607 में मिला। उन्होंने कीर्तन-प्रणाली को एक व्यवस्थित तथा विस्तृत रूप दिया। श्रीनाथजी के आठ समय की झाँकियों के पृथक्-पृथक् कीर्तनकार

नियुक्त किए गए और इस प्रकार अष्टछाप की स्थापना हुई। इन अष्टछापी कीर्तनकारों में सूरदास, परमानन्ददास, कुम्भनदास और कृष्णदास तो महाप्रभु वल्लभाचार्य के सेवक थे। इस विवेचन से ज्ञात होता है कि सूरदास लगभग 32 वर्ष की अवस्था में सम्प्रदाय में दीक्षित हुए तथा अन्तकाल तक सम्प्रदाय की सेवा करते रहे। उनके जीवन की घटनाओं का उल्लेख वार्ता-साहित्य में विशेषकर हरिरायजी के 'भाव-प्रकाश' में हुआ है।

सम्राट् अकबर से भेंट

महात्मा सूरदास के विषय में इधर-उधर जाने की जो जनश्रुतियाँ प्रचलित हैं उनकी प्रामाणिकता सन्देह के गर्भ में विलीन हैं। 'सूरदास की वार्ता' प्रसंग 3 में उनकी अकबर के साथ भेंट का उल्लेख मिलता है जिसकी ओर हम पहले भी इंगित कर चुके हैं। अकबर सदृश उदार, सहिष्णु एवं कला-प्रेमी व्यक्ति में सूरदास जैसे महात्मा, भक्त एवं कवि के प्रति श्रद्धा होना स्वाभाविक है; किन्तु सूरदास के हृदय में अपने उपास्य के अतिरिक्त अन्य किसी के लिए स्थान न था।

'चौरासी वैष्णवन की वार्ता' के अनुसार दिल्ली से आगरा जाते समय अकबर सूरदासजी से मिला था। किंवदन्ती है कि अपनी सभा के प्रसिद्ध गायक तानसेन द्वारा सूरदास के एक पद का रसास्वादन कर अकबर सूर से मिलने के लिए लालायित हो उठा और उनसे भेंट की। यह भेंट कब हुई, इसका कोई निश्चित समाधान अभी तक न हो पाया। डॉ. दीनदयाल गुप्त का अनुमान है कि अकबर सूर से सन् 1574 ई. व सन् 1582 के बीच में मिला होगा। गुप्तजी अपना मत इस प्रकार देते हैं–

"लेखक का अनुमान है कि अकबर या तो सन् 1577 की अजमेर-यात्रा से लौटकर मिला हो या सन् 1579 की अजमेर-यात्रा से फतेहपुर सीकरी को लौटता हुआ रास्ते में मथुरा में उनसे मिला हो। सन् 1579 ई. में मिलना अधिक जँचता है, क्योंकि अकबर ने उसी साल धार्मिक आचार्यों की बहसें सुनी थीं और अपने दरबार में भिन्न-भिन्न मतों के महात्माओं को भी बुलाया था।" 'सूर-निर्णय' के लेखकों ने लिखा है–"हमारे अनुमान से सूरदास और अकबर का मिलन संवत् 1623 (सन् 1566) में मथुरा में हुआ था।" साम्प्रदायिक इतिहास से ज्ञात होता है कि संवत् 1623 की फाल्गुन शुक्ला सप्तमी को गोस्वामी विट्ठलनाथजी की अनुपस्थिति में उनके ज्येष्ठ पुत्र श्री गिरधरजी श्रीनाथजी के स्वरूप को गोवर्धन से मथुरा में ले गए थे। उस समय श्रीनाथजी 2 माह 22 दिन पर्यन्त मथुरा में रहे थे और उस समय सूरदास को भी उनकी कीर्तन-सेवा करते हुए मथुरा में रहना पड़ा था। डॉ. ब्रजेश्वर वर्मा ने इस भेंट को संवत् 1932 के बाद माना है, किन्तु उन्होंने किसी निश्चित सन्

या संवत् का उल्लेख नहीं किया है। इस सम्बन्ध में डॉ. दीनदयाल गुप्त का मत ही अधिक समीचीन प्रतीत होता है। 'सूर-निर्णय' में जो समय बताया गया है, यह केवल साम्प्रदायिक साहित्य पर ही आधृत है, किन्तु साम्प्रदायिक साहित्य किसी एक भक्त की जीवनी के विषय में पूर्ण नहीं कहा जा सकता। उनके मत की मिति श्रीनाथजी के स्वरूप के मथुरा में रहने के आधार पर आश्रित है, किन्तु क्या यह सम्भव नहीं कि सूरदास उस समय के अतिरिक्त अवसरों पर मथुरा आते-जाते रहे हों? इसके अतिरिक्त मुगलकालीन इतिहासों से सिद्ध होता है कि संवत् 1623 तक अकबर की धार्मिक नीति इतनी उदार नहीं थी और न ही उसे तब तक राजनीतिक शान्ति उपलब्ध हुई थी। अकबर ने हिन्दुओं पर से तीर्थयात्रा का कर संवत् 1620 में तथा जजिया 1622 में उठाया। संवत् 1632 तक उसने अपनी दृष्टि साम्राज्य-संगठन पर केन्द्रित रखी और उसी वर्ष उससे निवृत्त होकर फतेहपुर-सीकरी में इबादतखाना बनवाया था। यहाँ पर प्रसिद्ध इतिहासकार विंसेन्ट स्मिथ का मत भी उल्लेखनीय है–

For many years, he was zealous, tolerably othodox Sunni Musalman willing to execute Shias and other heretics. Next he passed through a stage (1574-82 A.D.) in which he may be described sceptical rationalizing Muslim and finally rejecting Islam utterly he evolved an elected religion of his own with himself as its prophet [(1582-1605) A.D.].

राय चौधरी ने अपनी पुस्तक 'दीन-इलाही' तथा विंसेन्ट स्मिथ ने अपने इतिहास में अकबर द्वारा दीन-इलाही का प्रवर्तन सन् 1582 अर्थात् संवत् 1639 माना है। ये तिथियाँ डॉ. दीनदयाल गुप्त के इस मत का समर्थन करती हैं कि अकबर सूरदास से सन् 1574 और 1582 के बीच में कभी मिला होगा। अकबर की अन्तिम अजमेर-यात्रा सन् 1589 में हुई थी। अकबर ने वल्लभ सम्प्रदायवालों के लिए जो फ़रमान जारी किए थे, वे भी सन् 1577 और 1582 ईसवी के बीच के हैं। पहला फ़रमान सन् 1577 का और दूसरा सन् 1589 ई. में माना है, किन्तु अन्य प्रामाणिक प्रमाणों के अभाव में यही संवत् अन्तिम रूप से मान्य नहीं हो सकता। हाँ, इतना अवश्य है कि अकबर दिल्ली से आगरा लौटते हुए ही सूरदास से मिले होंगे। किन्तु अजमेर-यात्रा सन् 1589 तक प्रतिवर्ष चलती रही थी। अतएव निश्चयात्मकता के साथ नहीं कहा जा सकता कि वे कब सूरदास से मिले? यदि 'सूर-निर्णय' के अनुसार हम सूर-अकबर भेंट की तिथि संवत् 1623 अर्थात् सन् 1566 मानें तो यह भी मानना पड़ेगा कि अकबर केवल इसी उद्देश्य से मथुरा गया होगा क्योंकि 'अकबरनामा' के अनुसार उसकी अजमेर शरीफ की यात्रा सन् 1568 से आरम्भ हुई और इसी यात्रा के समय वह अजमेर से दिल्ली होता हुआ लौटा था। इन सब बातों से यही सिद्ध होता है कि वह सन् 1574 और 1582 के बीच ही सूर से मिला होगा।

गोस्वामी तुलसीदास से भेंट

सूर और तुलसी की भेंट का उल्लेख भी कतिपय ग्रन्थों में हुआ है। मूल 'गुसाईं चरित' में लिखा है कि संवत् 1616 में श्री गोकुलनाथजी की प्रेरणा से सूरदास तुलसीदासजी से चित्रकूट पर मिले। एक यह कथन भी है कि तुलसीदासजी जब अपने भाई नन्ददास से ब्रज में मिलने आए उस समय परासौली ग्राम में उनकी सूरदासजी से भेंट हुई। हमें वार्ता-साहित्य का कथन ही समीचीन जान पड़ता है।

गोलोकवास

सूर के गोलोकवास के सम्बन्ध में भी बहुत अधिक मतभेद है, जिसके कारण उनकी निधन-तिथि संवत् 1620 से 1642 तक दोलायमान रही है। मिश्र-बन्धुओं ने सूर का निधन-संवत् 1620 माना है। आचार्य रामचन्द्र शुक्ल ने भी उनकी आयु 80-82 वर्ष तथा जन्म-संवत् 1540 मानकर 1620 में ही उनकी मृत्यु होने का अनुमान किया है। डॉ. रामकुमार वर्मा ने कोई निश्चित मत न देते हुए दबी जबान से संवत् 1642 को उनका निधन-संवत् माना है। 'सूर-निर्णय' के लेखकों ने इस प्रश्न पर पर्याप्त विचार किया है और अन्तःसाक्ष्य तथा बाह्य साक्ष्य के आधार पर संवत् 1640 पर्यन्त सूर की उपस्थिति सिद्ध की है, जो वस्तुतः युक्ति-युक्त प्रतीत होती है। हम पहले बता चुके हैं कि ऐतिहासिक साक्ष्यों के अनुसार सूर और अकबर की भेंट संवत् 1631 से पहले सम्भव नहीं और इस मिलन को प्रायः सभी ने स्वीकार किया है। अतएव सूरदासजी का गोलोकवास संवत् 1631 के पश्चात् ही मानना चाहिए। कृष्णदासजी द्वारा जो वसन्त-विषयक प्रसिद्ध पद है उसमें सूरदासजी के साथ गोसाईंजी के सप्तम पुत्र घनश्याम का भी उल्लेख है, जिनका जन्म श्री वल्लभ-वंश-वृक्ष के अनुसार संवत् 1628 में हुआ। यदि वसन्तोत्सव के समय उनकी आयु सात वर्ष भी मानी जाय तो सूरदासजी के अस्तित्व का पता संवत् 1635 तक चला जाता है। जैसा कि पहले कहा जा चुका है, वार्ता-साहित्य के अनुसार सूरदासजी के निधन के समय गोसाईं विट्ठलनाथजी जीवित थे। श्री विट्ठलनाथजी संवत् 1628 विक्रमी से ही स्थायी रूप से गोकुल में रहने लगे थे और तभी नवनीतप्रियजी के मन्दिर की स्थापना हुई थी, जिनके दर्शनों के लिए सूरदासजी कभी-कभी आया करते थे। गोसाईंजी का तिरोधान फाल्गुन कृष्णा सप्तमी, संवत् 1642 को हुआ। 'सम्प्रदाय कल्पद्रुम' में उनका तिरोधान-संवत् 1644 फाल्गुन शुक्ला एकादशी बताया गया है। 'दी इम्पीरियल फ़रमान्स' में अनूदित और सम्पादित एक फ़रमान संवत् 1651 का है, जिसमें गोसाईं विट्ठलनाथजी का भी उल्लेख है। इस आधार पर किसी आलोचक ने उनकी स्थिति

संवत् 1651 तक मानी है। हमारे विचार से तो इस विषय में डॉ. दीनदयाल गुप्त का मत ही अधिक तर्कसंगत प्रतीत होता है। उन्होंने लिखा है–

बहुधा देखा जाता है कि किसी व्यक्ति के मरने के बाद भी जब तक उसके उत्तराधिकारी के नाम उसकी सम्पत्ति के कागजों में दाखिल-खारिज नहीं होता, तब तक सरकारी कागज उसी के नाम जारी रहते हैं।

इस बात की पुष्टि इससे भी हो जाती है कि शाहजहाँ के पश्चात् भी जो फ़रमान इस सम्प्रदाय वालों के लिए जारी किए गए, उनमें भी विट्ठलनाथजी का नाम है, इसलिए ऐसे फ़रमानों को तो नसल-दर-नसल मानना चाहिए। वैसे साम्प्रदायिक साहित्य से भी यही सिद्ध होता है कि गोसाईं विट्ठलनाथजी का तिरोधान संवत् 1642 में ही हुआ, क्योंकि इसके पश्चात् कोई ऐसा कार्य नहीं हुआ जिस पर उनके व्यक्तित्व की छाप हो। इसलिए सूरदासजी का देहावसान पारसौली में संवत् 1640 के लगभग ही मानना अधिक समीचीन जान पड़ता है।

उस युग की साधना और तात्कालिक समाज

हजारीप्रसाद द्विवेदी

1. टीका-युग और उसकी प्रधान समस्या

ईसा की पन्द्रहवीं शताब्दी के अन्त में किसी समय सूरदास ने जन्म ग्रहण किया था और सोलहवीं शताब्दी के मध्यभाग तक ये जीवित रहे। इनका काल ईसा की सोलहवीं शताब्दी रखा जा सकता है। इतिहास की दृष्टि में यह काल भारतीय संस्कृति की पराजय का काल है। विदेशी शक्तियाँ भारतवर्ष के इस कोने से उस कोने तक अपना आतंक विस्तृत कर चुकी थीं। युद्ध-विग्रह में, वाणिज्य-व्यवसाय में, भीतरी और बाहरी राज्य-व्यवस्थाओं में–सर्वत्र विदेशियों और विधर्मियों का हाथ था। इस देश के रहनेवालों ने अनिच्छापूर्वक, विवश होकर यह शासन-व्यवस्था स्वीकार कर ली थी। बीच-बीच में सिर उठाने की कोशिश अगर कहीं हुई भी, तो तत्काल ही दर्प चूर्ण कर दिया गया। सचमुच यह युग इस दृष्टि से देखने से अत्यन्त अन्धकारमय दिखाई देता है। भारतवर्ष की असफलता की करुण कहानी से इस युग के इतिहास का अध्याय भरा पड़ा है!

परन्तु इन सारी विघ्न-बाधाओं के होते हुए भी भारतवर्ष अपने आत्म-रूप में निस्तेज नहीं हुआ था। "यह बात माननी ही होगी कि राष्ट्रीय साधना भारतवर्ष की साधना नहीं है। एक बार बड़े-बड़े राजा और सम्राट् हमारे देश में दिखाई पड़े थे। किन्तु इनकी महिमा इन्हीं में स्वतन्त्र है। देश के सर्वसाधारण ने उस महिमा की सृष्टि भी नहीं की, वहन या भोग भी नहीं किया। व्यक्ति-विशेष की शक्ति में ही उसका उद्‌भव और विलय हुआ। किन्तु भारतवर्ष की एक अपनी साधना है, वह है उसके अन्तर की चीज़। सब प्रकार के राष्ट्रीय विपर्यय के भीतर से उसकी धारा बहती रही है।"[1] सूरदास के युग में भी यह धारा सूख नहीं गई थी, बल्कि और भी स्पष्ट होकर दिखाई पड़ी थी। पन्द्रहवीं और सोलहवीं शताब्दी भारतवर्ष की राजनीतिक हार का युग भले ही हो, वर्तमान भारत इन शताब्दियों का ही परिणाम है। इन दो सौ वर्षों

1. रवीन्द्रनाथ ठाकुर।

को एक बार इतिहास से निकाल दीजिए, फिर देखिए हम कहाँ के रह जाते हैं! वर्तमान भारत जिन महापुरुषों की देन है वे—रामानन्द, वल्लभ, चैतन्य, कबीर, सूरदास, दादू, मीराबाई, तुलसीदास, नरसी मेहता, तुकाराम—सब-के-सब इन्हीं दो शताब्दियों की उपज हैं। इन दो शताब्दियों को छोड़ दिया जाय तो हिन्दी-साहित्य में तो कुछ रह ही नहीं जाता। यह एक अद्भुत विरोधाभास है, पर है सच। देखा जाय, यह बात कैसे सम्भव हुई।

हिन्दू-धर्म के शास्त्र संस्कृत भाषा में लिखे गए हैं। पन्द्रहवीं और सोलहवीं शताब्दी को शास्त्रों के भाष्य या टीका का युग कह सकते हैं। मुसलमानों के आगमन के पहले भी सैकड़ों जातियाँ इस देश में आकर हिन्दू-धर्म का कवच पहन चुकी थीं। नई-नई जातियों के आने से नई-नई समस्याएँ खड़ी होती गईं और हिन्दू शास्त्रकारों ने नई-नई स्मृतियाँ और नए-नए पुराण रचकर इन समस्याओं को हल करने की चेष्टा की थी। उस समय तक हिन्दू जाति के अन्दर एक क्षीण जीवनी-शक्ति वर्तमान थी। इस जीवनी-शक्ति के कारण ही वह नई व्यवस्थाएँ बना सकी थी, परन्तु मुसलमानों के आने से वह शक्ति स्तम्भित-सी हो गई। अब तक जो जातियाँ आई थीं उनकी अपनी कोई ज़बर्दस्त संस्कृति न थी, पर मुसलमानों की संस्कृति केवल सशक्त और संयत ही नहीं थी, उसमें भारतीय संस्कृति के विरोधी उपादान भी थे। बड़ी विकट समस्या थी!

हिन्दू जाति में—जहाँ तक शास्त्रों का सम्बन्ध था—मौलिकता बच नहीं रही थी। पर परम्परा की एकान्त-प्रेमी सभ्यता होने के कारण वह शास्त्रों को फेंक भी नहीं सकती थी। इस विकट युग में कुछ शास्त्रकारों ने पुरानी स्मृतियों और पुराने पुराणों के स्तूपीभूत संग्रह से काल-धर्म की उपयोगिनी विधि-व्यवस्थाओं की खोज शुरू की। स्मृतियों पर नई टीकाएँ लिखी गईं, नए-नए व्यवस्था-शास्त्र रचे गए और नए-नए पुराण-ग्रन्थ भी बनाए गए। मनु के टीकाकार मेघतिथि और कुल्लूक भट्ट, मिताक्षरा की टीका लिखनेवाले विज्ञानेश्वर, चतुर्वर्ग चिन्तामणिकार हेमाद्रि, बंगाल के रघुनन्दन, काशी के कमलाकर आदि बड़े-बड़े आचार्यों ने इस काम में हाथ लगाया।

केवल स्मृति और पुराण ही तक यह बात सीमित नहीं रही। वेदान्त, न्याय, व्याकरण, मीमांसा, ज्योतिष, वैद्यक आदि सभी शास्त्रों में मौलिकता का कोई चिह्न नहीं मिलता। केवल टीका ही इस युग का कर्तृत्व कार्य था। वेदों का सर्वोत्तम भाष्य, जिसे सायणाचार्य ने लिखा, इसी युग की उपज है। सारांश यह कि शास्त्रों की दृष्टि से इस युग को टीकायुग कहा जा सकता है।

रघुनन्दन को लीजिए या हेमाद्रि को, निर्णय-सिन्धु को देखिए या मिताक्षारा को, सर्वत्र एक विशाल प्रयत्न दृष्टिगोचर होगा। राशि-राशि स्मृतियों और पुराणों के उद्धरण दे-देकर व्याख्याकारों ने हिन्दू संस्कृति के वास्तविक रूप को बचा रखने की

कोशिश की। इस प्रयत्न को देखकर उस युग की विकट समस्या का अनुमान होता है। सभी विद्वान मानो हिन्दू शास्त्रों की सारी शक्ति समेटकर विदेशी शक्ति का सामना करने को तत्पर हैं। सवाल यह है कि वह विकट समस्या क्या थी? और सूरदास के अध्ययन से उस विकट समस्या पर कुछ प्रकाश पड़ता है या नहीं? क्या सूरदास स्वयं एक ऐसी शक्ति थे जो भारतीय संस्कृति की रक्षा का प्रयत्न कर रहे थे?

इन प्रश्नों का उत्तर जितना ही कठिन है उतना ही सरल भी है। सूरदास शायद ही कहीं ऐसी बात कह गए हों जो उस युग की तात्कालिक परिस्थिति पर प्रकाश डाले। कारण यह है कि वे किसी युग-विशेष के आदमी नहीं थे। परन्तु सामाजिक परिस्थिति कुछ इस प्रकार जटिल और विषम हो उठी थी कि कहीं-कहीं सूरदास के पदों में उनकी ओर एक अस्पष्ट इंगित मिलता है। इस बात को समझने के लिए उस युग की साधना की एक संक्षिप्त नाप-जोख आवश्यक है।

इतिहास का विद्यार्थी, हमारे प्रश्नों के उत्तर में, छूटते ही कह उठेगा कि उस विकट समस्या को तो एक वाक्य में ही बताया जा सकता है। मुसलमान बादशाह मन्दिरों और मूर्तियों को तोड़ते जा रहे थे और हिन्दू-तीर्थों को बरबाद कर रहे थे; नाना उचित-अनुचित उपायों से भोली-भाली हिन्दू जनता को मुसलमान बनाया जा रहा था; आएदिन हिन्दू-भले घरों की बहू-बेटियों का सतीत्व नष्ट किया जा रहा था। इससे बढ़कर और विकट समस्या क्या हो सकती है? सचमुच इतिहास मुसलमानों की इसी ज़्यादती को बताकर चुप हो जाता है। परन्तु ये बातें शास्त्रीय समस्या का रूप नहीं धारण कर सकतीं। इससे बढ़कर उपहासास्पद बात और क्या हो सकती है कि मुसलमान तो गदा के आघात से सोमनाथ की मूर्ति को चूर्ण-विचूर्ण करते रहें और हिन्दू इस आक्रमण से रक्षा पाने के लिए 'मिताक्षरा' लिखा करें। नहीं, यह उत्तर हमारे प्रश्न का उचित उत्तर नहीं हुआ। हम यह स्वीकार करते हैं कि मुसलमानों ने कभी-कभी अनुचित शारीरिक बल का प्रदर्शन किया था, पर उसके लिए हिन्दुओं ने शारीरिक बल से ही—भले ही वह अल्प या असंहत हो—आत्मरक्षा की चेष्टा की थी। वस्तुतः शास्त्रीय समस्या का कारण कुछ और ही था।

बौद्ध धर्म इसके बहुत पहले लोप हो चुका था। लोप का यह अर्थ नहीं है कि वह एकदम कहीं उड़कर अन्यत्र चला गया था। असल में वह पुनरुज्जीवित हिन्दू धर्म में ही घुल-मिल गया था। हिन्दू सभ्यता अब पुरानी वैदिक सभ्यता नहीं रह गई थी। उसमें नाना भाँति के अवैदिक उपादान आ मिले थे। बौद्ध धर्म का दुःखवाद, वैराग्य, मूर्ति-पूजा इत्यादि बातें हिन्दू-धर्म की अपनी चीज़ हो गई थीं। अध्यापक क्षितिमोहन सेन ने सिद्ध किया है कि बौद्ध धर्म की यह बातें पहले से ही आर्येतर जातियों में विद्यमान थीं। आर्य-सभ्यता का प्रधान केन्द्र था यज्ञभूमि और द्रविड़ सभ्यता का तीर्थ। उत्तरकाल में यज्ञों का स्थान तीर्थों ने ले लिया था। मुसलमानों के आगमन

के पहले हिन्दू-सभ्यता प्रधानतः तीर्थों, व्रतों, अनुष्ठानों और विविध-प्रतीकों की पूजा पर ही केन्द्रित थी। धर्म आन्तर-वस्तु न होकर बाहरी दिखावे का रूप धारण करता जा रहा था। बौद्धों का प्रवर्तित वैराग्य इस युग में अति विकृत रूप में देखा गया। लाख-लाख की संख्या में काज-कर्महीन अलस साधुओं का दल व्यर्थ वैराग्य की आँच से हिन्दू संस्कृति को झुलसा रहा था। प्रतीकपूजन का सात्त्विक अंश लुप्त होकर विकृत रूप को स्थान दे चुका था।

इस समय पूर्व और उत्तर भारत में सबसे प्रबल सम्प्रदाय नाथपंथी योगियों का था। जनता का सारा ध्यान इन अशास्त्रीय योगियों की ओर आकृष्ट था। ये लोग महायान बौद्ध धर्म के उत्तराधिकारी थे। इन योगियों के परिवर्तित रूप में तथागत के स्थान पर शिव का अधिकार हो गया था, पर मूलतः ये बौद्ध थे। गोरखनाथ, मीननाथ आदि बड़े-बड़े साधकों ने इस सही साधना को खूब समृद्ध किया। कबीर, नानक, दादू आदि सन्तों की वाणियों पर इनका यथेष्ट प्रभाव है। इसी तरह धर्म और निरंजन- मतवाद की छाप भी परवर्ती साधकों पर है।[1] वे लोग निर्गुण ब्रह्म के उपासक थे।

इसी समय एक और धारा पश्चिम से आई। यह शास्त्रीय मुसलमानों (बा-शरा) की साधना-धारा नहीं थी बल्कि बे-शरा (अशास्त्रीय) सूफियों की साधना थी। शास्त्रीय मुसलमान हिन्दू धर्म के मर्मस्थान पर आघात नहीं कर सकते थे। वे केवल उसके शरीर को नोंच-ख़सोटकर दुःख भर पहुँचा सकते थे। पर इन सूफियों ने भारत के हृदय पर प्रभाव जमाया। कारण यह था कि इनका मत भारतीय साधना-पद्धति का अविरोधी था। पर अविरोधी होने से क्या होगा, उसका सामंजस्य आचार-प्रधान टीका-युग के धर्म से न हो सका। भारतवर्ष की वह धारा जो आचार-प्रधान वर्णाश्रम धर्म के विधानों के नीचे गुप्त रूप से बह रही थी, एकाएक इस सधर्मी को पाकर विशाल वेग से जाग पड़ी। निरंजन, नाथ आदि मार्गों की साधना पहले से ही निर्गुण ब्रह्म की ओर प्रवृत्त थी। इन दो धाराओं के संयोग से एक अभिनव साधना ने जन्म लिया। कबीर, दादू आदि इसी मार्ग के यात्री हैं।

यह बात स्मरण रखने की है कि न तो सूफी मतवाद और न यह अभिनव निर्गुण उपासना-पद्धति ही उस विपुल वैराग्य के भार को कम कर सकी जो बौद्ध-संघ के अनुकरण पर प्रतिष्ठित थी। देश में पहली बार वर्णाश्रम-व्यवस्था को इस विकट परिस्थिति का सामना करना पड़ रहा था। अब तक वर्णाश्रम-व्यवस्था का कोई प्रतिद्वन्द्वी नहीं था, आचार-भ्रष्ट व्यक्ति समाज से अलग कर दिए जाते थे और वे एक नई जाति की रचना कर लेते थे। इस प्रकार सैकड़ों जातियों-उपजातियों की सृष्टि के होते रहने पर भी वर्णाश्रम-व्यवस्था एक तरह से चलती ही जा रही थी। इसमें अगर कभी विद्रोह हुआ

1. अध्यापक क्षितिमोहन सेन कृत 'भारतीय मध्य युगेर साधना'।

था तो यह वैराग्य-प्रधान साधु-पन्थों के द्वारा। परन्तु अबकी बार समस्या बड़ी टेढ़ी हो चली। सामने ही एक विराट शक्तिशाली प्रतिद्वन्द्वी समाज था, घर में ही वैराग्य-प्रधान साधुओं का भारी विद्रोह था, ये दो बातें ही वर्णाश्रम-व्यवस्था को हिला देने के लिए काफी थीं। परन्तु तीसरी शक्ति तो और भी विचित्र और अद्‌भुत थी। निम्न श्रेणी के साधक अपनी महिमाशालिनी प्रतिभा और साधना के बल पर ब्राह्मण से लेकर शूद्र तक के गुरु बन रहे थे और सो भी न तो समाज से निकलकर और न वैराग्य की धूनी रमाकर। इस विकट परिस्थिति को सँभालना शास्त्र के लिए असम्भव हो उठा था। टीकाकारों ने बहुत प्रयत्न किया, पर व्यर्थ।

इसी समय दक्षिण से एक नई धारा आई। यह धारा थी भक्ति की। कबीर आदि सन्तों ने जिस साधना का उपदेश किया था वह भारतवर्ष की अपनी ही चीज़ थी, सरल और सहज थी, परन्तु तात्कालिक जन-समुदाय अपने पुराने संस्कारों के कारण इसे तत्काल ग्रहण नहीं कर सका। कबीरदास ने स्थान-स्थान पर जन-मत को काफी आघात भी पहुँचाया है जो उस युग की संस्कार-जन्य जड़ता को देखकर उन्हें करना पड़ा था। पर दक्षिण भारत से आई हुई भक्ति-धारा साधारण जनता के लिए बहुत दूर की चीज़ नहीं जान पड़ी। इस साधना का केन्द्र-बिन्दु था प्रेम। राम और कृष्ण का आश्रय लेकर इस भक्ति की साधना ने उस युग को एक नया प्रकाश दिया।

विदेशी संस्कृति से आत्म-रक्षा के लिए अब प्रधानतः दो शक्तियाँ काम करने लगीं—पहली कबीर आदि की निर्गुण-साधना और दूसरी सूरदास आदि की सगुण-साधना। पहली शक्ति शास्त्रकारों के लिए स्वयं एक समस्या थी। इस धारा ने सूफी सन्तों के मतवाद को भारतीय रूप में ही प्रकट नहीं किया, उन्हें भारतीय संस्कृति से प्रभावित भी किया। यह हिन्दू प्रभावापन्न मुसलमान साधकों का दल अपने समाज के शास्त्रकारों के निकट ठीक उसी प्रकार उपस्थित हुआ जिस प्रकार कबीर आदि के समान साधक हिन्दू शास्त्रकारों के निकट हुए थे। किसी-किसी मुसलमान साधक को अपने को शास्त्र-सम्मत सिद्ध करने का प्रयत्न करना पड़ा था।

भक्त-साधकों की दूसरी धारा शास्त्र और परिस्थिति का सामंजस्य करती हुई आगे बढ़ी। इन्होंने शास्त्र के उन अंशों को, जो भक्ति-सिद्धान्त के अविरोधी थे, ज्यों-का-त्यों मान लिया परन्तु अन्य अंशों की उपेक्षा की। हमारा यह अध्ययन केवल सूरदास से सम्बन्ध रखता है। अतः हम यहाँ न तो पहली धारा के साधकों की ही चर्चा करेंगे और न दूसरी धारा के अन्य भक्तों की। अपनी बात की जाँच के लिए हम सूरदास और उनके समसामयिक भक्तों के ग्रन्थों से ही यथासाध्य उद्धरण देने का प्रयत्न करेंगे।

सूरदास आदि भक्त कवियों में कहीं विरोध की ध्वनि नहीं है, वे अगर किसी बात को अनुचित समझेंगे तो अत्यन्त भृदु भाषा में उसकी उपेक्षा पर ज़ोर देंगे। यह उपेक्षा भी वे सीधे नहीं कहेंगे। कहेंगे कवि की भाषा में, लक्षणा और व्यंजना का आवरण डालकर। इनकी तुलना उपनिषद् के ऋषियों से की जा सकती है जो यज्ञ-याग के विरोधी नहीं, उपेक्षक थे। सूरदास का सूरसागर प्रेम का काव्य है। इस प्रेम की लीला का वर्णन करते-करते प्रसंगवश वे कहीं-कहीं योग, तीर्थ आदि पर कुछ कह गए हैं। उस छोटे-से कथन से, उस युग की परिस्थिति पर, कभी-कभी एक हलका-सा प्रकाश पड़ जाता है।

2. सूरदास की दृष्टि में उस युग के साधक

सूरदास के युग में सबसे प्रबल मतवाद था नागपंथी योगियों का। गोपियों के मुख से सूरदास ने इस मत के विषय में बहुत-कुछ कहलाया है। 'सूरसागर' पढ़कर इन योगियों के विषय में बहुत-सी बातें जानी जा सकती हैं। ये आसन, ध्यान, आराधना आदि के द्वारा साधना करते थे, मुद्रा, भस्म, विषाण, मृगचर्म, आदि धारण करते थे।[1] ये आसन बाँधकर आँख मूँदकर ध्यान किया करते थे[2], और गोरखनाथ का नाम लेकर अलख जगाया करते थे[3], इनका उपदेश भी 'सूरसागर' में दिया हुआ है। ये कहा करते थे, भगवान् शून्य, सहज में वास करते हैं। इंगला, पिंगला और सुषुम्ना नाड़ियों में होता हुआ जीवात्मा, ब्रह्मसायुज्य को पाता है।[4] ये सर्व जगत् को ब्रह्ममय देखने का उपदेश करते थे। ब्रह्म अलख है, निरंजन है। इनकी साधना में पद्मासन जमाकर आँख मूँदकर ध्यान देने पर ज़ोर दिया जाता था। ऐसा करने पर इन लोगों के कथनानुसार अन्तर्ज्योति का साक्षात्कार होता था। यही अन्तर्ज्योति अच्युत, अविगत और अविनाशी है।

---

1. आसन ध्यान, वाइ आराधन अलि मन चित तुम ताए।
   अतिहि विचित्र सुबुद्धि सुलक्षण गुंज योग मति गाए।
   मुद्रा भस्म विसान तुचा मृग ब्रज युवतिन मन भाए॥ (2991)
2. आए हैं कहियत ब्रज ऊधो ब्रज युवतिन लै योग।
   आसन ध्यान नैन मुँदे सखि कैसे कटे वियोग॥ (3052)
3. गोरख शब्द पुकारत आरत रस रसना अनुराग। (3125)
4. यह उपदेश कह्यो है माधे, करि विचार सन्मुख ह्वै साधो।
   इंगला पिंगला सुषुम्ना नारी, सून्यो सहज में बसहिं मुरारी।
   ब्रह्मभाव करि मैं सब देखो, अलख निरंजन ही को लेखो।
   पद्मासन इक मन चित लाओ, नैन मूँदि अन्तर्गत ध्यावो।
   हृदय-कमल में ज्योति प्रकाशी, सो अच्युत अविगत अविनाशी।
   याहि प्रकार विषम तम तरिये, योग-पंथ, क्रम-क्रम अनुसरिये॥

महायान बौद्ध धर्म में धीरे-धीरे सहजयान की प्रधानता स्थापित हो गई थी। कहते हैं, यही सहजयान योग से मिलकर नाथपंथ के रूप में आविर्भूत हुआ। (2408) इन मतों में सहज, शून्य, निरंजन आदि बातें ज्यों-की-त्यों रह गईं। परिस्थिति के अनुसार इनके अर्थों में हेर-फेर ज़रूर होता रहा, पर इनकी धारा नहीं टूटी। सहजयान की साधना प्रणाली, जैसे चित्त स्थिर करना, प्राणायाम, बिन्दुधारण प्रभृति बातें ज्यों-की-त्यों रह गईं। कबीरदास आदि सन्तों ने इन शब्दों को ग्रहण किया था। सूरदास इन सारी योग-क्रियाओं और कृच्छ, साधनाओं को अनावश्यक समझते हैं। प्रेम के सामने ये कोई चीज़ नहीं। यद्यपि ये इनको विमार्ग ले जाने का साधन नहीं समझते, उलटे इसे बहुत ऊँचा और साधारण जनों के लिए अगम्य समझते हैं[1], परन्तु उनका मत यह जान पड़ता है कि भक्तिरूपी सहज पन्थ के रहते यह योग का मार्ग, सब तरह से उच्च होते हुए भी, व्यर्थ का भार है।[2]

इसके बाद निर्गुण उपासना की बातें हैं। निर्गुण उपासना से सूरदास का मतलब शायद कबीरदास आदि की साधना से है। सूरदास इसको भी सगुण उपासना के सामने फीका समझते हैं। इन निर्गुण उपासना के साधकों का कहना था कि त्रिगुणात्मक वेष त्याग करके पूर्ण ब्रह्म का ध्यान करो। भगवान् का न तो नाम है, न रूप। उनका कुल भी नहीं, वर्ण भी नहीं। न कोई पिता-माता है, न कोई स्त्री है। वे त्रिगुणातीत है। यह संसार मिथ्या है। ईश्वर को सुख भी नहीं होता और दुःख भी नहीं।[3] आत्मा ही ब्रह्म

---

1. मधुकर, हम अयात अति भोरी।
   जानैं कहा जोग की बातें जे हैं नवल किसोरी।
   कंचन को मृग कवन देख्यो किन बाँध्यों गहि डोरी।
   विनुही भीत चित्र किन कीन्हो किन नभ घाल्यो झोरी।
   केहिधौं मधुप बारिमथि माखन काढ़ि जो भर्‌यो कमोरी।
   सब ते ऊँचो ज्ञान तुम्हारो हम अहीरि मति थोरी॥
2. निसि दिन रसना रटत श्याम गुण का करि जोग मरौं।
   ... .
   ऊधोजू हमहिं न जोग सिखैये।
   जेहि उपदेस मिलैं हरि हमको सो वृत नेम सिखैये।
   ... ...
   हम अबला का जानहीं, जोग जुगुति की रीति।
   नन्दनन्दन को छाँड़िकै, को लिखि पूजै भीति।
3. गोपी सुनहु हरि सन्देस।
   कह्यो पूरन ब्रह्म ध्यावहु, त्रिगुन मिथ्या भेष।
   ज्ञान बिनु नर मुक्ति नाहीं, यह विषय संसार।
   रूप रेख न नाम जल थल बरन अबरन सार।
   मातु पितु कोउ नाहिं नारी, जगत मिथ्या लाइ।
   सूर सुख-दुख नाहिं जाके, भजो ताको जाइ॥

है, वह घट-घट व्यापक है।[1] भगवान् अविगत हैं, अविनाशी हैं, पूर्ण हैं—इस निर्गुण ज्ञान के बिना मुक्ति नहीं मिलती।[2]

इस मत से सगुण उपासना की सरलता और उसका उत्कर्ष भी 'सूरसागर' में अनेक स्थानों पर कहा गया है।[3] भगवान् के सगुण रूप के होते हुए, निर्गुण उपासना का आश्रय, सूरदास को पसन्द नहीं।

ये दो मतवाद ही उस समय ज़ोरों पर थे। स्वयं सूरदास इनसे प्रभावित हुए थे। योग-मार्ग में कृच्छ्र साधना पर अधिक ज़ोर दिया जाता था और निर्गुण मार्ग में ज्ञान पर। और भी कितने ही पंथ उस समय वर्तमान थे। पर उन सभी पंथों को दो श्रेणियों में विभक्त किया जा सकता है—कृच्छ्र साधना-प्रधान और ज्ञान-प्रधान। कृच्छ्र साधना और ज्ञानमार्ग की चर्चा करते समय सूरदास उन सभी मतों की आलोचना कर जाते हैं जो उस समय प्रचलित थे। जहाँ-तहाँ अन्य सम्प्रदायों का नाम भी सूरसागर में मिल जाता है जैसे मुँड़िया या मुँड़ित संन्यासी।[4] ये सभी ज्ञान-प्रधान साधक थे। सूरदास इनकी साधना को भी प्रेम के समकक्ष नहीं रखना चाहते।

जनसाधारण में उस समय व्रत, पूजा, उपवास, तीर्थ आदि की महिमा खूब प्रतिष्ठित थी। सूरदास इन सारी बातों को व्यर्थ समझते थे।[5] इस बात में वे निर्गुण ज्ञान-मार्गियों से प्रभावित हुए जान पड़ते हैं। योग, यज्ञ आदि अनुष्ठान भी उन्हें पसन्द नहीं।[6]

---

1. आतम ब्रह्म लखावत डोलत, घट-घट व्यापक जोई।
   चाँपे काँख फिरत निर्गुन गुन, इहाँ न गाहक कोई॥
2. बै अविगत अविनासी पूरन, सब घट रह्यो समाई।
   निर्गुन ज्ञान बिनु मुक्ति नहीं है, वेद पुरानन गाई॥
3. ऊधो प्रेम रहित योग निस काहे को गायो।

   ... ...

   अविनासी निर्गुन मत कहा आनि भाख्यो।
   सूरदास जीवन प्रभु कान्ह कहाँ राख्यो॥

   ... ...

4. ऊधो, तुम हो निकट के वासी।
   यह निर्गुण लै ताहि सुनावहु जे मुँड़िया बसैं कासी॥
5. गनिका किये कौन व्रत संयम शुक हित नाम पढ़ावै।
   मनसा करि सुमिरो गज बपुरो ग्राह परम गति पावै॥

   ... ...

6. काहे को अश्वमेध जग कीजै गया-श्राद्ध कासी केदार।
   राम कृष्ण अभिधाम न पटतर जो तन गरै हेम हतमार॥
   प्राग कल्प माथे करवत दै, चन्दा तरिन ग्रहन लछवार।
   सूरदास भगवन्त भजन बिनु, यम कै दूत कौन टारै मार॥

पर इसका मतलब यह नहीं कि सूरदास स्मार्त पंथ के विरोधी हैं। वे भक्ति को सर्वोपरि समझते हैं। अगर भक्ति है तो तीर्थ-व्रत की ज़रूरत नहीं, अगर भक्ति नहीं है तो तीर्थ-व्रत से कुछ बड़ी चीज़ की प्राप्ति नहीं होगी।

भगवान् की दृष्टि में जाति-पाँति, कुल-शील आदि कोई चीज़ नहीं है।[1] योगी और अयोगी उनकी दृष्टि में समान हैं। केवल प्रेम चाहिए, प्रेम से ही वे मिलते हैं।[2] इस प्रेम के अभाव में संसार का प्राणी व्यर्थ ही माया के चक्र में पड़कर चौरासी लाख योनियों में भ्रमण करता है।–यही सूरदास का अपना मत है।

3. मध्ययुग के ईसाई मरमी और सूरदास

डॉक्टर ग्रियर्सन ने एकाधिक बार सूरदास, नन्ददास, मीराबाई, तुलसीदास आदि भक्त कवियों पर ईसाई प्रभाव की चर्चा की है। उन्होंने इन्हें मध्ययुग के ईसाई मरमियों Bernerd of Clairvaux, Thomas a-Kempis, Ekhert और St. Therisa आदि के समान बताया है। अतएव सूरदास के विद्यार्थी को एक बार मध्ययुग के ईसाई मरमी सन्तों की खोज करना आवश्यक हो गया है। हम यहाँ इन दो-दो श्रेणी के मरमी भक्तों के दृष्टिकोणों को, जिन्हें एक श्रेणी का मान लिया गया है, स्पष्ट करना चाहते हैं।

ईसवी सन् की बारहवीं शताब्दी के बाद फ्रांस के ईसाई मरमी सन्तों की साधना में विश्वात्मबोध का प्राबल्य दिखाई पड़ा। उस समय "चर्च को इस समस्या का सामना करना पड़ा था कि इन मरमियों के विश्वास (Faith) और गम्भीर प्रेम (Warm love) की भावना को कैसे उत्तेजित किया जाय।" क्योंकि भक्ति के लिए त्रैत भावना–ईश्वर, ईश्वर का पुत्र और जीव–नितान्त आवश्यक थी। इसी समय सेंट बर्नर्ड, ह्यूगो और रिचार्ड जैसे महिमाशाली सन्तों का

---

1. राम भक्त वत्सल निज बानी।
   जाति गोत कुल नाम गनत नहिं रंक होय कै रानी।
   ... ...
   काहू के कुल नाहिं विचारत।
   अविगति की गति कहौं कौन सों पतित सबन को तारत।
   ओछे जन्म कर्म के ओछे ओछे ही बोलावत।
   अनत सहाय सूर के प्रभु की भक्त के हेतु पुनि आवत।
2. प्रेम प्रेम सो होई प्रेम सों पारहि जैये
   प्रेम बँध्यो संसार प्रेम परमारथ पैये।
   एकै निश्चय प्रेम को जीवन्मुक्ति रसाल
   साँचो निश्चय प्रेम को जिहितें मिलै गुपाल।

आविर्भाव हुआ जिन्होंने शास्त्र-परम्परा के साथ मर्मभाव का सामंजस्य किया। उन्होंने इस बात पर ज़ोर दिया कि आत्मज्ञान ही परमात्मबोध का साधन है और आत्मपवित्रीकरण (Self purification) तत्त्वज्ञान से कहीं ऊँचा है। तेरहवीं शताब्दी में यूरोपियन चर्च में प्रधानतः दो धाराएँ हो गई थीं। एक श्रेणी के सन्तों की घोषणा थी कि "आत्मा किसी नियम की पाबन्द नहीं है। इन लोगों ने खुल्लमखुल्ला स्रष्टा और स्रष्ट के भेद को मिटा देना चाहा।" इसी नाजुक परिस्थिति में प्रभाव-सम्पन्न मरमी सन्त एखर्ट का आविर्भाव हुआ। इन्होंने बड़ी ज़ोरदार भाषा में बाइबिल के "Divine spark at the apex of the soul" की व्याख्या करके परमात्मा को इतने निकट बताया कि आत्मा सदा-सर्वदा ईश्वर के साथ है।

इन तथा अन्य ईसाई सन्तों की साधना को थोड़े में इस प्रकार कहा जा सकता है–(1) आत्मसमर्पण (Self surrender), (2) अपने में प्रभु के जीवन की अनुभूति (The feeling of Lord's life within us), (3) तीन दिशाएँ : पवित्रीकरण, उज्ज्वलीकरण और योग या एकात्म भाव, (4) प्रतीक भावना, (5) अन्तर्दृष्टि और पाप-बोध की कोमलता।

पहली बात है Conversion अर्थात् चैतन्य का अकस्मात् उदय और धर्म-जीवन के लिए व्याकुलता।[1] इसके बाद आती है Pergative statge अर्थात् संसार से वैराग्य, पास-बोध, दीनता और आत्म-त्याग।[2] इन दो दशाओं को पार करने के बाद भक्त

---

1. तुलना कीजिए–
जनम सिरानो ऐसे ऐसे।
कै घर-घर भरमत जदुपति बिन कै सोवत कै बैसे।
कै कहुँ खान-पान-रमनादिक कै कहुँ बाद अनैसे।
कै कहुँ रंक कहूँ ईश्वरता नट-बाजीगर जैसे॥
चेत्यो नाहिं गयो टरि अवसर मीन बिना जल जैसे।
यह गति भई सूर की ऐसी स्याम मिलैं धौं कैसे॥
... ...
अब हौं नाच्यो बहुत गुपाल।
काम क्रोध को पहिरि चोलना कंठ विषय की माल।
महा मोह के नूपुर बाजत निन्दा शब्द रसाल।
... ...
कोटिक कला काछि दिखराई जल थल सुधि नहिं काल।
सूरदास की सबै अविद्या दूरि करहु नन्दलाल।
2. वैराग्य :
सबनी सनेही छाँडि दयो।

Illuminative stage पर आता है जबकि संसार की प्रत्येक वस्तु उसे भगवान् की प्राप्ति के लिए उद्वेलित कर देती है।[1] इस समय तक भक्त साधक Vision या

हा जदुनाथ जरा तन ग्रास्यो प्रतिभौ उतरि गयो।
... ...
सोइ धन धाम नाम सोई कुल यह वपु जिहि बिढ़यो।
अब सबही को वदन स्वान लौं चितवत दूरि भयो।
दारा सुत हित चित सज्जन सब काहु न सोचि लयो।
संसृति दोष विचारि सूर धनि जे हरि सरन लियो॥

पापबोध :

प्रभु, हौं सब पतितन कौ टीकौ।
और पतित सब द्यौस चारि के हौं तो जनमत ही कौ।
वधिक अजामिल गनिका तारी और पूतना ही कौ।
मोंहि छाँड़ि तुम और उधारे मिटै शूल किमि जीकौ।
कोऊ न समरथ सेव करन कौ खैंचि कहत हौं लीकौ।
मरियत लाज सूर पतितन में कहत सबन में नीकौ॥

दीनता :

कृपा अब कीजिए बलि जाउँ।
नाहिन मेरे अनत कहूँ अब पद अम्बुज बिनु ठाउँ।
हौं अशुची अकृती अपराधी सनमुख होत लजाउँ।
तुम कृपालु करुनानिधि केसव अधम-उधारन-नाउँ।
काके द्वार जाइ हौं ठाढ़ो देखत काहि सुहाउँ।
असरनसरन विरद व्यापक हौं कामी कुटिल सुभाउँ।
कलुषी परम मलीन दुष्ट हौं सेत्यों तौ न बिकाउँ।
सूर पतितपावन पद-अम्बुज पारस क्यों परसाउँ।

आत्म-त्याग :

हमैं नन्द नन्दन मोल लिये।
यम की फाँसि काटि मुकराए अभय अजाद किए।
मूड़ मुँड़ाय कंठ बनमाला मुद्रा चक्र दिए।
माथे तिलक स्रवन तुलसी दल मेटे अंग बिए।
सब कोउ कहत गुलाम स्याम को सुनत सिरात हिए॥

1. देखियत चहुँ दिसि ते घन घोरे।
माना मत्त मदन के हथियनि बल करि बन्धन तोरे।
स्याम सुभग तनु चुअत गंड मद बरसत थोरे-थोरे।
रुकत न पौन महावत हू पै मुरत न अंकुस मोरे।
बिनु बेला बल निकसि नयन जल कुच कंचुकि बँद बोरे।
मानो निकसि बगपाँति दाँत उर-अवधि सरोवर फोरे।
तब तेहि समय आन ऐरावत ब्रजपति सों कर जोरे।
अब सुनि सूर कान्ह केहरि बिन गरज गात जैसे ओरे॥

अन्तर्दृष्टि का अधिकारी होता है। अब से अन्तिम अवस्था है Unitive stage, जहाँ जीवात्मा की परमात्मा के साथ अविच्छेद्य एकता स्थापित होती है।

सूरदास के पदों के साथ उपरिलिखित सिद्धान्तों को मिलाकर देखने से सबसे पहली बात जो मन में आती है वह यह है कि हिन्दी के भक्त कवियों पर ईसाई मर्म-भाव की छाप पड़ी है। 'हिन्दी के भक्त कवियों पर' इसलिए कहते हैं कि सूरदास में तो यह भावना फिर भी कम है, मगर तुलसीदास, मीराबाई आदि भक्तों में इसी भाव की प्रधानता है। इसीलिए डॉक्टर ग्रियर्सन ने तुलसीदास को 'अपनी भावनाओं में सबसे बड़ा ईसाई' बताया है। परन्तु ग्रियर्सन साहब का कहना क्या सचमुच ठीक है? क्या सचमुच ही भक्त कवियों पर ईसाई मर्म-भाव का गहरा प्रभाव पड़ा है? ऊपर से देखने से तो ऐसा ही जान पड़ता है।

लेकिन इस प्रश्न को इतनी दूर से देखना अनुचित होगा। वह केवल हिन्दी के भक्त कवियों के प्रति अन्याय करना न होगा, मध्ययुग के ईसाई मरमियों के प्रति भी अन्याय करना होगा। हम इस विषय की गहराई तक पैठने की कोशिश करेंगे।

यद्यपि ईसाई धर्म भक्ति-प्रधान है तथापि मूल हिब्रू संस्कारों का वह परित्याग नहीं कर सका है। सेमेटिक विश्वास के अनुसार खुदा बहिश्त या स्वर्ग नामक एक कल्पित देव-लोक में रहते हैं। उनके हाथों से खिसककर जो यन्त्र गिर पड़ा था, वह पापमय हो गया था। वही यन्त्र है संसार। इस पापभूमि पर मनुष्य वास करता है, वह स्वयं पापमय है। प्रभु ईसा मसीह ने अवतार धारण कर इस स्वर्ग तथा पापभूमि के अन्तर को मिटाने का प्रयत्न किया था। इस व्यवधान में वे ही मध्यस्थ हैं चूँकि उन्हें स्वर्ग से उतरना पड़ा था। इसलिए मर्त्य-लोक में क्रूश से विद्ध होना पड़ा था। वही क्रूश वे भक्तों के लिए रख गए हैं। इसीलिए स्वर्ग का अधिकारी वह है जो इस क्रूश या दुःख को वरण कर सके। ईश्वर के लिए आत्म-त्याग करना आनन्द के लिए नहीं, दुःख के लिए है। वह आत्म-त्याग नहीं, आत्म-बलिदान है। इसलिए ईश्वर के सान्निध्य के लिए अपने में निरन्तर पापबोध, निरन्तर दुःख-बोध को जाग्रत कर रखना नितान्त आवश्यक है, जिससे पापबोध की भावना जाग्रत न हो वह साधना साधना ही नहीं है। जब तक मनुष्य पापात्मा होकर दुःखवरण नहीं करेगा तब तक वह मुक्ति कैसी?

साधना के एक सिरे पर है यह दुःख, पाप, अपूर्णता, और दूसरे सिरे पर है उपनिषदों का आनन्द, अमृत, तथा पूर्णता। ''आनन्दादेव भूतानि जायन्ते,'' ''आनन्दरूपममृते यद्विभाति।'' पहला है मध्य-युग के ईसाई मर्मभाव का उत्स और दूसरा वैष्णव-भक्त कवि का उद्गम-स्थान। दोनों के मूल में आकाश-पाताल का अन्तर है। एक का रास्ता है 'दुःख', दूसरे का 'लीला'; एक के प्रेम का कारण है पाप-बोध, दूसरे का आनन्दकेलि; का एक लक्ष्य है, स्वर्ग और मर्त्य के व्यवधान को भर देना, और दूसरे का ब्रह्मांड-ब्रह्मांड में व्याप्त, अव्यवहित, पूर्ण, एक-रस ब्रह्म को

उसकी लीला की संकीर्णता में उपलब्ध करना। दोनों एकदम अलग चीज़ें हैं। कहा जा सकता है कि 'क्या हुआ अगर दोनों के दो मूल उत्स है,' इसमें तो कोई सन्देह नहीं कि परिणत-अवस्था में दोनों एक-रूप हो गए हैं। वही पाप-बोध, दैन्य, आत्मदान दोनों ही स्थान पर दिखाई देते हैं? मगर यह बात नहीं है। हम आगे इसी बात पर विचार करेंगे।

ईसाई भक्तिवाद का दैन्य या पाप-बोध 'नहीं' की ओर का है। मनुष्य स्वभावतः ही पापात्मा है, परन्तु सूरदास आदि स्वभावतः अपने को पापात्मा नहीं समझते। यही कारण है कि सूरदास या तुलसीदास जब अपने को पतित कहते हैं तो उससे दास्य की गन्ध निकलती है जो चैतन्य महाप्रभु के शब्दों में 'तृणादपि सुनीचेन' होकर रहने की भावना का फल है। सूरदास जब कहते हैं कि–

ऐसो कब करिहौ गोपाल।
मनसा-नाथ मनोरथ-दाता हो प्रभु दीन दयाल।
चरननि चित्त निरन्तर अनुरत रसना-चरित रसाल॥
लोचन सजल प्रेम-पुलकित तन कर कंजनि दल माल।
ऐसो रहत लिखत छन-छन जम अपने भायो भाल।
सूर सुजस रागी न डरत मन सुनि यातना कराल॥

तो पाप की कराल यातना से उद्धार पाने के लिए नहीं। अगर उनका मन अनुरागी हो जाएगा तो उन्हें यमराज के लेखों और दंडों की बिलकुल परवाह नहीं। पर ईसाई भक्त ईश्वर की ओर इसलिए झुका है कि वह पापमय है और खीष्ट का क्रूश उसे पाप से मुक्त कर देगा। दूसरा अन्तर जो इन दोनों भावनाओं में है वह यह है कि सूरदास आदि भक्त-कवियों का पाप बाह्य या आगन्तुक वस्तु है परन्तु ईसाई भक्तों का पाप आन्तर और स्वाभाविक वस्तु है। तीसरा अन्तर यह है कि सूरदास या तुलसीदास की पाप-भावना वैयक्तिक है और ईसाई भक्तिवाद इस वैयक्तिकता के एकदम विरुद्ध है।

ईसाई मर्म-भावना के साधकों में से कुछ ऐसे अवश्य हैं जिनके साथ इन भक्त-कवियों की तुलना की जा सके। ईसाई धर्म के ईश्वर के दो रूपों, ससीम और असीम को लेकर उन्होंने ठीक वैसी ही सृष्टि की है जैसी वैष्णव कवियों ने। ईश्वर, इनके अनुसार, शक्ति में अनन्त है, किन्तु प्रेम में सान्त। इस प्रकार के भक्तों में Jaccub Bohme आदि का नाम लिया जा सकता है।

आगे चलकर यह स्पष्ट होगा कि ब्रज-भाषा के कवि नितान्त प्रत्यक्ष, ठोस रूप के उपासक हैं।[1] मगर ब्रज-भाषा की कविता भगवान् के असीम अनुरूप की कल्पना को पूर्व से ही स्वीकार कर अग्रसर होती है। एक बार वह स्वीकार कर लेती है कि

1. परिशिष्ट क।

श्रीकृष्ण परब्रह्म हैं–अनादि, अनन्त, अखंड, अछेद, अभेद; और राधिका उनकी ह्लादिनी चिन्मयी शक्ति है–आश्रित, आसक्त, सापेक्ष।[1] इसी सापेक्ष और निरपेक्ष के द्वन्द्व को ब्रज का कवि अपनी कला से अभिव्यक्त करने जा रहा है। इतना स्वीकार कर लेने के बाद वह लेखनी उठाता है और फिर भूल जाता है कि उसने किस पूर्व-स्वीकृत रूपक की नींव पर अपना भक्ति और प्रेम का प्रासाद खड़ा किया था। ईसाई मरमी कभी इस बात को नहीं भूलता। इसीलिए ईसाई साधक भक्त के सिंहासन पर आकर रुक जाता है और वैष्णव भक्त और भी ऊपर उठकर कवि के आसन पर बैठ जाता है। वहाँ वह समर्थ और सुन्दर के भेदभाव एकदम भूल जाता है।

4. उस युग का समाज और सूरदास की साधना

'सूर-सागर' के पढ़ने से उस युग के समाज का एक चित्र, जो सर्वांगपूर्ण तो नहीं कहा जा सकता पर पर्याप्त ज़रूर है, आँखों के सामने खिंच आता है। देखा जाय सूरदास की साधना से उसका क्या सम्बन्ध था। यह कह रखना उचित होगा कि हमारा मतलब यहाँ साधना के आलंबन, या तद्द्वारा प्रभावित समाज से ही है। वैसे सूरदास के विद्यार्थी को यह पता लगाना भी बहुत मुश्किल नहीं है कि उस ज़माने की परचूनी की दूकान पर क्या-क्या चीज़ें सुलभ थीं[2] या उस युग की स्त्रियाँ किस तरह बाल सँवारती थीं, कौन-कौन-से गहने पहनती थीं। हम यह मानते हैं कि इन चीज़ों का भी ऐतिहासिक मूल्य है, परन्तु हमारे अध्ययन का साधना से अधिक

1. भूमिका।
2. पाठकों के कुतूहल-निवारण के लिए यहाँ हम बता देना चाहते हैं कि उस युग में बनिया "लौंग, नारियल, दाख, सुपारी," "हींग, मिरच, पीपर, अजवाइन," "कूट, काइफर, सोंठि, चिरैता, करजीरा," "आल, मजीठ, लाख, सेंदुर," "बाइविरंग, बहेरा, हर्रे" इत्यादि चीज़ें बेचा करते थे।
   "कहौ कान्ह कहा गथहैं हमसों।
   जा कारन जुबती सब अटकीं सो बूझत हैं तुम सों।
   लौंग नारियल दाख सुपारी कहा लादे हम आवैं।
   हींग मिरच पीपर अजवाइन ये सब बनिज कहावैं।
   कूट काइफर सोंठि चिरैता करजीरा कहुँ देखत।
   आल मजीठ लाख सेंदुर कहुँ ऐसेहि विधि अवरेखत।
   बाइविरंग बहेरा हर्रे कहुँ बेल गोंद व्यापारी।
   सूर श्याम लरिकाई भूली जोबन भएँ मुरारी॥
   इतिहास के विद्वान पता लगावें कि सूरदास यूरोपियन व्यापारियों द्वारा आनीत मसालों से परिचित थे या नहीं।

सम्बन्ध है। अवसर मिलने पर इन विषयों की चर्चा भी की जाएगी, पर यहाँ नहीं।

यह ध्यान देने की बात है कि दक्षिण से जो भक्ति की धारा उत्तर भारत में आई थी वह सर्वत्र एक ही समान नहीं बनी रही। बंगाल में उसने एक रूप धारण किया, गुजरात में दूसरा और युक्तप्रान्त में तीसरा। इसका कारण यह है कि मूल धारा जिस प्रदेश में पहुँची वहाँ की सामाजिक परिस्थिति के अनुसार विशेष रूप में परिवर्तित हो गई। इस प्रकार सूरदास में वह धारा एक रूप में दृष्ट हुई, तुकाराम में दूसरे में। इसी समय पश्चिम के सूफी-मत की एक साधना पद्धति भी इसी देश में आई थी और वह इस देश के कबीर आदि में एक स्वतन्त्र रूप धारण कर गई। कबीर और सूरदास आदि का साधना-प्रदेश करीब-करीब एक ही था। इन दोनों सन्तों ने मार्ग दो लिए। परन्तु दोनों का ही आधार एक ही प्रकार की सामाजिक परिस्थिति थी। इसलिए इन दोनों सन्तों में जो बातें एक ही सी हैं उनसे उस युग के समाज का चित्र स्पष्ट हो सकता है।

ऊपर के कथन को समझने में भूल हो सकती है। कहा जा सकता है, सूरदास या कबीरदास की साधना विशिष्ट रूप में किसी सामाजिक परिस्थिति का परिणाम नहीं है, वह व्यक्तिगत चीज़ है और व्यक्ति-विशेष की शिक्षा का फल है। समाज से उसका कोई सम्बन्ध नहीं। परन्तु इतना तो मानना ही पड़ेगा कि ये लोग अपने आस-पास की परिस्थिति से प्रभावित हुए थे। सूरदास का भक्ति-सिद्धान्त वल्लभाचार्य का उपदेश सम्भूत माना जा सकता है पर यह भी क्या सत्य नहीं है कि एक विशेष परिस्थिति ने उन्हें वल्लभाचार्य की ओर प्रवृत्त किया था? इस दृष्टि से देखने पर जान पड़ता है कि उस युग के भारतीय समाज के सामने कोई बहुत ऊँचा आदर्श नहीं था। लोग खाते-पीते थे, रोगी या निरोग होते थे, सोते-जागते थे और चार दिन तक हँसकर या रोकर मर जाते थे। जो धार्मिक प्रवृत्ति के थे वे दस-बीस मन्दिर बनवा देते थे, यज्ञ-याग करके हज़ार-पाँच सौ ब्राह्मणों और साधुओं को भोजन दिला देते थे। ऊँचे वर्ग के लोग अपनी झूठी शान में मत्त रहते थे। इनका प्रधान कर्त्तव्य था,–जो उस युग में धनी आदमी की शोभा समझा जाता था,–विलासिता। कवि लोग इस विलासिता की प्रशंसा करते थे, भाट लोग उनका यही यश गाते थे और समाज की निचली श्रेणी के आदमी अपने रक्त तथा मांस को गलाकर इनकी विलासिता की आग को सदा प्रज्वलित रखने के लिए ईंधन एकत्र कर देते थे। प्रत्येक गृह कलह का अखाड़ा था, क्योंकि सम्मिलित परिवार-प्रथा तब भी चल रही थी। उस समय जो जब तक कमा सकता था, चैन करता था। वृद्ध और शिथिलेन्द्रिय होने पर उसी के लड़के-बाले उसका निरादर करने लगते थे।

ऊपर हमने जो बातें कही हैं वे अनुमान से ही कही गई हैं। इस अनुमान के लिए सूरदास और कबीरदास में बहुत काफी मसाला है। हम उनके कथनों को

ज्यों-का-त्यों नहीं स्वीकार करना चाहते। कारण यह है कि वे समाज की स्थिति स्पष्ट करने के लिए कुछ नहीं कहते। उनके कहने का प्रधान लक्ष्य या तो उसकी अस्थिरता दिखाकर वैराग्य भावना को उत्तेजित करना है या सुधार की प्रवृत्ति का जगाना। दोनों ही उद्देश्यों को सामने रखकर समाज के केवल असत् अंश पर ही ज़ोर दिया जा सकता है। भक्त और सन्त कवियों ने वस्तुतः वैसा ही किया है।

सूरदास ने एक पद में तात्कालिक मनुष्य-जीवन का एक पूरा चित्र खींचा है। है तो यह केवल उसकी विलासमय दिशा का, परन्तु अगर, सूरदास की मनोभावना का परिचय रखते हुए इसका उपयोग किया जाए तो उस समाज का कुछ अनुमान किया भी जा सकता है। इस पद में माता के गर्भ में आने से लेकर मृत्यु तक का जो वर्णन किया गया है वह जीवन की विफलता की मनोरंजक कहानी है। नीचे वह पद दिया गया है—

चौपरि जगत मढ़े जुग बीते।
गुन पाँसा क्रम अंक चार गति सारि न कबहूँ जीते।
दिसि फर चार मनोरथ घर घिरि फेरि-फेरि गुन आवै।
काम क्रोध मिलि लोभ संग में खेलत हारि न पावै॥

मातु गर्भ थिति पाइ पिता दस मास उदरसे डारै।
जनम छठी छक और बधाई दूइँ छक दुई पुनि पारै।
मुंडन करनबेध ब्रत-बन्ध विवाह गवन गृहवासी।
आलिंगन चुम्बन परिरम्भन नखछत चारु परस्पर हासी।

केतिकी करुना बेलि चमेली सुमन सुगन्ध सिंचाए।
रचहिं तल्प निशि-भोग चतुर सम बहुत एकादस पाए।
उर परसत सब अंग विलोकत क्रीड़त सुख सुख जीके।
चोली चीर अलक भूषण फिरि साजत पिय भव नीके।

नख-सिख साजि सिंगार सकल त्रिय सुन्दर बदन निहारत।
बिबिध बिलास सकल कौतुक रस छ दस अंक भरि डारत।
जोवन-मद जन-मद मादक मद धन मद बिध मद भारी।
काम-बिबस पर नारि भजत दुइ पंच सरहि फिरि मारी।

पौरि पगारि महल मन्दिर रचि राजत रंग अटारी।
भीतर भवन बिचित्र बिराजत पंच दुवादस द्वारी।

कृषी बणिज व्यवहार ग्रामपति हय बाँधत दर हाथी।
करि अभिमान हरी सो बेमुख संग नहीं कोउ साथी।

रतन रजत कंचन मुकुता मनि मानिक संचिति कसि-कसि।
छह सुनि गुनत छहो रस बिलसत कहत अठारह हँसि-हँसि।
परिवा तो पंचमी दसमि कहूँ पोत टका नित कीन्हा।
पंचा तीनि परे नीकी विधि बिप्रति भोजन दीन्हा।

स्वजन-समधि परिवार दास-दासी जन सब हितकारी।
दास धाव गति देखि करत रति पंजा पारत न्यारी।
सन्ध्या तिमिर इन्दु दुबिधा दुई ठोक निगम-पथ चालत।
स्रवन पुरान सिला तुलसीदल पूजित दुखितहिं पालत।
पंच बरष दस बरष और जुग छक खेलहु खिलवारी।
सिसु गइ जीति किसोर काल हति मन कांची करि डारी।
पुनि पौछक औरो छक पंजा साजि सारि संख फोर्‌यो।
तितने दाऊँ बहुरि फिरि खेलौ तरुण बिरध जुग जोर्‌यो।

अमावस पूनो संक्रान्ति ग्रहन द्विज कर भव मेलत।
एकादसी द्वादसी संजम कछू देत छक खेलत।
मंगल बुध गुरु शुक्र भान ससि सान्ति करत ग्रह नीके।
राहु केतु चन्द्रमा सुसंयुक्त छतन परत हित जीके।
सैन उठान अमर्द बिना जन उपवासन तन साधे।
दुई चौदसी जन्म निसा सिव पाँच चारि मन बाँधे।
द्वारावती गोमती पुष्कर तीर्थ प्रयाग अन्हाए।
गई न मन की कठिन मलिनता कहा भयो भ्रमि आए।
बारह बन ब्रज के परिदक्षिण पंच द्वादसे पेलत।
जप-तप संजम नेम धरम ब्रत करि-करि कष्ट सकेलत॥

सुधि-बुधि सुमति सुरजि गई दस निधि जूरा जुग बिधि बाँधे।
धरत चरन निरलरत लकुट ले चलन नव लकइ काँपत।
कास सफक कर तन गिरिधर धुक तदा बिछुरत भाखत।
सुत बनिता हित पाँचों नेहू नातो सब ही टूटे।
दाव कुदाव परे दुइ पंचत जोरा दुइ जुग फूटे।

बालक तरुन बिरध अधजर जर जिति सारी ढिग ढारी।
सूर एक यों नाम बिना नर फिरि-फिरि बाजी हारी।

सूरदास ने मनुष्य की इस विफलता का कारण भजन का अभाव बताया है। अगर भजन हो तो यह सारी विफलता, एक महती सफलता के रूप में परिवर्तित हो जाए। सूरदास ने वस्तुतः अपने काल की सारी विलासिता का सुन्दर उपयोग किया है और कोई भी सहृदय इस बात को अस्वीकार नहीं करेगा कि सचमुच उन्होंने भजन के पारस पत्थर से स्पर्श कराके विलासिता रूप कुधातु को सोना बना दिया है। उस युग के मनुष्य की विफलता की प्रथम सीढ़ी है—"आलिंगन-चुम्बन परिरम्भन, नखछत चारु परस्पर हाँसी।" और सूरदास से अधिक किस कवि ने इनका सफल वर्णन किया है?

अब हम टीकायुग की प्रधान समस्या के साथ सूरदास का सम्बन्ध समझ सकते हैं। टीका-युग के पंडित मनुष्य की दुर्बलता को दबाने के लिए कठोर से कठोर विधि-व्यवस्था का आयोजन कर रहे थे, उन्होंने देखा, वे असफल रहे। टीका-युग के पंडितों में एक बड़ी विशेषता यह थी कि वे हिन्दू-जाति की रक्षा के लिए कोई नया पंथ नहीं चलाना चाहते थे। शास्त्रों की आड़ में वे अपना मत-प्रचार करना नहीं जानते थे। सूरदास ने भी ऐसा नहीं किया। सूरदास चाहते तो आसानी से कोई सम्प्रदाय खड़ा कर सकते थे। उनसे कहीं कम प्रभावशाली महात्माओं ने अलग-अलग सम्प्रदाय निकाले। परन्तु सूरदास ने ऐसा नहीं किया। महापुरुषों की विशेषता यह है कि वे मनुष्य की दुर्बलताओं को पहचानते हैं और इन्हीं दुर्बलताओं को, उसकी रक्षा के लिए उपयुक्त प्रहरी बना देते हैं। सूरदास ऐसे ही महापुरुष थे। वे अपने प्रयत्न में सफल हुए।

ये दुर्बलताएँ हैं क्या चीज? नरक-भय, दंड, अभिशाप आदि नाम पर, मानव-जाति के कल्याणकामी शास्त्रकारों ने—विधि-निषेध की सीमाएँ निर्धारित कर दी हैं। परन्तु जिस प्रकार हवा बाँधने से नहीं रुकती उसी प्रकार मनुष्य की प्रकृति भी बन्धन से नहीं बँधती। एक तरफ़ बाँधने से वह दूसरी ओर निकल पड़ती है—भयानक वेग से। ये दूसरी ओर निकली हुई प्रवृत्तियाँ मनुष्य की दुर्बलताएँ हैं। जिन दिनों टीका-युग के विद्वान् 'तथा हि' और 'अपिच' की धुआँधार वर्षा के साथ शास्त्रों का आदेश मानव-समाज पर लाद रहे थे उन्हीं दिनों—

जीवन-मद जन-मद मादक मद धन-मद विध-मद भारी।
काम-विवश पर-नारि भजत दुइ पंचसरहिं फिरि मारी॥

सूरदास आदि सन्त कवियों ने इसी विरुद्धगामी प्रवृत्ति को भगवान् की ओर फेर देने की चेष्टा की और आश्चर्यजनक सफलता पाई। प्रमाण चाहते हों तो सूरदास यहाँ हैं, तुलसीदास यहाँ हैं, रसखानि यहाँ हैं, घनानन्द यहाँ हैं, कितना गिनावें!

कवि-कुल गुरु रवीन्द्रनाथ ने 'सूरदासेर प्रार्थना' नामक एक लम्बी कविता लिखी है। दृश्य उस समय का है जब एक रमणी पर आसक्त हो चुकने के बाद सूरदास को आत्म-ज्ञान हुआ था। हाथ में छुरी लेकर वे उस रमणी से अपनी आँखों को फोड़ देने का अनुरोध कर रहे हैं। उसकी अन्तिम पंक्तियों में वे कहते हैं–

"तो फिर वही हो देवि, विमुख न होओ; इसमें दोष ही क्या है? हृदयाकाश में जगी रहने दो न, अपनी देह-हीन ज्योति! वासना-मलिन आँखों का कलंक उस पर छाया नहीं डालेगा, अन्ध-हृदय चिर दिन तक नील-उत्पल पाता रहेगा।

"तुममें देखूँगा अपने देवता को, देखूँगा अपने हरि को, तुम्हारे आलोक में जगा रहूँगा इस अनन्त विभावरी (रात्रि) में।"

सचमुच सूरदास की सहज साधना ने अपने लौकिक प्रेम में भगवान् की मूर्ति देखी है–शुद्ध, निर्मल, निष्कलंक। धन्य हो सूरदास, धन्य है तुम्हारी साधना। रवीन्द्रनाथ के साथ ही हम भी पूछते हैं–

सत्य करे कहो मोरे हे वैष्णव कवि,
कोथा तुमि पेये छिले एइ प्रेमच्छवि?
कोथा तुमि शिखेछिले एइ प्रेम-गान
बिरहतापित? हेरि काहार नयान
राधिकार अश्रु आँखि पड़े छिलो मने?
बिजन बसन्त राते मिलन-शयने
के तोमारे बेंधे छिल दुठि बाहु ढोरे,
आपनार हृदयेर अगाध सागरे
रेखेछिल मग्न करि? एतो प्रेम-कथा,
राधिकार चित्त दीर्ण तीव्र व्याकुलता
चुरि करि लइयाछ कार मुख, कार
आँखि हते? आज तार नाहि अधिकार
से संगीते? तारि नारी हृदय संचित
तार भाषा हते तारे करिबे बंचित
चिर दिन?

'सच बताओ हे वैष्णव कवि, तुमने यह प्रेम-चित्र कहाँ पाया था? यह विरह-तप्त गान तुमने कहाँ सीखा था? किसकी आँखें देखकर राधिका की आँसू भरी आँखें याद आ गई थीं? निर्जन वसन्त-रात्रि की मिलन शय्या पर किसने तुम्हें भुज-पाशों से बाँध रखा था; और अपने हृदय के अगाध समुद्र में मग्न कर रखा था? इतनी प्रेम-कथा, राधिका की चित्त विदीर्ण कर देने वाली तीव्र व्याकुलता तुमने किसके मुँह और किसकी आँखों से चुरा ली थी? आज क्या इस संगीत पर उसका (कुछ भी) अधिकार

नहीं है? क्या तुम उसी के नारी-हृदय की संचित भाषा से उसी को सदा के लिए वंचित कर दोगे?'

सूरदास आदि भक्त कवियों ने अपने लौकिक प्रेम का सर्वस्व भगवान् को समर्पित किया। कुछ लोग इस रहस्य को नहीं जानते कि "हम जो चीज़ देवता को दे सकते हैं वही अपने प्रिय को देते हैं—और प्रियजन को दे सकते हैं, वही देवता को देते हैं! और हम पाएँगे कहाँ? देवता को हम प्रिय कर देते हैं प्रिय को देवता!"

देवतारे[1] याहा दिते पारि, दिइता
प्रिय जाने, प्रिय जने याहा दिते पाइ
ताइ दिइ देवतारे, आर पाबो कोथा?
देवतारे प्रिय करि, प्रियेरे देवता!

वे सूरदास कविताओं से नाक-भौं सिकोड़ते हैं। उपाय क्या है?

5. हिन्दी साहित्य और वैष्णव धर्म

मध्ययुग में भक्ति की एक नई धारा भारतीय महाद्वीप के इस छोर से उस छोर तक बह गई और देखते-देखते इस विशाल देश को इस नए रूप में बदल दिया। भाषा-शास्त्र के प्रकांड पंडित डॉक्टर ग्रियर्सन मध्ययुग के इस आन्दोलन के सम्बन्ध में कहते हैं—"बिजली की चमक के समान अचानक इस समस्त (अर्थात् पुराने धार्मिक मतों के) अन्धकार के ऊपर एक नई बात दिखाई दी। कोई हिन्दू नहीं जानता कि यह बात कहाँ से आई, कोई भी इसके प्रादुर्भाव का काल निश्चित नहीं कर सकता; किन्तु वे सभी शास्त्री ग्रन्थ, जो इस (भक्ति) के सम्बन्ध में लिखे गए हैं, और जिनका काल निश्चयपूर्वक बताया जा सकता है, ईसाई सन् के बहुत बाद लिखे गए हैं।" इसीलिए डॉक्टर साहब इस नई बात का अनुभव कर सके हैं। आपका कहना है कि यह बात मद्रास प्रान्त में आकर बस गए नेस्टोरियन सम्प्रदाय के ईसाइयों से ग्रहण की गई है।[2] यही विद्वान् एक दूसरी जगह लिखते हैं—"कोई भी मनुष्य, जिसे पन्द्रहवीं और बाद की शताब्दियों का भारतीय साहित्य पढ़ने का अवसर मिला है, उस भारी व्यवधान (Gap) को लक्ष्य किए बिना नहीं रह सकता जो प्राचीन और नई (धार्मिक) भावनाओं में विद्यमान है। हम अपने को एक ऐसे धार्मिक आन्दोलन के सामने पाते हैं, जो उन सब आन्दोलनों से कहीं अधिक विशाल है, जिन्हें भारतवर्ष ने कभी देखा है—यहाँ तक कि वह बौद्ध-धर्म के आन्दोलन से भी अधिक विशाल

1. श्री रवीन्द्रनाथ ठाकुर की 'वैष्णव कविता' नामक कविता से।
2. ग्रियर्सन : Modern Hinduism and its debt to the Nestorians, Journal of the Royal Asiatic Society (J.R.A.S.(Page 313, 1907.

है, क्योंकि इसका प्रभाव आज भी वर्तमान है। धर्म ज्ञान का विषय नहीं 'रस' (Emotion) का विषय हो गया था। इस समय से हम साधना और प्रेमोल्लास (Mysticism and rapture) के देश में आते हैं और ऐसी आत्माओं का साक्षात्कार करते हैं जो काशी के दिग्गज पंडितों की जाति की नहीं हैं, बल्कि जिनका सम्बन्ध मध्ययुग के यूरोपियन मरमी (Mystic) बर्नर्ड ऑफ क्लेयरवक्स (Bernerd of Clairvaux), थामस-ए-केम्पिस (Thomas-a-Kempis), एखर्ट (Ekhert) और सेंट थेरिसा (St. Therisa) से है।[1] डॉक्टर ग्रियर्सन के इन दो उद्धरणों से यह स्पष्ट ही प्रगट हो जाता है कि भारतीय मध्य युग का भक्ति-आन्दोलन संसार के इतिहास में बेजोड़ है। जैसा डॉक्टर साहब ने बताया है इस युग का धर्म ज्ञान का विषय नहीं, रस का विषय है। दूसरे शब्दों में हम कह सकते हैं कि इस युग के धर्म और कला को अलग-अलग रखकर विचार नहीं किया जा सकता। क्या वास्तु-शिल्प, क्या चित्र-कला, क्या काव्य, क्या नृत्य और क्या संगीत–सर्वत्र एक ही बात दिखाई देती है; और वह यह कि समस्त भारतीय अन्तरीप एक सिरे से दूसरे सिरे तक भक्ति–विशेषकर वैष्णव-भक्ति–की शक्तिशाली तरंग से आक्रान्त हो उठा था। इस बात का महत्त्व तब और भी बढ़ जाता है जब हम देखते हैं कि इसी युग में भारतवर्ष विदेशी धर्म और विजातीय संस्कृति का करुणाजनक शिकार बना हुआ था।

ग्रियर्सन को ही नहीं, उनके पूर्ववर्ती अनेक पंडितों को भी यह सन्देह हो चुका है कि भक्ति-आन्दोलन ईसाइयत की देन है। बेवर और लासेन ने भी यह सन्देह किया था। डॉक्टर साहब की शंकाओं का समाधान हमने इसी पुस्तक में अन्यत्र किया है। ग्रियर्सन साहब के सामने ही संस्कृत भाषा के प्रकांड पंडित श्रीयुत (अब डॉक्टर) कीथ ने उनकी प्रायः समस्त युक्तियों का खंडन कर दिया था।[2] परन्तु जब हम मध्ययुग के उस रहस्यमय युग में एकाएक भक्ति-आन्दोलन के प्रबल स्रोत का अनुमान करते हैं, तो इन विदेशी पंडितों के इस विश्वास को आश्चर्यजनक नहीं कह सकते कि भारतीय साधना में भक्ति बाहरी उपादान है। उनका यह भ्रम स्वाभाविक है। असल बात यह है कि जिस प्रकार मनुष्य के दुर्बल और रोगाक्रान्त होने पर उसकी जीवनी-शक्ति एकाएक प्रबल वेग से जाग पड़ती है, ठीक उसी प्रकार भारतीय संस्कृति के रोगाक्रान्त होने पर उसकी जीवनी-शक्ति अर्थात् भक्ति साधना, वेग के साथ जाग पड़ी थी। हम इस प्रश्न के ऊपर फिर विस्तृत विवेचन करेंगे।

---

1. ग्रियर्सन : भक्तिमार्ग, एन्साइक्लोपीडिया ऑफ़ रिलीजन एंड एथिक्स, वॉ. 2, 1909।
2. इन सब बातों की विस्तृत आलोचना के लिए निम्नलिखित कई प्रबन्ध द्रष्टव्य हैं– (1) Modern Hinduism and its debt to the Nestorians. (Grierson.), (2) The Child Krishna, Christianity and the Gujars.–J.R.A.S., 1907, (3) उक्त नाम का प्रबन्ध, A.B. Keith, J.R.A.S. 1890.

हिन्दी-साहित्य पर वैष्णव प्रभाव का अध्ययन एक विशाल कार्य है। मध्य-युग का हिन्दी-साहित्य कुछ थोड़े-से अपवादों को छोड़कर समस्त वैष्णव-साहित्य ही है। मिश्रबन्धुओं ने जिन नौ महाकवियों को हिन्दी का 'नवरत्न' माना है, जिनकी संख्या बाद में दस करनी पड़ी है, उनमें से सात तो नख से शिख तक वैष्णव हैं। तीन–चन्द, कबीर और भूषण–और चाहे कुछ भी हों, अवैष्णव नहीं हैं। मिश्रबन्धु-विनोद के प्रथम दो भागों में जिन कवियों की चर्चा है, उनमें 85 फ़ीसदी पूरे वैष्णव हैं।[1] शेष में बहुत ही कम अवैष्णव हैं। साहित्य की धर्म के साथ इस प्रकार की अद्भुत एकात्मता संसार के इतिहास में विरल नहीं है। परन्तु कुछ ऐसी बातें हैं जिनके कारण वैष्णव-साहित्य और वैष्णव साधना की एकता संसार के इतिहास में एक नई बात है। वह बात क्या है, यह समझने के लिए हमें इस युग तक के साहित्यिक और धार्मिक विकास की एक साधारण जानकारी आवश्यक है।

भारतीय नाट्य-शास्त्र के आरम्भ में एक ऐसी कथा आती है जो विद्वानों को चक्कर में डाल देती है। इस कथा के अनुसार देवताओं की प्रार्थना पर ब्रह्मा ने 'नाट्यवेद' नामक पाँचवें वेद की रचना की थी। साधारणतया हिन्दू आचार्य किसी नए शास्त्र की नींव डालते समय उसका सम्बन्ध किसी-न-किसी प्रकार वेदों से जरूर स्थापित करते हैं। नाट्य-शास्त्र की रचना के समय भी यह बात अवश्य प्रस्तुत हुई होगी। परन्तु जब कोई सीधा सम्बन्ध मिलना असम्भव हो गया होगा तब उक्त कथा के बल पर एक पाँचवें वेद की कल्पना आवश्यक समझी गई होगी। मामला पेचीदा इसलिए हो जाता है कि वस्तुतः वेदों में ऐसे कथोपकथनों की कमी नहीं है जिन्हें आसानी के साथ नाटकों का मूल रूप कह सकते थे; फिर नाट्यवेद की कल्पना शास्त्रकार ने क्यों की? प्रभावशाली विचार के लगभग सभी यूरोपियन पंडितों ने इस पर अपनी-अपनी रायें दी हैं।[2] फलतः 'मुंडे मुंडे मतिर्भिन्ना' तो हो गई, परन्तु कोई उचित समाधान नहीं हो पाया।

हमारी समझ में इस मामले का इतना पेचीदा हो जाना एक कल्पित किन्तु भ्रमात्मक सिद्धान्त को स्वीकार कर लेने पर निर्भर है। यूरोपियन पंडित यह मानकर ही कलम उठाते हैं कि भारतवर्ष में जो कुछ है वह वेदों से ही शुरू होता है। हमें श्री मनमोहन घोष का[3] यह मत ठीक जान पड़ता है कि नाटक इस देश में आर्यों

1. यह वर्गीकरण इस प्रकार है–वैष्णव कवि 84.79 प्रतिशत, सन्त (अर्थात् शास्त्र की परवाह किए बिना भक्ति करनेवाले) 3.59, मुसलमान 2.75, जैन 2.74, अन्यान्य 6.13।
यह सूची अपूर्ण हो सकती है। क्योंकि कितने ही कवियों के विषय में ठीक-ठीक नहीं जाना जा सका कि उनकी कविता का विषय क्या है। यह ध्यान देने की बात है कि मुसलमान कवियों में से अधिकांश वैष्णवभावापन्न हैं और जैनों में भी कुछ वैष्णव ढंग के कवि हैं।
2. इन मतों के लिए ए.बी. कीथ का 'इंडियन ड्रामा' देखिए।
3. अभिनय-दर्पण की प्रस्तावना XXIII-XXVI

के आगमन के पूर्व भी वर्तमान थे। परन्तु उनमें पात्रों की बातचीत नहीं रहा करती थी, वे अभिनय-प्रधान हुआ करते थे। इन अभिनयों का काम था 'रस' का उद्रेक। आर्य-संसर्ग के बाद अभिनय के साथ-साथ कथोपकथन भी मिल गया। परन्तु नाटक का प्रधान उपकरण अभिनय रहता था और लक्ष्य 'रसनिष्पत्ति'। प्राचीन संस्कृत-नाटकों में 'लज्जा नाट्यति' 'वृक्षसेचनं नाट्यति' आदि प्रयोग इस अनुमान की पुष्टि करते हैं। कालिदास के अभिज्ञान शाकुन्तल के प्रसिद्ध टीकाकार राघवभट्ट ने वृक्षसेचन, भ्रमर-बाधा-निवारण आदि अभिनयों की भंगी का निर्देश किया है।[1]

रस नाटक का ही विषय था, इस बात का और भी स्पष्ट प्रमाण है आलंकारिकों की रस-सूत्र की व्याख्या। वस्तुतः मम्मट[2] ने जिन आलंकारिकों का मत भारतीय नाट्यसूत्र के सिलसिले में उद्धृत किया है, वे सभी लोल्लट शंकुक, भट्टनायक और अभिनवगुप्त–नाट्य-शास्त्र के ही व्याख्याता हैं और दर्शक के मन में रसोद्रेक की बात ही कहते आए हैं। नाटक में रस की भाँति ही अलंकार स्फुट काव्य का विषय समझा जाता था। यह ध्यान देने योग्य बात है कि अलंकार-सम्प्रदाय के प्राचीनतम आचार्यों–दंडी और भामह–ने अलंकार को ही प्रधान माना है। रस की चर्चा तो बहुत गौण है। उनकी पुस्तकों से यह अनुमान करना बिलकुल कठिन नहीं है कि वे रस को काव्य–अर्थात् स्फुट श्लोक–का विषय ही नहीं समझते।[3]

आठवीं शताब्दी के आस-पास अलंकार-शास्त्र में ध्वनि-सम्प्रदाय ज़ोर पकड़ता दिखाई देता है।[4] ध्वनि या व्यंग्य को काव्य की आत्मा मानकर और ध्वनि में भी

1. देखिए, अभिज्ञान शाकुन्तलम्, राघव भट्ट की टीका (निर्णयसागर) वृक्षसेचन (पृ. 27), भ्रमरबाधा (पृ. 34), शृंगारलज्जा (पृ. 40), विषाद (पृ. 49), मुखोन्नयनपरिहार (पृ. 109), कुसुमावचय (पृ. 115), प्रसाधन (पृ. 129, 132), गतिभंग (पृ. 139), अवतरण (पृ. 189), रथाधिरोहण (पृ. 222)।
2. काव्यप्रकाश, चतुर्थ उल्लास।
3. इसीलिए रुय्यक अलंकार सर्वस्व (पृ. 7) में कहते हैं–"तदेवं अलंकार एव काव्ये प्रधानमिति प्रायशानां मतम्।"
4. शब्द की तीन शक्तियाँ होती हैं : (1) अभिधा अर्थात् कोशव्याकरण-सम्मत शब्द का सांकेतिक अर्थ बतानेवाली शक्ति, (2) लक्षणा अर्थात् संकेतार्थ से सम्बद्ध अन्य लक्षित-अर्थ को बतानेवाली शक्ति और (3) व्यंजना अर्थात् अभिधेय और लक्ष्य के अतिरिक्त उनसे सम्बद्ध या असम्बद्ध अन्य अर्थों को व्यंग करने वाली (Suggestive) शक्ति। सर्वप्रथम ध्वन्यालोक में व्यंग्य अर्थ (ध्वनि) की प्रधानता की युक्तिपूर्वक प्रतिष्ठा की गई है। ध्वन्यालोककार आनन्दवर्धन इस मत को वैयाकरणों के स्फोटवाद से उद्भूत बताते हैं। परन्तु 'स्फोट' से इसका सम्बन्ध केवल इसलिए बताया गया है कि इस मत को नवीन कहकर उड़ा न दिया जा सके। जो हो, इसमें कोई सन्देह नहीं कि ध्वनि का जो सर्वांगपूर्ण विवेचन इस ग्रन्थ में किया गया है वह इस बात का प्रमाण है कि इसके बहुत पूर्व ही इस मत का अस्तित्व था। स्वयं आनन्दवर्धन ही कहते हैं–"काव्यस्यात्माध्वनिरिति बुधैर्यः समाम्नातपूर्वः"–ध्वन्यालोक–1-1।

रस-ध्वनि को सर्वोत्तम स्थान देकर इस सम्प्रदाय ने अलंकार-शास्त्र को अभिनव जीवन दिया और एक बड़ा कार्य यह किया कि रस और अलंकार दोनों को नाटक और स्फुट काव्य में समान रूप से उपयोगी बताया। ध्वनि-सम्प्रदाय ने अलंकार-प्रधान काव्य को 'अवर' या अश्रेष्ठ कोटि में रखा। यद्यपि साहित्य-दर्पणकार ने रस को काव्य की आत्मा बताया परन्तु असल में वे ध्वनि को ही काव्यात्मा समझते रहे। मुख्य बात तो यह है कि पन्द्रहवीं शताब्दी तक ध्वनि-सम्प्रदाय का ही बोलबाला रहा। साहित्य दर्पण में शायद सबसे प्रथम इस शास्त्र में नायिका-भेद का प्रवेश हुआ। यद्यपि ध्वनि-सम्प्रदाय के आचार्यों ने 'रस' को काव्य का सर्वश्रेष्ठ उपादान मान लिया था, परन्तु रस को इतना अधिक स्थान नहीं दिया गया कि उनमें नायिका-भेद भी मिला दिया जाय। 'रस' रूपक-विवेचन का प्रधान विषय समझा जाता था और उसी में नायिकाओं का वर्गीकरण भी सम्मिलित रहता था। यह ध्यान देने की बात है कि पन्द्रहवीं शताब्दी में ही नायिकाभेद और अलंकार एक साथ विविक्त हुए। यह शताब्दी वस्तुतः देशी भाषाओं के साहित्य की उन्नति की शताब्दी है।

साहित्य दर्पण के बाद एक ऐसे मत का प्रादुर्भाव दिखाई देता है जो रस के अतिरिक्त अन्य किसी बात को काव्य-विवेचना का विषय समझता ही नहीं, या समझकर भी उसे गौण स्थान देता है। इसी तरह एक दूसरा सम्प्रदाय ऐसा दिखाई देता है जो अलंकार के अतिरिक्त अन्य किसी विषय की परवाह नहीं करता। कभी-कभी ऐसा होता है कि एक ही आचार्य इन दोनों विषयों पर अलग-अलग ग्रन्थ लिखता है। परन्तु इस बात का अच्छा अध्ययन करना हो तो संस्कृत को छोड़कर देशी भाषाओं के उदीयमान साहित्य की ओर देखना होगा। यहाँ वह अद्‌भुत बात दिखाई देती है जो हज़ारों वर्ष के भारतीय इतिहास में बेजोड़ कही जा सकती है। संसार की बात तो हम नहीं जानते—वह बहुत बड़ा है—पर हमारी जानी हुई दुनिया में यह बात अद्वितीय है। यहाँ हम देखते हैं कि रस—विशेषकर रसों के राजा—शृंगार के आलम्बनों और उद्‌दीपनों का वर्गीकरण हो रहा है और उनके उदाहरणों के बहाने भगवान् की लीला गाई जा रही है। "आगे के सुकवि रीझि हैं तो कबिताई न तौ राधिका-गुबिन्द सुमिरन को बहानो है।" अर्थात् कविता करने के बहाने परम आराध्य का भजन या परम आराध्य-भजन के बहाने कविता! ललित कला के सुकुमार प्राण 'रस' के साथ धार्मिक और दार्शनिक साधना के परम लक्ष्य का इस प्रकार एकीकरण अन्यत्र दुर्लभ है। इस युग की देशी भाषाओं के साहित्य का संसार की साहित्यिक साधना में यही महान् योगदान (Contribution) है।

बंगाल में सर्वप्रथम रूप गोस्वामी ने 'उज्ज्वल नीलमणि' नामक संस्कृत-ग्रन्थ में इस प्रकार से रस का विवेचन किया। रूपगोस्वामी चैतन्य महाप्रभु के भक्तों में से थे। इनका समय पन्द्रहवीं शताब्दी का अन्त और सोलहवीं शताब्दी का प्रारम्भ था।

यही पुस्तक संस्कृत में प्रथम बार भक्ति और अलंकार-शास्त्र को एक रूप देकर लिखी गई। इसके बहुत पहले जयदेव, विद्यापति और चंडीदास ने क्रमशः संस्कृत, मैथिली और बंगला में राधा-कृष्ण की लीलाओं का गान किया। परन्तु रसशास्त्र के नाम पर नायक-नायिकाओं का प्रथम वर्गीकरण यही था जिसमें उदाहरण के लिए राधा-माधव की लीलाओं का वर्णन रखा गया। इस ग्रन्थ में उज्ज्वल या मधुर रस को, जिसे ग्रन्थकार भक्ति-रस भी कहता है (मधुराख्यो भक्तिरस : 1-3), मनुष्य का परम प्राप्तव्य बताया गया है। मधुर रस के आलंबन श्रीकृष्ण ही हो सकते हैं, दूसरा नहीं। गौड़ीय वैष्णवों के मत में पाँच रस होते हैं–शान्त, हास्य या प्रीति, सख्य या प्रेम, वात्सल्य और माधुर्य। इसी माधुर्य को उज्ज्वल रस कहते हैं। इसे ग्रन्थकार 'भक्ति-रस-राट्' या भक्ति-रसों का राजा बताता है। इसके बाद बंगाल में नायिकाओं और नायकों के वर्गीकरण के अनुसार पद लिखने की चाल-सी चल पड़ी। परन्तु इस प्रकार की रस-व्याख्या से ही स्पष्ट हो जाता है कि इस सम्प्रदाय का मुख्य विषय कविता नहीं, भक्ति था। हिन्दी में जो रस-ग्रन्थ लिखे गए उनमें भक्ति और कवित्व समान भाव से गुँथे हुए थे। कहीं-कहीं तो कवित्व ही प्रधान है, भक्ति गौण। हम यहाँ सूरदास, तुलसीदास जैसे कवियों की बात नहीं कर रहे हैं, केवल, मतिराम और देव जैसे रस-ग्रन्थकारों की बात कर रहे हैं।

यहाँ यह बात ध्यान देने योग्य है कि जिन दिनों उज्ज्वल नीलमणि की रचना हुई उसके कुछ पहले ही हिन्दी में इस प्रकार के ग्रन्थ उपलब्ध थे। उज्ज्वल नीलमणि ने भक्ति-रस की जो सर्वांगपूर्ण व्याख्या की है, वह सर्वांश में नहीं, तो अधिकांश में नवीन है। ऐसा एकाएक नहीं हो सकता। इसके पूर्व इसकी पर्याप्त चर्चा रही होगी। इसी तरह हिन्दी के जिस ग्रन्थ की हम चर्चा करने जा रहे हैं, वह पहला प्रयत्न नहीं जान पड़ता। साधारण धारणा यह है कि केशवदास ही हिन्दी के प्रथम रसाचार्य हैं। परन्तु बात असल में यह नहीं है। कृपाराम नामक एक अन्य कवि ने सन् 1541 ई. में ही रस पर एक सुन्दर ग्रन्थ लिखा था।[1] इस ग्रन्थ का नाम 'हिततरंगिणी' है। "इसमें रसों का विषय बहुत ही विस्तारपूर्वक और मनोहर छन्दों द्वारा कहा गया है। इस कवि की भाषा सुष्ठु ब्रजभाषा है। इन्होंने लिखा है कि अन्य बड़े कवि छन्दों में शृंगार रस का वर्णन करते हैं, परन्तु मैंने दोहों में इसलिए लिखा है कि उसमें थोड़े ही अक्षरों में बहुत अर्थ आ जाता है।[2] इस कथन से प्रकट होता है कि उस समय बहुत-से कवि थे, परन्तु दुर्भाग्यवश उनके ग्रन्थ अब नहीं मिलते।"[3] इसी

1. बरनत कवि सिंगार रस, छन्द बढ़े विस्तार।
   मैं बरन्यो दोहानि बिच, याते सुधर विचार।
2. मिश्रबन्धु विनोद, पृ. 276 (तृतीय संस्करण, लखनऊ, 1986 वि.)।
3. कृपाराम के अतिरिक्त गोप (1615), करनेर्स और मोहनलाल मिश्र ने रीति-ग्रन्थ लिखे थे।

ग्रन्थ में पहले-पहल राधा-कृष्ण की प्रेम-लीला को उदाहरण रूप में लिखते पाया जाता है–

आजु सकारे हौं गई, नन्दलाल हित ताल।
कुमुद कुमुदिनी के भट्ट, निरखे औरे हाल॥

यहाँ यह कहने की कोई आवश्यकता नहीं कि हिन्दी में राधा-माधव की प्रेम-गाथाओं का प्रचार भक्त कवियों के कंठ से इसके बहुत पहले हो चुका था। इस श्रेणी के कवि भक्ति के आवेश में ही कविता (गान कहना अधिक ठीक होगा) लिखा करते थे, परन्तु कृपाराम की श्रेणी के आचार्य कविता करने बैठते थे और उस पर भक्ति का पुट डाल देते थे। यह बात ध्यान देने की है कि इस श्रेणी के आचार्यों का वर्गीकरण गौड़ीय वैष्णवों की श्रेणी का नहीं है। इसलिए यह नहीं कहा जा सकता है कि यह प्रभाव गौड़ीय वैष्णवों का है। फिर यह बात हिन्दी में आई कहाँ से? एक बात ध्यान देने की है, वह यह कि पन्द्रहवीं शताब्दी के पहले यह धारा हिन्दी-साहित्य में एकदम अपरिचित है। रसाचार्यों की बात छोड़ भी दी जाए तो भी भक्त कवियों के गान भी, पन्द्रहवीं शताब्दी के पहले दृष्टिगोचर नहीं होते।

एक ओर तो इन कवियों और रसाचार्यों पर गौड़ीय प्रभाव का कोई चिह्न नहीं दिखाई देता, दूसरी ओर इस प्रकार के प्रेम-गानों के सभी पुराने रचयिता–जयदेव, विद्यापति, चंडीदास[1] हिन्दी के किसी भी वैष्णव कवि से पूर्ववर्ती और पूर्वी प्रदेश के ठहरते हैं। राधा-कृष्ण की श्रृंगार-लीला का अगर कोई सीधा सम्बन्ध कहीं से मिलता है तो इन्हीं पूर्ववर्ती भक्तों से। महाप्रभु चैतन्यदेव, जो जयदेव, विद्यापति और चंडीदास इस तीनों कवियों के काव्य-रसिक थे, वृन्दावन आए थे और उन्होंने ही इसे नया रूप दिया था। उनके अनेक शिष्य वहाँ आजीवन के लिए रह गए थे और उस सम्प्रदाय के कितने ही भक्त परवर्ती हिन्दी-साहित्य के प्रसिद्ध कवि भी हुए। इस प्रकार पूर्वी प्रदेश से इस धारा का साक्षात् सम्बन्ध भी दिखाई देता है। इन दो परस्पर विरोधी बातों का समाधान क्या है?

यूरोपियन पंडितों का रास्ता सीधा है। वैष्णव भक्त भी भगवान् को 'पतित पावन' कहते हैं, 'करुणासिन्धु' कहते हैं, और ईसाई भक्त भी ऐसा ही कहते हैं। इसीलिए भक्ति ईसाइयत की देन है! कुछ कहते हैं, यह मद्रास में बसे हुए नेस्टोरियन ईसाइयों की देन है।[2] कुछ कहते हैं, बैक्ट्रिया या इसिकुल ह्रद से आई है[3] और कुछ कहते हैं यह सूफियों[4] की मध्यस्थता में आई है। ऐसे लोगों की दृष्टि में संसार में

---

1. ये तीनों ही केशवदास के पूर्ववर्ती थे। (देखो. पं. रामचन्द्र शुक्ल की हिन्दी-शब्दसागर की भूमिका, पृ. 121-22), परन्तु हम नहीं जानते कि इन्होंने अपने ग्रन्थों में राधा-माधव की लीलाओं को उद्धृत किया है या नहीं।
2. Modern Hinduism and its debt to the Nestorians (I.R.S. 1907).
3-4. Krishna, Christianity and Gujar (J.R.A.S. 1908).

जो कुछ अच्छा है वह यूरोप और ईसाई धर्म में ही है, इसलिए हिन्दुओं ने भक्ति को भी निश्चय ही वहीं से उधार लिया होगा। 'खुल जाओ सुमसिम' और लो, वह दरवाज़ा खुल गया!

इस स्थान पर यह कह देना उचित होगा कि हिन्दी-साहित्य में भक्ति-धारा को बहाने का श्रेय निश्चय ही दो प्रसिद्ध आचार्यों को प्राप्त है। राम-भक्ति की धारा के प्रवर्तक आचार्य रामानन्द हैं। इस धारा को दो भागों में विभक्त पाया जाता है। प्रथम में वे सन्त हैं जो शास्त्रों और रूढ़ियों के कायल नहीं हैं। इन्हें निर्गुणवादी भक्त भी कह सकते हैं। कबीर, दादू, नानक, रैदास आदि भक्त इसी श्रेणी के हैं। दूसरी श्रेणी में तुलसीदास जैसे महात्मा हैं जो भक्तिवाद और शास्त्रों के सामंजस्य के अनुसार साधना-मार्ग का निर्देश करते हैं। कृष्ण-भक्ति की धारा के प्रधान प्रवर्तक महाप्रभु वल्लभाचार्य हैं। परन्तु केवल इतना कह देने से हम सन्तुष्ट नहीं हो सकते। कोई भी मतवाद जब किसी नवीन भूमि में प्रवेश करता है तो वहाँ की रीति-नीति, आचार-विचार से मिलकर एक नया रूप धारण करता है। महाराष्ट्र की भक्ति दूसरी चीज़ है, उत्तर प्रदेश की दूसरी और बंगाल की कुछ और। इसके मूल सिद्धान्त एक ही हो सकते हैं। परन्तु इनके आकार-प्रकार सर्वथा अलग हैं। रामानन्द-प्रवर्तित राम-धारा कबीर में एक रूप धारण करती है और तुलसीदास में दूसरा। जब व्यक्ति-विशेष के कारण साधना का रूप बदल जाता है, तो देश-विदेश के साथ क्यों नहीं बदलेगा? जो लोग कुछ दाक्षिणात्य आचार्यों के दार्शनिक और धार्मिक मतों का अध्ययन करके ही तुलसीदास और सूरदास के रहस्यों का उद्घाटन करते हैं, वे लोकमत के साथ अविचार करते हैं। जिस भक्ति-साधना ने देव, मतिराम और पद्माकर को पैदा किया, वह किसी आचार्य की ही साधना नहीं थी। आचार्य-विशेष की दीक्षा तो उस पर केवल रंग चढ़ा गई, मूल कंकाल कुछ और ही था।

हमारा विश्वास है कि ग्यारहवीं से पन्द्रहवीं शताब्दी तक उत्तर भारत के जन-साधारण में एक साधना विकसित होती जा रही थी। पन्द्रहवीं शताब्दी में वह एकाएक फूट उठी। ग्रियर्सन साहब का यह कहना बिलकुल ठीक है कि 'अचानक बिजली के समान यह बात भारतीय अन्तरीप के इस छोर से उस छोर तक चमक गई।' परन्तु इसके लिए चार सौ वर्ष से मेघ पूँजीभूत हो रहे थे। और केवल बिजली ही नहीं चमकी, पन्द्रहवीं शताब्दी में भक्ति की जो वर्षा आरम्भ हुई; वह चार सौ वर्ष तक बरसती ही रही—ज़रा भी नहीं रुकी।

इन चार शताब्दियों में जन-साधारण क्या सोच रहा था यह जानने के पहले भक्ति-आन्दोलन की कुछ मुख्य बातों को ध्यान में रखना होगा। ये बातें इस प्रकार हैं—

(1) प्रेम ही परम पुरुषार्थ है, मोक्ष नहीं—प्रेमापुमर्थो महान्।

(2) भगवान् के प्रति प्रेम कौलीन्य से बड़ी चीज़ है।

(3) भक्त भगवान् से भी बड़ा है।

(4) भक्ति के बिना शास्त्र-ज्ञान और पांडित्य व्यर्थ है।

(5) नाम रूप से भी बढ़कर है।

संक्षेप में कहा जा सकता है कि यह मत ब्राह्मण-धर्म का विरोधी तो नहीं था परन्तु उसका सम्पूर्ण अनुगामी भी नहीं था। महायान-मत से इसका अन्तर यही था कि वह ब्राह्मण-धर्म का पूर्ण विरोधी था और यह उसका अंग होकर भी स्वाधीन था।

इन चार शताब्दियों में भारतीय-धर्म-मत की क्या अवस्था थी, यह बात हिन्दू धर्म के संस्कृत-ग्रन्थों से बहुत कम समझ पड़ती है। जैसा कि पहले ही बताया जा चुका है, संस्कृत ग्रन्थों की दृष्टि से यह युग टीका-युग कहा जा सकता है। कोई अच्छा ग्रन्थ अगर इस ज़माने में लिखा गया तो वह टीकाएँ ही थीं। धर्मशास्त्रों में व्यवस्था-मूलक अनेक ग्रन्थ लिखे गए जो निश्चय ही टीका-श्रेणी में आते हैं। इन टीकाओं और निबन्धों से उस युग की भयानक सतर्कता का अनुमान सहज ही किया जा सकता है। जान पड़ता है शास्त्रीय आदेशों के पालन में ज्यों-ज्यों शिथिलता आती जा रही थी त्यों-त्यों ब्राह्मण आचार्य अधिक सतर्क भाव ग्रहण करते जा रहे थे। इन अनुपस्थिति-मूलक (Negative) प्रमाणों के बल पर यही अनुमान होता है कि शास्त्रों की व्यवस्थाओं से लोकमत बेपरवाह होता जा रहा था। उस युग के ग्राम-गीत और प्रवाद यदि उपलब्ध होते तो हम यह आसानी से जान सकते कि जनसाधारण का मत उस समय क्या था। परन्तु अभी तक, दुर्भाग्यवश, इस दिशा में कुछ सन्तोषजनक कार्य नहीं हुआ है।

जो हो, हिन्दी-साहित्य की शैशवावस्था में ही हमें एक महात्मा के दर्शन होते हैं जो एक विशेष धर्ममत के अन्यतम प्रतिष्ठाता हैं। ये हैं गोरखनाथ। आप नाथ-सम्प्रदाय के आचार्य थे। यह सम्प्रदाय महायान बौद्ध धर्म का उत्तराधिकारी था। तन्त्र और योग की क्रियाएँ इस मत के प्रधान अंग हैं। कबीरदास पर गोरखनाथ की निर्गुण साधना का प्रभाव स्पष्ट ही लक्षित होता है। हिन्दी-साहित्य के निर्गुण अंग पर इस सम्प्रदाय का पर्याप्त प्रभाव है। परन्तु हम आज उस दिशा की ओर अग्रसर होना नहीं चाहते। गोरखनाथ का उल्लेख हमने इसलिए किया कि उनका हिन्दी के शैशव-काल में दिखाई देना एक विशेष अर्थ रखता है। नाथ-सम्प्रदाय का सीधा सम्बन्ध महायान बौद्ध-धर्म से है। यह सम्प्रदाय बंगाल से लेकर उत्तर प्रदेश तक बहुत प्रभावशाली हो गया था। हिन्दी-साहित्य के गोरखनाथ एक ओर उस युग की हिन्दीभाषी जनता का सम्बन्ध महायान बौद्धों से जोड़ते हैं और दूसरी ओर बंगाल से भी सीधा सम्बन्ध स्थापित करते हैं। यहाँ हम उस युग के समाज का सम्बन्ध देश और काल से स्थापित होते देखते हैं। सच पूछिए तो उत्तरकालीन वैष्णव धर्म-मत पर

महायान बौद्ध धर्म का प्रभाव बहुत अधिक है। जिस प्रकार पुत्र का सम्बन्ध पिता की अपेक्षा माता से अधिक रहता है और जिस प्रकार माता के रक्त-मांस का अधिक भागधेय होकर भी पुत्र पिता के नाम से ही प्रसिद्ध होता है, वैसे ही हिन्दी वैष्णव धर्म का सम्बन्ध महायान से अधिक होते हुए भी वह वल्लभाचार्य के नाम से ही पुकारा गया।

महायान बौद्ध धर्म की शाखा आचार्यों की दृष्टि में कितनी भी शून्यवादी क्यों न रही हो, उस धर्म के अनुयायी अधिकांश जन साधारण में सैकड़ों देव-देवियों की पूजा चल पड़ी थी। उनके देव-देवियों–प्रज्ञापारमिता, अवलोकितेश्वर, मंजुश्री–की मूर्तियाँ बहुत-कुछ वासुदेव और लक्ष्मी की मूर्तियों के समान हैं।[1] प्रसिद्ध डॉक्टर कर्न ने बताया है कि वैष्णव भक्तिवाद इन महायानों की भक्ति का ही विकसित रूप है।[2] यहाँ तक कि नाम-संकीर्तन भी, जिसे ग्रियर्सन साहब[3] ईसाई धर्म का प्रभाव बताते हैं, महायान धर्मवालों की चीज़ है। आचार्य क्षितिमोहन सेन ने चीन और भारत के संकीर्तनों का साम्य देखकर यह निष्कर्ष निकाला है कि महायानमत ही कीर्तन-प्रथा का मूल उत्स है। बंगाल के इतिहास से यह बात अलग नहीं की जा सकती कि बौद्ध धर्म का ह्रास होते ही महायानमत के नाना पंथ वैष्णवों में शामिल हो गए। इस प्रकार आउल-वाउल आदि अनेक सहजिया पंथ, जिनकी साधना प्रेम-मूलक थी और जो परकीया प्रेम को सहज-साधना का प्रधान उपाय समझते थे, सोलहवीं शताब्दी में नित्यानन्द के वैष्णव झंडे के नीचे एकत्र हुए। इन्हीं नित्यानन्द को महाप्रभु चैतन्य ने अपने सम्प्रदाय में निमन्त्रित किया और यहीं से गौड़ीय वैष्णव धर्म ने अभिनव रूप धारण किया।[4] यह धर्ममत समस्त बंगाल, उड़ीसा में तथा अंशतः आसाम में पहुँचा। उड़ीसा के धमाचार्यां ने चैतन्य और नागार्जुन दोनों के मतों के समन्वय से एक विशाल वैष्णव-बौद्ध साहित्य निर्मित किया।

नित्यानन्द के साथ जो शक्ति चैतन्य सम्प्रदाय में प्रविष्ट हुई वह नई नहीं थी। उसके पीछे भी तीन-चार सौ वर्ष का इतिहास था। सौभाग्यवश बंगाल और उड़ीसा में इस प्रकार की कुछ पुस्तकें और लोक-गीत उपलब्ध हुए हैं जिनसे उस अन्धतिमिरावृत्त युग की धार्मिक साधना पर प्रकाश पड़ता है। श्री दिनेशचन्द सेन महाशय की धारणा है कि बारहवीं से चौदहवीं शताब्दी तक बंगाल और उड़ीसा में एक अत्यन्त शोचनीय नैतिक दुर्गति का आविर्भाव हुआ था। उस युग के ताम्रशासनों पर हर-पार्वती की वन्दना में उनका हाव-भाव तथा परस्पर आलिंगन आदि का रुचिगर्हित वर्णन पाया जाता है। पुरी और कोणार्क के मन्दिरों पर अश्लील चित्र

1. D.C. Sen : Bengali Language and Literature, p. 401 ff.
2. Kern, Mannual of Buddhism, p. 124.
3. Grierson : Modern Hinduism and Nestorians I.R.A.S., 1997.
4. D.C. Sen : Bengali Language and Literature, p. 403.

अंकित हैं। बंगीय साहित्य-परिषद् में उस युग की बनी हर-पार्वती की एक बीभत्स प्रत्सर मूर्ति रखी है। इन प्रमाणों के बल पर यह समझना कठिन नहीं है कि उस युग की रुचि किस ओर थी।[1] वैष्णव भक्तों में जयदेव ने सर्वप्रथम पुरी के मन्दिर में उस रुचि-गर्हित विलास-प्रथा को आधार मानकर प्रेम-गान लिखे। ये गान विशुद्ध प्रेम के आवेश में ही लिखे गए थे, परन्तु कवि अपने युग की सामाजिक रुचि से बँधा था। परम्परा से जो जयदेव परकीया भाव के साधक ही समझे जाते हैं, परन्तु गीतगोविन्द में इसका कोई प्रमाण नहीं है। हम आगे चलकर देखेंगे कि ब्रजभाषा के कवियों पर जयदेव का प्रभाव था।

एक दूसरा और नया प्रमाण आविष्कृत हुआ, जिससे वैष्णव कवियों की प्रेम-साधना का रहस्य प्रकट होता है। रंगपुर, दिनाजपुर आदि उत्तर-बंग के ज़िलों में, जो हिमालय की तलहटी में बसे हुए हैं, बारहवीं-तेरहवीं शताब्दी के कुछ प्रचलित गीत पाए गए हैं। ये गान दो तरह के होते हैं—असल धमाली और शुक्ल धमाली। असल धमाली गान इतने अश्लील होते हैं कि वे गाँव के बाहर ही गाए जाते हैं। इन्हें कृष्ण-धमाली भी कह सकते हैं। ''यह कृष्ण-धमाली गाने ही किसी समय बंग देश के जन-साधारण की राधा-कृष्ण की प्रेम-कथा सुनने की तृषा मिटा देते थे। इसमें कोई सन्देह नहीं कि प्राचीन राजवंशी जाति और योगी जाति के सब लोग आज तक बंगाल के नाना स्थानों में इसकी यत्नपूर्वक रक्षा करते आए हैं।''[2] शुक्ल धमाली को संशोधन करने के लिए सुप्रसिद्ध वैष्णव कवि चंडीदास ने 'कृष्ण-कीर्तन' नामक ग्रन्थ लिखा था। यह संशोधित संस्करण भी कम अश्लील नहीं है, इसी से दिनेश बाबू अनुमान करना चाहते हैं कि वह कृष्ण-धमाली कितनी गर्हित रही होगी। इस पुस्तक के अनुसन्धान में हमें यह अनुमान करना सहज हो जाता है कि किस परिस्थिति में वैष्णव-प्रेम को शृंगारिक रूप धारण करना पड़ा था।

गोरखनाथ के प्रसंग में हम उस युग के पूर्वी अंचल में उत्तर भारत के योग का उल्लेख कर चुके हैं। यह बात और भी मनोरंजक है कि इन पूर्वी वैष्णवों के प्रेम-गानों का प्रभाव ब्रजभाषा के शैशव काल में ही पड़ा। केवल नाभादास या गुरुनानक ने जयदेव का नाम लिया हो, सो बात नहीं, सूरदास के भजनों में जयदेव के पदों का अनुवाद भी है।[3] पंडित रामचन्द्र शुक्ल ने ठीक ही कहा है कि ''सूर-सागर किसी चली

---

1. दिनेशचन्द्र सेन, बंग भाषा और साहित्य, पृ. 195-196।
2. वही, पृ. 196।
3. जयदेव और सूरदास के इन पद्यों की तुलना कीजिए—
मेघैर्मेदुरमस्वरं वनभुवः श्यामास्तमालद्रुमैर्नक्तं भीरुरयं त्वमेव तदिदं राधे गृहं प्रापय।
इत्थं नन्दनिदेशतश्चलितयोः प्रत्यध्वकुञ्जद्रुमं राधामाधवयोर्जयन्ति यमुनाकूले रहः केलयः॥
—जयदेव

आती हुई गीत-काव्य-परम्परा का, चाहे वह मौखिक ही रही हो, पूर्ण विकास-सा प्रतीत होता है।'' अर्थात् सूरदास के बहुत पहले ही (और इसीलिए वल्लभाचार्य के भी बहुत पहले) वैष्णव प्रेम-धारा ने इस प्रदेश में अपनी जड़ जमा ली थी। यहाँ यह बात ध्यान में रखने योग्य है कि बारहवीं से लेकर पन्द्रहवीं शताब्दी तक जिस प्रकार का बौद्ध तन्त्रवाद बंगाल और उड़ीसा के पूर्वी प्रान्तों में प्रबल रहा, वैसा इस प्रदेश में नहीं था। मध्य-युग में बंगाल प्रान्त तन्त्र का अखाड़ा समझा जाता था। परन्तु वैष्णव प्रेमवाद में कुछ ऐसा रस था जो अवैष्णवों को भी आकृष्ट करता रहा। इसके सबसे ज्वलंत उदाहरण हैं विद्यापति। आप स्वयं शैव थे परन्तु प्रेम-साधना की ओर इतने आकृष्ट हुए कि शायद ही कोई वैष्णव कवि बंगाल में इतने दिनों तक इतना समादृत रहा हो।

बंगाल के बाहर का प्रान्त इस प्रेम से प्रभावित तो हुआ था, पर वह प्रभाव केवल आइडिया का प्रभाव था।[1] वास्तव में बंगाल की भूमि में परकीया-भाव को ऊँचा रूप देने का उपकरण पहले से ही वर्तमान था, ब्रजभाषा-प्रान्तों में यह बात नहीं थी। अर्थात् राधा और कृष्ण सम्बन्धी प्रेम के गाने तो इस प्रदेश में चल पड़े, परन्तु राधा कृष्ण की रानी समझी गई। सूरदास ने राधा और कृष्ण का विवाह बड़ी धूमधाम से

गगन घहराइ जुरी घटा कारी।
पौन झकझोर चपला चमकि चहुँ ओर
सुवन तन चितै नन्द डरत भारी॥
कह्यो वृषभानु की कुँवरि सों बोलि कै
राधिका कान्ह घर लिये जा री॥
दोउ घर जाहु संग नभ भयो श्याम रंग
कुँवर कर गह्यो वृषभान वारी।
गए वन ओर नवल नन्दकिसोर
नवल राधा नए कुंज भारी।
अंग पुलकित भए मदन तिन तन जए
सूर प्रभु स्याम स्यामा बिहारी॥

—सूरसागर 1302

1. यह सन्देह कराने की बात नहीं है कि मध्ययुग में यह बात फैलकर कैसे इतनी दूर तक आ सकी थी। जायसी के पद्मावत की रचना के सौ वर्ष के भीतर ही उसका बंगला अनुवाद हो गया था। यह अनुवाद आराकान के एक मुसलमान बादशाह ने करवाया था। दादू के जीवनकाल में ही उनका प्रभाव बंगाल में फैल गया था। श्री क्षितिमोहन सेन ने बंगाल के बाउलों के गान सुनकर ही पहले-पहल समझाया कि दादू जन्म के मुसलमान थे और उनका नाम दाऊद था। चैतन्यदेव के अनन्तर ही गौड़ीय वैष्णव धर्म राजस्थान तक फैल गया। मीराबाई के जीवनकाल में ही उनके गान पूर्वीय प्रान्तों में गाए जाने लगे थे। बंगाल के गोपीचन्द का गान सौ वर्ष के भीतर ही भीतर सुदूर पंजाब तक गाया जाने लगा था और अब भी गाया जाता है। इन बातों के लिए श्री क्षितिमोहन सेन का 'मध्य युग में राजस्थान और बंगाल का आध्यात्मिक सम्बन्ध' (गौ. ही. ओझा अभिनन्दन ग्रन्थ) देखिए।

कराया है। महाप्रभु वल्लभाचार्य ने इस आन्दोलन को और ज़ोर दे दिया।

अब हम अलंकार-सम्प्रदाय की बातों पर विचार करेंगे। बंगाल में चैतन्य-युग के बाद ही वैष्णव आलंकारिकों का विकास हुआ है। हम अन्यत्र लिख चुके हैं कि इन आलंकारिकों का कोई भी प्रभाव हिन्दी-आलंकारिकों पर नहीं पड़ा। सच पूछा जाए तो 'रसग्रन्थों' की रचना हिन्दी में पहले ही होने लगी थी। ब्रजभाषा में गोपियों और कृष्ण की नाना लीलाओं का वर्णन पहले से ही होता आ रहा था। हिन्दी-रसाचार्यों ने उदाहरण के लिए इन लीलाओं को ठीक उसी तरह उद्धृत किया जिस प्रकार मम्मट आदि ने कालिदास के शिव-पार्वती-परिणय सम्बन्धी श्लोकों को उद्धृत किया था। एक नवीनता यह आ गई कि मम्मट आदि अन्य कवियों की रचना उद्धृत करते थे। पर ये अपनी रचना उद्धृत करने लगे। विश्वनाथ कुछ दूर तक इस प्रथा के लिए उत्तरदायी हो सकते हैं। बाद में वर्गीकरण करके कविता करना एक सरल उपाय समझा गया और हिन्दी में रस-ग्रन्थों की बाढ़ आ गई। हमारा खयाल है कि पंडितराज जगन्नाथ इस बात में ब्रजभाषावालों से प्रभावित हुए थे।

ऊपर हमने जो कुछ कहा है उसका सारांश यह है कि वैष्णव धर्म शास्त्रीय धर्म की अपेक्षा लोक-धर्म अधिक है। हिन्दी साहित्य के लोकगीतों में इसका प्रवेश वल्लभाचार्य के बहुत पहले हो गया था। इन्हीं गीतों का विकसित और सुसंस्कृत रूप सूरसागर के अन्तर्गत विद्यमान है। अन्य सभी अशास्त्रीय या लोकधर्मों—बौद्ध, जैन यहाँ तक कि उपनिषदों के धर्म की भाँति इसकी जन्मभूमि भी बिहार, बंगाल और उड़ीसा के प्रान्त हैं। वल्लभाचार्य या चैतन्यदेव प्रभृति ने इस लोकधर्म को शास्त्र-सम्मत रूप दिया। ज्योंही उसने एक बार शास्त्र का सहारा पाया त्यों ही विद्युत की भाँति इस छोर से उस छोर तक फैल गया, क्योंकि असल में उसके लिए क्षेत्र बहुत पहले से ही तैयार था। जब शास्त्र-सम्मत होकर इसने अपना पूरा प्रभाव-विस्तार किया तो आलंकारिकों और रसाचार्यों ने भी उसको अपने शास्त्र का आलंबन बनाया। असल में यह कहीं बाहर से आई हुई चीज़ नहीं है। भारतीय साधना की जीवन-शक्ति के रूप में यह धारा नाना रूपों में प्रकट हुई थी। मध्ययुग के वैष्णव धर्म ने इसे जो रूप दिया वह महायान-भक्ति का विकसित और मार्जित रूप था। इस भक्ति-साहित्य ने संसार के साहित्य में एक नई वस्तु दान की और वह यह कि आध्यात्मिक तथा कला-सम्बन्धी सभी साधनाओं का लक्ष्य विचित्र रूप से एक है; जो ज्ञान का विषय है, वही भक्ति का और वही रस का।

सूर का अन्धत्व

जगमोहन कत्याल

भारतीय प्राचीन परिपाटी के अनुसार श्रेष्ठ कविगण अपने काव्य के द्वारा जीवन-परिचय देना निकृष्ट समझते थे। इसीलिए तो ज्ञान के पंडित एवं काव्य के, विशेषकर उपमा के साक्षात् अवतार, महाकवि कालिदास के जन्म के प्रति इतिहास व साहित्य पूर्णतया मौन हैं। सूरदास की अधिकांश जीवन-घटनाएँ अज्ञानांधकार से आच्छादित हैं। इसी कारण उनके अन्धे होने का विषय भी अपने आपमें अत्यधिक विवादास्पद है। सूर के अन्धे होने की बात तो निर्विवाद है, पर उनके जन्मान्ध होने अथवा बीच में अन्धे होने की गुत्थी आज तक नहीं सुलझ सकी। सूर ने अपने काव्य में प्राकृतिक उपादानों का, यथा वनप्रदेश, नदी, समुद्र, गगन, पवन, तड़ाग, ऋतु आदि का जो आँखों देखा-सा वर्णन किया है तथा जीवन की भिन्न-भिन्न स्थितियों, अवस्थाओं तथा रूप का जो वर्णनादि किया है, उसे देखकर उनके अन्धे होने का विश्वास नहीं होता। दूसरी ओर जन्मान्ध का समर्थन करनेवाले विद्वानों का कथन है कि सूर भगवद् भक्त थे। अघटित घटा देनेवाले प्रभु के सच्चे भक्त को विश्व के निगूढ़ रहस्य भी अनवगत नहीं रहते। साधारण व्यक्ति जिसे नहीं देख सकता, वह ऐसे दिव्यदर्शी एवं महात्मा को दृष्टिगत हो जाता है।

सूर के अन्धत्व सम्बन्धी एक दन्तकथा प्रसिद्ध है। कहते हैं सूरदास कहीं जा रहे थे। ग्रीष्मऋतु का मध्याह्न था। मार्ग में प्यास ने उन्हें व्यथित किया। सूर्य देवता अपनी किरणों के प्रताप से भूमि को झुलसा रहे थे। सूर ने वहाँ निकट ही एक कूप देखा, जहाँ एक नवयुवती जल निकाल रही थी। तुरन्त सूरदास उसके निकट पहुँच गए और युवती से पानी पीने की लालसा प्रकट की। युवती एकान्त में युवक सूरदास को देखकर सहम गई परन्तु उसने शीघ्र ही अपने-आपको सँभालकर युवक सूरदास को पानी पिला दिया, और वह चल दी। सूर की पानी की तृष्णा शान्त हुई, परन्तु युवती के रूप-लावण्य पर लालायित हो सूरदास उसके पीछे चल दिए, और उसके घर जाकर उसे पुकारा। युवती बाहर आई और युवक से पूछा–

"युवक, पानी और पीना है क्या?" इस प्रकार कहकर युवती सूर के लिए जल लाने अन्दर चली गई। उस भोली-भाली युवती को क्या विदित कि युवक उसके प्रेम का प्यासा है, न कि उसके पानी का, और वह पानी ले आ पहुँची। युवती के इस सत्कार को देखकर युवक सूरदास के मन ने पलटा खाया। उन्होंने सोचा, जिसने मुझे पानी पिलाकर मेरी प्यास को बुझाया और उसके प्रति मेरे ये कलुषित भाव! धिक्कार है मेरा जीवन, इसमें दोष मेरी ही आँखों का है, जिन्होंने युवती के इस रूप को देखा और दूषित विचारों को मन में जन्म दिया। आत्मग्लानि से उनका मन भर आया। युवती सूर के ललाट की बदलती हुई भंगिमाओं को विस्मित भाव से परख रही थी। उसने पुनः पूछा, "और पानी पीओगे क्या?" परन्तु युवक चुप था और उसने अपने सिर को हिलाया। युवती ने अन्त में पूछा, "तो तुम्हें क्या चाहिए?" युवक के शब्द विस्फुटित हुए "चाकू।" युवती दौड़कर चाकू ले आई और उसने युवक सूरदास के हाथों में सौंप दिया। आत्मग्लानि की आग में जलते हुए सूरदास ने अपने नेत्र फोड़ डाले और उसी दिन से सूरदास नेत्र-विहीन हो गए। इस प्रकार उपर्युक्त दन्तकथा के आधार पर सूरदास जन्मान्ध तो नहीं थे, परन्तु जहाँ तक कहानी के सत्य का प्रश्न है, कोई प्रमाण उपलब्ध नहीं।

एक और कथा है। सूरदास के अन्य तीन बड़े भाई और तीन छोटे भाई युद्ध में काम आ चुके थे। इसी कारण सूर ने वैराग्य ले लिया, और कृष्ण के प्रेम में आसक्त हो गए। दिन-रात, घड़ी-पहर कृष्ण के प्रेम में पागल हो गए। गली-गली आत्मविभोर होकर कृष्ण के प्रेम में तल्लीन होकर घूमने लगे। एक दिवस जब वह मस्ती में गीत गाते जा रहे थे और पूर्ण रूप से अपने को कृष्ण के नाम पर खो चुके थे कि अकस्मात् एक कूप में गिर पड़े। गिरते ही सूरदास के भगवान् भक्त-रक्षा हेतु गरुड़ छोड़कर दौड़े और वहाँ श्रीकृष्ण के दर्शन सूर को हुए। उन्होंने भगवान् से कहकर कि "जिन आँखों से भगवान् दीनबन्धु, दयानिधान के दीदार का दर्शन किया है, उन आँखों से अब किसी मनुष्य को न देखूँ।" और अन्धा रहने का वर माँग लिया। इस प्रकार सूर के अन्धत्व के विषय में अनेक धारणाएँ हैं।

आज तक के गहन अनुसन्धानों, चिन्तन एवं मनन के पश्चात् सूरदास की विल्वमंगल वाली कहानी या किसी रूपवती स्त्री पर आसक्त होने तथा नेत्रों को हरि-भक्ति में बाधक समझकर स्वयं फोड़ डालने की जनश्रुति को आधुनिक बुद्धिवादी तर्कशील जगत् भावनाजन्य मानकर सहसा उस पर विश्वास नहीं कर सकता। इसलिए हमें दोनों पक्षों के विद्वानों की सम्मति दे देना अनिवार्य हो जाता है।

सूरदास के जन्मान्ध न होने के पक्ष में मिश्रबन्धुओं ने 'हिन्दी नवरत्न' में लिखा है कि, "सूरदास ने अपनी कविता में ज्योति के, रंगों के और अनेकानेक हाव-भावों के ऐसे मनोरम वर्णन किए हैं तथा उपमाएँ ऐसी चुभती हुई दी हैं जिससे यह किसी

प्रकार निश्चय नहीं होता कि कोई व्यक्ति बिना आँखों देखे, केवल श्रवण द्वारा प्राप्त ज्ञान से ऐसा वर्णन कर सकता है।'' भाव यह है कि वह जन्म से नेत्रविहीन न थे, केवल जीवन-मध्याह्न चक्षुओं की ज्योति चली गई होगी। श्री नलिनमोहन सान्याल ने 'भक्त शिरोमणि सूरदास' में लिखा है कि, ''उनके काव्य से ज्ञात होता है कि सम्भवतः वह जन्मान्ध नहीं थे, और पीछे वह अन्धे हो गए, ऐसा अनुमान होता है।'' डॉ. ब्रजेश्वर वर्मा ने 'सूरदास' में अपना मत प्रकट करते हुए लिखा है, ''यदि सूरदास को जन्मान्ध माना जाए, तो इस विचार और तर्क के युग में भी हमें चमत्कारों पर विश्वास करना पड़ेगा।'' डॉ. बेनीप्रसाद ने 'संक्षिप्त सूरसागर' की प्रस्तावना में लिखा है, ''प्राकृतिक दृश्य का अनुपम चित्र-चित्रण किसी प्रकार यह नहीं मानने देता कि वे जन्म से अन्धे थे। मिल्टन की तरह अवस्था बढ़ने पर ही वे नेत्रविहीन हो गए थे।'' डॉ. भटनाकर ने 'सूर साहित्य की भूमिका' में एक नया तर्क सूर के जन्मान्ध न होने के सम्बन्ध में उपस्थित करते हुए कहा है, ''जहाँ-जहाँ कवि ने अपने पदों में नेत्रविहीनता का उल्लेख किया है, वहाँ-वहाँ अपनी वृद्धावस्था का भी उल्लेख किया है। इससे वे वृद्धावस्था में नेत्रविहीन हुए जान पड़ते हैं।'' डॉ. दीनदयालु गुप्त 'अष्टछाप और वल्लभ सम्प्रदाय' में सूर का जन्मान्ध न होना ही स्वीकार करते हैं, पर वे उनके बाल्यावस्था में अन्धे होने का अनुमान करते हैं।

यह तो निर्विवाद है कि सूरदास अन्धे थे, परन्तु यदि विद्वद्गण उन्हें जन्मान्ध स्वीकार नहीं करते तो किस अवस्था में ज्योति-विहीन हुए होंगे? 'चौरासी वैष्णवन की वार्ता' से इसका स्पष्ट उत्तर प्राप्त होता है। 'सूरसागर' आचार्य वल्लभ से भेंट करने के पश्चात् ही लिखा गया और आचार्यजी से भेंट करने के पूर्व ही सूरदास 'वार्ता प्रसंग' के अनुसार 'सूर' नाम से प्रख्यात हो चुके थे। अतः 'सूरसागर' की रचना करने से पूर्व ही सूरदास अन्धे हो चुके थे। यह तथ्य उन विद्वानों के अनुमान का भी खंडन करता है जो यह कहते हैं कि यदि सूरदास अन्धे थे तो आचार्य वल्लभ और श्रीनाथ के दर्शन किस प्रकार किए? क्या अन्धा व्यक्ति मन्दिर नहीं जा सकता या किसी से भेंट नहीं कर सकता? एक लेखक का कथन है कि वार्ता में सूर अपने साथियों से चौपड़ के खेल में लीन मनुष्यों को देखकर कहते हैं कि, ''देखौ, वह प्रानी कैसौ अपनों जमारों खोवत है।'' यदि सूर नेत्रविहीन थे, तो खेल किस प्रकार देखते? क्या केवल आँखवाले गोलकों से ही दृश्य-बोध होता है, अन्यथा नहीं? क्या अन्धा व्यक्ति शब्द नहीं सुनता, क्या शब्द सुनकर दृश्य-वर्णन, पदार्थ-ज्ञान नहीं प्राप्त करता? एक इन्द्रिय के न रहने से नौ और इन्द्रियाँ नष्ट तो नहीं हो जातीं। तो क्या सूर गोटों की आवाज़, पौ आदि पड़ने के शब्दों को सुनकर अथवा अपने शिष्यों से चौपड़ खेलने का अनुमान नहीं कर सकते थे? यह तो साधारण मनुष्यों की-सी बात हुई। सूर जैसे उच्चकोटि के सन्तों की बात ही निराली है। वे भगवद्भक्त थे।

अघटित को घटा देनेवाले प्रभु के सच्चे भक्त को विश्व के निगूढ़ रहस्य भी छिपे नहीं रहते। जिसे साधारण व्यक्ति नेत्र रहते हुए भी नहीं देख सकता, उसे क्रान्तिदर्शी कवि एवं महात्मा अनायास देख लेते हैं। जन्मान्ध नाभाजी, प्रज्ञाचक्षु स्वामी विरजानन्दजी, स्वामीपूर्णानन्दजी तथा ऐसे अनेक सन्तों ने मानव-लीलाओं एवं भावनाओं का अनुभूत-सा वर्णन किया है। वास्तव में कवि एवं महात्माओं के दिव्य नेत्रों में हमारे साधारण नेत्रों से महान् अन्तर है।

निष्कर्ष से पूर्व अब उपर्युक्त कथनों के विपक्ष में कि सूरदास जन्मान्ध थे, प्रमाण तथा विद्वानों के मत दे देना आवश्यक हो जाता है। श्री पारीख तथा मीतल के अनुसार, "सूरदास केवल परमोच्च श्रेणी के कवि, गायक और भक्त ही नहीं थे, प्रत्युत वे ब्रह्म का साक्षात्कार करनेवाले ब्रह्मविद महात्मा थे। आर्य शास्त्रों के मतानुसार जो महानुभाव ब्रह्म-विद्या को प्राप्त कर ब्रह्म के यथार्थ स्वरूप का ज्ञान प्राप्त कर लेते हैं, वे इन भौतिक चक्षुओं के आश्रित नहीं रहते। परमात्मा की कृपा से उन्हें दिव्य-दृष्टि प्राप्त हो जाती है। शुक-संजयादि इसके प्रमाण हैं।"

'सूर निर्णय' के लेखक-द्वय ने अपने मत की पुष्टि में लिखा है, "सूर के महाप्रभु वल्लभाचार्य के द्वारा तत्त्व और दशविधि लीला द्वारा ब्रह्मज्ञान प्राप्त करने के पूर्व उन्होंने जो काव्य-रचना की है उनमें कहीं भी सृष्टि-सौन्दर्य की उपमा, उत्प्रेक्षा और रंगादि का वर्णन नहीं मिलता। हाँ, पदों में सुने हुए पुराणादि के आधार पर ईश्वर के माहात्म्य और जीव के अज्ञान आदि से सम्बन्धित विनय के भाव ही व्यक्त किए हैं। उनके जिस काव्य को देखकर उनके जन्मान्ध न होने की बात कही जाती है, उस काव्य की रचना उन्होंने ब्रह्म विज्ञान द्वारा दिव्य-दृष्टि प्राप्त करने के पश्चात् ही की है।

इसी भाँति श्री नन्ददुलारे वाजपेयी ने 'महाकवि सूरदास' में सूरदास का जन्मान्ध होना स्वीकार किया है। श्रीनाथ भट्ट ने 'संस्कृत मणिमाला' में 'जन्मान्धौ सूरदासोऽभूत' लिखकर सूर को जन्मान्ध ठहराया है। सूर की जन्मान्धता के सम्बन्ध में कवि प्राणनाथ की निम्नांकित पंक्तियाँ द्रष्टव्य हैं–

बाहर नैन विहीन सों, भीतर नैन बिसाल।
तिन्हें द जग कछु देखिबौ, लखि हरि रूप निहाल॥

यद्यपि इन पंक्तियों में सूर को स्पष्ट रूप से जन्मान्ध नहीं कहा गया, पर संकेत जन्मान्धता की ओर है। भक्तप्रवर नाभादास जी ने 'भक्तमाल' में स्पष्ट कहा है–

प्रतिबिम्बित दिवि दिष्टि हृदय हरि लीला भासी।
जनम करम गुन रूप सबै रसना परकासी॥

'राम-रसिकावली' में लिखित उक्ति भी इसी सम्बन्ध में स्मरणीय है–

जन्मत ते हैं नैन विहीना। दिव्य दृष्टि देखिहि सुख माना।

समान भावों की अभिव्यक्ति मियाँसिंहजी ने 'भक्त विनोद' में की है–

जनम अन्ध दृग ज्योति विहीना। जनमि जनक कछु हरष न कीना।

और भाव-प्रकाशकार हरिरायजी ने लिखा है–

सौ सूरदास जी के जन्मत ही सों नेत्र नाहीं हैं।

दूसरा वाक्य देखिए–

जन्म पाछे नेत्र जायँ, तिनको आँधरा कहिए,
सूर न कहिए और ये तो सूर हैं।

पुष्टिमार्गीय विद्वान् गुसाईं हरिरायजी ने उन्हें न केवल जन्मान्ध ही बताया है, अपितु यहाँ तक कहा है कि उनके नेत्रों के ठीकरे तक न थे, केवल भौंहें ही थीं; अतः वे सूर थे। किन्तु यह मत जनश्रुति पर आधारित है, इसके लिए कोई ऐतिहासिक प्रमाण उपलब्ध नहीं।

जन्मान्धता का समर्थन करनेवाली दो अन्य उक्तियाँ 'पद प्रसंग माला' और 'चौरासी वैष्णवन की वार्ता' से भी उपलब्ध होती हैं। 'पद प्रसंग माला' में सूरदास के परिचय रूपी माला पिरोते समय इस सम्बन्ध में भी एक पुष्प सम्भवतः पिरो दिया गया है–

दोउ नेत्र करि हीन ब्रजवासी सूरदास।

'चौरासी वैष्णवन की वार्ता' से इसका समर्थन दो स्थलों से होता है। प्रथम उल्लेख वहाँ है जहाँ आचार्य वल्लभ का अडैल से चलकर वृन्दावन और वहाँ से गोपाचल (गौघाट) तक पहुँचने का वर्णन है। सूर से भेंट करते समय आचार्यजी ने कहा, "सूर कछु भगवद् जस वर्णन करो।" सूर ने विनय के कुछ पद सुनाए, जिसे सुनकर आचार्यजी ने कहा, "सूर है के ऐसो काहे को घिघियात हो। कछु भगवद्लीला वर्णन करो।" इससे प्रकट होता है कि महाप्रभु से मिलने के पूर्व ही सूरदास अन्धे होने के कारण 'सूर' नाम से विख्यात हो चुके थे।

वार्ता में सूर के अन्धे होने का दूसरा प्रमाण अकबर से भेंट होने के समय का है। सूर के पदों की प्रशंसा सुनकर अकबर ने कुछ सुनाने को उनसे कहा, जिनमें से एक पद की पंक्ति इस प्रकार थी, "सूर ऐसे दरस कों ऐ मरत लोचन प्यास।" इसे सुनकर अकबर ने पूछा, "जो सूरदासजी, तुम्हारे लोचन तो देखियत नाहीं, सो प्यासे कैसे मरत हैं? और बिन देखे तुम उपमा को देत हो, सो तुम कैसे देत हो?" इस स्थल से भी सूर की नेत्र-विहीनता स्पष्ट है।

अन्त में अब सूर की स्वतः रचित पंक्तियाँ भी देखिए–

(अ) *सूर कहा कहै द्विविध आँधरौ, बिना मोल को चेरौ।*
(आ) *इह माँगों बार-बार प्रभु, सूर के नयन द्वै रहे, नर देह पाऊँ।*
(इ) *सूरदास सो कहा तिहारो, नैननिहू की हानि।*

(ई) *सूरज दास अन्ध अपराधी, सो काहे बिसरायौ।*

(उ) *सूरदास की एक आँखि है, ताहू में कछु कानौ।*

उपर्युक्त पंक्तियाँ तो केवल सूर का अन्धा होना ही प्रकट करती हैं, निम्नांकित पंक्तियाँ स्वयं सूरदासजी के द्वारा निर्मित हैं और वे उनकी जन्मान्धता को प्रमाणित करती हैं :

(अ) *सूरदास की बिरियाँ निठुर होइ बैठे, जन्म अन्ध करौ।*

(आ) *रह्यो जात एक पतित, जनम को आँधरो सूरदास को।*

दोनों पक्षों के विस्तृत विवेचन के पश्चात् हमें सूर के जन्मान्ध होने की बात अधिक प्रामाणिक जान पड़ती है, क्योंकि इस पक्ष में अनेक बाह्य एवं आभ्यन्तर साक्ष्य उपलब्ध होते हैं। ब्रह्मज्ञानी भक्त को बाह्य दृष्टि के अभाव में, सभी दृश्य और अदृश्य पदार्थों का वास्तविक ज्ञान होना कोरी धार्मिक भावुकता अथवा अन्धविश्वास नहीं, वरन् यह सत्य है। इसे वैदिक काल से पौराणिक काल तक के सभी विद्वानों ने एकमत होकर स्वीकार किया है और आज के बुद्धिवादी युग में इसका सतर्क और सप्रमाण खंडन करना सम्भव नहीं है।

वास्तव में सूर जन्मान्ध ही थे। अमूर्त भावों के भी आन्तरिक पक्ष का उद्घाटन किया गया हो, मोहान्धकार को भेदकर शान्ति का शुभ सन्देश लानेवाली विरक्ति उषा की अरुण आभा का विकिरण हो, स्वर्ग और वसुन्धरा का सुभग समन्वय हो और मानवता में देवत्व की प्रतिष्ठा हो ऐसे दृश्यों के चित्रण केवल दिव्य-दृष्टि सम्पन्न पहुँचे हुए महात्मा ही कर सकते हैं और सूर भी ऐसे ही सूर थे जो भगवान् को प्राप्त कर चुके थे, जो प्रकाशमय आराध्य में विलीन होकर स्वयं तेजोमय हो चुके थे। अतः उनके लिए संसार में क्या अप्रकाशित अदृश्य रहता। भगवान् के सच्चे भक्त विश्व के निगूढ़ रहस्यों को भी अपनी दिव्य-दृष्टि से अनायास गोचर कर सकते हैं। अतः सूर जन्मान्ध थे और उनके अन्धत्व के विषय में अन्य धारणाएँ सारगर्भित नहीं कही जा सकतीं। उनका नाम भी स्वयं उनके जन्मान्धत्व का परिचायक है, क्योंकि आधुनिक युग में भी जन्मान्ध को प्रायः सूरदास कहते हैं।

सूर-साहित्य : एक सर्वेक्षण

विजयेन्द्र स्नातक

मध्यकालीन वैष्णव भक्त कवियों में सूरदास का स्थान शीर्ष पर है। जयदेव, चंडीदास, विद्यापति और नामदेव की सरस वाग्धारा के रूप में भक्ति-शृंगार की जो मन्दाकिनी एक विशिष्ट सीमा-कूलों में प्रवाहित होती चली आ रही थी, उसे सूरदास ने जनभाषा के व्यापक धरातल पर अवतरित करके संगीत और माधुर्य से मंडित किया। भक्ति को भव्य एवं उदात्त रूप में चित्रित करते समय सूर ने शृंगार और माधुर्य की सार्वभौम सत्ता का जैसा जयघोष अपने काव्य द्वारा किया वैसा उनसे पूर्व किसी लोक-भाषा में नहीं हुआ था। सामयिक परिस्थितियों की विषमता और मानसिक परिवेश की एकांगिता सूरदास को संकीर्ण परिधि में नहीं बाँध सकी। साम्प्रदायिक भक्ति-सिद्धान्तों के प्रति पूर्ण आस्था रखते हुए भी सूरदास ने काव्य की व्यापकता को अक्षुण्ण रखा है। उनके मन का क्षितिज इतना विस्तीर्ण था कि लोक-परलोक की चिन्ता के साथ 'रस-राग-रंजन' का अतुल वैभव जुटाकर वे अमर काव्य की सृष्टि करने में समर्थ हुए। जन-मानस को विमुग्ध करनेवाला उनका काव्य भक्ति का नवनीत है जो भवत्रस्त्र विपन्न जन को स्निग्ध-शान्त करता हुआ मोहन में लीन करने की अद्‌भुत शक्ति रखता है। सूर-साहित्य में भक्ति और काव्य का जैसा अपूर्व सम्मिश्रण हुआ है वैसा विश्व-साहित्य में बहुत कम देखने में आता है। सूर ने अपनी दिव्य दृष्टि से देख लिया था कि ज्ञान की सार्थकता भक्ति में है। और भक्ति को रसमय बनाने के लिए काव्य का आश्रय अनिवार्य है। भक्ति और धर्म को सार्वभौम बनाने में सूर की साहित्य-साधना का मूल्यांकन होना अभी शेष है।

परिस्थितियों के परिवेश में सूर-साहित्य—सूर-साहित्य पर राजनीतिक एवं सामाजिक परिवेश को दृष्टि में रखकर, विचार करने पर, एक बात बड़े विस्मय में डालनेवाली सामने आती है। विक्रम की सोलहवीं-सत्रहवीं शती में राजनीतिक दृष्टि से भारतवर्ष के इतिहास में मुग़ल-शासन के उत्तरोत्तर उत्कर्ष का काल है। चौदहवीं और पन्द्रहवीं शती में मुस्लिम साम्राज्य एवं इस्लाम की स्थापना के लिए जो दुर्दमनीय प्रयत्न हुए थे उनका चरम परिपाक इन दो परवर्ती शतियों में हुआ। अकबर और

जहाँगीर के शासनकाल में मुस्लिम सत्ता स्थिर हो चुकी थी। देश में एक हद तक अमन-चैन था। हिन्दू जनता का क्षेत्र अकबर की मृदुल-मोहक नीति के कारण शान्त होता जा रहा था। युद्ध और संघर्ष समाप्त तो नहीं हुए थे किन्तु उनके रूप में अन्तर आ गया था। हिन्दू और मुसलमान मिलकर सैन्य-संगठन करने लगे थे। अकबर की सेना में हिन्दू नरेशों को ऊँचे स्थान प्राप्त थे। इन परिवर्तनों के बावजूद भी हिन्दू जनता का धर्मप्रेमी मन शान्त और स्थिर न हो सका था। शासन की प्रभुता के नीचे दबी हुई हिन्दू जनता अपने 'प्रभु की रक्षा' करने में अपने को असहाय समझती थी और यही उसकी सबसे बड़ी विवशता थी। राज्यशासन का प्रभुत्व जैसे धर्म-शासन को निगल गया था। नैराश्य और कुंठा की विवश लाचारी से पीड़ित हिन्दू जनता ने राजनीतिक क्षेत्र में शासन के साथ समझौता कर लेने पर भी धर्म के क्षेत्र में न तो मानसिक समझौता किया था और न आत्मार्पण ही। सूरदास इसी विषम राजनीतिक परिस्थिति में उत्पन्न हुए, पनपे, प्रौढ़ हुए और दिवंगत हुए। आश्चर्य का विषय है कि सूर ने अपने विशाल साहित्य-सागर में कहीं भी इस राजनीतिक दशा का वर्णन नहीं किया। यह सम्भव प्रतीत नहीं होता कि उनकी दिव्य-दृष्टि से तात्कालिक वैषम्य गुह्य बना रहा हो। श्री वल्लभाचार्य ने अपने 'कृष्णाश्रय षोडश ग्रन्थ' में म्लेच्छाक्रान्त देश की पतितावस्था का वर्णन किया है। तीर्थों की दयनीय स्थिति, वर्णाश्रम धर्म का तिरोभाव, व्रत-नियम आदि का अभाव सभी कुछ उन्होंने संकेत से कहा है। किन्तु सूर ने इस ओर ध्यान क्यों नहीं दिया, यह प्रश्न विचारणीय है। इस प्रश्न का उत्तर सूर की साधना की जड़ में व्याप्त है और उसी के आधार पर हम यह कहना चाहते हैं कि सूर ने जान-बूझकर राजनीति से आँखें मूँद ली थीं। उनके काव्य की पृष्ठभूमि में इस उदासीनता का कारण स्पष्ट प्रतिबिम्बित होता हुआ देखा जा सकता है। सूरदास भक्त थे, भक्त की असीम क्षमता और भक्ति की आनन्ददायिनी अपार शक्ति का उन्हें पूरी तरह बोध था। सगुण भक्ति का आधार ग्रहण करनेवाले भक्त के लिए मानवीय क्लेशों का कोई महत्त्व नहीं होता। मानव द्वारा दिए जानेवाले क्लेश सगुण भक्त की दृष्टि में उपेक्षणीय होते हैं। मानव द्वारा उत्पन्न समस्त कष्ट-क्लेश द्वेष-दया पर आधृत होने के कारण प्रेम, माधुर्य अनुरंजन आदि से रहित होते हैं, अतः प्रेमी भक्त को ईर्ष्या-द्वेष से उत्पन्न इन क्षणिक विकारों पर ध्यान देने की आवश्यकता नहीं होती। सूरदास आदि भक्त महात्माओं का राजनीतिक विषमताओं के प्रति उपेक्षा-बुद्धि रखने का यही कारण था। माधुर्य भक्ति की असीम शक्ति को स्वीकार करनेवाले ये भक्त महात्मा अपने जीवन को ही नहीं वरन् समस्त मानव-समाज को रागमय बनाने की सरस कल्पना में लीन रहते थे। अतः मानव-मानव के बीच रागात्मक सम्बन्धों की जैसी मांसल कल्पना वे कर सके वैसी क्षणिक परिवर्तनों से प्रभावित होनेवाले सामान्यजन के लिए दुष्कर होती है।

सामाजिक एवं धार्मिक परिस्थितियों का प्रभाव स्पष्ट ही राजनीतिक परिस्थिति से भिन्न होता है। समाज और धर्म भक्त की सीमा से परे नहीं हैं। सूरदास जिस समाज में रहकर जीवन-यापन करते रहे वह अनेकानेक प्रभावों से संचालित एवं आन्दोलित होता रहा होगा। सूरदास की धार्मिक भावना से मेल रखनेवाले धर्म और सम्प्रदाय, और उनकी धार्मिक भावना के प्रतिकूल विचारधारावाले मत-पंथ उस समय फैले हुए थे। सूरदास ने सहजयान, नाथ पंथ, निर्गुण पन्थ आदि का उल्लेख किया है और उनके सम्बन्ध में उपेक्षावृत्ति की स्पष्ट व्यंजना उनके पदों में है। सामाजिक जीवन का समवेत रूप सूर ने ग्रहण करके एक लम्बा पद लिखा है जिसमें जन्मकाल से मृत्युपर्यन्त तक के जीवन का खाका है। यह खाका ऐसा है जिसमें तात्कालिक समाज की विलासमयी प्रवृत्ति और जीवन की विफलता बड़े मार्मिक शब्दों में अंकित की गई है। चौपड़ के खेल के रूपक का पूरे पद में निर्वाह किया है–

चौपरी जगत मड़ें जुग बीते।
गुन पाँसा क्रम अंक चारि गति सारि न कबहूँ जीते।

... ...

मातुगर्भ थिति पाइ पिता दस मास उदर से डारे।
जनम छठी छक और बधाई हुई छक हुई पुनि पारे॥
मुंडन करन वेध व्रत-बन्ध विवाह गमन गृहवासी।
आलिंगन चुम्बन परिरंभन नख छति चारु परस्पर हाँसी॥

... ...

पौरि पगारि महल मन्दिर रचि राजत रंग अटारी॥
भीतर पवन विचित्र विराजत पंच हुआ दस द्वारी॥
कृषी वणिज व्यवहार ग्रामपति हम बाँधन दर हाथी।
करि अभिमान हरी सों बेमुख संग नहीं कोउ साथी॥

... ...

पंच बरष दस बरष और जुग छक खेलहु खिलवारी।
सिसु गइ जीत किसोर काल हति मन कांची करि डारी॥
द्वारावती गोमती पुष्कर तीर्थ प्रयाग अन्हाये।
गई न मन की कठिन मलिनता कहा भयो भ्रमि आए॥

... ...

सुत बनिता हित पाँचों नेहू नातो सब ही टूटे।
दाव कुदाव पके दुइ पंचत जोरा दुइ जुग फूटे॥
बालक तरुन विरध अधिजर जर जित सारी ढिग ढारी।
सूर एक यों नाम बिना नर फिर-फिर बाजी हारी॥

सूरदास के समय समाज में जिस जर्जर विलासप्रियता का साम्राज्य था उसका वर्णन करना सूर को इसलिए आवश्यक प्रतीत हुआ कि विलासांध जनता भक्ति के अमोघ फल को समझ सके और उसका अनुसरण करके अपना उद्धार कर सके। भक्ति के प्रभाव का वर्णन सूर ने अनेक पदों में किया है और उसे मुक्ति का एक मात्र उपाय बताया है।

सूर-साहित्य का मूल्यांकन–सूर-साहित्य का सम्यक् अध्ययन करने के उपरान्त उनके सम्बन्ध में यह निष्कर्ष निकालना अयुक्त नहीं कि 'सूर-साहित्य' प्रतिक्रिया या परम्परा का साहित्य न होकर दुर्धर्ष व्यक्तित्व से प्रसूत हृदय के आवेश का रससिक्त साहित्य है। यदि सूरदास मतवाद से सर्वथा पृथक् रहकर पदगायन करते तो सम्भव है कि उनके आवेश की मात्रा आवश्यकता से अधिक हो जाती, किन्तु साम्प्रदायिक बन्धन के कारण सूर ने मर्यादा-सीमा की रक्षा की, इसलिए उनका आवेश सरस-स्निग्ध बना रहा। सूरदास ने जिस युग में काव्य-सृजन किया वह सांस्कृतिक एवं साहित्यिक दृष्टि से सूर की कोमल भावनाओं के सर्वथा अनुकूल न था। उस युग में धर्म अन्तर की पावन साधना न रहकर दम्भ और पाखंड का रूप धारण करता जा रहा था। शास्त्र-विहीन योग-साधना के मार्ग प्रवर्तित हो गए थे। एक ओर नाथपंथी योगियों का जमघट हो रहा था तो दूसरी ओर सूफी सन्तों की साधना-पद्धति का बड़े वेग से प्रचार हो रहा था। इन दोनों विचारधाराओं के योग से निर्गुणमार्गी कबीर, दादू, दरिया आदि सन्तों का आविर्भाव हुआ। इन सन्तों ने हिन्दू धर्म की धार्मिकता को स्वीकार करते हुए भी उसके रूढ़िगत स्वरूप को चुनौती दी। उधर सहजयान और बौद्ध धर्म की वैराग्य भावना भी निर्मूल नहीं हुई थी। ऐसे समय सूर ने कृष्ण-चरित्र का आश्रय लेकर सगुण भक्ति पद्धति के आदर्शों की स्थापना का बीड़ा ही नहीं उठाया, वरन् कृष्ण की रंजक लीलाओं का गायन करके साहित्य का नूतन संस्कार भी किया। सूर ने जयदेव और चंडीदास की आवृत्ति नहीं की, किन्तु भागवत का हार्द जनभाषा द्वारा लोकमानस में पहुँचाया। सूर ने शास्त्र को तिलांजलि न देकर शास्त्र की प्रेरणा (स्पिरिट) को अपने साहित्य में प्रतिध्वनित किया। जनसाधारण का कृष्ण-चरित्र के प्रति अधिकाधिक अनुराग ही इस बात का प्रमाण है कि सूर-साहित्य, धर्मशास्त्र न बनकर संवेदनीय मधुर काव्यगीत बना। प्रेम को साध्य और साधन मानकर चलने से ही सूर-साहित्य काव्य, दर्शन, साधना और सम्प्रदाय सभी स्थानों में समान रूप से समादृत हुआ। श्रीकृष्ण के सगुण रूप का भागवत के आधार पर लीला-वर्णन सुनते ही जनमानस आनन्द के ज्वार से उफन उठा और ऐसा प्रतीत हुआ मानो सूर की वाणी में श्याम की मोहिनी मूर्ति और संगीत-भारती एक साथ साकार हो उठी है। प्रेम के द्वारा भवसागर तर जाने का उपदेश यद्यपि पहली बार नहीं आया था किन्तु व्यंजक शैली का माधुर्य सूर में सर्वप्रथम मुखरित हुआ था–

प्रेम प्रेम ते होइ प्रेम ते पराहिं पइए।
प्रेम बँध्यो संसार, प्रेम परमारथ लइए॥
एकै निश्चय प्रेम को, जीवन मुक्ति रसाल।
साँचौ निश्चय प्रेम को, जहि रे मिलै गुपाल॥

सूर ने निराधार प्रेम की स्थापना नहीं की थी। उनके प्रेम का आधार गोपाल कृष्ण थे। मुद्रा, भस्म, विषाण, मृगचर्म आदि धारण कर, पद्मासन लगाकर, मुदित नयन ध्यान का विधान सूर ने नहीं किया था। निरंजन का ध्यान करके अलख जगाना भी सूर की प्रेम-साधना में न था। सूर ने उद्धव-गोपी-संवाद में इस बात को स्पष्ट रूप से व्यक्त किया है कि उनके प्रेम-दर्शन में नाथ-पंथियों या निर्गुणमार्गियों की बारीकियाँ नहीं हैं। इंगला-पिंगला और षट्दल कमल के चक्र से दूर कर्मकांड की निस्सारता पर जोर देते हुए सूर ने कहा है–

यह उपदेश कह्यो है माधो, करि विचार सम्मुख है साधो।
इंगला पिंगला सुषमना नारी, सून्य सहज में बसहिं मुरारी।
ब्रह्म भाव करि में सब देख्यो, अलख निरंजन ही को लेखो।
पद्मासन इक मन चित लावो, नैन मूँदि अन्तर्गत ध्यावो।
हृदय कमल पर ज्योति प्रकासी, सो अच्युत अविगत अविनासी।
याहि प्रकार विषय तम तरिए, योग पंथ क्रम-क्रम अनुसरिए।

योग पंथ का अनुक्रम अनुसरण पूर्व पक्ष में कहा गया है जिसका सयुक्तिक खंडन सूर की गोपियाँ डटकर करती हैं, वही सूर-साहित्य का उत्तर पक्ष है। कबीर ने रूढ़िवाद की खोखली जड़ों को उखाड़ने का बीड़ा उठाया था; सूरदास रूढ़ियों के प्रति उपेक्षा भाव लेकर चले थे, उन्हें रूढ़ियों से न तो मोह था और न द्वेष। फिर भी थोथे रूढ़िवाद के प्रति स्थान-स्थान पर सूर ने विगर्हणा व्यक्त की है।

सूर की भक्ति-पद्धति–भक्त-शिरोमणि महात्मा सूरदास ने गोस्वामी वल्लभाचार्य द्वारा प्रवर्तित पुष्टिमार्ग में दीक्षित होकर जिस भक्ति-पद्धति का अनुसरण किया, वह वैष्णव सम्प्रदाय में सख्यकोटि की अनन्य भक्ति कही जाती है। उपासक अपनी अनन्य निष्ठा-भावना से भगवान् कृष्ण के पुनीत चरणों में लीन होकर सांसारिक विषय-वासना से मुँह फेर जब सबकुछ विस्मृत कर देता है तभी अनन्य भाव की भक्ति का श्रीगणेश समझना चाहिए।

अन्ध भक्त सूरदास के विषय में प्रसिद्ध है कि जीवन के प्रथम चरण में उन्होंने निर्गुण साधना-पद्धति को स्वीकार कर कुछ पद-रचना की थी–

नैननि निरखि स्याम स्वरूप।
रह्यो घट-घट व्यापि सोई जोति रूप अनूप।

(सूरसागर)

यह पद और ऐसे ही दसियों पद मिलते हैं जिनमें घट-घट-व्यापी को अलख अगोचर मानकर निर्गुण साधना-पद्धति से जानने का संकेत है। इन पदों में माया का वर्णन भी सूर ने ब्रह्मज्ञानियों की शैली से किया है–

माधव, नैकु हटकौ गाइ।
भ्रमत निसि-वासर अपथ-पथ अगहि-गहि नहिं जाइ। (सूरसागर, 56)

... ...

झूठी है साँची सी लागति अस माया सो जानि। (सूरसागर, 381)

कबीर आदि निर्गुणपंथी भक्तों की भाँति सूर भी पहले बाह्य साधना (सगुण सेवा, पूजा) की अपेक्षा आन्तरिक साधना (निर्गुण-ध्यान-उपासना) को ही अधिक उपयुक्त समझते थे। बहिर्मुखी वृत्ति का सूर ने प्रारम्भ में खंडन किया था किन्तु बाद में वल्लभाचार्य के सम्पर्क में आने पर भीतर-बाहर सब जगह भावना की लीला का विस्तार उन्हें दृष्टिगत होने लगा और वे सगुण रूप में ईश्वर की लीला का गुणगान करने लगे।

सूर की भक्ति-पद्धति का अनुसन्धान उनके पदों से ही किया जा सकता है। सूर की रचना में दो प्रकार के पद मिलते हैं, एक विनय-भक्ति सम्बन्धी पद और दूसरे सख्य-भक्ति सम्बन्धी पद। प्रसिद्ध है कि वल्लभाचार्य द्वारा पुष्टि-मार्ग में दीक्षित होने से पहले जब सूरदास गऊघाट पर रहते थे, तब से विनय और दास्य भाव के पद बनाकर अपनी भक्ति-भावना का परिचय दिया करते थे। विनय-भक्ति की साधना में वैष्णव सम्प्रदाय के अनुसार सात भूमिकाएँ स्वीकार की गई हैं। इन सात भूमिकाओं के आधार पर सात प्रकार का पदगान करना सूरदास को भी अभीष्ट हुआ। दीनता, मानमर्षता, भय-दर्शन, भर्त्सना, आश्वासन, मनोराज्य और विचारणा– ये सात स्थितियाँ हैं। इन सातों भूमिकाओं को लक्ष्य करके सूर ने पदरचना की है और अपने भक्ति-भाव की प्रथम स्थिति का अच्छा परिचय दिया है। दैन्य या कार्पण्य प्रदर्शन करते हुए बड़े विनीत भाव से सूर कहते हैं–

प्रभु हौं सब पतितन को टीकौ।
और पतित सब द्यौस चारि के, हौं तो जनमत ही कौ।

'चौरासी वैष्णवन की वार्ता' के अनुसार यह पद सूरदास ने महाप्रभु वल्लभाचार्य के समक्ष गाया था। उसे सुनकर आचार्यजी ने कहा, "जो सूर है के ऐसो काहे को घिघियात हो कछू भगवत् लीला वर्णन करो।" इस फटकार को सुनते ही सूर ने विनय के पद गाना समाप्त कर कृष्ण की वैष्णव सम्प्रदाय सम्मत लीला का गान प्रारम्भ किया–

कर्म योग पुनि ज्ञान उपासन, सब ही भ्रम बिसरायो।
श्री वल्लभ गुरु तत्त्व सुनायो, लीला भेद बतायो॥

लीला-वर्णन द्वारा भक्ति के द्वितीय सोपान पर पहुँचते ही सूर के जीवन में विचित्र परिवर्तन उपस्थित हुआ। भगवान् कृष्ण के लीला-रूप को हृदयंगम करते ही सूर का जीवन बदल गया। उन्हें ऐसा आभास होने लगा जैसे कि उनके भगवान् सदा-सर्वदा उनके पास हैं और जिस लीला का वे अपने तानपूरे पर गायन करते हैं उसी लीला के अनुरूप वे भक्त के समक्ष आ जाते हैं। यही भगवान् का अनुग्रह या पोषण है—इस पोषण को साम्प्रदायिक सिद्धान्त में दो प्रकार का बताया गया है। एक साधन रूप और दूसरा साध्य रूप। साधना-भक्ति में भक्त को प्रयत्नशील रहना पड़ता है, साधन भक्ति में भक्त को प्रयत्नशील रहना पड़ता है। साध्य-रूप-भक्ति में भक्त सब कुछ विसर्जित करके भगवान् की शरण में अपने को छोड़ देता है। क्रीड़ाशील बालक जैसे थककर अन्त में माँ की गोद में ही विश्राम पाता है, वैसे ही जीव भगवान् की शरण में पुष्टि (कृपा) प्राप्त करके सफल काम होता है। पुष्टि-मार्गीय भक्ति के दार्शनिक प्रपंच को सूर ने भली-भाँति समझा था और समझकर उसे काव्य की भावभूमि पर प्रेषणीय बनाने का प्रयत्न किया था। सूरदास ने सख्य भक्ति का आँचल पकड़ते ही अपने आराध्यदेव को अगम-अगोचर नहीं रहने दिया। गोप-ग्वालों के रूप में सखाभाव का वर्णन यथार्थ में सख्यभक्ति का प्रस्फुटन है। गोपियों की विरह-भावना का चित्रण उस सख्य भाव से एक सीढ़ी आगे कान्ताभाव या दाम्पत्य-भाव की झाँकी है। सख्य और दाम्पत्य भाव के बीच में एक और कड़ी है जो दोनों को जोड़कर प्रेमाभक्ति की सम्पूर्ण शृंखला तैयार कर देती है, वह है वात्सल्य-भाव की भक्ति। वात्सल्य-भाव एक पारिवारिक सर्वजन-संवेद्य-भाव है। बाल-लीला में रसमग्नता इतनी अधिक होती है कि भगवान् का वैभव और उनकी सर्वशक्तिमत्ता का ज्ञान कुछ काल के लिए तिरोहित-सा हो जाता है और भक्त भगवान् के निकट उसी रूप में पहुँच जाता है जैसे शिशु के पास उसके माँ-बाप, भाई-बहन, बन्धु-बान्धव आदि।

विनय भक्ति का आधार दास्यभाव है—दास्यभाव में अपनी हीनता और भगवान् की उच्चता इस कोटि की होती है कि भक्त कभी भगवान् के समकक्ष या तुल्य नहीं हो सकता। लीला-वर्णन इससे भिन्न कोटि का है। किन्तु मूल प्रश्न यह है कि यह लीला क्या है? भारतीय भक्ति-पद्धति में भगवत्‌लीला की कल्पना सर्वथा अभिनव और उच्च है। अगम, अगोचर और अनिर्वचनीय ईश्वर की लीला का वर्णन सम्भव भी कैसे हो सकता है। भगवान् अनुभवैकगम्य हैं। वह स्वयं आनन्दरूप हैं, अमृतरूप हैं, रसरूप हैं, फिर वे लीला क्यों करते हैं और उस लीला का वर्णन करके भक्तजन प्रमुदित कैसे होते हैं? वल्लभ सम्प्रदाय में इस लीला की महत्ता बताते हुए कहा गया है कि भगवत्साक्षात्कार बड़ी बात नहीं है—बड़ी बात है भगवत्प्रेम। भगवान् के प्रति परम प्रेम, एकान्त प्रेम ही भक्ति है। लीला उसी प्रेम का प्रपंच है। वल्लभाचार्य ने लीला का माहात्म्य वर्णन करते हुए अपने 'ब्रह्मसूत्र' के भाष्य में लिखा है—'लीला

विशिष्टमेव शुद्धं परमं ब्रह्म, न कदाचित् तद्रहितं इत्यार्थः। ते च (लीलायाः) नित्यत्वम्।' अथवा 'लीला एवं कैवल्यम्, जीवानां मुक्ति रूपम्, तत्र प्रवेशः परमा मुक्तिरीति।' अर्थात् लीला कैवल्य और मुक्ति से बढ़कर परम मुक्ति है। वे आगे लीला का प्रयोजन कहते हैं–'नहिं लीलायां किंचित् प्रयोजनमस्ति। लीलायां एव प्रयोजनत्वात्।' अर्थात् लीला का कोई बाह्य प्रयोजन नहीं–लीला का प्रयोजन लीला ही है। भगवान् का स्वभाव ही लीला करना है। लीला-वर्णन के लिए भगवान् के कान्ताभाव या दाम्पत्यभाव का ग्रहण करना आवश्यक है। कान्ताभाव के लिए ही राधा-प्रेम की कल्पना की गई है, अतः वैष्णव सम्प्रदाय में राधा भाव का प्रेम ही परमभक्ति है।

श्री वल्लभाचार्य द्वारा प्रवर्तित पुष्टिमार्ग में लीला-वर्णन द्वारा राधाकृष्ण की आराधना को चरम उत्कर्ष प्राप्त हुआ और सखाभाव से कृष्ण का सान्निध्य प्राप्त करने का प्रयत्न भक्तों ने किया। फलतः सूरदास भी अपनी विनय-भाव और दास्य-भाव की भक्ति को छोड़ सख्यभक्ति के क्षेत्र में अवतरित हुए और अपने तानपूरे पर सखा श्रीकृष्ण की लीला-वर्णन, कीर्तन, स्मरण आदि करने में लीन हो गए और उन्होंने नवधा भक्ति के सभी रूपों का वर्णन किया। किन्तु प्रमुख रूप से सख्य भक्ति, वात्सल्य भक्ति और मधुर भक्ति को ही पल्लवित करनेवाले पद आपने अधिक लिखे। क्योंकि इन तीनों रूपों में ही आचार्य वल्लभ ने भगवद्भक्ति का विस्तार करने का निर्देश किया था।

यथार्थ में सूर की भक्ति-पद्धति का मेरुदंड पुष्टिमार्गीय भक्ति है। पहले भगवान् की भक्त पर कृपा का नाम ही पोषण है–'पोषणं तदनुग्रहः'। जैसा कि पहले कहा है, पोषण के भाव को स्पष्ट करने के लिए भक्ति के दो रूप बताए गए हैं–एक साधन रूप और दूसरा साध्य रूप। साधन-भक्ति में भक्त को प्रयत्न करना होता है, किन्तु साध्य रूप में भक्त सब कुछ विसर्जित करके भगवान् की शरण में अपने को छोड़ देता है। पुष्टिमार्गीय भक्ति को अपनाने के बाद प्रभु स्वयं अपने भक्त का ध्यान रखते हैं, भक्त तो अनुग्रह पर भरोसा करके शान्त बैठ जाता है। इस मार्ग में भगवान् के अनुग्रह पर ही सर्वाधिक बल दिया जाता है। भगवान् का अनुग्रह ही भक्त का कल्याण करके उसे इस लोक से मुक्त करने में समर्थ होता है।

जा पर दीनानाथ ढरै।
सोइ कुलीन बड़ौ सुन्दर सोइ जा पर कृपा करै।
सूर पतित तरि जाय तनक में जो प्रभु नेक ढरै॥

भगवत्कृपा की प्राप्ति के लिए सूर की भक्ति-पद्धति में अनुग्रह का ही प्राधान्य है–ज्ञान, योग, कर्म यहाँ तक कि उपासना भी निरर्थक समझी जाती है।

मर्यादा और पुष्टि भक्ति के भेद—सूरदास भक्ति के क्षेत्र में भगवदासक्ति के एकादश रूपों का भी वर्णन करते हैं। नारद भक्ति सूत्र के अनुसार आसक्ति के एकादश रूप इस प्रकार हैं—गुण माहात्म्यासक्ति, रूपासक्ति, पूजासक्ति, स्मरणासक्ति, दास्यासक्ति, सख्यासक्ति, कान्तासक्ति, वात्सल्यासक्ति, आत्मनिवेदनासक्ति, तन्मयासक्ति और परमविरहासक्ति। यद्यपि सूर ने आसक्ति के रूप में इन ग्यारहों विद्याओं का वर्णन किया किन्तु उनका मन सख्य, वात्सल्य, रूप, कान्त और तन्मयासक्ति में ही अधिक रमा है। तन्मयासक्ति का उदाहरण सुनिए—

उर में माखन चोर गड़े।
अब कैसेहूँ निकसत नहिं ऊधौ तिरछे है जु अड़े।

परम विरहासक्ति भ्रमर-गीत के पदों में बड़ी समीचीन शैली से व्यक्त हुई है। सूरदास के अतिरिक्त अष्टछाप के अन्य कवि परमानन्ददास तथा कुम्भनदास ने भी इस विषय पर पद लिखे हैं। प्रेमाभक्ति में विरह की स्वीकृति इस सम्प्रदाय में प्रारम्भ से मिलती है।

भक्ति के दार्शनिक स्वरूप की ओर भी सूर का ध्यान बराबर बना रहा। सिद्धान्त पक्ष की स्थापना में सूर ने वल्लभाचार्य के शुद्धाद्वैत का ध्यान रखा और ब्रह्म, जीव आदि का वर्णन करते समय सूक्ष्म बातों का भी यथास्थान उल्लेख किया। इतना ही नहीं—सूरदास ने ईश्वर, माया, जीव, काल और सृष्टि-रचना का विशद् वर्णन करके अपने भक्ति-सिद्धान्त को इतना पुष्ट और परिपूर्ण बना दिया कि उसमें एक ओर जहाँ गहन दार्शनिकता आ गई है वहाँ दूसरी ओर जीवन की कोमल भावनाओं के कारण सुकुमारता, भावुकता और तल्लीनता की भी कमी नहीं है।

सूरदास की भक्ति के विभिन्न पहलुओं पर दृष्टिपात करके यह निष्कर्ष सहज ही निकाला जा सकता है कि सूरदास की भक्ति का प्रमुख आधार पुष्टिमार्गीय सिद्धान्त 'भगवदनुग्रह' ही था और इसी को केन्द्रबिन्दु मानकर वे वात्सल्य, प्रेम आदि की व्यंजना करने में लीन रहे। भक्ति में कृपा की प्राप्ति का साधना उन्होंने प्रेम को माना। बाद में प्रेमाभक्ति को अपनाकर उन्होंने भगवत्प्रेम को ही भक्ति का मेरुदंड मान लिया और प्रेम की परिपूर्णता के लिए विरह को आवश्यक मानकर सूर ने विरह का महत्त्व इस प्रकार गाया—

ऊधौ विरहौ प्रेम करै।
ज्यों बिनु पुट पर गहत न रंग को रंग न रसै परै।
ज्यों घर दहै बीज अंकुर गिर तो सत फरनि फरै॥

सूरदास ने प्रेम और विरह के द्वारा सगुण मार्ग में कृष्ण को साध्य माना है। उनके कृष्ण सखा-रूप में भी सर्वशक्तिमान् परमेश्वर हैं। विष्णु, हरि, राम आदि सब कृष्ण ही के नाम हैं। निर्गुण ब्रह्म के ये सगुण नाम हैं और इनमें भेदबुद्धि सूरदास को

अभीष्ट नहीं। सूरदास ने जहाँ रामकथा का उल्लेख किया है वहाँ यही आशय है कि दोनों ही कृष्ण के रूप हैं इनमें कोई भेदभाव नहीं है। राधा को कृष्ण की शक्ति का प्रतीक माना है और इसीलिए कवि ने इसे शेष, महेश, शम्भु, नारद आदि की स्वामिनी कहा है। निर्गुण-सिन्धु में अवगाहन करना साधारणजन के लिए कठिन मान सूरदास ने सगुण कृष्ण-भक्ति का पथ प्रशस्त किया–निर्गुण समुद्र से बचने के लिए सगुण कृष्ण का वर्णन उन्हें अभीष्ट हुआ, 'कौन काज या निर्गुण सो चिरजीवहु कान्ह हमारे।'

चैतन्य सम्प्रदाय के आचार्यों ने भक्ति के दो रूप बताए हैं–गौणी तथा परा। पराभक्ति सिद्धावस्था से सम्बन्ध रखती है। लौकिक भक्तों के लिए गौणी भक्ति का ही विधान है। इस गौणी भक्ति के दो रूप हैं–वैधी और रागानुगा। रागानुगा भक्ति राग या प्रेम पर अवलम्बित है। इसको विहिता और अविहिता नाम से वल्लभाचार्य ने अपने 'अणुभाष्य' में कहा है। पुष्टिमार्ग में रागानुगा भक्ति को स्वीकार किया गया। इसके भी दो भेद हैं–कामरूपा और सम्बन्धरूपा। गोपियों की भक्ति कामरूपा थी। सूरदास ने दोनों भेदों को मानकर काम और सम्बन्धरूपा का वर्णन किया है।

सख्यभक्ति का 'सूरसागर' में दो रूपों में प्रस्फुटन हुआ है। पहला रूप तो गोप-ग्वालों के साथ कृष्ण का सखा रूप में विचरण करना और कृष्ण के अतिरिक्त किसी और में ध्यान न रखना। गोप-ग्वालों का कृष्ण के साथ अनन्यभाव का एक ऐसा अटूट प्रेम-सम्बन्ध है जिसमें न तो ऊँच-नीच का भेदभाव है और न किसी प्रकार का दुराव-छिपाव ही उनमें कहीं रह पाया है। गोप-ग्वालों के सिवाय गोपियों का श्रीकृष्ण के प्रति प्रेम-भाव भी इसी कोटि का है। उसमें विरहजन्य वेदना के कारण सूरदास ने तल्लीनता की मात्रा अधिक व्यक्त की है। विरह में विभोर गोपियों की व्यथा का सजीव वर्णन भ्रमरगीत सम्बन्धी पदों में देखने को मिलता है। भ्रमरगीत के पदों में गोपियों की मार्मिक उक्तियाँ, सगुण-निर्गुण का विवेचन, ज्ञान और भक्ति का तारतम्य और भक्ति की सीमाओं का जैसा सुन्दर चित्रण हुआ है वह सूरदास की भक्ति-पद्धति के दार्शनिक एवं भावुक दोनों रूप सामने लाने में समर्थ है।

सख्य-भक्ति के साथ सूरदास ने भक्ति को सुगम और सर्वजन-सुलभ बनाने के लिए वात्सल्यभाव द्वारा भी भगवान् की आराधना-उपासना की है। सख्य भाव की अपेक्षा वात्सल्यभाव में भक्त को इष्टदेव का सामीप्य अधिक प्राप्त होता है। बाललीला की रसमग्नता इतनी अधिक होती है कि कृष्ण का वैभव और उनकी असीम शक्ति का ज्ञान कुछ समय के लिए तिरोहित-सा हो जाता है और भक्त भगवान् के निकट उसी रूप में पहुँच जाता है जैसे बालक के पास उसके माता-पिता, बन्धु, सखा आदि। यशोदा और नन्द के द्वारा जिस वात्सल्य भाव का चित्र प्रस्तुत किया गया है उसमें श्रीकृष्ण के अति मानवीय कृत्यों के प्रति अधिक आतंकपूर्ण

प्रभाव तथा महत्त्व न होने से भक्त को भगवान् के समीप जाने का पूरा-पूरा अवसर मिलता है।

वैष्णव सम्प्रदायों में माधुर्य-भाव की भक्ति को अन्य प्रकार की भक्ति-पद्धतियों की अपेक्षा अधिक श्रेष्ठ स्थान प्राप्त हुआ है। कारण यह है कि व्यक्तिगत सम्बन्ध की निकटता और अनन्यता की दृष्टि से माधुर्य-भाव में जो उत्कर्ष है, वह अन्य प्रकार की भक्ति में परिलक्षित नहीं होता। विभिन्न लीलाओं के प्रसंग, माधुर्य-भाव को स्पष्ट करनेवाले मनोरम प्रसंग हैं जिनमें भगवान् की असीम शक्ति को पति रूप में वरण करके गोपियाँ सुखी होती हैं। दानलीला आदि में असंदिग्ध शब्दों में सूर ने गोपियों के द्वारा माधुर्य के आलम्बन के अतिरिक्त कृष्ण के अन्य सभी रूपों की अवहेलना करके यह प्रदर्शित किया है कि अनन्य भाव की चरम परिणति, गोपियों के माधुर्य-भाव में ही हो सकती है। गोपियों के द्वारा कृष्ण की प्राकृत और अतिप्राकृत दोनों प्रकार की गौरव-गरिमा का उपहास कराके यह दिखाया गया है कि उनका प्रेम उनकी इन्द्रियों और मन की स्वाभाविक प्रवृत्ति पर निर्भर है जिसका आधार कृष्ण का मनोहर रूप तथा उनकी प्रेम-प्रवण लीलाएँ हैं। माधुर्य-भाव की भक्ति के सम्बन्ध में अति शृंगारिक और वासना-प्रधान होने का जो भ्रम फैला हुआ है, उसका निवारण भी सूर की माधुर्य-भक्ति वाले पदों से हो जाता है। किन्तु यह स्मरण रखना चाहिए कि सूर की भक्ति-पद्धति में जिस माधुर्य-भाव को स्थान मिला है, वह मुख्य रूप से लीलाओं पर आधारित है। इसी कारण उसे मात्र ऐन्द्रियिक नहीं कहा जा सकता। भ्रमरगीत में गोपियों की उक्तियाँ केवल ऐन्द्रिक सुख को व्यक्त नहीं करती, वरन् वे उनके हृदय की पवित्रता, निश्छलता, अनन्यता और उदारता का परिचय देती हैं। ज्ञान-मार्ग के पथिक उद्धव का ज्ञान भूलकर सगुण प्रेम की भक्ति को स्वीकार करना इस बात का प्रमाण है कि यह भक्ति-पद्धति वासना या शृंगार की अश्लीलता से सर्वथा रहित थी और इसमें माधुर्य-भाव की प्रधानता होने पर भी तन्मयता और तल्लीनता की चरम उपलब्धि भक्तों को हुई थी।

सारांश यह कि सूर की भक्ति-पद्धति का आधार वैष्णव भक्ति-पथ होने पर भी उसका प्रसाद-निर्माण गोस्वामी वल्लभाचार्य द्वारा प्रतिपादित साम्प्रदायिक (पुष्टिमार्गीय) तत्त्वों से हुआ था। ब्रह्म और जीव का सम्बन्ध निरूपण करते हुए सूर ने अग्नि-स्फुलिंग (चिनगारी) का उदाहरण दिया और जीव को ब्रह्म का अंश ठहराया। जीव अपने को ब्रह्म के चरणों में समर्पित करके ही लोक के प्रलोभनों से मुक्त हो सकता है। जीव के विकास की चार अवस्थाओं का वर्णन करते हुए आचार्य ने बताया है कि प्रवाहमार्गी, मर्यादामार्गी, पुष्टिमार्गी और शुद्ध-पुष्टि—इन चार कोटियों में लेकर ही जीव चलता है। इसी के आधार पर पुष्टि भक्ति को भी चार रूपों में बताया है—प्रवाह-पुष्टि, मर्यादा-पुष्टि, पुष्टि-पुष्टि और शुद्ध-पुष्टि। अन्तिम शुद्ध-पुष्टि की स्थिति

प्राप्त कर जीव परमानन्द में लीन होता है। सूर ने इन चारों प्रकार की पुष्टियों का वर्णन अपने पदों में किया है किन्तु मूल रूप से उनकी अन्तश्चेतना में शुद्ध-पुष्टि का ही स्वरूप भासित हुआ है।

जिस सूर ने 'अविगत गति कुछ कहत न आवै। ज्यों गूँगे मीठे फल को रस अन्तर्गत ही भावै' कहकर प्रभु का स्वरूप-चिन्तन करना प्रारम्भ किया था, उसी ने 'अति सुन्दर नन्द महरि ढटोना। निरखि-निरखि ब्रजनारि कहहिं सब यह जानत कछु टोना' कहकर श्रीकृष्ण का रूप अपनी भक्ति-भावना से न केवल स्वयं देखा किन्तु ब्रजनारियों को भी उसका दर्शन कराया।

सूर का लोक-संग्रह—सूर की भक्ति-पद्धति का आधार पुष्टि मान लेने पर दो प्रश्न हमारे सामने आते हैं। प्रथम प्रश्न तो यह है कि क्या सूर ने भक्ति को साम्प्रदायिक रूप में स्वीकार किया था? दूसरा प्रश्न है कि क्या सूर की भक्ति लोक-कल्याण का पथ प्रशस्त न करके किसी कल्पनालोक में ले जानेवाली है? दोनों प्रश्नों का उत्तर एक है, सूर ने निर्गुण ब्रह्म और अद्वैत वेदान्त का उपदेश झाड़नेवाले पंडितों के समक्ष भक्ति का एक व्यवहार्य और सुगम मार्ग प्रस्तुत किया था, जिसका उद्देश्य संसार का त्याग किए बिना ही अपने आराध्य को सगुण-साकार रूप में प्राप्त करना था। यह उद्देश्य लोक-संग्रह की भावना से दूर न होकर उसी का अव्यक्त रूप कहा जाएगा। सूर ने भक्ति-मार्ग को कंटकविहीन बनाकर लोक-कल्याण का पथ प्रशस्त किया था जिसका मूल्यांकन नहीं किया गया। सूर के प्रेम को जो लोक से न्यारा और ऐकान्तिक मानते हैं वे भी उसकी गहराई तक नहीं जाना चाहते। सूर का प्रेम गाम्भीर्य के उस तल तक पैठा हुआ है जहाँ मन की समस्त रागात्मिका वृत्तियाँ अपने लिए परितोष की अतुल निधि पाकर तृप्त होती हैं। जीवन की गम्भीर समस्याओं से तटस्थ रहने का आरोप भी सूर पर इसी कारण लगाया जाता है कि जीवन को राजनीति और समाजनीति का ही पर्यायवाची बना दिया गया है। पारिवारिक जीवन की शाखा-प्रशाखाओं से फूटनेवाली विविध परिस्थितियों का नाम भी संघर्ष है, और उनका चित्रण भी गाम्भीर्य के साथ देखा जाना चाहिए। सूर की प्रेम-चर्चा में संयोग और विरह का विस्तृत वर्णन होने के साथ गाम्भीर्य का अभाव कदापि नहीं है। पाशव वासना को संस्कृत करके, भक्ति की पावन मन्दाकिनी में प्रक्षालित करके, समाजोपयोगी बनाने का महान् कार्य सूर ने किया है। यह कार्य लोक-संग्रही दृष्टि से ही किया गया है और उसका प्रवाह भी लोक-संग्रह के रूप में देखना चाहिए।

यदि युग-सापेक्ष दृष्टि से तात्कालिक समाज को केन्द्र-बिन्दु बनाकर सूर-साहित्य का आकलन किया जाय तो स्पष्ट लक्षित होगा कि सूर ने बाह्य प्रपंच से मुक्त होकर अन्तर्लीन दशा में काव्य-सृष्टि की थी किन्तु इसका यह अर्थ न समझ लिया जाय कि युग की सापेक्षता से सूर और उनका साहित्य सर्वथा बचा रहा। सूर ने भक्ति

को माधुर्य-मंडित करके प्रस्तुत करने का ध्येय बनाया हुआ था। यही उस युग की सबसे बड़ी माँग थी। चैतन्य के शिष्य रूप और सनातन गोस्वामी ने शास्त्रीय मर्यादा में देववाणी द्वारा भक्ति का माधुर्य पक्ष स्थिर किया था। किन्तु जनमानस से उसका सीधा लगाव न उस युग में हुआ और न बाद में ही वह सम्भव हो सका। सूर ने उसी युग में भक्ति की नूतन मर्यादा बनाकर जनमानस को उसमें निमज्जित कर दिया। इसके साथ ही सूर ने साहित्य की शाश्वत मान्यताओं को सदैव अपने सामने रखा। फलतः युग की सीमाओं में सूर-साहित्य सिमटकर समाप्त नहीं हो सका। यदि सूर आख्यान-काव्य लिख पाते तो शायद स्थिति कुछ और होती किन्तु गेय मुक्तकों की परम्परा में उन्होंने युग-निरपेक्ष चिरन्तन साहित्य-सृजन करके अपना स्थान भक्ति, प्रेम-काव्य और संगीत में अमर बना लिया है।

सूर-सारावली के प्रणयन का रहस्य

डॉ. गोवर्धननाथ शुक्ल

प्रामाणिकता की कोटि में आनेवाले सूर के तीन ही ग्रन्थ हैं, जिनमें दो तो उनकी स्वतन्त्र रचनाएँ कही जाएँगी और तीसरी (साहित्य लहरी) सागर की ही लहरियाँ सागर से ही उपजीव्य अथवा एक पृथक् संग्रह कही जाएगी।[1]

सागर सहस्रावधि पदों में लीलागान है। सूर को अपने गुरुदेव वल्लभाचार्य से श्रीकृष्ण लीलागान का आदेश मिला और लीला से अपरिचित होने के कारण करुणा वरुणालय गुरुदेव ने शिष्य पर कृपा की और उन्हें श्रीमद्भागवत के दशम स्कन्ध की अनुक्रमणिका सुनाई। अनुक्रमणिका एक प्रकार से दशम स्कन्ध की सूची ही है। सूरसागर इसी अनुक्रमणिका का विस्तार है। प्रश्न यह है कि आचार्य ने सूर को अनुक्रमणिका ही क्यों सुनाई? क्या वे समस्त श्रीमद्भागवत अथवा सम्पूर्ण दशम स्कन्ध नहीं सुना सकते थे? निश्चय ही वे ऐसा कर सकते थे, परन्तु आचार्य सच्चे अर्थों में गुरु थे। शिष्य का हृत्ताप अनायास और स्वल्पतम समय में दूर करना जानते थे और चाहते भी थे। इसीलिए उन्होंने अपने अनन्य सेवकों में से केवल दो (सूर-परमानन्द) को ही कृष्णसेवा का आदेश देकर दशम स्कन्ध की अनुक्रमणिका सुनाई थी।[2] आचार्य वल्लभ का स्वभाव ही संक्षिप्तता का है। संक्षिप्तता उनके निखिल वाङ्मय का बीज-तत्त्व है। सभी ग्रन्थ प्रायः छोटे और संक्षिप्त हैं। थोड़े में कहना उनका विलक्षण गुण है। कोई-कोई ग्रन्थ उनका केवल चार या पाँच अथवा नौ श्लोकों में ही है। उनके 16 ग्रन्थ छपे हुए 30-40 पृष्ठों में आ जाते हैं। आचार्य की संक्षेप प्रवृत्ति के दो और मार्मिक उदाहरण हैं। उनके ज्येष्ठ पुत्र गोपीनाथजी नित्य श्रीमद्भागवत का पाठ करने के उपरान्त भोजन करते थे। अतः नित्य ही भोजन में

---

1. सूर की साहित्य-साधना में मेरा लेख—सूरकृत साहित्य लहरी, पृ. 49।
2. युक्तो हरेरनुदिनं परिचर्ययासौ श्रीकृष्णमापनियतं दशमस्यपाठात्।
   (पद्म पु.उ.ख.मा. 4। 81) के अनुसार आचार्य भगवत्सेवा और दशम के पाठ का ही उपदेश करते थे।

अतिकाल हो जाता था। पुत्रवत्सल आचार्य ने भागवत के दस स्कन्धों, 365 अध्यायों, 18 हजार श्लोकों को केवल 256 श्लोकों में रखकर उनकी नित्य पाठ की सुविधा के लिए पुरुषोत्तम सहस्रनाम की रचना कर दी। उसका नाम 'श्रीमद्भगवतसार समुच्चय' रखा। इस पुरुषोत्तम सहस्रनाम को आचार्य ने श्रीमद्भागवत का रूप ही स्वीकार किया है।[1] भगवदावेशाविष्ट चित्त होकर श्रीमद्भागवत रूप 'सागर' से चिन्तामणि सदृश इन नामों को आचार्य ने एकत्र किया[2] और प्रतिज्ञा की कि यदि ये (सहस्रनाम) भक्त के कंठ में स्थिर रहेंगे तो अपनी दीप्ति से अज्ञानजन्य तम का नाश करते रहेंगे।[3] यही भागवत-पाठ फल भी है।[4] आचार्य की इस प्रतिज्ञा से निश्चय ही उनके ज्येष्ठ पुत्र गोपीनाथजी को परितोष हुआ होगा। संक्षिप्तता की यह तीसरी घटना है।

चौथी घटना गोस्वामी विट्ठलनाथजी से सम्बन्ध रखती है। गोस्वामी विट्ठलनाथजी भी नित्य श्रीमद्भागवत के दशम स्कन्ध का सम्पूर्ण पाठ (90 अध्याय और आचार्य वल्लभ के अनुसार 87 अध्याय) करते थे और बाद में अन्न ग्रहण करते थे। करुणामय आचार्य ने इसे भी हठयोग के अन्तर्गत ही माना और उनके लिए भी 'त्रिविधि लीला नामावली' नाम से 355 पंक्तियों का एक ग्रन्थ तैयार कर दिया। इस ग्रन्थ की फलश्रुति में भी आचार्य ने पुनः उसी प्रतिज्ञा को दुहराया है।

निरोध लीलामाश्रित्य भवत्यै भक्त निरूपितम्।
बाल लीलानामापाठात् श्रीकृष्णे प्रेम जायते।
आसक्तिः प्रौढ़ लीलायां नाम पाठात् भविष्यति।
व्यसनं श्रीकृष्ण चरणे राजलीलाभिधानतः॥
तस्मान्नामत्रयं जाप्यं भक्तिप्राप्तीच्छुभिः सदा॥

तात्पर्य यह है कि श्रीमद्भागवत को मूर्तिमान् भक्तिरस मानकर नित्य पाठ करनेवालों को आचार्य ने उसका 'सार' देकर भक्तों को सुविधा कर दी।

सूर-परमानन्द अपने दो सेवकों को दशम स्कन्ध की अनुक्रमणिका द्वारा तथा श्री गोपीनाथजी एवं गो. विट्ठलनाथजी अपने दो पुत्रों को पुरुषोत्तम सहस्रनाम एवं त्रिविध लीला नामावली द्वारा आचार्य के नित्य नियम निर्वाह का संक्षिप्त मार्ग बतलाने वाले के इन प्रयत्नों में भगवल्लीला का ही अनुकथन है। दशम स्कन्ध की

---

1. श्रीभागवत रूपश्च सर्वार्थं फलदायकः। पु.स.ना.द्वा. श्लो. 48।
2. हयविशितचित्तेन श्रीभागवत सागरात्। समुद्धृतानि नामानि चिन्तामणि निभानि हि। पु.स. नाम श्लोक।
3. कंठ स्थितान्यर्थदीप्त्या बाँधते ज्ञानजं तमः।—वही श्लोक 53।
4. क्योंकि भागवत तत्त्वदीप है देखो—
   व्यतनुत कृपया यस्तत्वदीपं पुराणं तमखिलवृजिनघ्नं व्याससूनुं नतोस्मि॥ 12। 12। 68।

अनुक्रमणिका में भगवान् श्रीकृष्ण की दशम स्कन्धीय निरोध लीलाओं की संक्षिप्त चर्चा है। पुरुषोत्तम सहस्रनाम में श्रीमद्भागवतोक्त दशविधि लीलाओं की चर्चा की गई है। प्रत्येक स्कन्ध के प्रारम्भ में उस स्कन्ध की लीला का नाम स्पष्ट रूप से आया है, त्रिविधि लीला नामावली तो बाललीला, प्रौढ़लीला, राजलीला के द्वारा भक्त में भक्ति की प्रारम्भिक तीन दशाओं–प्रेम, आसक्ति और व्यसन दशाओं का परिपाक ही है।

आचार्य की यह संक्षेप-प्रवृत्ति कारयित्री प्रतिभावाले उनके प्रिय शिष्यों (विशेषकर सूर) में बहुत अधिक रूप से अवतरित हुई। सारावली के प्रणयन में भागवत की यही पुनरावृत्ति और संक्षेप प्रवृत्ति कारण-रूप है।

श्रीमद्भागवतानुसारी लीलागान का आदेश पाने पर सूर ने पुष्टि-मार्ग में आराध्य श्री गोवर्धननाथजी के स्वरूप के समक्ष लगभग 73 वर्ष तक नित्य नए पदों से कीर्तन-सेवा की थी। यही कीर्तन सेवा सागर कहलाई। क्योंकि प्रथम तो यह सेवा पीयूष-समुद्र श्रीमद्भागवतानुसारी थी।[1] दूसरे असंख्य लीला पदों ने उतने सुदीर्घकाल में सागर का रूप धारण कर लिया था। अतः सागर को संक्षिप्त करने की महती आवश्यकता सूर को भी प्रतीत हुई। आचार्य वल्लभ और सूर में ध्यान से देखने पर बड़ा महत्त्वपूर्ण स्वभाव साम्य दृष्टिगत होता है। उनकी चर्चा पृथक् से की जाएगी, किन्तु संक्षिप्तता की प्रवृत्ति भक्त प्रवर सूर में भी आचार्य के तुल्य ही थी।

जिस प्रकार अठारह हजार श्लोकवाले श्रीमद्भागवत महापुराण को सुविधा की दृष्टि से आचार्य ने पुरुषोत्तम सहस्रनाम के 256 श्लोकों में बाँध दिया, उसी प्रकार सहस्रावधि (लक्षावधि) पदवाले अपने सागर को भी सूर ने सारावली के 1107 युग्मों में संक्षिप्त कर दिया है। प्रस्तुत तथ्य हम यहाँ सारावली के अन्तस्साक्ष्य के आधार पर ही सिद्ध करने की चेष्टा करेंगे।

सारावली में कुल मिलाकर 1107 युग्म हैं। अन्तिम बारह पंक्तियाँ बड़े महत्त्व की हैं। इन पंक्तियों से सूर के दीक्षाकाल कविकर्म, लीलागान, तत्त्वगान फलश्रुति का स्पष्ट संकेत मिलता है। ये पंक्तियाँ इस प्रकार हैं–

करम–जोग पुनि ज्ञान–उपासना सब ही भ्रम भरमायौ।
स्री वल्लभ गुरु तत्त्व सुनायौ, लीला-भेद बतायौ॥
ता दिन तैं हरि-लीला गाई, एक लक्षपद बन्द।
ताकौ सार सूर सारावलि, गावत अति आनन्द॥
तब बोले जगदीस जगत-गुरु, सुनो सूर मम गाथ।
तव कृत मम जस जो गावैगो, सदा रहे मम साथ॥

1. श्रीमद्भागवत को सम्प्रदाय में पीयूष-समुद्र कहा गया है। देखो–सर्वो. स्तोत्र।

धरि जिय नेम सूर सारावलि, उत्तर दच्छिन काल।
मन वांछित फल सबही पावै, गाय मिटै जन्म जंजाल॥
सीखै, सुनै, पढ़ै, मन राखै, लिखै परम चितलाय।
ताके संग रहत हौं निसदिन, आनन्द जन्म बिहाय॥
सरस संमतसर लीलागावै, जुगल चरन चितलावै।
गरभ-बास बन्दीखाने में, सूर बहुरि नहिं आवै॥

उपर्युक्त पंक्तियाँ अनेक रहस्यों का संकेत देती हैं। जैसे–

1. कर्मकांड, ज्ञानोपासनादि साधन प्रेम प्रधान भक्तियोग के बिना भ्रम मात्र है।
2. मेरे गुरु आचार्य वल्लभ ने मुझे तत्त्व श्रवण करा दिया है।[1]
3. उन्होंने मुझे लीला का रहस्य भी समझा दिया है।
4. जिस दिन से उनका (गुरुदेव का) मुझे साक्षात्कार हुआ है उसी दिन से मैंने हरि-लीला का गान किया है। और उस हरि-लीला को मैंने एक लक्ष पदों में बाँधा है।
5. उसी हरि-लीला (एक लक्ष पद वाली) का सार रूप यह सारावली है।
6. यह सारावली सरस संमतसर लीला है।
7. इस सारावली को भगवत्प्रसाद प्राप्त है। स्वयं भगवान् एवं गुरुदेव ने अपने श्रीमुख से इसकी फलश्रुति (माहात्म्य) का वर्णन किया है। अन्त में सूर श्रीकृष्ण के श्रीमुख से कहलवाते हैं–

"सूर! सुनो, तुम्हारे द्वारा वर्णित मेरे इस यश का जो गान करेगा, वह सदैव मेरे साथ रहेगा। वह जन्म-मरण के बन्धन से छूट जाएगा और मनोवांछित फल पाएगा। इस संमतसर लीला के गान से और भगवच्चरणारविन्द के ध्यान से मनुष्य गर्भवास के कारागृह से मुक्त हो जाता है।"

प्रस्तुत पंक्तियों में तत्त्व-श्रवण और लीला-रहस्य दो बातें अलग-अलग कही गई हैं। दोनों ही बातें आचार्य से प्राप्त हुई हैं। अतः पहले इनका स्पष्टीकरण आवश्यक है। तत्त्व श्रवण से सूर का तात्पर्य आश्रयतत्त्व से है। भागवत में आश्रयतत्त्व एकमात्र श्रीहरि ही हैं। दशविधि श्लोकों की सूची में आश्रयतत्त्व को स्पष्ट करते हुए भावगतकार ने कहा है–

स आश्रयः परं ब्रह्म परमात्मेति शब्यते। भाग 2।10।7

"आश्रय का श्रवण स्पष्ट ही सम्प्रदायोक्त आत्म-निवेदनात्मक गद्य मन्त्र एवं शरण मन्त्र है। शरण मन्त्र की ओर संकेत करते हुए सूर ने एक स्थल पर इसका

---

1. तत्त्वश्रवण पर देखिए मेरा लेख–'अभिनव भारती', अली.वि.वि. अंक 1, 1960।

संकेत भी दिया है।[1] नाम-श्रवण दीक्षा का पूर्व रूप एवं प्रारम्भ है। सम्प्रदाय में यह सुप्रसिद्ध है कि नाम श्रवण से जीव आत्मगत पाँच प्रकार के सहज जन्मजात दोषों से मुक्त होकर शरण में जाने और आत्म-निवेदन की सामर्थ्य पाने का अधिकारी होता है। दोषों से परिपूर्ण जीव एकदम भगवत् सान्निध्य अथवा आत्म-निवेदन का अधिकारी नहीं होता, अतः पहले उसे नाम-श्रवण कराकर आत्म-निवेदन की भूमि पर लाया जाता है। तब उसमें भगवत्साक्षात्कार की पात्रता आती है। तभी वह 'लीला रहस्य' को जानने का अधिकारी बनता है।

सूर ने गुरु से तत्त्व श्रवण करके आश्रय तत्त्व से तादात्म्य स्थापित करके बाद में ही लीला-रहस्य का ज्ञान प्राप्त किया था। यह लीला रहस्य क्या है? लीला दो प्रकार की है—वास्तवी, और व्यावहारिकी। वास्तवी लीला स्वसंवेद्य है। यह भक्तों, प्रभुकृपा-प्राप्त जीवों के लिए है। दूसरी जीवों के सामने होनेवाली प्रत्यक्ष लीला है। भागवतोक्त सर्ग विसर्गादि दशविधि लीलाएँ स्वसंवेद्य हैं और उनका लक्ष्य आश्रय (एकमात्र परमात्मतत्त्व का) ज्ञान कराना ही है। इन दशविधि लीलाओं का रहस्य बिना गुरु कृपा के सम्भव नहीं। इसी को लक्ष्य करके सूर ने कहा है, "श्री वल्लभ गुरु तत्त्व सुनायौ, लीला भेद बतायौ।" अतः सूर उसी दिन (ता दिन) से लीला-गान के लिए मुखर हो गए जिस दिन गुरु ने कृपापूर्वक आश्रय तत्त्व का श्रवण कराया और लीला का रहस्य बतलाया। उसका परिणाम स्पष्ट था कि एक लक्ष पदों के बन्धों में हरि-लीला का अनुकथन किया गया।

इस प्रकार सूर ने अपने सागर की जन्मकथा का रहस्य स्पष्ट करते हुए सारावली के जन्म की ओर भी संकेत कर दिया है—

ताको सार सूर सारावलि गावन अति आनन्द।

सारावली और कुछ नहीं केवल एक लक्ष पद बंध वाली हरि-लीला का सार ही है। सार लिखने की यह परम्परा भारतीय वाङ्मय की अपनी प्राचीन परम्परा है। उदाहरण के लिए भगवान् ने सम्पूर्ण भागवत ब्रह्माजी को चार ही श्लोकों में सुनाई। श्री शुकदेवजी के द्वारा श्री द्वादशस्कन्धात्मक श्रीमद्भागवत की सम्पूर्ण चर्चा कर दिए जाने पर और उसकी फलश्रुति अज्ञानतम का निरसन और भगवत्पद की प्राप्ति कह दिए जाने पर पुनः सम्पूर्ण भागवत की अनुक्रमणिका प्रस्तुत की गई है। संक्षेप करने की यह प्रवृत्ति भारतीय आचार्यों, कवियों और भक्तों में निरन्तर पाई जाती है। श्रीमद्भागवत-प्रसंगों का संक्षिप्तीकरण न केवल आचार्य वल्लभ ने ही किया है उनसे पूर्व भी और पश्चात् भी हुआ है। दक्षिण के अनेक पंडितों ने भी भागवत को संक्षेप में कहा है। बोपदेव की भागवत मंजरी अथवा भागवतानुक्रमणी, एवं

---

1. कृष्ण सुमन्त्र सुद्ध बनमूरी जिहि जन मरत जिवायो। आदि।

मुक्ताफल ऐसे ही प्रयत्न हैं। गुजराती कवि भीम ने शुकामृत में भागवत का सार ही दिया है। न केवल भागवत का ही अपितु महाभारत को भी संक्षिप्त करने के अनेक प्रयत्न हुए हैं।

दक्षिण के 11वीं 12वीं शती के विद्वान् क्षेमेन्द्र ने महाभारत मंजरी नामक ग्रन्थ महाभारत के सार के रूप में ही लिखा है। तात्पर्य यह कि सार की परम्परा पुरानी है और आवश्यक समझी गई है। अतः सारावली भी अपने अन्तस्साक्ष्य के आधार पर एक लक्ष पद बन्ध वाले सूरसागर का सार है। सूरसागर भागवत लीलानुसारी है।

अतः सारावली भी भागवतानुसारी स्वयमेव सिद्ध हो जाती है। फिर भी यहाँ पुरुषोत्तम सहस्रनाम को श्लोकों में और सारावली की पंक्तियों में थोड़ा साम्य दिखाने की चेष्टा की जाती है।

पुरुषोत्तम सहस्रनाम–

पुराण पुरुषो विष्णुः पुरुषोत्तम उच्यते।

सारावली–

अवगति आदि अनन्त अनूपम अलग पुरुष अविनासी।
पूरण ब्रह्म प्रगट पुरुषोत्तम निज निज लोक विलासी॥

पुरुषोत्तम सहस्रनाम–

श्रीकृष्णः सच्चिदानन्दो नित्यलीला विनोद कृत।
सर्वागम विनोदी च लक्ष्मीशः पुरुषोत्तमः॥

सारावली–

खेलत-खेलत चित में आई, सृष्टि करन विस्तार।
अपुने आपु करि प्रकट कियौ है, हरी पुरुष अवतार॥

पुरुषोत्तम सहस्रनाम–

आदिकर्तातत्वकर्ता सर्वकर्ता विशारदः।
नानाबतारकर्ता च ब्रह्माविर्भाव कारणम्।
दशलीला विनोदी च नाना सृष्टि प्रवर्त्तकः॥

सारावली–

मायाक्षोभ कियौ बहुविधि, करि पुरुष के संग।
राजस तामस सात्विक त्रैगुण प्रकृति पुरुष कौ संग॥

पुरुषोत्तम सहस्रनाम–

अष्टाविंशतितत्त्वाना स्वरूप यत्रवै हरिः।

सारावली–

की तत्त्व प्रगट तेहि क्षणु सबै अष्ट अरु बीस।

इस प्रकार लगभग 35 तुकों में सूर अपनी सारावली में सर्ग, विसर्ग स्थान, पोषणादि भगवान् की दशविध लीलाओं का संकेत दे गए हैं। सारावली में इन लीलाओं में समाहित भागवती कथाओं की चर्चा नहीं, क्योंकि वे कथाएँ 'सूरसागर' में कही जा चुकी हैं।

पुरुषोत्तम सहस्रनाम के 32 से 44 तक के श्लोकों का सारावली की 37 से 57 तक की तुकों से (प्रसंगों के सन्दर्भ में) तुलना की जा सकती है। इसी प्रकार पुरुषोत्तमसहस्रनाम के 53 से 60 तक के श्लोक सारावली की 58 से 70 तक के युग्मों से भली-भाँति मिलाए जा सकते हैं।

तात्पर्य यह है कि पुरुषोत्तमसहस्रनाम के श्लोक तथा सारावली की पंक्तियाँ प्रायः एक ही शैली में चलती है और श्रीमद्भागवत की सम्पूर्ण कथा का अति संक्षेप में संकेत दे जाती हैं। सारावली के 71वें युग्म से 360वें युग्म तक की सम्पूर्ण कथा लगभग पुरुषोत्तमसहस्रनाम के नवम स्कन्ध के नामों तक पूरा-पूरा मेल खा जाती है। दोनों के संक्षिप्त कृष्ण-चरित में तो अत्यन्त ही साम्य है। आगे चलकर ब्रज की निकुंज-लीला का वर्णन सारावली की अपनी मौलिकता है। यहाँ से 'वास्तवी लीला' का वह स्वसंवेद्य रूप सामने आता है जो स्वयं भगवान् और उनके भक्तों को ही सुलभ है। इसमें मानलीला, विहारलीला आदि का वर्णन है। अगाध शृंगार भावना के भावावेश में कवि एकाएक दृष्टिकूट शैली को अपना लेता है। जिस प्रकार आचार्य ने पुरुषोत्तमसहस्रनाम में भागवतारिक्त प्रसंगों के लिए पुराणान्तरभाषितम् कह दिया है, उसी प्रकार सारावली में भी मानलीला, विहारलीला एवं सुरतान्त-वर्णन के लिए पुराणान्तरों (ब्रह्मवैवर्त आदि) का समाश्रय लिया गया है। सखी भाव, जालरन्ध्रादि से क्रीड़ा दर्शन आदि के वर्णन निश्चय ही भागवतेतर स्तोत्रों पर समाश्रित हैं। इन प्रसंगों से सारावली के प्रणयन-काल (वसंतागम और होलिकादहन) के अवसर का संकेत मिलता है।

सारावली में वसन्त-क्रीड़ा एवं होरी पर अधिक बल दिया गया है। उसमें एक रहस्य है। होरी अग्निप्रधान क्रीड़ा-पर्व है। पुष्टिमार्ग वैश्वानर-प्रवर्तित अग्नि मार्ग (प्रेमाग्निवाला) है। आचार्य वल्लभ वैश्वानरावतार हैं। परब्रह्म पुरुषोत्तम से जीवव्युच्चरित होते ही वियोगाग्नि में पड़ गया। वियोग प्रेम-लक्षणा भक्ति का दृढ़ (जीवनश्वर) बीज है जो भक्ति का साधक ताव है। अतः चराचरात्मक सृष्टि वियोगाग्नि से दह्यमान हो रही है। सूर्य, चन्द्रादि, इन्द्रादि देवता जिन अधिकार-स्थानों का उपभोग कर रहे हैं वे (अधिकार) मानो उन्हें उस होलिका पर्व के अन्तर्गत प्राप्त होनेवाले 'फगुवा' में प्राप्त हुए हैं। फगुवा अनुग्रहात्मक है। सूर ने 'फगुवा' के नाम से पोषण लीला (अनुग्रह लीला) व्यक्त की है। पोषण की व्याख्या करते हुए वल्लभ स्पष्ट करते हैं–

> *"स्थितानामभिवृद्धि पोषणम् ।"*

अर्थात् स्थान के अधिपति सूर्य, चन्द्र, इन्द्रादि को अधिकार देकर उन पर अनुग्रह करने की सूचना है। सूर अपनी सारावली में इसे 'संमतसर लीला' पुकारते हैं। वेदों में संवत्सरात्मक काल के चार भेद किए गए हैं–

1. संवत्सर, 2. परिवत्सर, 3. अनुवत्सर, 4. इडावत्सर। संवत्सर अग्नि है, परिवत्सर आदित्य है, अनुवत्सर वायु है, इडावत्सर चन्द्रमा है। होलिकोत्सव का लम्बा रूपक सारावली में होने के कारण सूर इसे सरस संमतसर लीला कहते हैं। इस संवत्सर लीला का बोध होने पर मनुष्य जन्म-मरण के बन्धन से छूट जाता है।

होलिका पर्व का लम्बा रूपक सारावली की अपनी वस्तु होने के कारण वही इसके रचना-काल (वसन्त ऋतु और होलिका पर्व) का समय है। इसके उपरान्त संवत्सर की समाप्ति का पखवारा आ जाने से सूर इसे 'संमत्सर लीला' पुकारते हैं। एक संवत्सर के द्वादश मासों में सम्पूर्ण कृष्ण-चरित की आवृत्ति हो जाती है। इसलिए भी सारावली 'संमत्सर लीला' है।

अब सारावली के–*गुरुपरसाद होत यह दरसन सरसठ बरस प्रवीन*–पर भी विचार कर लेना चाहिए। 'सूरदास का समय' शीर्षक लेख में आचार्य विश्वनाथप्रसाद मिश्र ने अनेक भ्रान्तियों को जन्म दिया है। वे लिखते हैं–

"इसमें 'सरसठ' शब्द कैसे आ गया, यही विचारणीय है, क्योंकि यहाँ 67 संख्या का कोई महत्त्व नहीं है और यह अंश लिखनेवाले से सम्बद्ध हो, ऐसा भी नहीं जान पड़ता।" खेद है हिन्दी के विचारक मनीषी आचार्य विश्वनाथ जी ने बिना पूर्वापर देखे, उपर्युक्त पंक्तियाँ कैसे लिख डालीं! यह सर्वविदित है कि आचार्य वल्लभ का जन्म संवत् 1535 की वैशाख-कृष्ण एकादशी को हुआ था और उसके ठीक 10 दिन उपरान्त अर्थात् वैशाख-शुक्ल पंचमी को सूर का जन्म हुआ था। गुरु-शिष्य में 10 दिन की बड़ाई-छुटाई थी। आचार्य वल्लभ ने तीन बार सम्पूर्ण भारत का भ्रमण किया था। तीसरी बार उन्होंने ब्रज-परिक्रमा की थी। यह उनकी बारहवीं परिक्रमा थी। यह घटना संवत् 1563-'64 की है। उसके उपरान्त संवत् 1564 में आचार्य जगन्नाथपुरी पधारे। 1565 में वे काशी आ गए और तृतीय परिक्रमा की समाप्ति पर उन्होंने अपना अग्निहोत्र चालू किया। 1567 में काशी से अडैल और अडैल से ब्रज आते हुए उनकी मथुरा-आगरा के बीच गौघाट पर सूर से भेंट हुई। तभी सूर को दीक्षा दी गई। अतः यह 'सरसठ' शब्द उस दीक्षा-संवत् को बतला रहा है, जिसमें सूर को अपने गुरु द्वारा (तत्त्व श्रवण और लीला) रहस्य मिला और उन्हें स्वसंवेद्य लीला का साक्षात् दर्शन हुआ, जिसका संकेत ऊपर दिया जा चुका है। गुरुकृपा से अभिभूत सूर कह जाते हैं कि मुझे उस विहारलीला का भी अनुभव हुआ जिसका अनुभव बहुत विधानपूर्वक तप करने पर भी शंकर को नहीं हो पाया। विहारलीला के अन्तर्गत ये पंक्तियाँ पूर्वापर सम्बन्ध देखने पर सूर के दीक्षाकाल, गुरुकृपा, लीला-रहस्य की

अनुभूति–सबका यथावत् बोध देती हैं, उसमें शंका की कोई बात ही नहीं रह जाती।

सारावली की रचना स्कन्धात्मक क्रम से है जबकि सागर में लीलाक्रम की प्रधानता थी। उसमें कृष्ण-चरित की त्रिविध लीला (बाललीला, प्रौढ़लीला, राजलीला) भी यथाक्रम वर्णित है। यह सागर का सार होकर भी सूचीपत्र मात्र नहीं अपितु एक स्वतन्त्र रचना है। साथ ही इसके कर्ता अष्टछापी सूरदास हैं, कोई अन्य सूरदास नहीं; जैसा कि डॉ. ब्रजेश्वर वर्मा भ्रमवश लिख गए हैं।

ऊपर सारावली के 'सरसठ बरस प्रवीन' का रहस्य दिया जा चुका है। यह दीक्षा का संवत् है जिसे सूर आजन्म नहीं भूलते। इस संवत् को सारावली का रचना-काल संवत् 1602 अथवा संवत् 1634 मानना भूल होगी। संवत् 1602 तो अष्टछाप की स्थापना का वर्ष है। इस समय तक कीर्तन-सेवा करते-करते सूर को 33-34 वर्ष हुए थे। और सारावली की एक लक्ष पद बन्ध का सार है। अतः संवत् 1602 तक सारावली रची नहीं जा सकती। अतः वह सार नहीं हो सकती। फिर इन 33-34 वर्षों में एक लक्ष पद बन्ध की रचना सूर कर भी न पाए होंगे। अतः सार लिखने का प्रश्न ही नहीं उठता। यही तर्क 1634 के लिए भी दिया जा सकता है। दूसरे सार के लिए संवत् देने की न परम्परा है न आवश्यकता। उसका उद्देश्य लीलागान की सुविधा है। रचना-काल महत्त्वपूर्ण ग्रन्थों में दिया जाता है। जब सागर में ही सूर उसके रचना-काल का संकेत नहीं दे सके तो 1107 युग्मों की रचना तो उनके लिए खिलवाड़ मात्र थी। फिर भी संवत् 1602 की अपेक्षा 1634 कहीं अधिक जँच सकता, किन्तु कवि का लक्ष्य सारावली का प्रणयन संवत् देना है ही नहीं, क्योंकि गुरुप्रसाद का महत्त्व 1634 में नहीं अपितु 1567 में है। सारावली में जिन अन्तरंग लीलाओं की चर्चा है वे गुरुपरसाद से ही सुलभ थीं। अन्तरंग लीलाओं का दर्शन शिव-कृपा से ही होता है। जैसा कि गुजरात के भक्त नरसी के जीवनचरित से विदित होता है कि गोलोक की अन्तरंग लीलाओं का दर्शन नरसी को शंकर की कृपा से ही प्राप्त हुआ था। गुरुपरसाद के मतवाले सूर भी यह स्वीकार करते हैं कि बहुत विधान से तप करनेवाले शंकर भी उन अन्तरंग लीलाओं का पार नहीं पाते। सूर निर्णय के लेखक-द्वय का यह कहना है कि उसमें साम्प्रदायिक उत्सवों की चर्चा की तालिका नहीं है जिनका प्रारम्भ सम्प्रदाय में 1615 से ही हो गया था। वह तर्क भी कुछ निर्मूल-सा ही है। सारावली का उद्देश्य जैसा कि ऊपर संकेत दिया जा चुका है, भगवान् की अन्तरंग लीलाओं के अनुकथन का है, वर्षोत्सवों या नित्योत्सवों की तालिका देना नहीं। होली का रूपक अखिल ब्रह्मांड से सम्बन्धित है। फगुवा से तात्पर्य अखिल ब्रह्मांड के उपसंचालकों (सूर्य-चन्द्रादि) की सीमित अधिकार-सत्ता से है जो उन्हें 'कर्तुमकर्तुमन्यथाकर्तुं समर्थ' भगवान् से प्राप्त है।

सम्प्रदाय में निकुंज लीला का विस्तार विट्ठलनाथजी के समय में हुआ होगा। पर उसका बीजारोपण और पल्लवन आचार्य के ही युग में हो गया था। स्वयं आचार्य ने अपने राधाष्टक में इसका संकेत दिया है। मानलीला, दानलीला, वनविहार, कुंजलीला सभी की यथावत् चर्चा आचार्य ने अपने ग्रन्थों में की है। 'गुरुपरसाद' में आचार्य ने यही सब कुछ तो सूर को दिया था। सागर में विस्तार और सारावली में सार द्वारा श्रीकृष्ण की मधुर लीलाओं का ही अनुकथन है। अतः यह कहना भूल होगी कि आचार्य वल्लभ के युग में बाल भावना का ही विकास हुआ। 1567 से आचार्य के तिरोधान-काल 1587 तक का 20 वर्ष का लम्बा समय सूर का आचार्य वल्लभ के साथ साहचर्य का युग है। इन बीस वर्षों में गुरु-शिष्य में अनन्त श्रीकृष्ण लीला-रहस्यों की चर्चा हुई होगी। यह तो सहज अनुमेय है। अतः माधुर्य-भावना और निकुंज लीला-रहस्यों के लिए सूर को गोस्वामी विट्ठलनाथजी का ऋणी मानना उचित नहीं। बल्कि दामोदरदास हरसानी और सूरादि भक्त-सेवकों से भी गोस्वामी विट्ठलनाथजी ने बहुत-कुछ लिया है। अन्धे सूर को सेवा के क्रियात्मक रूप की अपेक्षा मधुराभक्ति के सिद्धान्त-सम्पादन की अधिक सुविधा रही थी। क्रियात्मक रूप से विस्तार का श्रेय उन्होंने विट्ठल को अद्भुत रीतिवाली पंक्तियों में दे दिया तो इसका यह प्रयोजन नहीं कि वह सारावली का प्रणयन-संवत् सिद्ध होता है। अतः सारावली निश्चय ही सागर के उपरान्त की रचना है जो सूर की जीवनसन्ध्या का और सागर के एक लक्ष पदों का संकेत देती है। सूर के अन्तिम समय में गोस्वामी विट्ठलनाथजी के यह प्रश्न करने पर कि उनका मन कहाँ अटका है?, वे उत्तर में यही लिखते हैं—"खंजन नैन रूप रस माते।" उसी विहारलीला का सारावली में संकेत मिल जाता है।

वस्तु, भाव, भाषा और शैली तीनों दृष्टियों से सारावली के सूर-कृत होने में सन्देह नहीं रह जाता। वस्तु और भाव की दृष्टि से पर्याप्त विचार किया जा चुका है, भाषा की दृष्टि से विचार करें तो सूरसागर और सारावली की भाषा बहुत-कुछ मिलती है। सागर के कृष्ण-जन्म-प्रसंग की पंक्तियाँ सारावली की कृष्ण-जन्म की पंक्तियों से बहुत मेल खाती हैं। इसके अतिरिक्त ब्रज-वर्णन, ढाढ़ी, पूतनावध, चन्द्र-दर्शन, बूढ़े बाबू दर्शन, नन्द निकेतागणलीला, कनक, कमल, भ्रमरगीत, राम-जन्म, राम-भोजन, नरसिंह-चरित, वामन-चरित आदि प्रसंगों में पंक्तियों-की-पंक्तियाँ मिलती हैं। होरी-वर्णन में भाषा में पर्याप्त साम्य है। सारावली के निम्नांकित शब्द न केवल सूर की भाषा का ही परिचय देते हैं अपितु उन पर बड़ी साम्प्रदायिक छाप की भी साक्षी देते हैं—

सिंघ द्वार, रतन चौक, अंकवार, फगुवा, कोखि, थापें, चौतनिया, झगुलिया, बकस, आनकदुंदुभि, दुगनलीला, पैंड, बुसुधा, भट्ट राय आदि।

तात्पर्य इतना ही है कि सारावली अपनी वस्तु, भाव, भाषा-शैली एवं प्रयोजन की दृष्टि से आचार्य वल्लभ के पुरुषोत्तमसहस्रनाम की पद्धति पर है। आचार्य का जो प्रयोजन पुरुषोत्तमसहस्रनाम से सिद्ध होता है, वही प्रयोजन सारावली से सूर का। साथ ही दोनों रचनाओं में वस्तु-साम्य इतना है कि लगता है, सूर पुरुषोत्तमसहस्रनाम के नित्य पाठक रहे होंगे। उसी से प्रेरित होकर उन्होंने सारावली की रचना की थी।

सूर की भक्ति-भावना

हरवंशलाल शर्मा

'भक्ति' शब्द 'भज् सेवायाम्' धातु से 'क्तिन्' प्रत्यय लगाकर बनाया गया है; जिसका अर्थ है भगवान् का सेवा-प्रकार। शांडिल्य-भक्तिसूत्र में ईश्वर में परम अनुरक्ति को ही भक्ति माना है—'सा परानुरक्तिरीश्वरे।' नारद-भक्ति-सूत्र के अनुसार भक्ति ईश्वर के प्रति परमप्रेम-रूपा है और अमृत-स्वरूपा भी। जिस परमप्रेम-रूपा और अमृत-स्वरूपा भक्ति को पाकर मनुष्य तृप्त हो जाता है, सिद्ध हो जाता है और अमर हो जाता है, जिस भक्ति के प्राप्त होने पर मनुष्य न किसी वस्तु की इच्छा करता है, न शोक करता है और न किसी वस्तु में आसक्त होता है; विषय-भोगों के प्रति उसको कोई उत्साह नहीं रहता और आत्मानन्द के साक्षात्कार से वह संसार के विषयों से निरपेक्ष होकर मस्त रहता है।

भागवतकार ने भक्ति का लक्षण इस प्रकार दिया है—"मनुष्य के लिए सर्वश्रेष्ठ धर्म वही है जिसके द्वारा भगवान् श्रीकृष्ण में भक्ति हो; भक्ति भी ऐसी जिसमें किसी प्रकार की कामना न हो और जो नित्य-निरन्तर बनी रहे, ऐसी भक्ति से हृदय आनन्द-स्वरूप भगवान् की उपलब्धि करके कृतकृत्य हो जाता है।"[1]

'भक्तिरसामृतसिन्धु' में भक्ति की बड़ी विस्तृत व्याख्या की गई है। चार विभाग करके लेखक ने भक्ति के स्वरूप आदि पर विचार किया है।

महाप्रभु वल्लभाचार्य ने भक्ति की परिभाषा इस प्रकार की है, "भगवान् में माहात्म्यपूर्वक सुदृढ़ और सतत स्नेह ही भक्ति है। मुक्ति का इससे सरल उपाय नहीं है।" और भी अनेक आचार्यों ने भक्ति के लक्षण किए हैं, परन्तु उन सभी लक्षणों में दो लक्षणों पर विशेष जोर दिया गया है—1. ईश्वर के प्रति अनन्य प्रेम तथा 2. अन्य सांसारिक वस्तुओं से वैराग्य। श्रीमद्‌भागवत में हमें भक्ति के तीन स्वरूप मिलते हैं—1. विशुद्ध भक्ति, 2. नवधा भक्ति, 3. प्रेमाभक्ति। श्रीमद्‌भागवत में विशुद्ध भक्ति

---

1. स वै पुंसां परोधर्मो यतोभक्तिरमोक्षजे।
   अहेतुक्य प्रतिहतायया॒ऽऽत्मा सम्प्रसीदति॥ (1-2-6)

का विवेचन कई स्थानों पर हुआ है। एकादश स्कन्ध के चौदहवें अध्याय में भक्ति को योग, ज्ञान, धर्म, स्वाध्याय, तप, दान आदि से भी ऊपर माना है। नवम स्कन्ध में भगवान् ने घोषणा की है कि मैं भक्तों के अधीन हूँ, मुझे केवल भक्ति के द्वारा ही जाना जा सकता है। श्रीमद्‌भागवद्‌गीता में भी इसी प्रकार की भक्ति की ओर संकेत किया है–

भक्त्या त्वनन्यया शक्यः अहमेवंविधोऽर्जुन।
ज्ञातुं दृष्टं च तत्त्वेन प्रवेष्टुं च परन्तपः॥ (11 । 14)

श्रीमद्‌भागवत की यह विशेषता है कि इसमें ज्ञान, वैराग्य और भक्ति से युक्त नैष्कर्म्य का आविष्कार किया गया है तथा भक्ति-सहित ज्ञान का निरूपण हुआ है। ज्ञान की अन्तरंग साधना में श्रवण, मनन और निदिध्यासन को विशेष स्थान देने पर भी 'न तत्रोपायसहस्राणाम्' कहकर भक्ति को ही मुख्य माना है। ज्ञान और भक्ति का सामंजस्य भागवतकार ने स्थान-स्थान पर किया है।

भागवत में भक्ति के साध्य और साधन दोनों ही पक्षों का विवेचन हुआ है। मन की एकाग्रता से भगवान् का नित्य-निरन्तर श्रवण, कीर्तन और आराधन भक्ति का साधन पक्ष है और भगवान् में परानुरक्ति उसका साध्य पक्ष है। साधन रूपा भक्ति को नवधा भक्ति, वैधी भक्ति अथवा मर्यादा भक्ति भी कहते हैं और साध्यरूपा भक्ति को प्रेमा भक्ति तथा रागानुगा अथवा रागात्मिका भक्ति के नाम से अभिहित किया गया है। श्रीमद्‌भागवत के तृतीय स्कन्ध में भक्ति के चार भेद माने गए हैं–सात्त्विकी, राजसी, तामसी और निर्गुण। फिर सप्तम स्कन्ध में प्रहूलाद ने भक्ति के नौ भेद बताए हैं। नारदभक्तिसूत्र में प्रेमा भक्ति का विशद विवेचन हुआ है और ग्यारह आसक्तियाँ–1. गणमाहात्म्य, 2. रूपासक्ति, 3. पूजासक्ति, 4. स्मरणासक्ति, 5. दास्यासक्ति, 6. सख्यासक्ति, 7. कान्तासक्ति, 8. वात्सल्यासक्ति, 9. आत्मनिवेदनासक्ति, 10. तन्मयतासक्ति, 11. परमविरहासक्ति बताई गई है। जो भक्त पराभक्ति को प्राप्त कर लेते हैं, उनमें तो ये सभी आसक्तियाँ रहती हैं, जैसे ब्रज की गोपियों में, परन्तु अन्य भक्तों में कोई-न-कोई आसक्ति अवश्य ही रहती है। श्रीमद्‌भागवत में इन सभी प्रकार के भक्तों का उल्लेख है। उद्धव, अर्जुन और ब्रजनारी परम विरहासक्त भक्त हैं।

सूर के मत से इस प्रपंचात्मक संसार से छूटने का एकमात्र उपाय हरिभक्ति है, जिसके बिना समस्त जीवन ही भार-स्वरूप है। भक्ति-रहित जीवन अधार्मिक जीवन है। कलियुग के सन्तापकारी तापत्रय का शमन भक्त के कोमल हृदय से बहते हुए भगवद्‌भक्तिरस के शीतल स्रोत से ही सम्भव है, जो केवल भौतिक संघर्षजन्य क्रान्ति को ही दूर नहीं करता, प्रत्युत मानसिक कालुष्यपंक का प्रक्षालन कर हृदय को स्वच्छ भी करता है और उच्चभावों के ठहरने योग्य बनाता है। कर्मकांड के जाल की जटिल

उलझन में फँसी हुई जनता धर्म के लुब्धक ठेकेदारों पंडित-पुजारियों की बगुला-भक्ति का शिकार बन रही थी। तीर्थ, व्रत, जप आदि का व्यर्थ ढकोसला वास्तविकता पर आवरण डालकर धर्म के मूलभूत तत्त्वों का अपहरण कर रहा था। तुलसी की तरह सूर ने भी अपने चारों ओर संसार को आँखें खोलकर देखा और उसकी बुराइयों की भरपेट निन्दा की। ऐहिक लालसा की मृगतृष्णा के पीछे भटकते हुए मानव-मन-कुरंग को भगवद्भक्ति-सरिता के सरल कूल पर लाकर छोड़ दिया। भौतिक विषयों के दुष्परिणामों का उद्घाटन और प्रभु-प्रेम का प्रतिपादन उन्होंने इस खूबी के साथ किया कि लोग हरि-लीला-गान में अनायास ही रत हो गए और भक्ति के बिना समस्त साधनों को बन्धन समझने लगे। ज्ञान और वैराग्य का साधन बनाकर उन्होंने भक्ति के पद की प्रतिष्ठा की और ज्ञान एवं योग द्वारा अगम्य तत्त्व को भी भक्ति के सरल मार्ग द्वारा गम्य बनाया। भक्ति स्वतः पूर्ण है; वह साधन नहीं साध्य है; व्यापार नहीं लक्ष्य है। उसकी प्राप्ति सब कामनाओं की इतिश्री है। हरि का भक्त स्वयं हरिस्वरूप हो जाता है, वह ब्रह्मा और महादेव से भी महान् है—

हरि के जन सब ते अधिकारी।
ब्रह्मा महादेव तैं को बढ़, तिनकी सेवा कछु न सुधारी।[1]

जिस पर हरि की कृपा हो जाती है, उसे फिर किस बात की कमी? भक्ति का विशाल क्षेत्र जाति-पाँति की क्षुद्र परिधि से परिमेय नहीं होता। बड़े-बड़े महाराज, ऋषिराज और मुनिराज भी हरि-भक्त के समक्ष सिर झुकाकर वन्दन करते हैं और उसके तेज से लज्जित होते हैं—

हरि के जन की अति ठकुराई।
महाराज रिषिराज महामुनि देखत रहे लजाई॥[2]

सूरदास के विनयपद तुलसीदासजी की 'विनयपत्रिका' की तुलना में रखे जा सकते हैं। दोनों ही कवियों का दैन्यभाव पराकाष्ठा को पहुँच गया है और दोनों ने ही संसार की असारता दिखाकर भक्ति का महत्त्व प्रतिपादित किया है। मन को सम्बोधित कर मानव की पतित और शोचनीय दशा का चित्रण किया है, जिसका कारण स्वयं मनुष्य की सांसारिकता-प्रिय प्रवृत्ति है। सूरदास के पदों में तन्मयता और मार्मिकता विशेष रूप से दृष्टिगोचर होती है।

सन्त मत जिसका मुख्याधार जाति-पाँति का विरोध है, सूर को कई पक्षों में मान्य है। भक्ति के नाते, सारे भक्त एक कोटि के हैं। सन्तों का "जाति-पाँति पूछे नहिं कोय, हरि को जपै सो हरि का होय" वाला सिद्धान्त सूर-सम्मत है। सूर के प्रभु के यहाँ सब बराबर हैं, उनके दरबार में जाति-पाँति का भेद नहीं—

---

1. सूरसागर (ना.प्र.स.), पद 55।
2. वही (ना.प्र.स.), पद 63-88।

जाति-पाँति कोऊ पूछत नाहीं श्रीपति के दरबार।[1]

भगवान् के भजन से नीच व्यक्ति भी उच्च पद प्राप्त कर लेता है।[2] उनके यहाँ ऊँच-नीच की गिनती नहीं की जाती।[3] हिन्दू धर्म के बहुत-से सम्प्रदायों में स्त्री को भक्ति का अधिकार नहीं दिया गया। सन्तों ने इस सिद्धान्त का विरोध किया और सूर ने उनका समर्थन किया है।[4] मनुष्य का सब पुरुषार्थ, सारे साधन, सफल उपाय, जन्त्र-मन्त्र और उद्यमादि व्यर्थ हैं, केवल प्रभु की चाही बात होती है, अतः उसी की आराधना करनी चाहिए–

करी गोपाल की सब होइ।
जो अपनो पुरुषारथ मानत, अति झूठौ है सोइ।
साधन, मन्त्र-जन्त्र उद्यम-बल ये सब डारौ धोइ।[5]

भगवद्भक्ति के बिना वनिता, सुत, हाथी-घोड़े आदि वैभव व्यर्थ हैं।

सूरदासजी ने साधारण भक्ति-निरूपण में भक्ति के साथ वैराग्य की आवश्यकता बताई है। इस भक्ति-निरूपण के विषय में दूसरी बात यह भी द्रष्टव्य है कि सूर ने उस समय में प्रचलित योगमार्ग की निन्दा की है। उनके पदों में भक्ति के सामने योगमार्ग की निरर्थकता का प्रतिपादन किया गया है। वैराग्य योगमार्ग का प्रधान साधन है, परन्तु सूरदासजी वैराग्य को भक्ति का साधन मानते हैं, जबकि योगमार्ग के साधुओं की निन्दा करते हैं। उन्होंने स्पष्ट लिखा है–

भक्ति बिना जौ कृपा न करते तौ हौं आस न करतौ।

... ...

साधु-सील सद्रूप पुरुष कौ अपजस बहु उच्चरतौ।
औघड़-असत-कुचीलनि सौ मिलि, माया जल में तरतौ।[6]

इसी प्रकार भक्ति-पंथ का निरूपण करते हुए सूरदासजी कहते हैं–

भक्ति पंथ को जौ अनुसरै। सो साष्टांग जोग कौ करै।
यम, नियमासन, प्रानायाम। करि अभ्यास होइ निष्काम।
प्रत्याहार, धारना, ध्यान। करै जु छाँड़ि वासना आन।
क्रम-क्रम सों पुनि करै समाधि। सूर स्याम भजि मिटे उपाधि।[7]

---

1. सूरसागर (ना.प्र.स.), पद 1791।
2. वही, पद 235।
3. वही, पद 236।
4. वही, पद 245।
5. वही, पद 262।
6. वही, पद 203।
7. वही, पद 364।

तीसरी बात इस भक्ति-विवेचन की उल्लेखनीय यह है कि सूरदासजी ने सन्तमत के तत्त्वों को भी अपनाया है तथा इस निर्गुण पंथ का विशद विवेचन भ्रमरगीत वाले प्रसंग में किया है, जहाँ इस पंथ की क्रियाओं की ओर कवि ने उदासीनता प्रकट की है, उस स्थल पर प्रतिपादित भक्ति का स्वरूप हम उस समय को मानते हैं, जब सूर पुष्टि-सम्प्रदाय में दीक्षित हो चुके थे और उनकी भक्ति का आदर्श ही बदल गया था तथा मायामय मिथ्या संसार के प्रति विराग उनकी भक्ति का आधार नहीं रह गया था। वहाँ तो उन्होंने उस सहज भक्ति-धर्म का निरूपण किया है, जिसका आधार कृष्ण की रूपमाधुरी और लीलाएँ हैं, इसलिए वहाँ निर्गुण पंथ के प्रति उदासीनता ही नहीं, स्पष्ट विरोध भी है। सम्प्रदाय में दीक्षित होने के पूर्व सूरदास सन्तमत को पूर्ण आदर की दृष्टि से देखते थे, यही कारण है कि उनके कई पद कबीर के पदों के समक्ष रखे जा सकते हैं। कबीर की भाँति उन्होंने भी माया के मिथ्यात्व का प्रतिपादन किया, जिसका उल्लेख हम पीछे कर चुके हैं; इसके अतिरिक्त कबीर के समान उन्होंने भगवान् के उस परमधाम की ओर भी संकेत किया है, जहाँ सांसारिक दुःखों का लेश नहीं।[1]

सूरदासजी यद्यपि भक्ति के साध्य-रूप को ही महत्त्व देते थे और प्रेम ही उनकी साध्य-रूपा भक्ति का आधार है, फिर भी स्थान-स्थान पर हमें सूरसागर में वैधी भक्ति के भी उदाहरण मिल जाते हैं। गोपियों को प्रेमा-भक्ति का आश्रय मानकर उनके माध्यम से सूर ने अपने सिद्धान्तों का भी प्रतिपादन किया है। उनके समय में बहुत-से ज्ञानी और योगी थे, जिनमें कुछ नाथपंथ के और कुछ निर्गुण मत के अनुयायी थे। भारतीय शास्त्र-पद्धति के अनुकरण पर साधन-स्वरूपाभक्ति के माननेवाले भी बहुत थे, सूर-पदावली में इन सबकी ओर संकेत किया गया है।

सूरदासजी के भक्ति-विवेचन से ज्ञात होता है कि वल्लभ के मिलने से पहले उनका मन स्थिर नहीं था और इसलिए वे घिघियाते थे। यही कारण है कि उनके भक्ति विवेचन में उत्तरोत्तर निश्चित रूप से अन्तर प्रतीत होता है। निर्गुण पंथ के प्रति प्रारम्भ में उनकी सहिष्णुता उदासीनता में परिणत होती हुई भ्रमरगीत-प्रसंग में पूर्ण विरोध के रूप में फूट निकली है। सूरसागर के देवहूति-कपिल संवाद में सूर ने भक्ति की विस्तृत व्याख्या करते हुए उसके चार रूप बतलाए हैं।[2] त्रिगुण भक्ति और सुधासारभक्ति। चौथी ही प्रेमाभक्ति है। भक्तों की भी उन्होंने दो कोटियाँ मानी हैं–सकाम भक्त और अनन्य भक्त। कर्म, ज्ञान और योग के सम्बन्ध में भक्त तीन प्रकार के माने गए हैं–कर्मयोगी भक्त, भक्तियोगी भक्त और ज्ञानयोगी भक्त। कर्म-योगी भक्त अधर्म-आचरण से दूर रहता हुआ वर्णाश्रम नियमों का पालन करता है, उसे

---

1. देखिए सूरसागर (ना. प्र. स.), प्रथम स्कन्ध के अन्तर्गत चिद्बुद्धसंवाद।
2. सूरसागर (ना. प्र. स.), पद 394।

मर्यादा-युक्त भक्त कहा जा सकता है। भक्ति-योगी भक्त प्रभु से प्रीति रखता हुआ उनके स्मरण और अर्चन में दत्तचित्त होकर क्रम-क्रम करके मुक्ति का लाभ करता है। ज्ञानयोगी भक्त सबको ब्रह्म समझकर सबसे प्रेम करता है। भगवद्गीता (7/16) में भी चार प्रकार के भक्तों का वर्णन आया है।

भागवत में नवधा भक्ति का विवेचन हुआ है, परन्तु सूर ने दसवीं प्रेम-स्वरूपा भक्ति का साधन माना है। सूरदास ने भी साधनरूप में ही नवधा भक्ति को कहकर इसी प्रेमाभक्ति की ओर संकेत किया है। इन नौ प्रकार की भक्तियों में प्रथम छह प्रकार के साधनों का इतना विशद विवेचन सूर में नहीं है, जितना अन्तिम तीन का। पहले तीन प्रकार की भक्ति भगवान् के नाम और लीला से सम्बन्ध रखती है, दूसरे प्रकार की रूप से, और अन्तिम तीन प्रकार की भक्ति का मन से सम्बन्ध है। मन से सम्बद्ध भक्ति ही रस की कोटि तक पहुँचती है और ये ही प्रेमाभक्ति के मूल तत्त्व हैं। जब कृष्ण के प्रति भक्त का चिद्विषयक रतिभाव सान्द्र हो जाता है तब उसे प्रेम कहते हैं। अष्टछाप के कवियों ने प्रेम-पक्ष में संख्या और वात्सल्य भाव को ही विशेष रूप से अपनाया है। सूरदास के सखा-भाव में विशेषता है कि उसमें एक ओर तो मनोवैज्ञानिक रूप से मानवीय सम्बन्धों का निर्वाह किया गया है और दूसरी ओर उसमें भक्ति-भाव की पूर्ण तल्लीनता और भावात्मकता की अनुभूति है। कृष्ण की ओर से सखाओं के प्रति प्रकटित आत्मीयता और धृष्टता स्वाभाविक है जिसके स्नेह की मधुरिमा बालसुलभ चापल्य-प्रेरित क्षुद्र विवाद के बाद और भी अधिक आस्वाद्य हो उठती है तथा जिसमें क्रीड़ाओं की तरलता के साथ कर्त्तव्य की भावना का गौरव भी स्पष्ट रूप से झलक मारता दिखाई देता है। इसीलिए सूर का सख्य-वर्णन विश्व-साहित्य में बेजोड़ है। सूरसागर में बाल-लीलाएँ, गोचारण लीलाएँ और सुदामा-दारिद्रय-विदारण—ये तीनों स्थल सख्य-भक्ति के हैं। संयोग में ही नहीं, वियोग में भी सूर ने सख्यभाव को बनाए रखा है। बाल्यकाल के सहचर अपनी मित्रता के मार्ग में पद अथवा स्थान के व्यावधान को उत्पन्न ही नहीं होने देते।

सख्यभाव की भक्ति के समान ही सूर की वात्सल्य भाव की भक्ति भी बड़ी महत्त्वपूर्ण है। वात्सल्य भाव को हम निष्काम भक्ति का पोषक कह सकते हैं। यदि कहा जाए कि सूर ने पुरुष होते हुए भी माता का हृदय पाया था तो असंगत नहीं होगा। क्योंकि कृष्ण की बाल-क्रीड़ाओं का यशोदा के साथ साक्ष्य करनेवाले इस प्रज्ञाचक्षु ने भक्तिभाव के अतिरेक से अपने अस्तित्व को यशोदा के बहाने मातृहृदय का ऐसा स्वाभाविक, सरल और हृदयग्राही चित्र खींचा है कि आश्चर्य होता है। अन्य पात्रों का वात्सल्य तो मानो यशोदा के वात्सल्यभाव की पूर्ण अनुभूति के लिए ही चित्रित किया गया है। यदि देखा जाए तो वात्सल्य ही भक्ति

का सर्वशुद्ध भाव है, जिसमें न तो विरक्ति की भावना है और न इन्द्रिय-सुख की कामना है।

सूर की भक्ति के सम्बन्ध में विवेचन करते हुए मधुराभक्ति पर भी कुछ प्रकाश डालना उचित प्रतीत होता है। सूर के समकालीन रूप गोस्वामी ने 'उज्ज्वल-नीलमणि' नामक ग्रन्थ में भक्ति का विशद विवेचन किया है। माधुर्य-भाव की भक्ति शृंगार-प्रेम की भक्ति कही जा सकती है। लौकिक प्रेम के जितने स्वरूप हो सकते हैं, वे सभी मधुरा भक्ति में आ जाते हैं। अन्तर केवल इतना है कि लोक से हटाकर उन्हें ईश्वर से जोड़ दिया जाता है। लोक-पक्ष में जिसे हम शृंगार कहते हैं, भक्ति-पक्ष में वही मधुर रस कहलाता है। इस रस में औचित्य-अनौचित्य का विचार नहीं होता, तथा स्वकीया और परकीया दोनों ही भावों की रति रहती है। यही कारण है कि भक्त सूरदास की अन्तरात्मा का अन्तर्भाव हम राधा में देखते हैं। आत्मसमर्पण और अनन्य भाव मधुराभक्ति के लिए आवश्यक है जो सूरदास की दानलीला, चीर-हरण और रासलीला में पूर्णता को प्राप्त हुए हैं। गोपियों के पूर्वराग की अवस्था में गोपियों ने कुल-मर्यादा का अतिक्रमण किया है तथा संयोगरति की पूर्ण अवस्था मिलन में दिखाई गई है। सूर का विरह संयोग से भी अधिक उज्ज्वल और प्रबल है। मधुराभक्ति की आश्रयस्वरूपा गोपियाँ कृष्ण में इतनी तल्लीन हैं कि उद्धव द्वारा प्रतिपादित ज्ञानयोग-साधन उन्हें निरर्थक प्रतीत होते हैं और वे उनका मजाक उड़ाती हैं। सूर की प्रेमाभक्ति में यह माधुर्यभाव ही निहित है। वे ब्रजधाम के वास को कृष्ण का फल मानते हैं, जिसके प्राप्त होने पर भक्त को अन्य कुछ प्राप्य नहीं रहता और न उसकी कुछ अन्य कामना रहती है। इस भक्ति की प्राप्ति का मुख्य साधन हरिकृपा और सत्संग ही है।

सूर उच्च कोटि के भक्त थे। उनकी भक्ति अन्तःकरण की प्रेरणा और अन्तर की अनुभूति थी। भक्त होने के साथ-साथ वे कवि भी थे। उनकी भक्ति में कविसुलभ कल्पना का योग स्वभाव से ही हो गया है। विनोदी प्रकृति के होने के कारण हास्य और व्यंग्य का पुट भी उनके भक्ति-सम्बन्धी पदों में आ गया है। संगीत के प्रकांड पांडित्य ने लय, स्वर, तान आदि की योजना से उनके पदों को योग्यता प्रदान की है।

दार्शनिक सिद्धान्त—सूरदासजी शुद्धाद्वैतवाद की परम्परा में थे। शुद्धाद्वैत के प्रवर्तक विष्णुस्वामी माने जाते हैं, यद्यपि महाप्रभु वल्लभाचार्यजी ने ही शुद्धाद्वैत की रूपरेखा प्रस्तुत की। 'भक्तमाल' में वल्लभाचार्यजी को विष्णुस्वामी की परम्परा में बताया गया है।[1]

---

1. आचरज हरिदास अतुलबल आनन्द दाइन।
   तिहिं मारग वल्लभ विदित पृथु पधित पराइन। (**भक्तमाल**)

शंकर अद्वैत में से माया (मिथ्या) को निकालकर अद्वैत को शुरू किया गया है इसीलिए इसे शुद्धाद्वैत कहा गया है। ब्रह्म माया से अलिप्त है।[1] शंकराचार्य ने ब्रह्म के दो रूप माने थे–(1) निर्गुण रूप जोकि पारमार्थिक है। ब्रह्म न भोक्ता है और न कर्त्ता, भोक्ता और कर्त्ता-रूप तो माया के फलस्वरूप है। (2) सगुण रूप–माया से भासित होनेवाला व्यावहारिक रूप है। यह उपाधि विशिष्ट अविद्यात्मक रूप है। वल्लभाचार्य के अनुसार ब्रह्म सर्वधर्मा, सर्वकर्मा और सर्वभोक्ता है। वह उभयलिंगयुक्त सगुण और निर्गुण दोनों है।

शुद्धाद्वैत के अनुसार ब्रह्म के तीन रूप हैं–(1) आधिदैविक परब्रह्म, (2) आध्यात्मिक अक्षरब्रह्म, (3) आधिभौतिक-जगत्‌ब्रह्म। ब्रह्म सच्चिदानन्द अथवा सदानन्द है। वह परब्रह्म कृष्ण ही है। श्रीकृष्ण 'धर्मी' कहे जाते हैं, क्योंकि वे सर्वधर्मों के आश्रयरूप हैं। इनकी विशेषता यह है कि इनमें सभी विरोधी धर्म साथ-ही-साथ रहते हैं। इसी से कृष्ण बालक होने पर भी पूर्ण रसिक हैं। निरपेक्ष होते हुए भक्त-सापेक्ष हैं। स्ववश हैं तथापि अन्य (भक्त) वश हैं। आत्माराम भी हैं और रमणकर्त्ता भी। पूर्णकाम भी हैं और कामार्त्त भी। स्वतन्त्र हैं, पर रसिकों के पराधीन हैं।

अक्षरब्रह्म, परब्रह्म का सच्चिदानन्द रूप ही है, पर इसमें आनन्द की मात्रा अपेक्षाकृत न्यून है। इस न्यूनता के कारण जब भगवान् को रमण करने की इच्छा होती है तो सत्, चित् अथवा आनन्द में से किसी एक या अधिक का आविर्भाव करके प्रकृति या जीव की उत्पत्ति करते हैं। इस व्यापार में क्रीड़ा की इच्छा ही प्रमुख होती है, माया की नहीं। अक्षरब्रह्म के सत् से जगत्, चित् से जीव और आनन्द से अन्तर्यामी का आविर्भाव होता है।

परब्रह्म का भौतिक स्वरूप ही जगत् है। ब्रह्म के सत् रूप से 28 तत्त्वों को लेकर जगत्-स्वरूप बनता है। अतः यह स्वरूप भी ब्रह्म के समान ही सत्य है। पर जगत् और संसार एक नहीं है। जगत् तो 28 तत्त्व-रूप है और संसार अविद्यात्मक 'मैं और मेरा' का मिथ्या रूप है। ज्ञान द्वारा जीव की मुक्ति संसार से होती है, पर वह ज्यों-का-त्यों रहता है। प्रलय के समय जगत् ब्रह्म में समा जाता है, अतः इसका तिरोभाव हो जाता है, नाश नहीं।

जीव–जैसे अग्नि में से स्फुलिंग निकलते हैं, उसी प्रकार जीव ब्रह्म के चिदंश से उत्पन्न हुए हैं। इस प्रकार ये ब्रह्म के अंश हैं। जीव अणु हैं। शंकर जीवात्मा को ज्ञान-स्वरूप मानते हैं, पर वल्लभाचार्य के अनुसार वह ज्ञाता है। वल्लभाचार्य के अनुसार जीव तीन प्रकार के हैं–(1) शुद्ध जीव–इसमें आनन्द का तिरोभाव तो होता है, पर अविद्या से इसका कोई सम्बन्ध नहीं। (2) संसारी जीव–अविद्या से सम्बन्धित होते हैं। (3) मुक्त जीव–माया से मुक्त, ज्ञानी होते हैं।

---

1. माया-सम्बन्धरहितं शुद्धमित्युच्यते बुधैः।
कार्य-करण-रूपं हि शुद्ध ब्रह्म न मायिकम्॥ **(शुद्धाद्वैत मार्तंड)**

माया—माया परब्रह्म की शक्ति है, पर यह ब्रह्म से उसी प्रकार अभिन्न है जैसे सूर्य से प्रकाश। यह परब्रह्म के अधीन है। इसके दो रूप हैं—व्यामोहिका और करण। व्यामोहिका भगवान् के चरणों की दासी है इसलिए भगवान् के भक्त के पास जाने में लज्जित होती है। करण माया भगवान् की शक्ति है और इसके द्वारा भगवान् जगत् में उत्पत्ति, पालन और नाश-कार्य करते हैं।

सूरदासजी ने शुद्धाद्वैत सिद्धान्तों को यत्र-तत्र प्रकट किया है। सारावली में ब्रह्म के उभय रूप सगुण का उल्लेख करते हैं—

आदि सनातन एक अनूपम अविगत-अल्प-अहार,
ओंकार आदि वेद अस्सुहन निरगुन सगुन अपार।

सूरदास के मंगलाचरण में भी वे निर्गुण मत को अमान्य नहीं सिद्ध करते केवल कठिन मानकर सगुण मत का अनुमोदन करते हैं—

रूप-रेख-गुन-जाति-जुगति बिनु, निरालम्ब कित धावे।
सब निधि अगम विचरहिं ताते, सूर सगुन पद गावे॥2॥

प्रभु आत्माराम हैं, पुरुषोत्तम और पूर्णकाम हैं—

शोभा अमित अपार अखंडित आप आतमाराम।
पूरन ब्रह्म प्रगट पुरुषोत्तम सबविधि पूरण काम॥

(सारावली)

पुरुषोत्तम लीला का मर्म सूर-सारावली में मिलता है। जब पुरुषोत्तम को नित्य-लीला की इच्छा हुई तो श्रुतियों को दर्शन दिया और ब्रज में उनकी इच्छा पूर्ण करने का वरदान दिया। इसीलिए भगवान् तो कृष्ण बनकर अवतरे और श्रुतियाँ गोपी बनकर आईं और रासलीला में उनकी कामना की पूर्ति हुई—

दरशन दियो कृपा करि मोहन, वेगि दियो वरदान।
अगम कल्प रमण तुव ह्वै है, श्रीमुख कह्यो बखान॥

(सारावली 1008)

सो स्रुति रूप होय ब्रजमंडल, कीनो रास विहार।
नवल कुंज में अंस बाहु धरि, कीन्हो केलि अपार॥

(सारावली 1008)

प्रभु की वृन्दावन-लीला शाश्वत है। साक्षात् गोलोक ही गोकुल में प्रविष्ट है। गोपियों के मध्य प्रभु नित्य-लीला में मग्न रहते हैं—

जहँ वृन्दावन आदि अजर जहँ कुंज लता विस्तार।
तहँ विहरत प्रिय प्रियतम दोऊ निगम भृंग गुंजार॥

(सारावली 3)

जहँ गोवर्धन पर्वत मणिमय सघन कंदरा सार।
गोपिनमंडल मध्य विराजत निसदिन करत विहार॥

(सारावली 4)

शाश्वत रूप जगत् का भी वर्णन सूर-सारावली में प्राप्त होता है–

कीन्हें तत्त्व प्रकट तेहीं क्षण, सबै अष्ट अरु बीस।
तिनके नाम कहत कवि सूरज, निर्गुण सबके ईस॥

(सारावली 7)

अविद्यात्मक मिथ्या संसार का उल्लेख भी सूरसागर में मिलता है।

रे मन मूरख जनम गँवायो॥
यह संसार सुवा-सेमर ज्यों सुन्दर देखि भुलायो॥
चाखन लाग्यों रुई गई उड़ि हाथ कछु नहीं आयो॥

(सू. सा. 335)

पुष्टिमार्गीय भक्ति और पुष्टिमार्गीय सेवा-प्रणाली सूरसागर में आद्योपान्त मिलती हैं, क्योंकि सूरसागर की रचना ही श्रीनाथजी की सेवा के क्रम में हुई थी। 'पुष्टि', 'मर्यादा' और 'प्रवाह' के रूप में गोपांगना, गोपी और ब्रजांगनाएँ सूर-साहित्य में मिलती हैं। पुष्टि पुष्टि के रूप में वे गोपांगनाएँ हैं जो लोक-वेद के भय से मुक्त होकर केवल कृष्ण को भजती हैं। इनमें परकीया भाव प्रधान होता है–

काके पति सुतमोह कौन कौ, घर ही कहा पठावत।
कैसो धर्म पाप है कैसौ, आस निरास करावत॥
हम जानै केवल तुमही कौं, और वृथा संसार।
सूर स्याम निठुराई तजियै तजियै वचन विकार॥

(सूरसागर, दशम स्कन्ध, पद 1021)

मर्यादा पुष्टि के पालन-रूप में वे कुमारिकाएँ हैं जो गौरीपति और रवि की इसलिए पूजा करती हैं कि उन्हें कृष्ण पति-रूप में प्राप्त हों। इनकी भक्ति स्वकीया भाव की है–

सिव सौ विनय करति कुमारि।

... ...

हमहिं होहु दयाल दिनमनि, तुम विदित संसार।
काम अति तन दहतु दीजै, सूर हरि भरतार॥

(सूरसागर, दशम स्कन्ध, पद 767)

ब्रजांगनाओं में प्रवाह पुष्टि के दर्शन होते हैं। वे पुरुषोत्तम का वात्सल्यभाव से भजन करती हैं–

मैं देख्यो जसुदा कौ नन्दन खेलत आँगन बारौ री।
ततछन प्रान पलटि गयौ मेरौ, तन मन ह्वै गयौ कारौ री॥

... ...

कहा कहौ कुछ कहत न आवै, औरस लागत खारौ री।
इनहिं स्वाद जो लुब्ध सूर सोइ, जानत चाखन हारौ री॥

(सूरसागर, दशम स्कन्ध, पद 135)

सेवा-विधि–पुष्टिमार्गीय सेवा-विधि में गुरु-आश्रय, नित्य सेवाविधि और वर्षोत्सव-सेवा मुख्य है। सूरदासजी अपने गुरु वल्लभाचार्य को ही अपना एकमात्र अवलम्बन मानते थे–

भरोसौ दृढ़ इन चरनन केरौ।
श्री वल्लफ नख चन्द्र छटा बिनु, सब जग माँझ अँधेरौ।
साधन और नहीं या कलि में, जासौ होत निबेरौ।
'सूर' कहा कहै द्विविध आँधरौ बिना मोल को चेरौ॥

नित्य सेवा-विधि में मंगला, शृंगार, ग्वाल, राजभोज, उत्थापन, भोग, सन्ध्या-आरती और शयन होते हैं। वर्षोत्सव सेवाविधि में संवत्सर, गनगौर, अक्षय-तृतीया, रथयात्रा, पवित्रा, जन्माष्टमी, राधाष्टमी, दान, साँझी, नवरात्रि, रास, अन्नकूट, गोपाष्टमी और व्रतचर्या तथा ऋतुओं के उत्सव–वसन्त का डोल, ग्रीष्म का फूल-मंडली, वर्षा का हिंडोरा, शरद का रास, हेमन्त का देवप्रबोधिनी-जागरण और शिशिर की होली; लोक त्यौहार, रक्षाबन्धन, दशहरा, दीवाली और होली; वैदिक पर्व–मकर संक्रान्ति ज्येष्ठाभिषेक; जयन्तियाँ–रामजयन्ती, नृसिंह जयन्ती, वामन जयन्ती होते हैं। इन सब पर सूरसागर के पद प्राप्त होते हैं। सूरसागर का आरम्भिक रूप इसी क्रम में ही लिखा गया था। सैद्धान्तिक पक्ष सूरसागर में कम, सारावली में अधिक है। पर व्यावहारिक पक्ष अर्थात् सेवाविधि के अनुसार लीला सूरसागर में प्रधान है। पुष्टिमार्गीय सेवाविधि के अनुसरण के कारण ही सूरसागर की श्रीकृष्ण-लीला का विस्तार भागवत से भी अधिक हो गया और उसमें अनेक मौलिक प्रसंग आ जुड़े। उनकी चिन्ता-धारा में आधार आध्यात्मिक ही है, पर उसमें ज्ञान के स्थान पर प्रेम की स्थिति रही है। इसलिए उन्होंने सूरसागर के साढ़े ग्यारह स्कन्धों की कथा लगभग एक हजार पदों में और केवल दशम स्कन्ध पूर्वार्द्ध की कथा साढ़े चार हजार पदों में गायी है। सूर-साहित्य आध्यात्मिक होते हुए भी इसीलिए विचारों से बोझिल नहीं है, उसमें रसानन्द और उल्लास की मात्रा अधिक है। उसमें साहित्य-पक्ष प्रधान है; अध्यात्म, धर्म या नैतिकता गौण है। सूरसागर की अधिकांश लीलाएँ प्रतीकात्मक हैं। माखनचोरी, दान-लीला, चीरहरण लीला, रास, मुरली, भ्रमर-गीत, सबमें प्रतीक हैं। जो लोग इन प्रतीकों की गहराई में नहीं जाते उन्हें कृष्ण-लीला में अनैतिकता दिखाई

पड़ती है। भाव-जगत् में निमग्न रहनेवाले सूरदास को इस बात की चिन्ता न थी कि उनके रसस्वरूप श्रीकृष्ण और उनकी रहस्यात्मक लीलाओं के साहित्यिक वर्णनों की क्या प्रतिक्रिया कल्मषावृत हृदयों पर होगी? उन्हें तो प्रस्तुत रस-विशेष की प्रतीति या अनुभूति उत्पन्न करनी थी। मुरली को लक्ष्य करके कहे हुए अनेक उपालम्भ, नेत्रों पर किए गए सैकड़ों आरोप कवि की उत्कृष्ट तल्लीनता और सूक्ष्म पर्यालोचन के द्योतक हैं। अनैतिक कही जानेवाली लीलाएँ व्यक्तिगत न होकर सामाजिक हैं। व्यष्टि का यह स्पष्टीकरण अनैतिकता को स्वतः मिटा देता है और उसमें अन्तर्निहित रहस्य का उद्घाटन करता है। आध्यात्मिकता और नैतिकता का स्थूल पक्ष न लेने से कवि के द्वारा गृहीत प्रसंग कलात्मक अभिव्यक्ति के लिए श्रेष्ठतम विषय बन गए। मर्यादा के बन्धनों को छिन्न-भिन्न कर शृंगारिकता के क्षेत्र में प्रवेश पा जाने पर भी वर्णनों में पुनीतता अक्षुण्ण रही और उसका रहस्य द्विगुण हो गया।

सूर का संयोग-शृंगार-वर्णन

सत्यदेव चौधरी

(1)

अनुराग जब अपनी पराकाष्ठा को पहुँच जाता है तो वह औचित्य की उपेक्षा कर देता है। अनुरागी जन उचित-अनुचित में विवेक नहीं कर पाता। लोक-सीमा में रहने अथवा उसका उल्लंघन करने में उसे कोई अन्तर नहीं दीखता। आलोचक उसके अनौचित्य को सहन नहीं कर सकता और उसे खरी-खोटी सुनाता है, किन्तु जब उसके अनुरागातिशय्य को देखता है तो मन्द स्वर में उसकी हाँ-में-हाँ मिला देता है। अनुराग और निष्ठा की यहीं विजय हो जाती है।

सूर ने कृष्ण को *पतित-पावन* और अपने आपको *हौं सब पतितन को टीकौ* कहा तो महाप्रभु वल्लभ बोले, *सूर ह्वै कै ऐसौ घिघियात काहे को है,*[1] तभी सूर की दिशा बदल गई। भगवान् कृष्ण अब उसके लिए सखा कृष्ण बना, बाल कृष्ण बना, बाल होते हुए भी युवा कृष्ण बना, और तब का 'पतित' सूर अब रसिक भक्त सूर में परिवर्तित होता चला गया। पाठकों के सामने सूर के कृष्ण के तीन रूप आए–सखा, बाल और बाल होते हुए भी युवा। इस तीसरे रूप में कवि का अनुराग औचित्य को भी लाँघ गया। पाठक ने रस तो लिया, पर डरते-डरते। आलोचक पहले तो बिगड़ा, पर गम्भीर विमर्श करने पर बाद में उसने सूर की हा-में-हाँ मिला दी। कृष्ण का यह तीसरा रूप काव्यक्षेत्र में शृंगार रस कहलाता है और भक्ति क्षेत्र में मधुर रस। संयोग अथवा संभोग इसका एक पक्ष है, वियोग अथवा विप्रलम्भ इसका दूसरा पक्ष। आलोचक पहले पक्ष में लोक-सीमा का जितना उल्लंघन देखता है, उतना दूसरे पक्ष में नहीं। यहाँ हमें केवल पहले पक्ष का दिग्दर्शन कराना है।

---

1. सूर=शूर।

(2)

सूर के संयोग शृंगार के आलम्बन कृष्ण, राधा और गोपियाँ हैं। पर गोपियों की अपनी सत्ता कुछ भी नहीं, वे तो राधा का ही विकीर्ण रूप हैं। वे षोडश सहस्र हैं, अतः उनका अपना कोई व्यक्तित्व नहीं। कभी वे दूती हैं और कभी राधा की सखियाँ। पनघट-लीला, जल-क्रीड़ा आदि प्रसंगों में उनकी स्थिति आज के फिल्मी संसार की 'एक्स्ट्रा' के समान नगण्य है, नायिका वहाँ भी राधा है। रास, वसन्त, हिंडोला, फाग, होली आदि सभी प्रसंगों में राधा और कृष्ण भाग लेते हैं। यहाँ गोपियों को राधा से कोई ईर्ष्या नहीं। इस 'युगल-मिलन' में उन्हें उतना ही आनन्द मिलता है जितना राधा को—वे राधा का रूपान्तर जो हुईं। ललिता, चन्द्रावली, प्रमदा, शीला, सुषमा, वृन्दा आदि सखियों के साथ कृष्ण का बहुनायकत्व-सम्बन्ध है, पर वे सभी-की-सभी खंडिता हैं—रसिक और सलोने कृष्ण की चातुरी की शिकार! उनमें इतना साहस भी नहीं कि खंडिता हो जाने पर मान-प्रदर्शन कर सकें। मान करें भी तो अपना माथा फोड़ें, उन्हें मानायेगा कौन? बाल कृष्ण को उन्होंने माखन खिलाया, बाल-युवा कृष्ण से उन्होंने प्रेम किया, उसके वियोग में उन्होंने 'ऊधो' को जली-कटी सुनाई। अन्त में रुक्मिणी के साथ कृष्ण के कुरुक्षेत्र में वापस लौटने पर उनका स्वागत किया। पर किसी भी रूप में वे कृष्ण को अपना न बना सकीं। कृष्ण ने विवाह किया तो राधा से, लीलाओं में षोडश सहस्र के बीच केन्द्र थी तो राधा ही, 'गोपी-ऊधो संवाद के समय श्याम भ्रमर बैठा तो राधा के चरण पर, और अन्त में द्वारका से लौटकर कृष्ण ने गोपियों में से एकान्त-मिलन किया तो राधा के साथ। *अतः संयोग शृंगार के प्रधान आलम्बन कृष्ण और राधा ही हैं।*

(3)

कृष्ण और राधा का प्रथम मिलन हुआ तो एक नाटकीय दृश्य उपस्थित हो गया। चकडोरी हाथ में लिए कृष्ण ने 'औचक ही' एक विशालनयनी बाला को देखा तो *नैन-नैन मिलि परी ठगौरी।*[1] पूछा, 'गोरी तू कौन है, ब्रज में तो कभी नहीं दीख पड़ी।' बाला बोली, 'हम ब्रज में क्यों जाएँ भला! सुनती हैं, वहाँ नन्दकुमार माखन और दधि की चोरी करता फिरता है।' कृष्ण बोले, 'तुम्हारा हम क्या चुरा लेंगे, आओ इकट्ठे मिलकर खेलें।'[2] भोरी राधिका उस रसिक की बातों में आ गई। उसे क्या मालूम था कि कृष्ण उसका क्या नहीं चुरायेंगे। स्नेह बढ़ा, नयनों-नयनों में बातें हुईं। कृष्ण का

1. सूरसागर, 10।672।
2. वही 14।673।

निमन्त्रण स्वीकार हुआ। राधिका ब्रज में 'फेरा' करने को राजी हो गई।[1] दोनों एक-दूसरे से मिलने के बहाने ढूँढ़ने लगे। प्रेम का पंथ कितना कठिन होता है, यह उन्हें अब ज्ञात हो चला। राधिका घर जाकर अपनी माता से बोली, 'दोहनी दे दो, खरिक में अहीर अपनी गाएँ दोह लेते हैं, तब हमारी दोहते हैं। दोहनी जल्दी दोगी तो पहले अपनी दुहवा लूँगी। यदि मुझे वहाँ देर भी हो जाए तो तुम वहाँ चली मत आना।' क्षण भर की भी देर कितनी असह्य हो जाती है। दोहनी लेकर राधिका खरिक पहुँची तो–

देखे जाइ तहाँ हरि नाहीं, चकृत भई सुकुमारि।
कबहूँ इत, कबहूँ उत डोलति लागी प्रीति खँभारि॥[2]

इतने में नन्द अपने कुमार को लिए आन पहुँचे बोले, 'लो वृषभानु की बेटी, कृष्ण के साथ खेलो। ध्यान रखना, कहीं कोई गाय कृष्ण को मार न बैठे।' 'नागरी' राधा को और क्या चाहिए था? उसने इस अवसर का पूर्ण लाभ उठाया, बोली–

बाँह तुम्हारी नैकु न छाँड़ौं, महर खीझिहैं हमकौं।[3]

उनकी यों 'प्रेम की घातें' बढ़ती गईं। वे कहाँ-से-कहाँ पहुँच गए, और एक दिन तो–

जबहिं सरोज धर्यो श्रीफल पर, तब जसुमति गई आइ।

किन्तु तभी कृष्ण ने स्थिति सँभाल ली और 'नागर' होने का प्रबल प्रमाण दिया– 'देखो माँ, इसने मेरी गेंद चुरा ली, अब देती नहीं।' राधा बोली–

काहे को झकझोरत नोखे, चलहु न देउँ बताइ।

बछड़े के सींग निकल आते हैं, तो समझा जाता है कि वह जवान हो चला। सम्भवतः इसे ही लक्ष्य करके आचार्य विश्वनाथ ने कहा था कि कामदेव के उद्‌भेद (अंकुरित होने) को 'शृंग' कहते हैं और इस उद्‌भेद की उत्पत्ति का कारण 'शृंगार' कहलाता है।[4] कृष्ण और राधा भी इस नूतन स्थिति को प्राप्त कर रहे थे। उन दोनों में सब कुछ नवीन था–नन्दकिशोर नवल थे, राधा नवल थी, नेह नया था, रस नया था, पीताम्बर नया था, चुनरी भी नई थी[5] तो फिर लालसा की उद्‌दामता में कमी क्यों होती! कृष्ण को आलिंगन करते समय हार विघ्न बनने लगा तो राधा ने उसे उतार दिया;[6] परस्पर-चुम्बन में उनकी शोभा दर्शनीय थी–

चुंबत अंग परस्पर जनु जुग, चन्द करह हित-चार।

---

1. वही, 10।674

2,3. सूरसागर 10।679, 681।

4. शृंग हि मन्मथोद्‌भेदस्तदागमनहेतुकः।
   ... रस, शृंगार इष्यते ॥ साहित्यदर्पण 3।183।

5,6. सूरसागर, 10।686, 687।

और फिर,

दसननि बसन चाँपि सु चतुर अति करत रंग विस्तार।

और तब,

गुन-सागर अरु रस-सागर मिलि, मानत सुख व्यवहार।

और अन्त में दोनों के वस्त्र शिथिल थे, वे श्रम का सुख अनुभव कर रहे थे। कभी एक-दूसरे के कन्धे पर हाथ रखकर और कभी एक-दूसरे की पीक में अपने कपोल रंगकर मानो वे मदद की ज्वाला को फिर 'प्रजारन' करने में लगे थे–

मानहुँ बुझी मदन की ज्वाला बहुरि प्रजारन लागे।

भला राधिका कृष्ण से क्यों पीछे रहती–

अपनी भुजा स्याम भुज ऊपर, स्याम भुजा अपने उर धरिया।

और वे दोनों–

यो लपटाइ रहे उर-उर क्यों मरकत मनि कंचन में जरिया।[1]

यह क्रम यों चलता रहा और तभी,

सुरति अन्त गोपाल रीझै, जानि अति सुखदाइ।[2]

इतने में बादल घिर आए और हड़बड़ाहट में,

प्यारी की सारी आपुन लै, पीताम्बर राधा उर लाइ।[3]

दोनों ने अपनी-अपनी माताओं के आगे इस परिवर्तन का समाधान कर तो दिया, पर क्या वे उनके सन्देह को मिटा सके? शायद–नहीं!

रति-समय में राधा की शोभा का वर्णन करने में कवि सूर ने उपमाओं का अन्त कर दिया है। केवल एक उदाहरण लीजिए : अति सूक्ष्म कटि, विशद नितम्ब, भारी पयोधर वाली सुकुमारी राधा जब 'कन्दुक-केलि' करती है, तो उसका चंचल अंचल हट जाता है और फटी कंचुकी और सटे कुच दिखाई देने लगते हैं। तभी दोनों के मिलाप से ऐसा जान पड़ता है मानो नव जलद ने विधु को बन्धु बना लिया है और नभ में अनियारी कला का उदय हो गया है।

(4)

'नागर' और 'नागरी' के कतिपय अन्य संयोग-चित्र देखिए–

एक दिन खेलने के बहाने राधिका कृष्ण के घर आई तो उसकी कोकिलसम वाणी से वह आतुर हो उठा–'माँ! यही तो है वह, जिसने कल जमुना-तीर पर भटकते हुए मुझे बाँह पकड़कर मार्ग दिखाया था। माँ, इसे शपथ देकर बुला लो।[4] बस अब राधा के लिए यशोदा का द्वार खुल गया। कई बार आना-जाना हुआ–पर कसक न

1,2,3. सूरसागर 10 । 688, 490, 692 ।

4. 10 । 700, 716, 717 ।

मिटी। हाथ गृह-कार्य में लग्न रहते, पर हृदय एक-दूसरे व्यक्ति में लीन। एक दिन यह रहस्य भी खुल गया। राधिका आईं, यशोदा ने उसे दही बिलोने को दी। उधर कृष्ण गाय दुह रहे थे। राधा खाली मटकी में मथानी फेरने लगी और उधर कृष्ण गाय के स्थान पर वृषभ को दोहने की तैयारी करने लगे।[1] हृदय-दान से उसकी चेतना भी लुप्त होने लगी थी। वे दोनों हास-परिहास में भी लीन रहने लगे। एक दिन राधा की गाय दोहते समय कृष्ण को मज़ाक सूझा तो एक धार तो दोहनी में डालने लगे और दूसरी प्यारी के मुख पर। दूध के समान उजली गोरी का मुख दूध से नहा गया।[2] इस प्रकार उनका परिहास-विनोद चलता रहा। अब अलग होने लगे तो राधिका के पाँव मन-मन के भारी हो गए। वे अपने घर की ओर न चलते थे। राधा बार-बार नन्द-गली की ओर मुड़-मुड़कर देखती थी। मोहन ने उसे मोह लिया था। घर पहुँचते-न-पहुँचते वह अचेत भूमि पर गिर पड़ी। सखियाँ उसे घर लाईं। वे इस रहस्य को जानती थीं। फिर भी बोलीं—इसे श्याम भुजंग[3] ने डँस लिया है। गारुड़ी आए, पर श्याम भुजंग के स्नेह-विष को उतारने में असफल रहे, और अन्त में श्याम गारुड़ी ने आकर वह विष उतार दिया। भुजंग भी वे स्वयं थे और अब गारुड़ी भी वही बने, फिर भला उनसे विष क्यों न उतरता!

एक दिन राधा के जीवन में कृष्ण के साथ एकान्त-मिलन का अन्तिम अवसर तब आया जब कृष्ण 'कारे-कोसनि' द्वारका से रुक्मिणी को साथ लिए कुरुक्षेत्र आ पहुँचे। गोपियों के वृन्द में नील-वसन पहने, गोरे रंग की राधा खड़ी थी। उसकी चितवन सबसे भिन्न थी। उसी चितवन को देखकर कृष्ण की मति भोरी हो गई। इसके बाद राधा-माधव की भेंट हुई। वे दोनों एक-दूसरे के रंग में ऐसे रँग गए कि दोनों का पार्थक्य मिट गया। पर राधा इस अवसर पर बोल न सकी। उसकी वाणी मूक हो गई और फिर विदा होने के बाद एक हूक बनकर गूँज उठी—"सखी, आज कुछ कर न सकी। हरि आये और मैं ठगी-सी रह गई। हर्षिता होकर उन्हें हृदय का आसन भी नहीं दे पाई...और तो और, कंचुकी से कुच-कलश भी बन्ध तोड़कर प्रकट न हो सके—मैं उन्हें अर्घ्य तक न दे पाई। मेरी तो मति ही मारी गई थी।"[4]

इस प्रकार उसके पारस्परिक मिलन के कई अवसर सूरदास ने चित्रित किए हैं।

(5)

यह थी सूर के काव्य में उपलब्ध संयोग-चित्रों की एक झाँकी। आइए, अब इन्हें शास्त्रीय दृष्टि से परखें।

1. सूरसागर 10। 700, 716, 717।
2. सूरसागर 10। 733-734।
3. यहाँ 'भुजंग' शब्द श्लिष्ट है।
4. वही, 10। 4286, 4292, 4293।

संस्कृत-काव्यशास्त्र के अनुसार शृंगार रस के दो भेद हैं—संयोग और विप्रलम्भ। पंडितराज जगन्नाथ ने संभोग को संयोग नाम दिया है।[1] ये दोनों शब्द परस्पर पर्याय हैं। पंडित रामदहिन मिश्र ने संभोग और संयोग में एक विभाजन रेखा खींची है—'जहाँ नायक और नायिका की संयोगावस्था में पारस्परिक रति होती है, वहाँ संयोग शृंगार होता है।' यहाँ संयोग का अर्थ संभोग-सुख की प्राप्ति है, 'जहाँ नायक और नायिका की संयोगावस्था में पारस्परिक रति होती है, पर संभोग सुख प्राप्त नहीं होता, वहाँ संयोग शृंगार होता है।'[2] ये परिभाषाएँ देकर उन्होंने आलिंगन, चुम्बन आदि की स्थिति को संभोग शृंगार के अन्तर्गत माना है और परस्पर अवलोकन आदि की स्थिति को संयोग शृंगार के अन्तर्गत। किन्तु यह विभाजन-रेखा संस्कृत-काव्यशास्त्र को स्वीकृत नहीं है। भरत के मतानुसार संयोग शृंगार में ऋतु, माल्य...श्रवण, दर्शन, क्रीड़ा, लीला आदि विभावों का वर्णन रहता है।[3] मम्मट ने भी आलिंगन, अधर-पान, परिचुम्बन आदि के साथ परम्परावलोकन को भी संभोग शृंगार का विषय माना है। उसके अवान्तर भेद करना उन्हें स्वीकृत नहीं है।[4] आचार्य विश्वनाथ का भी यही मत है।[5]

इस दृष्टि से सूर के काव्य के उपरिनिर्दिष्ट सभी चित्र संभोग (अथवा संयोग) शृंगार रस के अन्तर्गत आएँगे। यहाँ हम कृष्ण और राधा की रीति को देवादि-विषया न मानकर कान्तकान्ता-विषया रति मानकर ऐसा कह रहे हैं। साहित्य-शास्त्र के सिद्धान्तानुसार मान अथवा किसी अन्य कारण से उत्पन्न क्रोध और ईर्ष्यावश नायक और नायिका के दूर बसे होने पर पारस्परिक रति रहने की अवस्था में तो विप्रलम्भ शृंगार स्वीकृत किया ही जाता है, उनके पास-पास एक ही तल्प पर रहने की अवस्था में भी, ईर्ष्या आदि के कारण मिलन न हो सकने पर, यह वर्णन विप्रलम्भ शृंगार के अन्तर्गत आता है।[6]

किन्तु यहाँ एक शंका उपस्थित होती है कि ऐसे पद्य संभोग शृंगार के अन्तर्गत स्वीकृत किए जाएँगे अथवा विप्रलम्भ शृंगार के अन्तर्गत, जिनमें संयोग के उपरान्त मानजन्य ईर्ष्या अथवा कोप का, और फिर अन्त में मान-शमन और संयोग का वर्णन किया गया है? मम्मट आदि ने इन्हें 'भावशान्ति' कहा है। 'भावशान्ति' शब्द में 'भाव'

1. 'तत्र शृंगारो द्विविधः, संभोगो विप्रलम्भश्च।' —रसगंगाधर, पृ. 41।
2. काव्यदर्पण, पृ. 232।
3. तत्र संभोगस्तावत् ऋतुमाल्य ... ... श्रवणदर्शनक्रीडालीलादिभिर्विभावैरुत्पद्यते।''—नाट्यशास्त्र (चौखम्बा), पृ. 73।
4. तत्राद्यः (संभोग शृंगारः) परस्परावलोकनाऽऽलिंगनाधरपानपरिचुम्बनाद्यनन्तत्वादपरिछेद्य एक एक गण्यते। काव्यप्रकाश, 4-29।
5. साहित्यदर्पण, 3।210।
6. संयोगश्च न दम्पत्योः सामानाधिकरण्यम् एकतल्पशयनेऽपीर्ष्यादिसद्भावे विप्रलम्भस्यैव वर्णनात्।—रसगंगाधर, पृ. 41।

का अर्थ क्या वही भाव है, जिसकी परिभाषा मम्मट ने यह की है–*रतिर्देवादिविषया व्यभिचारी तथाञ्जितः। भावः प्रोक्तः।*[1] यदि हाँ, तो हमारा विचार है कि देवादि-भिन्न किसी भी नायक-नायिका के मान-शमन के उदाहरणों को 'भावशान्ति' न कहकर *प्राधान्येन व्यपदेशाः भवन्ति इस* सिद्धान्त के अनुसार उसे उस रस का उदाहरण कहा जाए जिसमें पद्य का पर्यवसान हो रहा है। 'भावशान्ति' शब्द में यदि 'भाव' शब्द का अर्थ 'मनोभाव मनोभावना अथवा मनोविचार आदि' है, तब तो ऐसे पद्यों को निःसन्देह बड़ी सरलता से उस रस विशेष का ही उदाहरण कहा जा सकता है; जिसमें उसका पर्यवसान हुआ हो, उसे भावशान्ति का उदाहरण नहीं कहा जा सकता। मनोविज्ञान का आश्रय लें तो मानजन्य ईर्ष्या के उदाहरणों को तो हम भले ही विप्रलम्भ शृंगार रस का विषय समझ लें, पर मानशमन और संयोगमुख-प्राप्ति सूचक पद्यों को हम संभोग शृंगार के ही अन्तर्गत रखेंगे। उदाहरणार्थ राधा के मान-प्रसंग में–

आलिंगन दै अधर दशन खँडि कर गहि चिबुक उठावत।
नासा सों नासा लै जोरत नैन नैन परसावत।
... ...
यहि अन्तर प्यारी उर निरख्यो झझकि गई तब न्यारी।
सूर स्याम मोको दिखरावत उर लाए धरि प्यारी॥[2]

कृष्ण ने समझाया–'अपराध के बिना मान करती हो, अपनी ही छाया मेरे हृदय में देखकर मुझे अपराधी ठहराती हो', पर राधा को विश्वास नहीं आया, बोली–

मोहि छुवौ जनि दूर रहौ जू।
जाके हृदय लगाइ लई है, ताकी बाँह गहौ जू॥[3]

निस्सन्देह ऐसे उदाहरण विप्रलम्भ शृंगार के अन्तर्गत मान लिए जाएँगे, पर जिनके अन्त में मानशमन के उपरान्त परस्पर मिलन हो जाता है, उन्हें संभोग शृंगार मानना चाहिए, जैसे–'कृष्ण के अंगों पर राधा ने रति-चिह्नों को देखा तो वह मान कर बैठी! कृष्ण सकुचाए और वापस लौट आए, पर उन्हें कल कहाँ? दूती को भेजा, पर व्यर्थ, और अन्त में अकुलाकर स्वयं क्षमा माँगने चले और परस्पर-दर्शन होते ही दोनों मुस्करा पड़े'[4]–विप्रलम्भ की स्थिति संभोग (संयोग) में परिवर्तित हो गई।

एक अन्य बार भी ऐसी परिस्थिति में कृष्ण मुरली बजा-बजाकर, दूतियों को भेज-भेजकर जब हार गए तो स्वयं दूती-वेश धारण करके राधा के पास जा पहुँचे, और उसके चरणों पर मणि रख दी तथा स्वयं पीछे खड़े हो गए। राधा ने मणि में

1. काव्यप्रकाश, 4-35।
2,3. सूरसागर 10।2412, 2416।
4. सूरसागर 10।2601।

युगल-दम्पति की छाया देखी तो वह मुस्करा पड़ी—मान-मोचन हो गया, मान-विरह के उपरान्त संभोग-सुख दूना हो गया।

(6)

ये थे कृष्ण और राधा के एकान्तिक सम्बन्ध के चित्र। इनके अतिरिक्त निम्नोक्त लीलाओं में भी राधा को ही केन्द्र बनाया गया है—पनघट-लीला, दान-लीला, राम, हिंडोल-लीला, वसन्त, फागुन, होली-लीला और जल-क्रीड़ा। केवन चीरहरण-लीला में राधा को स्थान नहीं मिला कुछ चित्र देखिए—

गारुड़ी रूप में कृष्ण राधा का विष उतारकर उसकी लहर गोपियों पर डाल देते हैं।[1] परिणामतः वे उन पर मुग्ध होकर उन्हें वर रूप में पाने के लिए व्रत रखती हैं और नित्य यमुना-स्नान करती हैं।[2] षोडश सहस्र रूप धारण करके कृष्ण कभी उनकी पीठ मलते हैं[3] कभी वस्त्र चुराकर उनके गिड़गिड़ाने से प्रसन्न होते हैं[4] और कभी नग्नावस्था में उनसे हाथ उठवाकर नमस्कार कराते हैं।[5] अन्ततः गोपियों की साधना सफल होती है। कृष्ण शरद् की रात को उनके साथ रास रचाने का उन्हें वचन देते हैं।[6]

पनघट-लीला में कृष्ण के मोहक रूप और मृदु मुरली की मोहिनी के वशीभूत अथवा उस 'लँगराई' और 'अचगरी' के भय-मिश्रित संकोचवश कोई भी गोपी यमुना पर जल भरने नहीं जा सकती—

मृदु मुरली की तान सुनावै, इहि विधि कान्ह रिझावै।
ऐसे में को जाइ जमुन तें, जल भरि घर लै आवै॥[7]

इस 'डैड-लाक' को कृष्ण अपनी सरस युक्तियों से तोड़ देते हैं, और परिणामतः गोपियाँ मर्यादा को तिलांजलि देकर प्रेम-पथ का अनुसरण करने लगती हैं।

दान-लीला में कृष्ण गोपियों से—विशेषतः राधा से—अंगदान माँगते हैं। गोपियों द्वारा दिए गए गोरस में से राधा का ही गोरस कृष्ण को अधिक मीठा लगता है। 'सूरसागर' में चार स्थानों पर वर्णित इस लीला में गोपियाँ कृष्ण को अपना सर्वस्व समर्पण कर देती हैं।

रास-लीला के प्रारम्भ में कृष्ण और राधा का विवाह रचाकर सूरदास ने राधा को स्वकीया रूप में प्रस्तुत किया है। वसन्त, फागुन, होली, जल-क्रीड़ा आदि लीलाओं में राधा-कृष्ण भाग लेते हैं और गोपियाँ केवल दर्शन से ही आनन्द लेती हैं।

1,4. वही, 10। 764, 780, 768, 792, 787।
5. सूरसागर, 10। 797।
6,7. वही 10। 1402।

(7)

यहाँ स्वाभाविक प्रश्न उपस्थित होता है कि क्या सूर का यह वर्णन ऐन्द्रिक वासना से परिपूर्ण है? क्या यह घोर शृंगारिक काव्य है? क्या इसी काव्य के आधार पर हम इसके रचयिता को शृंगारिक कवि न कहकर भक्त-कवि कह सकते हैं? यह एक जटिल समस्या है, जिसका समाधान करना असम्भव नहीं पर कठिन अवश्य है।

इसका एक समाधान तो यह है कि कृष्ण और राधा छोटी आयु के हैं, वे गलियों में खेलनेवाले बालक-बालिका हैं–

खेलन कबहु हमारे आवहु, नन्द सदन, ब्रज गाँउँ।[1]

राधा तो स्पष्टतः सात वर्ष की ही बालिका है–

भई बरस सात की, सुभ घरी जात की।[2]

यशोदा राधा को सँवारती है, उसके बाल गूँथती है[3] वहाँ से उसका रूप एक छोटी-सी बाला के रूप में वर्णित है। कृष्ण के प्रथम मिलन में भी उसे 'दिन थोरी' कहा गया है।[4] चीरहरण की लीला के पश्चात् गोपियाँ यशोदा के पास कृष्ण की उद्‌दंडता की शिकायत करने चलीं तो यशोदा को कभी विश्वास नहीं आ सकता कि उसका दस-वर्षीय बालक ऐसे कार्य कर भी सकता है। जो बालक यशोदा के लिए अल्पवयस्क है, वही राधा और गोपियों के लिए युवकवत् व्यवहार करता है। उसकी लीला का सबसे बड़ा यही माहात्म्य है। सूर का शुद्धाद्वैती दृष्टिकोण ही इसके लिए उत्तरदायी है।

(8)

इस समस्या का दूसरा समाधान यह है कि इन सभी प्रसंगों का–चीरहरण, दान, पनघट आदि सभी लीलाओं का–सम्बन्ध आध्यात्मिक है। कृष्ण परम ब्रह्म हैं, गोपियाँ जीवात्मा हैं, मुरली भगवान् की 'पुष्टि' है, जो मनुष्य को समय-समय पर सचेत करती है, और संसार से सम्बन्ध छुड़ाकर अपनी ओर आकृष्ट करती है। उक्त लीलाओं में से पनघट-लीला का यही रहस्य है कि गोपियों को–जीवात्माओं को–अन्त में संसार त्यागकर कृष्ण की–परमब्रह्म की–शरण में जाना पड़ा। चीरहरण-लीला में गोपियों ने–जीवात्माओं ने–आनन्द-भाव से जब अपनी गोप्यतम निधि परम ब्रह्म को अर्पित कर दी, तभी उन्हें भगवान् का नैकट्य प्राप्त हो सका। दान-लीला में भी यही रूपक है।

1,2. वही, 10 । 505, 699 ।

3,4. वही, 10 । 704, 672 ।

परम ब्रह्म ने गोरस (दही) के ब्याज से गोरस (इन्द्रियों का विषय रस) माँगा और वह उसे समर्पित कर दिया गया। इन्द्रिय-जन्य वासना को समर्पित करके ही जीव उसमें आत्मसात् हो सकता है। रासलीला में 'रास' शब्द का अर्थ है–आनन्दमयी लयावस्था। सूर के इस काव्य की सभी जीवात्माएँ परम ब्रह्म में लीन होकर आनन्दमयी बन गई हैं।

इसी प्रकार कृष्ण और राधा में भी यही आध्यात्मिक सम्बन्ध है। कृष्ण परम ब्रह्म हैं, राधा उन्हीं की प्रकृति या शक्ति है। इधर गोपियाँ जीवात्माओं का प्रतीक हैं। राधा इनकी प्रकृति है और ये राधा की विकृति हैं। यही कारण है कि ये परम ब्रह्म (कृष्ण) और उसकी शक्ति (राधा) के संयोग होने पर तनिक भी ईर्ष्या नहीं करतीं, वरन् आनन्दमयी हो उठती हैं। किन्तु इनके विपरीत राधा (परम ब्रह्म की शक्ति अथवा प्रकृति) कृष्ण (परम ब्रह्म) के पर-संयोग को सहन नहीं कर सकती–उसे ईर्ष्या होती है, यहाँ तक कि यदि उसका अपने गले का हार भी अन्तराल बनता है तो उसे दूर फेंक परम ब्रह्म को गले का हार बनाती है। केवल इतना ही नहीं, उसे अपनी छाया तक असह्य है। परम ब्रह्म और शक्ति के संयोग में, दूसरे शब्दों में, कृष्ण और राधा के संयोग में, अनन्य-भाव अत्यन्त अनिवार्य है। और इसे प्रतीकात्मकता कह लीजिए, अथवा रूपकातिशयोक्ति। यही प्रतीक राधा अथवा गोपियों में खंडिता-प्रसंग में एक महान् सन्देश दे रहा है कि विरह के उपरान्त संयोग-सुख द्विगुणित हो जाता है। वियोग के अनन्तर परमब्रह्म और प्रकृति का मिलन अपेक्षाकृत अधिक आह्लादक सिद्ध होता है।

कृष्ण और राधा के संयोग-प्रधान वर्णनों में–सुरतारम्भ, सुरतावस्था और सुरतान्त के कवित्वपूर्ण पदों में–परम ब्रह्म और प्रकृति का एक-दूसरे के प्रति आत्मसमर्पण, आनन्दमय लय, आनन्दभाव, ऐक्यरूप और आध्यात्मिक नैकट्य का स्वरूप निखर उठा है। राधा अपने कृष्ण के रूप में इतनी खो गई है कि वह सखियों से पूछती फिरती है कि क्या तुमने कृष्ण को देख लिया है, पर मैंने तो उसे आज तक नहीं देखा–

तुम कैसे दरसन पावत री।
कैसे स्याम अंग अवलोकति क्यों नैनन को ठहरावति री।
मैं कबहूँ नीके नहिं देखे कहौं कहत न आवति री॥[1]

राधा का यह कथन किसी चतुर नायिका का कपट मात्र नहीं है, आत्मसात्-भावना का निश्चल उद्‌गार है। राधिका को विश्वास ही नहीं आता कि अन्य गोपियाँ कृष्ण को कैसे देख पाती हैं। उस बेचारी को तो केवल एक अंग के देख लेने से भी अवकाश नहीं मिलता–

1. सूरसागर, 10 । 2064 ।

तुम देखे मैं नहीं पत्यानी।
मैं जानी मेरी गति सबही यहै साँच अपने मन आनी ॥
जो तुम अंग-अंग अवलोक्यौ धन्य-धन्य मुख अस्तुति गानी।
मैं तो एक अंग अवलोकति दोऊ नैन गए भरी पानी॥[1]

(9)

इस आध्यात्मिक रूप को संभोग-शृंगार का रूप देना भक्त सूर का कार्य नहीं है, कवि सूर का कार्य है। भक्त सूर के सामने महाप्रभु वल्लभ का आदर्श है, जहाँ वह कृष्ण को बाल और सखा के रूप में देखते हैं। कवि सूर के सामने भागवत पुराण, ब्रह्मवैवर्त पुराण और जयदेव, चंडीदास आदि के काव्यों का आदर्श है। युगल-भक्ति के स्वरूप से भक्त सूर का हृदय प्रभावित हुआ और कवि सूर के कवित्व ने राधा और कृष्ण के मिलन को एक कथा के सूत्र में जोड़कर नन्द-पत्नी, वृषभानु-पत्नी और गोपियों को भी जोड़ दिया। कवि का सरस हृदय बाल कृष्ण को युवा कृष्ण के रूप में राधा का चुम्बन और आलिंगन करते हुए देखने को मचल उठा। इस मिलन से उधर यदि गोपियाँ प्रसन्न होती हैं तो उन्हीं के अनुकूल इधर सूर का भक्त-हृदय भी प्रफुल्लित हो उठता है। सूर का आलोचक कुछ इस प्रकार की संगति बिठाने का प्रयास करता है, और शायद इधर सूर की आत्मा को भी आज के पाठकों से यही आशा है कि वे इस मिलन को पढ़-सुनकर गोपियों और सूर दोनों के समान निश्छल प्रफुल्लता का अनुभव करें।

किन्तु क्या आज का साधारण पाठक सूर की संभोग शृंगार सम्बन्धी रचना को आध्यात्मिकता के रंग में रँगी मान सकता है? हमारा कहना है—कदापि नहीं। उसे कथा मिलती है, रस मिलता है, और घोर शृंगार का संभोग रूप मिलता है—आध्यात्मिकता की बात तो वह सोच ही नहीं पाता। इसी प्रकार एक सुधारवादी पाठक भी जब इन रसीले-चटकीले पदों में आध्यात्मिकता की चर्चा सुनता है, तो उसे 'दूर की कौड़ी' कहता है। कविता पर आध्यात्मिकता का आरोप उसे स्वीकार नहीं। वह सूर के जीवन को अलग-अलग भावनाओं में विभक्त मानता है। उसके अनुसार यदि एक भर्तृहरि शृंगार और वैराग्य के शतक लिख सकता है, तो एक सूर भी अलग-अलग समय पर राधा और कृष्ण को आलम्बन मानकर शृंगार और भक्तिपूर्ण पद अलग-अलग लिख सकता है। इस दृष्टि से वह उक्त संयोग-चित्रों को संभोग-शृंगार रस के उदाहरण मान लेता है, भक्ति-रस के नहीं। किन्तु जब एक भक्त-हृदय पाठक और एक मर्मज्ञ एवं सुविज्ञ आलोचक सूर के स्वर-में-स्वर मिलाकर

1. सूरसागर, 10 । 1782 ।

उन्हीं के अनुरूप जब परम ब्रह्म और प्रकृति के संयोग में पूर्ण विश्वास, श्रद्धा और आस्था रखकर सूर के संयोग-चित्रों की परख करता है तो उसे इनसे विद्यापति आदि के संयोग-चित्रों के समान संभोग-शृंगार की गन्ध तक नहीं आती, वह इनसे कंटकित और रोमांचित नहीं होता, और इसी तथ्य में कृष्ण के प्रति सूर के अनुराग और निष्ठा की विजय निहित है, और ऐसी स्थिति में सूर को खरी-खोटी सुनाने का प्रश्न ही उपस्थित नहीं होता, उसे 'महान् भावुक भक्त कवि' की पदवी से आभूषित कर दिया जाता है।

सूर का वात्सल्य-वर्णन : कुछ प्रसंग

प्रेमनारायण टंडन

माता-पिता का अपनी सन्तान के प्रति एवं वृद्धों का छोटे-छोटे सुन्दर, हृष्ट-पुष्ट और हँसमुख बच्चों के प्रति, जो स्नेह होता है, मुख्यतः उसी का वर्णन वात्सल्य रस के अन्तर्गत आता है। यह विषय सार्वकालीन और सार्वजनीन है। आज से लाखों वर्ष पहले माता-पिता के हृदय में अपनी सन्तान के प्रति जैसा प्रेम था, वैसा ही आज भी ज्यों-का-त्यों विद्यमान है। इस स्नेह के लिए स्थिति की, धन की, पद की, किसी की अपेक्षा नहीं। माता भिखारिणी हो, पिता मज़दूरी करता हो; परन्तु इससे क्या! अपनी भोली-भाली और अबोध सन्तान के लिए निर्धन दम्पति के हृदय में वैसा ही स्नेह का स्रोत प्रवाहित रहता है जैसा किसी राजा-रानी के हृदय में अपने राजकुमार के प्रति। इसी वात्सल्य का सूर के काव्य में विस्तृत वर्णन है। विषय की दृष्टि से कवि ने इस वर्णन में बड़ी सूक्ष्मदर्शिता दिखाई है। वात्सल्य के सम्बन्ध में छोटी-से-छोटी बात भी नहीं छूटी है; सभी बातों का, सभी दृष्टियों से, उन्होंने विशद वर्णन किया है। माता यशोदा, पिता नन्द तथा अन्य वयोवृद्ध ग्रामीणों—यहाँ तक कि राह-चलते पथिकों—के शुद्ध और प्रफुल्लित हृदय में बालक कृष्ण की सुन्दर और मनमोहिनी मूर्ति एवं चपल और मनोहारी बालक्रीड़ाएँ देखकर जो सहज स्नेह उत्पन्न होता है, उसका अत्यन्त स्वाभाविक, सरल और मनोहर चित्र अन्धकवि सूरदास हमारे सामने रखने में सफल हुए हैं।

सूरदास ने कृष्ण-जन्म के पूर्व ही मोह-ममता की एक झलक दिखाकर सिद्ध कर दिया है कि वात्सल्य का भाव इतना नैसर्गिक है कि वह भावुक और सहृदय माता-पिता के हृदयों में ही नहीं, वज्र-कठोर और निष्ठुर हृदयों में भी सुगमता से उमड़ सकता है; और इसके लिए यह आवश्यक नहीं है कि बालक अपना ही हो। कंस के कारागार में देवकी का पहला बालक जन्मता है। प्रतिज्ञानुसार वासुदेव उसे कंस के पास ले जाते हैं। भोले-भाले नवजात शिशु को देखकर अन्यायी और अत्याचारी कंस का कठोर हृदय भी इतने वात्सल्य से भर जाता है कि वह वसुदेव को बालक लौटाकर उनके सब अपराध क्षमा कर देता है—

पहिलौ पुत्र देवकी जायौ, लै बसुदेव दिखायौ।
बालक देखि कंस हँसि दीन्यौ, सब अपराध छमायौ॥[1]

श्रीकृष्ण के जन्म पर शिशु की रक्षा के लिए देवकी विकल हो जाती है। जिस माता के सात पुत्र जन्मते ही मार डाले गए हों; उसके हृदय का आठवें के जन्म पर बिलखना निस्सन्देह बहुत करुण है। उसके दुःख का कारण दोहरा है। पहला प्रश्न, जो उसे अत्यन्त चिन्तित किए हुए है, नवजात शिशु की रक्षा का है; दूसरे आठ-आठ शिशुओं को जन्म देकर भी वह उनकी बाल-लीला का सुख न देख सकी–इस कारण भी वह बहुत दुखी है। अत्यन्त कातर शब्दों में वह पति से कहती है–

अहो पति, सो उपाइ कछु कीजै।
जिहिं उपाइ अपनौ यह बालक, राखि कंस सौं लीजै॥
मनसा, बाचा, कहत कर्मना, नृप कबहूँ न पतीजै।
बुधि-बल, छल-बल, कैसेंहु करिकैं, काढ़ि अनतहीं दीजै॥
नाहिंन इतनौ भाग जो यह रस, नित लोचन-पुट पीजै।
सूरदास ऐसे सुत कौ जस, स्रवननि सुनि-सुनि जीजै॥[2]

वसुदेव ने पत्नी की बात सुनी। वे स्वयं पुत्र की जीवन-रक्षा के लिए चिन्तित थे; परन्तु जब उसका कोई उपाय न देखकर वे अपनी विवशता बताते हैं, तब माता देवकी पृथ्वी पर गिर पड़ती है और बिलख-बिलखकर रोने लगती है–

यह सुनतहिं अकुलाइ गिरी धर, नैन नीर भरि-भरि दोउ ढारै।[3]

वसुदेव बालक कृष्ण को गोकुल ले जाने के लिए तैयार होते हैं, तब उसकी रक्षा-कामना करनेवाली माता देवकी शिशु से बिछुड़ने का दुःख नहीं सह पाती। उसके मुख से स्वतः निकल पड़ता है–हाय, ऐसे सुत के बिछुड़ने के दुःख से तो यही अच्छा था कि कंस विवाह के दिन ही मुझको मार डालता–

तब कत कंस रोकि राख्यौ पिय, बरु बाही दिन काहैं न मारी।
कहि, जाकौ ऐसौ सुत बिछुरै, सौ कैसैं जीवै महतारी॥[4]

वसुदेवजी अपने बालक को गोकुल पहुँचा आते हैं। नन्द और यशोदा बालक कृष्ण को अपने औरस पुत्र की भाँति स्वीकार करते हैं। क्षण-भर में समस्त ब्रज में, यहाँ तक कि मथुरा में भी, यह बात फैल जाती है कि नन्दजी के पुत्र हुआ है। जन्मोत्सव का आनन्द ब्रज में सर्वत्र छा गया। समस्त ब्रज में मंगलाचार होने लगे; बधावे बजने लगे; दान देना आरम्भ हो गया। ब्रज की सब स्त्रियाँ अपना काम-काज

---

1. 'सूरसागर', दशम स्कन्ध, पद 4।
2. 'सागर', पद 9।
3. 'सूरसागर', दशम स्कन्ध, पद 10।
4. 'सागर', पद 11।

छोड़कर बालक कृष्ण का मुख देखने की लालसा से नन्दजी के घर पहुँच गईं। पुरुष भी अपना दैनिक कार्य छोड़कर उत्सव मना रहे हैं। स्त्री-पुरुष परस्पर कह रहे हैं–

आज बन कोऊवै जनि जाइ।
ढोटा है रे भयौ महिर कैं, कहत सुनाइ-सुनाइ।
सबहिं घोष मैं भयौ कोलाहल आनन्द उर न समाइ॥[1]

आनन्द उर में समाता भी कैसे? ब्रज में आज अलौकिक प्रसन्नता छाई है, सभी प्रफुल्लित हैं। आनन्द और उत्साह में मग्न हो नर-नारी नाच उठते हैं। नर-नारी ही क्यों, सारा ब्रज जैसे उत्सव मना रहा है। तभी तो उसकी सुन्दरता अपूर्व हो गई है; समस्त संसार की शोभा और श्री आज उसे प्राप्त हो गई है। कवि कहता है–

सोभा-सिन्धु न अनत रही री!
नन्द-भवन भरिपूरि उमँगि चलि, ब्रज की बीथिनि फिरति बही री।[2]

यह वर्णन नितान्त स्वाभाविक है। समस्त ब्रजवासी आनन्द में मग्न हैं; कृष्ण-दर्शन की लालसा से उत्कंठित हैं, सबके मुँह से बस इतना ही निकलता है–

कत हौ गहरु करत रे भैया बेगि चलौ उठि धाइ।
अपने-अपने मन कौ चीत्यौ नैननि देखौ आइ॥[3]

स्त्रियाँ नन्द के घर पहुँच गईं। बालक कृष्ण के सुन्दर दर्शन से उन्होंने अपने नेत्र सफल किए। सभी नवजात शिशु को गोद में लेने को उत्सुक हैं। उनकी उत्कंठा का आभास इन पंक्तियों में मिलता है–

नैंकु गोपालहिं मोकौं दै री!
देखौं कमल बदन नीकैं करि ता पाछैं तू कनियाँ लै री।[4]

इधर नन्दजी पुत्रोत्सव में दान दे रहे हैं। याचकों को वे सब तरह से सन्तुष्ट करते हैं। उनका ताँता लगा हुआ है। पुत्र-जन्म सुनते ही दूर-दूर से भिक्षुक और याचक उनके घर आते हैं–

बन्दी जन अरु भिच्छुक सुनि-सुनि दूरि-दूरि तैं आए।[5]

इन्हें देखकर नन्दजी को अपार हर्ष होता है। दान पाकर और अत्यन्त सन्तुष्ट होकर मार्ग में जाते हुए ये याचक ऐसे जान पड़ते हैं, मानो कहीं के राजा जा रहे हों–

ते पहिरे कंचन-मनि-भूषन नाना बसन अनूप।
...मानो जात कहूँ के भूप।[6]

---

1. 'सागर', पद 14।
2. 'सूरसागर', दशम स्कन्ध, पद 29।
3. 'सागर', पद 20।
4. 'सागर', पद 54।
5. 'सागर', पद 35।
6. 'सूरसागर', दशम स्कन्ध, पद 35।

बालक कृष्ण के दर्शन भी नन्दजी ने इन भिक्षुकों को कराए हैं। उस मनोहर मूर्ति को देख सब बड़े मुग्ध हुए। कुछ याचक तो केवल एक बार दर्शन करके लौट गए; परन्तु अनेक नित्य-प्रति के प्रिय-दर्शन के लिए नन्द के द्वार पर ही पड़े रहना चाहते हैं। गोवर्द्धनवासी अतिथि अपनी जो अभिलाषा नन्दजी से बताता है, वह इस प्रकार है—जब तक बालक कृष्ण चलने और बोलने नहीं लगता, तब तक मुझे यहीं पड़ा रहने दीजिए। चलने और बोलने की इनकी सुन्दर क्रीड़ाएँ देखने के पश्चात् मैं चला जाऊँगा—

दीजै मोहिं कृपा करि सोई जो हौं आयौ माँगन।
जसुमति-सुत अपने पाइँनि चलि खेलन आवैं आँगन।
जब तुम मदनमोहन करि टेरौ कहि-सुनि कै घर जाऊँ।[1]

इसी प्रकार आनन्दोत्सव में कुछ दिन बीत गए। अब नवजात शिशु के लिए एक छोटे पालने की आवश्यकता हुई। विचार मन में आते ही बढ़ई बुलाया गया और स्वयं माता यशोदा ने अपने पुत्र के लिए एक बड़ा सुन्दर रँगा हुआ पालना बना लाने का आदेश दिया। उनका यह आदेश निश्चय ही मातृ-हृदय में उमड़ते सहज स्नेह का द्योतक है—

पालनौ अति सुन्दर गढ़ि ल्याउ रे बढ़ैया!
सीतल चन्दन कटाउ धरि खराद रंग लाउ, बिबिध चौकी बनाउ धाउ रे बनैया।[2]

बालक कृष्ण एक दिन इसी पालने पर पड़ा था। उसने हाथ से पैर का अँगूठा पकड़कर मुँह में दे लिया। यह दृश्य अत्यन्त स्वाभाविक है; नित्यप्रति पालने में पड़े हृष्ट-पुष्ट बालक अँगूठा चूसा करते हैं। सूरदास ने इस क्रिया का वर्णन करते हुए लिखा है—

कर पग गहि अँगुठा मुख मेलत।
प्रभु पौढ़े पालनैं अकेले हरषि-हरषि अपनैं रँग खेलत।[3]

इसी प्रकार आनन्द में मग्न बालक कृष्ण एक दिन पालने में पड़ा-पड़ा उलट गया। है तो यह बिलकुल साधारण बात; परन्तु माता के हृदय में इससे जो प्रसन्नता होती है, वह सूर की दृष्टि से बच न सकी। उन्होंने माता यशोदा की प्रसन्नता का वर्णन इन पंक्तियों में किया है—

महरि मुदित उलटाइ कै मुख चूमन लागी।
चिरुजीवौ मेरौ लाड़िलौ मैं भई सभागी॥
एक पाख त्रय मास कौ मेरौ भयौ कन्हाई।
पटकि रान उलटौ पर्‌यौ, मैं करौं बधाई॥[4]

---

1. 'सागर', पद 35।
2. 'सागर', पद 41।
3. 'सूरसागर', दशम स्कन्ध, पद 63।
4. 'सागर', पद 68।

पालने में झूलते-झूलते एक दिन कुछ ही महीनों का बालक, कृष्ण ज़मीन पर गिर पड़ा और बिलख-बिलखकर रोने लगा। उस समय यशोदा की आकुलता का–जल्दी से दौड़कर पुत्र को गोद में उठा लेना, उसका शरीर सहलाना, दूसरों पर बिगड़ना और फिर उसे पुचकारकर चुप कराना भी–सूर ने वर्णन किया है। बच्चे को सुलाने के लिए माता का उसे पालने में झुलाना और 'जोइ-सोइ' गाना भी सूर के मुँह से सुन लीजिए–

जसोदा हरि पालनैं झुलावै।
हलरावै दुलराइ मल्हावै, जोइ-सोइ कछु गावै॥
मेरे लाल कौं आउ निंदरिया, काहैं न आनि सुवावै।
तू काहैं नहिं बेगहिं आवै, तोकौं कान्ह बुलावै॥[1]

लोरी सुनते-सुनते बालक कृष्ण सोने लगता है। कुछ नींद-सी आ जाती है। वह आँखें मूँद लेता है। उसे सोता जान माता यशोदा स्वयं तो चुप हो ही जाती है, दूसरों को भी संकेत से चुप रहने को कहती है। परन्तु क्षण भर में ही बालक जाग जाता है और माता यशोदा फिर गाने लगती है–

कबहुँ पलक हरि मूँदि लेत हैं, कबहुँ अधर फरकावै।
सोवत जानि मौन ह्वै कै रहि, करि-करि सैन बतावै।
इहिं अन्तर अकुलाइ उठे हरि जसुमति मधुरैं गावै॥[2]

तीन-चार महीनों का बालक अब बोलना चाहता है। सूरदास उसके 'अटपटात कलबल कर बोल' भी सुनते हैं–

सबद जोरि बौल्यौ चाहत हैं प्रगट बचन नहिं आवत।[3]

इसी प्रकार माता यशोदा की गोद में बालक कृष्ण किलकारी भरता भी दिखाई देता है–

हरि किलकत जसुदा की कनियाँ।[4]

भोले-भाले अबोध बालक की ऐसी बाल-क्रीड़ाएँ देखकर माता का हृदय पुत्र-स्नेह से भर जाता है। वह प्रफुल्लित हो जाती है–

निरखि-निरखि मुख कहति लाल सौं, मो निधनी के धनियाँ।[5]

अब माता के मन में तरह-तरह की अभिलाषाएँ उठती हैं। बालक के 'कल-बल बोल' सुनकर वह अभिलाषा करती है कि यह कब बोलने लगेगा; उसे बैठते और

---

1. 'सूरसागर', दशम स्कन्ध, पद 43।
2. 'सागर', पद 43।
3. 'सूरसागर', पद 102।
4. 'सूरसागर', पद 81।
5. 'सूरसागर', पद 81।

हाथ के बल चलने का प्रयत्न करते देखकर वह सोचती है, कब यह चलना सीखेगा। इसी प्रकार की और भी बहुत-सी अभिलाषाएँ हैं–

नन्द-घरनि आनन्द-भरी सुत स्याम खिलावै।
कबहिं घुटरुवनि चलहिंगे कहि बिधिहिं मनावै।
कबहिं दँतुलि द्वै दूध की देखौं इन नैननि।
कबहिं कमलमुख बोलिहैं सुनिहौं उन बैननि।
चूमति कर-पग अधर-भ्रू, लटकति लट चूमति।[1]

× × ×

नान्हरिया गोपाल लाल, तू बेगि बड़ौ किन होहि।
इहिं मुख मधुर बचन हँसिकै धौं, जननि कहै कब मोहि॥
यह लालसा अधिक मेरैं जिय जो जगदीस कराहिं।
मो देखत कान्हा इहिं आँगन, पग द्वै धरनि धराहिं॥
खेलहिं हलधर संग रंग रुचि, नैन निरखि सुख पाऊँ।
छिन छिन छुधित जानि पय कारन, हँसि-हँसि निकट बुलाऊँ॥[2]

अभिलाषाओं का अन्त यहीं नहीं हो जाता। वास्तव में यह तो उनका आरम्भ है। दिन-दिन ऐसी अनेक अभिलाषाएँ बढ़ती ही जाती हैं और यह स्वाभाविक भी है। माता की लालसा पुत्र की उन्नति देखने की होती है। अतः जब वह अपने पुत्र को बड़े बालकों की-सी बातें करते देखती है, तब अभिलाषा करती है कि कब यह अपने प्रयत्न में सफल होकर हमें सुख देगा और जब वह दूसरे बड़े बालकों को अपने माता-पिता को सुख देते देखती है, तब वह उस दिन की प्रतीक्षा करती है, जिस दिन उसका बालक भी उतना बड़ा होकर अपनी बाल-क्रीड़ाओं से उसे प्रसन्न करेगा। इस दूसरे प्रकार की अभिलाषा का सूर-साहित्य में प्रायः अभाव है। इसका कारण यह जान पड़ता है कि सूर अपने बालकृष्ण की लीलाओं से अधिक सुखकर अन्य बालकों की लीलाएँ नहीं दिखाना चाहते थे। हाँ, प्रथम प्रकार की अभिलाषा-सम्बन्धी कई पद सूर-काव्य में मिलते हैं। एक पद और दिया जाता है–

जसुमति मन अभिलाष करै।
कब मेरौ लाल घुटुरुवनि रेंगै कब धरनी पग द्वैक धरै।
कब द्वै दंत दूध के देखौं कब तुतरे मुख बैन झरै॥
कब नन्दहिं कहि बाबा बोलै कब जननी कहि मोहिं ररै।
कब मेरौ अँचरा गहि मोहन जोइ सोइ कहि मौसौं झगरै॥

---

1. 'सूरसागर', दशम स्कन्ध, पद 74।
2. 'सूरसागर', पद 75।

कब धौं तनक तनक कछु खैहै अपने कर सौं मुखहिं भरै।
कब हँसि बात कहैगौ मोसौं जा छबि तैं दुख दूरि हरैं॥[1]

कुछ दिनों में ही माता यशोदा की अधिकांश अभिलाषाएँ पूरी हो जाती हैं। बहुत शीघ्र ही बालक कृष्ण घुटनों चलना सीख जाता है। परन्तु अभी तक वह देहरी नहीं लाँघ पाता। एक-आध बार प्रयत्न करने पर जब वह गिर पड़ा, तब चतुर-बुद्धि बालक देहरी के पास पहुँचकर लौटने लगा। माता को यह देखकर बड़ी प्रसन्नता होती है–

चलत देखि जसुमति सुख पावै।
ठुमुकि-ठुमुकि पग धरनी रेंगत, जननी देखि दिखावै।
देहरि लौं चलि जात बहुरि फिरि फिरि इतहीं कौं आवै।
गिरि गिरि परत बनत नहिं नाँघत...॥[2]

बालक कृष्ण ने घुटनों चलना सीखा तो मिट्टी खाना भी आरम्भ किया। यही नहीं, अबोध बालकों की तरह एक दिन स्वयं मिट्टी खाकर वह माता को भी खिलाने पहुँचा।[3] माता यशोदा एक बार तो हँसी, पर धूल में सना शरीर और वस्त्र देखकर हाथ में छड़ी लेकर उसने उसे धमकाना शुरू किया–

मोहन, काहैं न उगिलौ माटी।
बार बार अनरुचि उपजावति, महरि हाथ लिए साँटी।[4]

पुत्र को घुटनों चलते देखकर माता को बहुत सन्तोष होता है। अब वह उसे पैरों चलना सिखाती है। बालक कृष्ण हँसता हुआ साथ चलता है, परन्तु अभी उसके पैर सीधे नहीं पड़ते हैं–

सिखवति चलन जसोदा मैया।
अरबराइ कर पानि गहावत, डगमगाइ धरनी धरै पैया।[5]

बालक कृष्ण छह महीने का हो गया है। शुभ दिन पूछकर अन्नप्राशन की तैयारी की गई है। खूब उत्सव मनाया जा रहा है। तरह-तरह के व्यंजन बनवाकर नन्दजी बालक को गोद में लेकर बैठे हैं। माता यशोदा ने कृष्ण को स्नान कराकर,

---

1. 'सूरसागर', पद 76।
2. 'सागर', पद 126।
3. *'माटी-प्रसंग' की ये पंक्तियाँ भी देखिए–*
   मैं बचपन को बुला रही थी, बोल उठी बिटिया मेरी।
   नन्दन वन सी फूल उठी वह छोटी सी कुटिया मेरी।
   'माँ ओ!' कहकर बुला रही थी, मिट्टी खाकर आई थी।
   कुछ मुँह में, कुछ लिए हाथ में, मुझे खिलाने आई थी।
   –श्रीमती सुभद्राकुमारी चौहान (मेरा नया बचपन)।
4. 'सूरसागर', दशम स्कन्ध, पद 254।
5. 'सागर', पद 115।

सुन्दर वस्त्राभूषण पहनाकर, पहले ही सजा दिया है। ब्रज के सभी स्त्री-पुरुष हर्ष से गा-बजा रहे हैं। अन्नप्राशन का आरम्भ होता है और बाद को सभी सगे-सम्बन्धी और मित्र बैठकर आनन्द से भोजन करते हैं। माता की यह भी एक बड़ी अभिलाषा पूरी होती है।

कुछ दिन बाद ही बालक कृष्ण बोलने लगता है। अब तो माता-पिता और ब्रजवासियों की प्रसन्नता का पारावार नहीं है। कविवर सूरदास भी प्रसन्नता से गा उठते हैं–

कहन लागे मोहन मैया मैया।
नन्द महर सौं बाबा-बाबा अरु हलधर सौं भैया।[1]

सुख के दिन बहुत जल्दी बीतते हैं। बालक कृष्ण अब साल भर का हो जाता है। उसकी वर्षगाँठ की तैयारियाँ होती हैं। माता-पिता को तो प्रसन्नता है ही, ब्रज की अन्य स्त्रियाँ और पुरुष भी बहुत प्रसन्न है। सभी उत्सव मना रहे हैं। गाँव-भर में गाना-बजाना हो रहा है। माता ने कृष्ण को नहला दिया है। बालक कृष्ण इस पर मचल रहा है; रो रहा है। माता सुन्दर-सुन्दर वस्त्राभूषण पहनाती है और पुचकारकर बहलाने का प्रयत्न करती है। पश्चात् वर्षगाँठ का उत्सव बड़ी धूमधाम से मनाया जाता है। इसका वर्णन सूर के शब्दों में सुनिए–

आजु भोर तमचुर के रोल।
गोकुल मैं आनन्द होत है, मंगल धुनि महराने टोल।
फूले फिरत नन्द अति सुख भयौ, हरषि मँगावत फूल तमोल।
फूली फिरत जसोदा तन मन उबटि कान्ह अन्हवाइ अमोल।
तनक वदन, दोउ तनक तनक कर तनक चरन पोंछति पट झोल।
कान्ह गरैं सोहति मनि-माला, अंग अभूषन अँगुरिनि गोल।
सिर चौतनी डिठौना दीन्है आँखि आँजि पहिराइ निचोल।
स्याम करत माता सौं झगरौ अटपटात कलबल करि बोल।
दोउ कपोल गहिकै मुख चूमति, बरस-दिवस कहि करति कलोल।
सूर स्याम ब्रजजन-मन-मोहन बरस गाँठ कौ डोरा खोल।[2]

वर्षगाँठ के इस वर्णन में विशेषता केवल इतनी है कि सूरदास ने दिन-प्रतिदिन की साधारण बातें दिखाकर माता और वर्ष-भर के शिशु के पारस्परिक भावों से हमें परिचित करा दिया है। यही बात हम कर्णवेध-संस्कार के वर्णन में देखते हैं। प्यारे शिशु का कन-छेदन होगा, माता को इस बात की एक ओर तो अत्यन्त प्रसन्नता है, परन्तु दूसरी ओर पुत्र के कष्ट का ध्यान करके उसका जी धुकधुकाने लगता है। इसी

1. 'सूरसागर', दशम स्कन्ध, पद 115।
2. 'सागर', पद 94।

प्रकार बालक को भी पहले तो उत्सव का नाम सुनकर सुन्दर-सुन्दर वस्त्राभूषण देखकर प्रसन्नता होती है, परन्तु कन-छेदन के समय कष्ट का अनुभव करके वह रोने लगता है, कर्णवेध-संस्कार के वर्णन में माता और शिशु की इन्हीं अवस्थाओं का वर्णन सूरदास ने किया है–

कान्ह कुँवर को कनछेदन है, हाथ सुहारी भेली गुर की।
...जसुमति की धुकधुकी उर की।

× × ×

लोचन भरि-भरि दोऊ माता, कनछेदन देखत जिय मुरकी।
रोवत देखि जननि अकुलानी दियौ तुरत नौवा कौ घुरकी।[1]

बालक कृष्ण और बड़ा होता है। अब उसे पैरों चलना आ गया है। परन्तु नहाने से उसे अब भी चिढ़ है। माता उसे नहलाने के लिए फुसला रही है। लेकिन वह तो हाथ पकड़ते ही रोने लगता है। बालक को बहलाने के लिए माता नहलाने का सामान छिपाकर रख लेती है और दही-माखन देने का बहाना करके पूछती है–क्यों रोता है? हम तो तुझे माखन देने के लिए बुला रही हैं। परन्तु बालक कृष्ण इतना बुद्धिमान है कि माता के बहकावे में नहीं आता; वह समझ जाता है कि माता किसलिए बुला रही है और फिर रो देता है–

जसुमति जबहिं कह्यौ अन्हवावन, रोइ गए हरि लोटत री।
तेल उबटनौ लै आगैं धरि, लालहिं चोटत-पोटत री।
मैं बलि जाउँ न्हाउ जनि मोहन, कत रोवत बिन काजैं री।
पाछैं धरि राख्यौ छपाइ कैं, उबटन-तेल समाजैं री।
महरि बहुत बिनती करि राखति, मानत कहीं कन्हैया री।
सूर स्याम अति ही बिरुझाने सुनि-सुनि अन्त न पैया री।[2]

जैसा सरल और स्वाभाविक वर्णन ऊपर के पद में मिलता है, वैसा ही एक चित्र और देखिए। बालक कृष्ण नन्दजी के पास बैठा भोजन कर रहा है। खाते-खाते धोखे से मिर्च कुतर ली। बस, वह मुँह पीटता हुआ बाहर भागता है; आँखों में पानी आ जाता है। माता भी उसके साथ दौड़ती है; पानी पिलाकर, मीठा खिलाकर, चुप कराकर बहलाती है। देखिए, कैसा सरल वर्णन है–

जैंवत कान्ह नन्द इक ठौरे।
कछुक खात लपटात दुहूँ कर, बाल-केलि अति भोरे।
बड़ौ कौर मेलत मुख भीतर, मिरिच दसन टुक तोरे।
तीछन लगी नैन भरि आए, रोवत बाहर दौरे।

---

1. 'सूरसागर', दशम स्कन्ध, पद 180।
2. 'सूरसागर', दशम स्कन्ध, पद 186।

फूँकति बदन रोहिनी ठाढ़ी, लिए लगाइ अँकोरे।
सूर स्याम कौं मधुर कौर दै, कीन्हे तात निहोरे।[1]

रोते हुए बालक कृष्ण का चित्र भी सूरदास ने खींचा है। पुत्र की माखन-चोरी के उलाहने सुनते-सुनते जब माता बहुत खीझ जाती है, तब बुरी आदत छुड़ाने के लिए बालक कृष्ण को वह बाँध देती है। इस प्रकार दंड पाकर वह चोर-शिरोमणि आँगन में बैठा रो रहा है—

देखौ माई, कान्ह हिलकियन रोवै।
इतनक मुख माखन लपटान्यौ डरनि आँसुवनि धोवै।[2]

बालक कृष्ण अब दो-तीन वर्ष का हो गया है। पर माता का ही दूध अभी तक पीता है। माता चाहती है कि बच्चे की यह आदत छूट जाए। अतः वही कृष्ण को फुसलाती और लालच देती है—अब तू बड़ा हो गया है, तुझे माता का दूध नहीं पीना चाहिए। ब्रज के लड़के तुझे माता का दूध पीते देखते हैं तो हँसी उड़ाते हैं। माता का दूध पीने से तेरे ये अच्छे-अच्छे दाँत बिगड़ जाएँगे। कृष्ण इतना सुनके मुँह छिपाकर मुस्कराने लगता है—

जसुमति कान्हहिं यहै सिखावति।
सुनहु स्याम, अब बड़े भये तुम कहि स्तन-पान छुड़ावति।
ब्रज-लरिका तोहिं पीवत देखत, हँसत लाज नहिं आवति।
जैहैं बिगरि दाँत ये आछे, तातैं कहि समुझावति।
अजहूँ छाँड़ि, कह्यौ करि मेरौ, ऐसी बात न भावति।
सूर स्याम यह सुनि मुसुक्याने, अंचल मुखहिं लुकावत।[3]

माता के सामने एक और कठिनाई उपस्थित हो गई है। अब तो बालक कृष्ण दिन-भर इधर-उधर खेलने-कूदने में इतना मस्त रहता है कि उसे खाने-पीने की भी चिन्ता नहीं होती। गाय का दूध पीना तो जैसे उसके लिए मुसीबत ही है। ऐसी स्थिति में माता बड़ी चतुराई से, स्पर्धा का भाव बालक के मन में पैदा करती हुई, उसे दूध पीने के लिए उत्साहित करती है—

कजरी कौ पय पियहु लाल जासौं तेरी बेनि बढ़ै।
जैसैं देखि और ब्रज बालक, त्यौं बल-बैस चढ़ै।[4]

कुछ दिन पहले की बात है। जब बालक कृष्ण छोटा था और घुटनों चलता था, तब कमरे और आँगन के फर्श तथा खम्भों पर अपना प्रतिबिम्ब देखकर पकड़ने दौड़ता था। सूरदास ने इस सम्बन्ध में लिखा है—

---

1. 'सागर', पद 224।
2. 'सागर', पद 347।
3. 'सूरसागर', दशम स्कन्ध, पद 222।
4. 'सागर', पद 174।

बालबिनोद खरौ जिय भावत।

मुख प्रतिबिम्ब पकरिबे कारन हुलसि घुटुरुवनि धावत।[1]

बालक कृष्ण और बड़ा हो गया है। अब वह पैरों चलता है। एकान्त में पहुँचकर अब जब वह अपना प्रतिबिम्ब देखता है तब उसे पकड़ने तो नहीं दौड़ता, परन्तु उसे अपने सामने हिलते-डुलते देख नाचने अवश्य लगता है। उसकी ऐसी बाल-लीलाओं में तो सहज स्वाभाविकता है ही, सूरदास की कुशलता इस बात के सूचित करने में है कि पुत्र की ऐसी मनोहर लीलाएँ माता छिपकर देखती है, सामने नहीं आती–

हरि अपनैं आँगन कछु गावत।

तनक-तनक चरननि सौं नाचत, मनहीं मनहिं रिझावत।

बाँह उँचाइ काजरी-धौरी, गैयनि टेरि बुलावत।

कबहुँक बाबा नन्द बुलावत, कबहुँक घर मैं आवत।

माखन तनक आपनैं कर लै, तनक बदन मैं नावत।

कबहुँ चितैं प्रतिबिम्ब खंब मैं, लौनी लिए खवावत।

दुरि देखति जसुमति यह लीला, हरष अनन्द बढ़ावत।

सूर स्याम के बाल-चरित नित-नित ही देखत भावत।[2]

अन्तिम पंक्तियों में माता यशोदा का पुत्र की बाल-लीलाओं को छिपकर देखना कवि की सूक्ष्म अन्तर्दृष्टि का परिचायक है। माता जानती है कि सामने जाते ही बालक शरमा जाएगा; इसी से वह छिपकर लाड़ले पुत्र की बाल-क्रीड़ा का आनन्द उठा रही है।

एकान्त में नाचनेवाला यह बालक जब दूसरे बालकों को खेलते-कूदते देखता है, तब उसके मन में भी वैसा ही करने की इच्छा उत्पन्न होती है। उसकी यह अभिलाषा तभी पूरी हो सकती है, जब वह बड़ा हो जाए। अतः बालक कृष्ण अपनी माता के पास जाकर, उसके गले से लिपटकर, अत्यन्त भोले स्वर में कहता है–

मैया मोहिं बड़ौ करि लै री।

दूध-दही-घृत-माखन मेवा, जो माँगौं सो दै री।[3]

रात्रि में एक दिन माता ने बालक को चन्दा दिखा दिया। बस, कृष्ण उसे लेने के लिए मचल जाता है। आकाश की ओर संकेत करके वह उसे खेलने को माँगता है–

---

1. 'सूरसागर', दशम स्कन्ध, पद 102।
2. 'सूरसागर', पद 177।
3. 'सूरसागर', दशम स्कन्ध, पद 176।

(मेरौ माई) ऐसौ हठि बाल गोबिन्दा।
अपने कर गहि गगन बतावत, खेलन कौं माँगै चन्दा।[1]

यहाँ तक तो गनीमत है। चन्दा को खेलने के लिए माँगने में तो कोई हानि नहीं है; पानी में उसकी छाया से बालक खेल सकता है। पर बालक कृष्ण को तो मचलने के लिए कुछ बहाना चाहिए। अतः वह कहता है–मैं तो इसे खाऊँगा। यही नहीं, माता को वह धमकाता है और धौंस भी देता है–चन्दा नहीं देगी तो मैं धरती पर लोटकर अपने वस्त्र गन्दे कर लूँगा, तेरी गोद में नहीं आऊँगा, दूध नहीं पीऊँगा, चोटी नहीं कराऊँगा। धौंस की ये बातें तो साधारण हैं; सबसे बड़ी धमकी उसकी यह है कि चन्दा न मिलने पर मैं तेरा पुत्र न रहकर बाबा नन्द का पुत्र बन जाऊँगा–

मैया, मैं तो चन्द खिलौना लैहौं।
जैहौं लोटि धरनि पर अबहीं, तेरी गोद न ऐहौं।
सुरभी कौ पय पान न करिहौं, बेनी सिर न गुहैहौं।
ह्वै हौं पूत नन्द बाबा कौ, तेरौ सुत न कहैहौं।[2]

अब तो माता सन्नाटे में आ गई। वह सोचती है कि बालक का यह हठ पूरा तो किया जा नहीं सकता, अतः उसे बहलाया कैसे जाए कि वह रोना-धोना छोड़कर प्रसन्न हो जाए। तब यशोदा पुत्र को फुसलाने के लिए कहती है–

अनहोनी कहुँ भई कन्हैया, देखी सुनी न बात।
यह तो आहि खिलौना सबकौ, खान कहत तिहिं तात।
यहै देत लवनी नित मोकौं, छिन-छिन साँझ-सकारे।
बार-बार तुम माखन माँगत, देउँ कहाँ तैं प्यारे।
मधु-मेवा-पकवान-मिठाई, माँगि लेहु मेरे छौना।
चकई-डोरि, पाट के लटकन, लेहु मेरे लाल खिलौना।[3]

बालक अपना हठ नहीं छोड़ता। माता उसका ध्यान बँटाने के लिए इधर-उधर की बातें करती है, यहाँ-वहाँ की चीजें दिखाती है, लेकिन मचलता हुआ कृष्ण गोद से खिसका पड़ता है–

आन बतावति, आन दिखावति, बालक तौ न पतीजै।
खसि-खसि परत कान्ह कनियाँ तै, सुसुकि-सुसुकि मन खीझै।[4]

माता ने तब दूसरा उपाय किया। वह चन्द्रमा से बातें करने लगती है–

---

1. 'सागर', पद 192।
2. 'सागर', पद 193।
3. 'सूरसागर', दशम स्कन्ध, पद 192।
4. 'सागर', पद 190।

बार-बार जसुमति सुत बोधति, आउ चन्द तोहिं लाल बुलावै।
मधु-मेवा-पकवान-मिठाई, आपुन खैहै, तोहिं खवावै।
हाथहिं पर तोहिं लीन्है खेलै, नैंकु नहिं धरनि बैठावै।[1]

सब तरह से फुसलाने पर भी जब बालक कृष्ण नहीं मानता और चन्दा लेने का हठ नहीं छोड़ता, तब माता यशोदा खीझती और पछताती है–

किहिं बिधि करि कान्हहिं समुझैहौं।
मैं ही भूलि चन्द दिखरायौ, ताहि कहत मैं खैहौं।[2]

मचलता-मचलता बालक गोद से उतर जाता है। माता इस पर एक नया प्रलोभन देती है–

आगैं आउ, बात सुनि मेरी, बलदाउहिं न जनैहौं।
हँसि समुझावति, कहति जसोमति नई दुलहिया देहौं।[3]

प्रस्ताव बहुत आकर्षक था। बालक कृष्ण ने उसे सुना, क्षण-भर विचार किया और तब सहमत होकर बोला–

तेरी सौं, मेरी सुनि मैया, अबहिं बियाहन जैहौं।[4]

अब तो एक नई समस्या उठ खड़ी हुई। कपड़े की गुड़िया तो तत्काल मिल नहीं सकती, 'दुलहिया' कहाँ मिलती? हारकर यशोदा ने पात्र के पानी में चन्द्रमा की छाया बालक को दिखा दी और कहा–ले, इसी के लिए तू इतनी देर से मचल रहा था? मैंने एक पक्षी भेजकर आकाश से इसे पकड़ मँगाया है, अब तू जो चाहे सो इसका कर ले–

लै लै मोहन, चन्दा लै।
कमल-नैन बलि जाउँ सुचित है, नीचैं नैंकु चितै।
जा कारन तैं सुनि सुत सुन्दर, कीन्हीं इती अरै।
सोइ सुधाकर देखि कन्हैया, भाजन माँहिं परै।
नभ तैं निकट आनि राख्यौ है, जल-पुट जतन जुगै।
लै अपने कर, काढ़ि चन्द कौं, जो आवै सो कै।
गगन-मंडल तैं गहि आन्यौ है, पंछी एक पठै।
सूरदास प्रभु इही बात कौं, कत मेरौ लाल हठै।[5]

बालक ने पक्षी को भेजकर चन्द्रमा को पकड़ मँगवाने की बात सुनी और जल-पात्र में उसकी छाया देखी। उसे माता की बात पर विश्वास हो गया। दो-चार

---

1. 'सागर', पद 191।
2. 'सागर', पद 179।
3. 'सूरसागर', दशम स्कन्ध, पद 193।
4. 'सागर', पद 193।
5. 'सागर', पद 195।

मिनट कृष्ण इस छाया से खेलता रहा; परन्तु जब उसे पकड़ न पाया, तब खीझकर कहता है–

मैया री, मैं चन्द लहौंगो।
कहा करौं जलपुट भीतर कौ, बाहर ब्यौंकि गहौंगो।
यह तौ झलमलात झकझोरत, कैसें कै जु लहौंगो।
वह तौ निपट निकटहीं देखत, बरज्यौ हौं न रहौंगो।
तुम्हरौ प्रेम प्रकट मैं जान्यौ, बौराएँ न बहौंगो।
सूर स्याम कहै कर गहि ल्याऊँ ससि-तन-दाप दहौंगो।[1]

माता को भी नया सूत्र मिल गया। उसने पुत्र को उत्साहित करते हुए कहा– चन्द्रमा तो तुझसे डरता है, तेरे कुंडलों की उजियाली देखकर वह मन-ही-मन सकुचाता है। इसी से कभी तो वह पाताल भाग जाता है, कभी कहता है कि मैं आपकी शरण हूँ–

तुव मुख देखि डरत ससि भारी।
कर करि कै हरि हेर्‌यौ चाहत, भाजि पताल गयौ अपहारो।
वह ससि तौ कैसैंहु नहिं आवत, यह ऐसी कछु बुद्धि बिचारी।
बदन देखि बिधु बुधि सकात मन, नैन कंज कुंडल उजियारी।
सुनौ स्याम, तुमकौं ससि डरपत, यहै कहत मैं सरन तुम्हारी।
सूर स्याम बिरुझाने सोए, लिए लगाइ छतिया महतारी।[2]

एक दिन नन्दजी भोजन करने बैठे। बालक कृष्ण कहीं खेल रहा था। माता उसे बुलाने पहुँची। पिता नन्द के प्रतीक्षा करने की बात वह कहती है और फिर बताती है कि जल्दी न चलने से भोजन ठंडा हो जाएगा। बालक उसकी ओर देखता है, सारी बात समझता है, पिता के पास चलने को भी तैयार हो जाता है, परन्तु किसी तरह की शीघ्रता नहीं दिखाता, इस पर माता उसे किस प्रकार उत्साहित करती है, देखते ही बनता है–

नन्द बुलावत हैं गोपाल।
आवहु बेगि बलैया लैहौं, सुन्दर नैन बिसाल।
परस्यौ थार धर्‌यौ मग जोवत, बोलति बचन-रसाल।
भात सिरात तात दुख पावत, बेगि चलौ मेरे लाल।
हौं वारी नान्हे पाँइन की, दौरि दिखावहु चाल।
छाँड़ि देहु तुम लाल अटपटी, यह गति मन्द मराल।

---

1. 'सूरसागर', दशम स्कन्ध, पद 194।
2. 'सागर', पद 196।

सो राजा जो अगवन पहुँचै, सूर सु भवन उताल।
जो जैहैं बलदेव पहिलैं ही, तौ हँसिहैं सब ग्वाल।[1]

एक दिन बालक कृष्ण ने ग्वालों को दूध दुहते देखकर हठ करना शुरू किया–मैं भी दूध दुहूँगा। इस हठ का मूल कारण स्पर्धा नहीं है, स्पर्धा का भाव तो बराबर वालों को कोई काम करते देखकर पैदा होता है, बालक कृष्ण तो नितान्त भोला है। दूध दुहने के लिए वह जो हठ कर रहा है, उसका कारण बर्तन में पड़नेवाली धार की आवाज है। दूध की धार का बर्तन में 'बजना' बालक कृष्ण को अत्यन्त प्रिय है। अतः वह स्वयं गाय का दूध दुहकर धार को वैसे ही 'बजाना' चाहता है। सन्ध्या के समय अपने पिता के पास जाकर वह कहता है–

मैं दुहिहौं मोहिं दुहन सिखावहु।
कैसें गहत दोहनी घुटुवनि, कैसे बछरा थन लै लावहु।
कैसें लैं नोई पग बाँधत, कैसें लै गैया अटकावहु।
कैसें धार दूध की बाजति सोई-सोई बिधि तुम मोहिं बतावहु।[2]

नन्दजी पुत्र की बात सुनकर हँस पड़े; परन्तु वे बच्चे का दिल भी नहीं तोड़ना चाहते। उन्होंने दूसरे दिन प्रातःकाल बालक को दुहना सिखाने का वचन दिया। कृष्ण की प्रसन्नता का ठिकाना नहीं है। सवेरा होते ही उछलता-कूदता वह माता के पास जाकर कहता है–

तनक कनक की दोहनी दै दै री मैया।
तात दुहन सीखन कह्यौ मोहिं धौरी गैया।[3]

अब बालक कृष्ण का प्रथम बार गाय दुहना और इसे देखकर नन्दजी का मुदित होना भी देख लीजिए–

अटपट आसन बैठिकै गो-थन कर लीन्हौ।
धार अनतहीं देखिकै ब्रजपति हँसि दीन्हौ।[4]

एक दिन माता ने अपने पुत्र को राजचन्द्रजी की कथा सुनाई। बालक इससे बहुत प्रभावित हुआ। अतः वह भी बाहर जाने के लिए हठ करने लगा। इसका दूसरा कारण यह भी था कि वह नित्य-प्रति अपनी अवस्था के बालकों को स्वतन्त्रतापूर्वक खेलते देखा करता था। स्वभावतः उसके मन में उनके साथ खेलने की इच्छा उत्पन्न हुई। पर माता नहीं चाहती कि मेरा पुत्र मेरी आँख से ओझल होकर दूसरी जगह खेलने जाए। उसके हृदय में एक ओर तो पुत्र के प्रति सहज वात्सल्य का भाव उमड़ता है

1. 'सूरसागर', दशम स्कन्ध, पद 223।
2. 'सागर', पद 401।
3. 'सूरसागर', दशम स्कन्ध, पद 409।
4. 'सागर', पद 409।

और दूसरी ओर कंस के नित्यप्रति होनेवाले अत्याचारों से वह भयभीत है। पर पुत्र के सामने उन बातों को रखने की आवश्यकता वह नहीं समझती। जब उसे कोई उपाय न सूझा, तब उसने 'हाऊ' के आने की बात कहकर भोले-भाले पुत्र को डराना शुरू किया। बालक कृष्ण की समझ में यह बात नहीं आती कि जब छोटे-छोटे अनेक बालक बाहर खेला करते हैं, और 'हाऊ' उनको कोई नुकसान नहीं पहुँचाता, तब माता हमें ही क्यों रोकती हैं। माता भी प्रिय पुत्र के मन का यह भाव ताड़ गई। उसने 'हाऊ' के डर से दूसरे बालकों का भी भागना समझाकर बालक को दूर खेलने जाने से रोकना चाहा–

खेलन दूरि जात कत कान्हा?
आज सुन्यौ बन हाऊ आयौ, तुम नहिं जानत नान्हा।
इक लरिका अबहीं भजि आयौ, रोवत देख्यौ ताहिं।
कान तोरि वह लेत सबनि के, लरिका जानत नाहिं।[1]

माता के डराने-धमकाने से एक-आध दिन तो बालक भले ही मान जाए, पर अन्त में वह अपनी बात पूरी करके ही छोड़ता है। बालक कृष्ण की भी बाहर जाकर खेलने की इच्छा बहुत शीघ्र पूरी हो गई। बाहर घूमने-फिरने पर जब उसे कहीं 'हाऊ' नहीं मिलता, तब वह माता से हँसकर यह भी पूछता है कि 'हाऊ' को भेजा किसने है–

दूरि खेलन जनि जाहु लाल मेरे, बन मैं आए हाऊ।
तब हँसि बोले कान्हा, मैया, कौन पठाए हाऊ।[2]

कृष्ण स्वतन्त्र होकर साथियों के साथ खेलने लगा। इस समय उसकी अवस्था छह-सात वर्ष की है। एक दिन उसने अपने साथियों से माखन-चोरी का प्रस्ताव किया–

करैं हरि ग्वाल संग बिचार।
चोरि माखन खाहु सब मिलि करहु बाल बिहार।[3]

सब सखा बालक कृष्ण के मुख से यह बात सुनकर आश्चर्य करने लगे; इसलिए नहीं कि ब्रजाधिपति-कुमार चोरी का प्रस्ताव कर रहा है; प्रत्युत इसलिए कि उसने अपनी चतुर बुद्धि से एक ऐसा नवीन ढंग खोज निकाला है, जिससे मनोरंजन होगा और साथ ही बढ़िया-बढ़िया दही और माखन भी खाने को मिलेगा। सब सखा ताली बजाने लगे और प्रसन्नता के कारण उनके मुख से केवल इतना ही निकल सका–

---

1. 'सूरसागर', दशम स्कन्ध, पद 220।
2. 'सागर', पद 221।
3. 'सागर', पद 269।

यह सुनत सब सखा हरषे, भली कही कन्हाइ।
हँसि परस्पर देत तारी, सौंह करि नँदराइ।
कहाँ तुम यह बुद्धि पाई स्याम चतुर सुजान।[1]

प्रस्ताव हुआ, समर्थन हुआ। सर्वसम्मति से वह पास भी हो गया। सब लोग टोह लेने निकले और एक सूने घर में जाकर–

प्रथम करी हरि माखन चोरी।
... आप भजे ब्रज-खोरी।[2]

यह वर्णन पूरा नहीं है। इन पंक्तियों में तो केवल इतना संकेत है कि पहली चोरी में जल्दी ही सब लोग भाग आए। 'चोर-शिरोमणि' के चौर्य-चातुर्य का कुछ आभास पाठकों को आगे की पंक्तियों में मिलेगा–

सखा सहित गए माखन चोरी।
देख्यौ स्याम गवाच्छ-पंथ है, मथति एक दधि भोरी।[3]

मौका देख लिया गया। चौकन्ने होकर चारों ओर भी एक बार देख लिया गया। और तब–

पैठे सखनि सहित घर सूनै, दधि-माखन सब खाइ।
छूँछी छाँड़ि मटुकिया दधि की, हँसि सब बाहिर आइ।[4]

पलक मारते काम पूरा हो गया। पहली बार ही आशातीत सफलता पाकर सबकी हिम्मत बढ़ गई। साथ-साथ उत्साह भी बढ़ता गया। पहले तो केवल माखन और दही खाकर ही सब भागते थे, अब वे बरतन फोड़ डालते हैं, सोते हुए लड़कों को जगा देते हैं, उन पर दही और माखन छिड़ककर भाग जाते हैं–

गए स्याम ग्वालिनि घर सूनैं।
माखन खाइ, डारि सब गोरस, बासन फोरि किए सब चूनैं।
बड़ौ माट इक बहुत दिननि कौ, ताहि कर्‌यो दस टूक।
सोवत लरिकनि छिरक मही सौं, हँसत चले दै कूक।[5]

अब तक गोपियाँ चुप रहीं। पड़ोस का ही नहीं, ब्रजाधिपति के पुत्र का मामला है; ज़रा-ज़रा सी बात में नाराज़ होने में अपना ही ओछापन प्रकट होता है; फिर, कृष्ण को वे बहुत ज्यादा प्यार भी करती हैं। अतः यशोदा से उलाहना देना वे उचित नहीं समझतीं। फिर भी ब्रज में सब गोपियाँ परस्पर कानाफूसी तो किया ही करती हैं–

---

1. 'सूरसागर', दशम स्कन्ध, पद 269।
2. 'सागर', पद 268।
3. 'सागर', पद 270।
4. 'सागर', पद 270।
5. 'सागर', पद 317।

चली ब्रज घर-घरनि यह बात।
नन्द-सुत सँग सखा लीन्हें, चोरी माखन खात।[1]

इस समय तक बालक कृष्ण के चोरी करने की बात मनोरंजन का ही एक विषय हो रही है। सब गोपियाँ चाहती हैं कि सखा सहित कृष्ण हमारे यहाँ आ जाए–

कोउ कहति किहिं भाँति हरि कौं, लखों अपनैं धाम।
हेरि माखन देउँ आछौ, खाइ जितनौ स्याम।
कोउ कहति मैं देखि पाऊँ, भरि धरौं अँकवारि।
कोई कहति, मैं बाँधि राखौं, को सकै निरवारि।[2]

यहाँ तक तो मनोरंजन और हँसी रही। पर जिस कृष्ण का वे स्वागत करने को प्रस्तुत हैं, वह जब सखाओं सहित आकर उन्हें कष्ट देने लगा–माखन खाने में तो कोई हानि नहीं है, पर जब वह उनके बर्तन-भाँड़े फोड़ने लगा–तब तो वे खीझ उठती हैं। उपद्रव की भी तो हद है। देखिए, कृष्ण और उसके सखाओं का साहस कितना बढ़ गया है–

हरि सब भाजन फोरि पराने।
हाँकि देत पैठे दे पैला, नेंकु न मनहिं डराने।
सींके छोरि, मारि लरिकिनि कौं, माखन-दधि सब खाइ।
भवन मच्यौ दधिकाँदौ लरिकिनि, रोवत पाए जाइ।[3]

उत्पात असह्य हो गया। गोपियों को यशोदा के पास जाकर उलाहना देने के अतिरिक्त कोई दूसरा उपाय नहीं सूझता। पर माता कैसे विश्वास कर ले कि मेरा छोटा-सा बालक इतने उत्पात कर सकता है? अतः माता यशोदा अपने पुत्र का पक्ष लेकर गोपियों को झूठा बताने लगीं। पर जब उलाहने आने लगे, तब एक दिन बहुत खीझ कर उसने बालक की खबर लेने की ठानी। घर में घुसते ही यशोदा ने छड़ी लेकर कृष्ण को धमकाते हुए पूछा–कहाँ गया था तू? चोरी करता फिरता है? पिता की 'नन्हाई' करने पर तुला है? अच्छा सपूत पैदा हुआ है तू! अब तक तो छोड़ दिया, आज खबर लूँगी तेरी–

कन्हैया, तू नहिं मोहि डरात।
षटरस धरे छाँड़ि, कत पर घर, चोरी करि-करि खात।
बकत-बकत तौसौं पचि हारी, नैंकहु लाज न आई।
ब्रज-परगन-सिकदार महर तू, ताकी करन नन्हाई।

---

1. 'सागर', पद 272।
2. 'सागर', पद 273।
3. 'सूरसागर', दशम स्कन्ध, पद 328।

पूत-सपूत भयौ कुल मेरैं, अब मैं जानी बान।
सूर स्याम अब लौं तुहिं बकस्यौ, तेरी जानी घात।[1]

बालक कृष्ण ने डरते-डरते अपनी तुतलाती भाषा में अत्यन्त भोले बनकर उत्तर दिया—

मैया, मैं नहिं माखन खायौ।
ख्याल परैं ये सखा सबै मिलि मेरैं मुख लपटायौ।
देखि तुही सींके पर भाजन, ऊँचे धरि लटकायौ।
हौं जु कहत नान्हें कर अपनैं, मैं कैसैं करि पायौ।
(मुख दधि पोंछि, बुद्धि इक कीन्हीं; दोना पीठि दुरायौ।
डारि साँटि मुसकाइ जसोदा स्यामहिं कंठ लगायौ)।[2]

कहिए, कितने अकाट्य प्रमाण हैं! इनको कौन काट सकता है? गोपियाँ भी बात सुनकर मुस्करा दीं। माता ने तब बालक को डराने के लिए गोपी से कहा—

सुन री ग्वारि, कहौं इक बात।
मेरी सौं तुम याहि मारियौ, जबहीं पावौ घात।[3]

यही नहीं, मैं भी इसकी बातों में नहीं आऊँगी और अगर अबकी इसकी शिकायत आई, तब—

तब मैं याहि जकरि बाँधौंगी, बहुतै मोहि खिजायौ।
साँटनि मारि करौं पहुनाई, चितवत कान्ह डरायौ।[4]

परन्तु कृष्ण और उसके साथियों को चोरी करने और ग्वालिनों को खिझाने में इतना मजा आने लगा है कि अब वे सौ काम छोड़कर उसी में लगे रहते हैं। फलस्वरूप उलाहने भी इतने बढ़ गए कि सवेरे, शाम, दोपहर जब देखो, तब गोपियाँ यशोदा के सामने खड़ी ही रहती हैं। अन्त में यशोदा उनसे खीझकर कहती है—अगर कृष्ण तुम्हारे यहाँ आता है, तो तुम उसे पकड़कर क्यों नहीं लातीं? जरा-सा बालक, जब देखो तब उसी ने चोरी की? पकड़कर लाना अबकी जो चोरी करने जाए वह तुम्हारे यहाँ; तभी तुम्हारी बात सच मानी जाएगी।

गोपियाँ चली गईं। अब वे इस ताक में लगीं कि कृष्ण को चोरी करते पकड़ ले चलना चाहिए। शीघ्र ही उन्हें अवसर मिल गया। बालक कृष्ण अपने साथियों के साथ एक घर में चोरी करने घुसा। गोपी पहले ही सतर्क थी। उसने दौड़कर कृष्ण को पकड़ लिया। साथी तो इधर-उधर भाग गए; पर उनका सरदार पकड़ा

1. 'सागर', पद 329।
2. 'सूरसागर', दशम स्कन्ध, पद 334।
3. 'सागर', पद 330।
4. 'सागर', पद 330।

गया। गोपी ने पूछा–कहो, क्या करने आए थे यहाँ? भोले-भाले बालक ने उत्तर दिया–

मैं जान्यौ यह घर अपनौ है, या धौखै मैं आयौ।
देखत हौं गोरस में चींटी, काढ़न कौं करि नायौ।[1]

बालक की भोली-भाली बात सुनकर गोपी हँस दी, उसने बच्चे को छाती से लगा लिया। परन्तु कृष्ण जब हर बार पकड़े जाने पर ऐसी ही बातें बनाने लगा, तब गोपियाँ उसकी बातों में नहीं आतीं। यशोदा के सामने उन्हें बार-बार लज्जित होना पड़ता है। अतः चोरी करते कृष्ण को एक बार पकड़ ले जाकर वे यशोदा को यह दिखला देना चाहती हैं कि हम झूठ नहीं बोलतीं। एक दिन उन्हें सफलता मिल जाती है और वे कृष्ण को पकड़कर माता के पास ले जाती हैं।

बालक कृष्ण को चोर[2] के रूप में देखकर माता का सिर झुक गया। क्षोभ और क्रोध से उनका मुँह लाल हो गया। ब्रजाधिपति का पुत्र साधारण गोपियों के घर चोरी करे और वे उसे पकड़कर घसीटती हुई लावें! माता का क्रोध भभक उठा। वह गोपी को डाँटती हुई कहती है–

तैं जु गँवारि पकरि भुज याकी वदन दह्यौ लपटायौ।[3]

अन्त में अपराधी पुत्र के हाथ-पैर बाँधकर माता यशोदा ने डाल दिया। कितना सच्चा और स्वाभाविक चित्र है!

एक दिन कृष्ण ने माता से गाय चराने की आज्ञा माँगी। माता ने इसका विरोध किया। सबसे पहला प्रश्न तो प्रतिष्ठा का है–ब्रज के स्वामी का पुत्र गाय चराने जाएगा! विरोध का दूसरा कारण माता का स्नेह है। सूरदास ने अपने काव्य में इसी दूसरे कारण को प्रधानता दी है। तीसरे, माता को भय है कि कंस के भेजे हुए राक्षस कहीं उसका अनिष्ट न करें। परन्तु कृष्ण के सामने इन तीनों बातों का कोई मूल्य नहीं है। उसने माता के सब तर्कों का उत्तर सरलता से दे दिया है। माता और पुत्र दोनों के तर्क इस प्रकार हैं–

आज मैं गाइ चरावन जैहौं।
वृन्दावन के भाँति-भाँति फल अपने कर सौं खैहौं।
ऐसी बात कहौ जनि बारे, देखौ अपनी भाँति।
तनक-तनक पग चलिहौ कैसे, आवत ह्वै है राति।
प्रात जात गैया लै चारन, घर आवत हैं साँझ।
तुम्हरौ कमल बदन कुम्हलैहै रेंगत घामहिं माँझ।

1. 'सूरसागर', दशम स्कन्ध, पद 279।
2. 'ह्वै गए सुता पराई' वाला प्रसंग जानकर छोड़ दिया गया है। –लेखक
3. 'सागर', पद 339।

तेरी सौं मोहिं घाम न लागत, भूख नहीं कछु नेक।
सूरदास प्रभु कह्यौ न मानत, पर्‌यौ आपनी टेक।[1]

प्रश्न है कि कृष्ण को गाय चराने का आखिर शौक ही क्यों हुआ? उसके लिए पचीसों और खेल थे, तब उसे गाय चराने में ही क्या लाभ दिखाई दिया? उसका उत्तर है कि पहले तो मैं अब काफी बड़ा हो गया हूँ, फिर मेरे सभी साथी–रैता, पैता, मना, मनसुखा आदि– जब गाय चराने जाते हैं, तो मैं क्यों पीछे रहूँ–

मैया हौं गाइ चरावन जैहौं।
तू कहि महर नन्द बाबा सौं, बड़ौ भयौ न डरैहौं।
रैता, पैता, मना, मनसुखा, हलधर संगहिं रैहौं।
बंसीवट तर ग्वालनि कैं सँग, खेलत अति सुख पैहौं।[2]

अपनी बात पूरी करते-करते चतुर बुद्धि बालक को माता के स्नेह का ध्यान आ जाता है। वह सोचता है कि माता के विरोध के दो ही कारण हो सकते हैं–एक तो यह कि वन जाने पर मैं भूखा रहूँगा और दूसरे, मैं जाकर यमुना में नहाऊँगा। अतः दोनों शंकाओं का समाधान भी वह स्वयं ही कर देता है–

ओदन भोजन दै दधि काँवरि, भूख लगे तैं खैहौं।
सूरदास है साखि जमुन जल सौंह देहु जु नहेहौं।[3]

माता ने फिर भी जब आज्ञा न दी तो कृष्ण चुपचाप चल दिया। यशोदा भी सतर्क थी। उसने शीघ्रता से जाकर कृष्ण को पकड़ लिया। इस समय बलराम बहुत काम आए। उन्होंने माता से कहा–मेरे साथ इसे जाने दे; आज जल्दी लौट आएँगे। यशोदा को जल्दी में कोई उत्तर न सूझा। बेमन से माता ने पुत्र का हाथ छोड़ते हुए बलराम से कहा–इसको देखे रहना–

चले सब गाइ चरावन ग्वाल।
हेरी टेर सुनत लरिकनि की दौरि गए नन्दलाल।
फिरि इत-उत जसुमति जो देखै, दृष्टि न परै कन्हाई।
जान्यौ जात ग्वाल सँग दौर्‌यौ, टेरति जसुमति धाई।
जात चल्यौ गैयनि के पाछैं, बलदाऊ कहि टेरत।
पाछैं आवति जननी देखी, फिरि-फिरि इत कौं हेरत।
बल देख्यौ मोहन कौं आवत, सखा किए सब ठाढ़े।
पहुँची आइ जसोदा रिस भरि, दो भुज पकरे गाढ़े।

---

1. 'सूरसागर', दशम स्कन्ध, पद 411।
2. 'सागर', दशम स्कन्ध, पद 412।
3. 'सागर', पद 412।

हलधर कह्यौ, जान दै मो सँग, आवहिं आज सवारे।
सूरदास बल सौं कहैं जसुमति, देखे रहियौ प्यारे।[1]

यशोदा बड़बड़ाती हुई लौट आई। उसकी खिझलाहट की गूँज इन पंक्तियों में भी सुनाई दे रही है–

प्रातहिं तैं लागै याही ढंग, अपनी टेक कर्‌यौ है।
देखौ जाइ आजु बन कौ सुख, कहा परोसि धर्‌यौ है।[2]

पुत्र के हठ के सामने माता को झुकना तो पड़ा–उसने कृष्ण को गाय चराने जाने तो दिया–पर अपने हृदय को वश में करना उसके हाथ में न था। बड़ी कठिनता से उमड़ते हुए हृदय को रोककर उसने पुत्र के लिए अच्छे-अच्छे भोजन बनाकर दिए। सूरदास ने लिखा है–

(क) जोरति छाक प्रेम सौं मैया।[3]
(ख) माखन, रोटी अरु सीतल जल, जसुमति दियौ पठाई।[4]

बालक कृष्ण के गाय चराने की बात सूरदास ने कई पदों में लिखी है। एक बार वे फिर इसका वर्णन करते हुए लिखते हैं कि कृष्ण की प्रसन्नता का आज पारावार नहीं है। उसे वन में जाकर गाय चराने की आज्ञा मिल गई है। सब काम जल्दी-जल्दी में हो रहे हैं। सखाओं ने आकर आवाज दी। दोनों भाई जल्दी से दौड़ पड़े–

ग्वालनि बोल लियौ अधजैंवत, उठि दौरे दोउ भइया।[5]

साथियों को बुलाकर, स्नेह से गद्‌गद होकर, अनुनय-विनय करके समझाते हुए माता ने कहा–इसकी खबर रखना। कृष्ण अपने साथियों के साथ प्रसन्न होकर जब जाने लगा, तब माता वात्सल्यपूर्ण दृष्टि से बड़ी देर तक उसकी ओर ताकती रहती है। जब कृष्ण आँख से ओझल हो गया, तब मन-ही-मन उसकी कुशलता के लिए देवी-देवताओं को मनाती हुई लौटती है। पर इतने से ही उसे सन्तोष नहीं होता। दिन में कई बार वह अपने प्रिय पुत्र की कुशल जानने के लिए आदमी दौड़ाती है। दिन-भर अनमनी-सी घूमती है, घर के किसी काम में उसका चित्त नहीं लगता। ज्यों-ज्यों शाम होती जाती है, त्यों-त्यों उसकी उत्सुकता और बेचैनी भी बढ़ती जाती है। बार-बार वह बाहर आकर वन-पथ की ओर ध्यान से देखती है। इस प्रकार सूरदास ने माता यशोदा की मानसिक स्थिति का बड़ा सूक्ष्म और स्वाभाविक वर्णन किया है।

---

1. 'सूरसागर', दशम स्कन्ध, पद 413।
2. 'सागर', पद 414।
3. 'सागर', पद 457।
4. 'सागर', पद 414।
5. 'सूरसागर', पद 456।

समस्त ब्रजवासी अब नित्य-प्रति प्रातःकाल यह मनोहर दृश्य देखने लगे–

बछरा चारन चले गोपाल।
सुबल सुदामा अरु श्रीदामा संग लिए सब ग्वाल।[1]

कृष्ण को अब बाहर जाकर खेलने-कूदने का पूरा अवसर मिल गया। दिन-भर कोई काम तो है नहीं। गायें चर रही हैं, लड़के खेल रहे हैं। इधर-उधर पेड़ों पर चढ़कर फल तोड़कर खा रहे हैं। खेलते-खेलते जब थक गए, तब घर से आया हुआ भोजन करने बैठ गए। इस समय छूत-छात का, ऊँच-नीच का ध्यान नहीं है। भोजन भी साथ बँधा है। फिर भी छीना-झपटी हो रही है। इसका कारण बाल-मनोविज्ञान के विशेषज्ञों को ही मालूम होगा। हम तो केवल इतनी बात जानते हैं कि पास के भोजन में वह स्वाद नहीं आता, जो अपने साथी को धोखा देकर, उसके हाथ से उसका हिस्सा छीनकर, बड़ा-सा कौर मुँह में ठूँस लेने पर, आता है। सूरदास के काव्य में इस प्रकार के अनेक चित्र देखकर कहना पड़ेगा कि अपनी बन्द आँखों से ही उन्होंने बाल-मनोविज्ञान की इस विशेषता का सूक्ष्म निरीक्षण अवश्य किया था। वे लिखते हैं–

(1) *सूर स्याम अपनौ नहिं जेंवत, ग्वालनि कर तैं लै लै खात*[2]
(2) *ग्वालनि कौर तैं कर छुड़ावत।*
जूठौ लेत सबनि के मुख कौ, अपने मुख लै नावत।
षट्रस के पकवान धरे सब, तिनमैं रुचि नहिं लावत।
हा-हा करि-करि माँगि लेत हैं, कहत मोहिं अति भावत।[3]

शाम हुई। वन से सभी ग्वाल-बाल लौटे! उन्होंने कृष्ण को आगे कर लिया है। माता के लिए कृष्ण कुछ फल तोड़कर लाया है। यशोदा दौड़कर उसे छाती से लगा लेती है और सूरदास प्रसन्नता से गा उठते हैं–

जसुमति दौरि लिए हरि कनियाँ।
आजु गयौ मेरौ गाइ चरावन, हौं बलि जाउँ निछनियाँ।
मो कारन कछु आन्यौ है बलि, बन-फल तोरि नन्हैया।
तुमहिं मिले मैं अति सुख पायौ, मेरे कुँवर कन्हैया।[4]

यह तो पहले दिन की बात हुई। कृष्ण अभी अवस्था में बहुत छोटा है, पर जानता है कि इतना हठ करने पर माता ने आज तो किसी तरह जाने दिया, लेकिन कल नहीं जाने देगी। 'कल' की चिन्ता उसे वन से ही लगी है। आज बलराम की

---

1. 'सूरसागर', दशम स्कन्ध, पद 410।
2. 'सूरसागर', दशम स्कन्ध, पद 465।
3. 'सागर', पद 468।
4. 'सागर', पद 418।

कृपा से वह आ सका था। इसलिए वन में बड़े भोलेपन के साथ, बहुत सीधा बनकर वह बलराम से कहता है–

बलदाऊ मोकौ जनि छाँड़ौ, संग तुम्हारैं रैहौं।
कैसैंहुँ आज जसोदा छाँड़्यौ काल्हि न आवन पैहौं।[1]

बलराम ने छोटे भाई की चालाकी समझ ली। उन्होंने बड़े स्नेह से कृष्ण की ओर देखा। इससे उत्साहित होकर कृष्ण कहता है–

सोवत मोकौं टेरि लेहुगे, बाबा नन्द दुहाई।
सूर स्याम बिनती करि बल सौं, सखनि समेत सुनाई।[2]

बलराम तथा सखाओं को तो तैयार कर लिया गया, पर माता का डर अभी बाकी है। इसके लिए भी चतुरबुद्धि कृष्ण को एक बढ़िया तरकीब सूझ जाती है। माता से वह कहता है–

मैं अपनी सब गाय चरैहौं।
प्रात होत बल कै सँग जैहौं, तेरे कहैं न रैहौं।
ग्वाल बाल गाइनि के भीतर, नैकहुँ डर नहिं लागत।
आजु न सोवौं नन्द-दुहाई, रैनि रहौंगो जागत।
और ग्वाल सब गाइ चरैहैं, मैं घर बैठो रैहौं?[3]

माता और सब बातें सुनती और हँसती रही, लेकिन पिता की दुहाई देकर जब कृष्ण ने रात भर जागते रहने की बात कही, तब हारकर उसे पुत्र से कहना ही पड़ा–

सूर स्याम तुम सोइ रहौ, अब प्रात जान मैं दैहौं।[4]

वन में नित्य-प्रति ग्वाल-बाल खेलते हैं। सूरदास अपनी बन्द आँखों से उनके कौतुकपूर्ण खेल को देखकर लिखते हैं–

खेलत स्याम ग्वालनि संग।
सुबल, हलधर अरु श्रीदामा, करत नाना रंग।
हाथ तारी देत भाजत, सबै करि-करि होड़।[5]

साथियों को देखकर श्याम के मन में भी खेलने की उमंग उठी, वह भी साथ ही दौड़ चला। तभी बड़े भाई बलराम ने अपना बड़प्पन जताते हुए कहा–श्याम, तुम छोटे हो। इन लोगों के साथ मत खेलो, नहीं तो चोट लग जाएगी। परन्तु श्याम कहाँ सुनने लगा! उसने दौड़ते-दौड़ते ही उत्तर दिया–जी! मुझे भी दौड़ना आता है; मेरे शरीर

---

1. 'सागर', पद 415।
2. 'सूरसागर', दशम स्कन्ध, पद 415।
3. 'सागर', पद 420।
4. 'सूरसागर', पद 420।
5. 'सागर', पद 213।

में भी बल है और उधर जब मेरी गुइयाँ हाथ मारे जा रही है, तब भी मैं न दौड़ूँ?

बरज हलधर स्याम, तुम जनि चोट लागै गोड़।
तब कह्यौ, मैं दौरि जानत, बहुत बल मो गात।
मेरी जोरी है श्रीदामा, हाथ मारे जात।[1]

सखा से बाजी लगाकर श्याम दौड़े। दौड़कर सखा ने कृष्ण को छू लिया। श्याम 'चोर' हुए, तो लगे बेईमानी करने। बोले–मैं तो अपने आप खड़ा हो गया था, तुमने मुझे छू लिया तो इसमें तारीफ ही क्या है? इतना सुनते ही सब ग्वाल-बाल हँस पड़े। बेचारा कृष्ण शरमा गया–

उठे बोलि तबै श्रीदामा, जाहु तारी मारि।
आगैं हरि पाछैं श्रीदामा, धर्‌यौं स्याम हँकारि।
जानिकै मैं रह्यौ, ठाढ़ौ, छुवत कहा जु मोहि।
सूर हरि खीझत सखा, सौं, मनहिं कीनौ कोह।[2]

कृष्ण ने कदाचित् यह सोचा होगा कि इस प्रकार क्रोधित हो जाने से अन्य सखा दब जाएँगे, उन्हें मनाने लगेंगे। परन्तु वे क्यों दबने लगे? और फिर एक दिन की बात हो तो सह भी ली जाए; अभी उस दिन जब 'बटा' का खेल अच्छी तरह जम रहा था, तब भी तो कृष्ण ने ही कुछ गड़बड़ किया था–

बटा धरनी डारि दीनौ, लै चले ढरकाइ।
आपु अपनी घात निरखत, खेल जम्यौ बनाइ।
सखा जीतत स्याम जाने, तब करी कछु पेल।[3]

इस तरह हर बार झगड़ा करनेवाले से कोई कहाँ तक दबे? इसलिए सब सखा श्रीदामा की तरफ हो गए और उन्होंने साफ-साफ कह दिया–बड़े होंगे तो अपने घर के होंगे, हम किसी के दबैल थोड़े ही हैं–

खेलत में को काकौ गुसैयाँ?
हरि हारे जीते श्रीदामा, बरबस ही कत करत रिसैयाँ?[4]

सब सखाओं को श्रीदामा ने अपनी ओर देखा तो वह और भी चंग पर चढ़ गया और लगा ललकार कर कहने–

जाँति-पाँति हमतैं बड़ नाहीं, नाहीं बसत तुम्हारी छैयाँ।
अति अधिकार जनावत यातैं, अधिक तुम्हारैं हैं कछु गैयाँ।[5]

श्रीदामा ने अकड़ने का साहस किया तो और सखाओं ने भी ऐंठ दिखाई। सबने

1. 'सूरसागर', दशम स्कन्ध, पद 213।
2. 'सागर', पद 213।
3. 'सूरसागर', दशम स्कन्ध, पद 244।
4. 'सागर', पद 243।
5. 'सागर', पद 243।

साफ-साफ कह दिया—जो भी खेल में गड़बड़ी करे, उसके साथ हमें नहीं खेलना है। बेचारा कृष्ण अकेला पड़ गया; तब हारकर उसने नन्द की दुहाई देते हुए श्रीदामा का दाँव दिया—

रुहठि करै तासौं को खेलै? रहे पौढ़ि जहँ-तहँ सब ग्वैयाँ।
सूरदास प्रभु खेल्यौई चाहत, दाउँ दियौ करि नन्द दुहैयाँ।[1]

यहीं तक होता तो कोई बात नहीं थी, पर मामला तो और भी आगे बढ़ गया। साथियों में बड़े भाई बलराम भी थे; चाहिए तो उन्हें यह था कि कृष्ण का पक्ष लेते, परन्तु इसके विपरीत, वे भी कृष्ण को बनाने लगे, यह 'घर सौं बैर पड़रौसी सौं नातौ; नहीं तो क्या है—

बीचहि बोलि उठे हलधर तब याके माय न बाप।
हारि-जीति कछु नैंकु न समुझत, लरिकनि लावत पाप।
आपनु हारि सखनि सौं झगरत...।[2]

और बलराम की यह अकाट्य उक्ति सुनकर सब सखाओं को कृष्ण की हँसी उड़ाने का पूरा अवसर मिल गया। इस सबका परिणाम जो होना चाहिए था, वही हुआ। चारों तरफ से निराश होकर—

सूर स्याम उठि चले रोइकै जननी पूछति धाइ।[3]

माता पर पुत्र को बड़ा भरोसा रहता है। सब तरफ से निराश होकर बालक कृष्ण भी माता की ही गोद में जाता है। माता ने व्याकुल होकर रोने का कारण पूछा। श्याम को साथियों पर उतना क्रोध नहीं है, जितना है बलराम पर। बलराम जब अपने होकर हमें बनाते हैं, हमारी हँसी उड़ाते हैं, तब सखा भी वैसा क्यों न करेंगे? अतः कृष्ण ने साफ-साफ माता से कहा—

मैया, मोहिं दाऊ बहुत खिझायौ।
मोसौं कहत मोल कौ लीन्हौ, तू जसुमति कब जायौ।
कहा करौ इहि रिसि के मारै, खेलन हौं नहिं जात।
पुनि-पुनि कहत कौन है माता, को है तेरौ तात।
गोरे नन्द, जसोदा गोरी, तुम कत स्यामल गात।
चुटकी दै-दै ग्वाल नचावत, हँसत सबै मुसुकात।
तू मोहीं को मारन सीखी, दाउहिं कबहुँ न खीझै।[4]

इतने से ही कृष्ण को सन्तोष नहीं हुआ। माता ने जब बहते हुए आँसू पोंछकर

---

1. 'सागर', पद 243।
2. 'सूरसागर', दशम स्कन्ध, पद 214।
3. 'सागर', पद 241।
4. 'सागर', पद 215।

उसे गोद में छिपा लिया, तब दुःख का वेग और भी तीव्र हो गया। इस पर यशोदा कृष्ण को मनाती और उसकी प्रशंसा करती हुई कहती हैं–

मोहन, मानि मनायौ मेरौ।
हौं बलिहारी नन्दनन्दन की, नैंकु इतै हँसि हेरौ।
कारौ कहि-कहि तोहि खिझावत, बरजत खरौ अनेरौ।
इन्द्रनील मनि तैं तन सुन्दर, कहा कहै बल चेरौ।
न्यारौ जूथ हाँकि लै अपनौ, न्यारी गाइ निबेरौ।
मेरौ सुत सरदार, सबनि कौ, बहुतै कान्ह बड़ेरौ॥[1]

माता की इस सान्त्वना से बालक कृष्ण के आँसू तो अवश्य रुक गए, पर सिसकियाँ लेते हुए उसने फिर कहा–

खेलन अब मेरी जाइ बलैया।
जबहीं मोहिं देखत लरिकनि सँग, तबहिं खिझत बल भैया।
मोसौं कहत पूत बसुदेव कौ, देवकि तेरी मैया।
मोल लियौ कछु दै करि तिनकौं, करि-करि जतन बढ़ैया।
अब बाबा कहि कहत नन्द सौं, जसुमति कौं कहै मैया।
ऐसैं कहि सब मोहिं खिझावत, तब उठि चल्यौ खिसैया॥[2]

खेलने में रूठने का एक और भी कारण है। वन में लोग कृष्ण को बनाते हैं, सो तो किसी सीमा तक क्षम्य है, पर इनसे एक काम भी लेते हैं। तभी तो वह माता से कहता है–

मैया, हों न चरैहौं गाइ।
सिगरे ग्वाल घिरावत मोसौं, मेरे पाइँ पिराइ।
जौ न पत्याहि पूछि बलदाउहिं, अपनी सौह दिवाइ।[3]

माता यशोदा और पिता नन्द की पहली बातें सुनकर तो मन-ही-मन मुस्कराते रहे, केवल बालक का मन रखने के लिए नन्द ने बलराम को बुरा-भला कहा, जिससे बालक कृष्ण फिर प्रसन्न हो गया–

सूर नन्द बलरामहिं धिर्‌यौ, सुनि मन हरष कन्हैया।[4]

परन्तु अन्तिम बात अर्थात् यह सुनते ही कि सब ग्वाल मिलकर कृष्ण को कष्ट देते हैं, माता यशोदा को क्रोध आ गया और उसी आवेश में उसने ग्वालों को गालियाँ दीं। कहीं माता अपने पुत्र के कष्ट देनेवाले को सरलता से छोड़ सकती है?

---

1. 'सूरसागर', दशम स्कन्ध, पद 216।
2. 'सागर', पद 217।
3. 'सागर', पद 510।
4. 'सूरसागर', दशम स्कन्ध, पद 217।

यह सुनि माइ जसोदा ग्वालनि, गारी देति रिसाइ।
मैं पठवति अपने लरिका कौं, आवै मन बहिराइ।
सूर स्याम मेरौ अति बालक, मारत ताहि रिंगाइ।[1]

खेलते-खेलते बालकों के झगड़ पड़ने का एक चित्र और देख लीजिए। कृष्ण ने श्रीदामा के गेंद मारी। उस चपल बालक ने मुड़कर अपने को बचा लिया और गेंद जाकर गिरी कालीदह में। वह स्थान था काली नाग का और वह नाग इतना भयानक था कि उसके विष के प्रभाव से जमुना का जल भी विषैला हो गया था। समस्त ब्रजवासी ऐसे स्थान से दूर रहते थे। जो गेंद कालीदह में गिरी थी, वह अगर कृष्ण की होती, तो कोई बात नहीं थी; पर गेंद का स्वामी था श्रीदामा। उसने दौड़कर कृष्ण की फेंट पकड़ी और साफ-साफ कहा—मेरी गेंद मँगाकर सीधी तरह दे दो, नहीं तो अच्छा नहीं होगा। मुझे और लड़कों-सा न समझना, मैं बड़ा टेढ़ा हूँ—

स्याम सखा कौं गेंद चलाई।
श्रीदामा मुरि अंग बचायौ, गेंद परी कालीदह जाई।
धाइ गहौ तब फेंट स्याम की, देहु न मेरी गेंद मँगाई।
और सखा जनि मोकौं जानौ, मोसौं तुम जनि करौ ढिठाई।
जानि बूझि तुम गेंद गिराई, अब दीन्हैं ही बनै कन्हाई।
सूर सखा सब हँसत परस्पर, भली-करी हरि गेंद गँवाई।[2]

सखाओं के सामने इस तरह फेंट का पकड़ा जाना कृष्ण को अच्छा नहीं लगा। यों भी कह सकते हैं कि श्रीदामा की यह हरकत सूरदास को अच्छी नहीं लगी; गाँव के अहीर का लड़का और सूर के स्वामी की फेंट पकड़ने का साहस करे। बहुत डाँटकर तब कृष्ण ने कहा—

फेंट छाँड़ि मेरी देहु श्रीदामा।
काहे कौं तुम रारि बढ़ावत, तनक बात कै कामा।
मेरी गेंद लेहु ता बदलैं, बाँह गहत हौं धाइ।
छोटौं बड़ौ न जानत काहू, करत बराबरि आइ॥[3]

श्रीदामा भी कमजोर नहीं है जो ऐसी-ऐसी घुड़कियों में आ जाए। वह भी तड़प कर कहता है—

हम काहे कौं तुमहि बराबर, बड़े नन्द के पूत।
सूर स्याम दीन्हैं ही बनिहै, बहुत कहावत धूत॥[4]

---

1. 'सागर', पद 510।
2. 'सूरसागर', दशम स्कन्ध, पद 535।
3. 'सागर', पद 536।
4. 'सागर', पद 536।

इतने साथियों के सामने 'धूत' कहा जाना कृष्ण को बहुत चुभा। बहुत खीझकर बड़े व्यंग के साथ वह कहता है–

तोसौं कहा धुताई करिहौं।
जहाँ करी तहँ देखी नाहीं, कह तोसौं मैं लरिहौं।
मुँह सम्हारि तू बोलत नाहीं, कहत बराबरि बात।[1]

इतना कहते-कहते कृष्ण ने अपनी फेंट झटका देकर छुड़ा ली और लपककर वह कदम्ब पर चढ़ गया। यह देखकर सब सखा हँसने लगे। बेचारा श्रीदामा खिसिया गया और चला यशोदा से शिकायत करने। अब तो श्याम घबराया। उसने श्रीदामा को आवाज देकर कहा–ले, अपनी गेंद ले। और वह गेंद लाने के लिए कालीदह में कूद पड़ा–

रिस करि लीन्हीं फेंट छुड़ाइ।
सखा सबै देखत हैं ठाड़े, आपुन चढ़े कदम पर धाइ।
तारी दै-दै हँसत सबै मिलि, स्याम गए तुम भाजि डराइ।
रोवत चले श्रीदामा घर कौं, जसुमति आगै कहिहौं जाइ।
सखा-सखा कहि स्याम पुकार्यौ, गेंद आपनी लेहु न आइ।
सूर स्याम पीताम्बर काछे, कूद परे दह में भहराइ॥[2]

घर पर भी बालक कृष्ण का खेलना देख लीजिए। वह आज अपनी माता से 'चकरी-भौंरा' माँगकर खेल रहा है और यशोदा उसकी प्रसन्नता देखकर मन-ही-मन अपना जीवन धन्य मानती है–

दै मैया, भौंरा चक डोरी।
जाय लेहु आरे पर राख्यौ, काल्हि मोल लै राखे कोरी।
लै आए हँसि स्याम तुरत हीं, देखि रहे रँगरँग बहु डोरी।
मैया बिना और को राखै, बार-बार हरि करत निहोरी।
बोलि लिए सब सखा संग के, खेलत कान्ह नन्द की पोरी।
तैसेइ हरि, तैसेइ सब बालक, कर भौंरा चकरिनि की जोरी।
देखति जननि जसोदा यह सुख, बार-बार बिहँसति मुख मोरी।
सूरदास प्रभु हँसि-हँसि खेलत, ब्रजबनिता डारतिं तृन तोरी॥[3]

श्रीकृष्ण की प्रकृति का परिचय उक्त प्रसंगों से बहुत-कुछ मिल जाता है। साथ-साथ अन्य बालकों के स्वभाव का चित्रण भी सूरदास ने यत्र-तत्र किया है, विशेषकर कृष्ण के अलौकिक कृत्य देखकर उनका अत्यन्त चकित होना नितान्त

1. 'सागर', पद 537।
2. 'सूरसागर', दशम स्कन्ध, पद 539।
3. 'सागर', पद 669।

स्वाभाविक है। वन में कृष्ण ने अनेक राक्षसों का वध किया। पूतना और तृणावर्त के मारे जाने के समय तो कृष्ण इतनी छोटी अवस्था का था कि उनको मारने और बालक की रक्षा करने का श्रेय 'कुलदेव' को मिला था। परन्तु वन में आए हुए राक्षस तो सब ग्वाल-बालों के सामने मारे गए थे। प्रत्येक राक्षस के मारे जाने पर सब ग्वाल-बाल आँखें फाड़-फाड़कर उसका विशाल शरीर देखते और परस्पर कहते–

ब्रज मैं को उपज्यौ यह भैया?
संग सखा सब कहत परस्पर, इनके गुन अगमैया।
जब तैं ब्रज अवतार धर्‌यौ इन, कोउ नहिं घात करैया।
तृनावर्त पूतना पछारी तब अति रहे नन्हैया।
कितिक बात यह यका बिदार्‌यौ, धनि जसुमति जिनि जैया।
सूरदास प्रभु की यह लीला, हम कत जिय पछितैया॥[1]

इतना कहकर ही बालकों को सन्तोष नहीं होता। जल्दी-जल्दी घर पहुँचकर वे माता यशोदा से सारा वृत्तान्त सुनाते हैं और सो भी बड़े विस्तार से–

आजु जसोदा जाइ कन्हैया दुष्ट इक मार्‌यौ।
पन्नग-रूप गिले सिसु गो-सुत इहिं सब साथ उबार्‌यौ।
गिरि-कन्दरा समान भयानक जब अध बदन पसार्‌यौ।
निडर गोपाल पैठि मुख-भीतर, खंड-खंड करि डार्‌यौ।
याकैं बल हम बदत न काहुहिं, सकल भूमि तृन चार्‌यौ।
जीतै सबै असुर हम आगैं, हरि कबहूँ नहीं हार्‌यौ।
हरषि गए सब कहति महरि सौं, अबहिं अघासुर मार्‌यौ।
सूरदास प्रभु की यह लीला, ब्रज कौ काज सँवार्‌यौ॥[2]

इसी प्रकार प्रबन्ध-बध का वर्णन भी ग्वाल-बालों ने बड़े विस्तार से किया है–

आजु कन्हैया बहुत बच्यौ री।
खेलत रह्यौ घोष कैं बाहर, कोउ आयौ सिसु-रूप रच्यौ री।
मिलि गयौ आइ सखा की नाई, ले चढ़ाइ हरि कन्ध सच्यौ री।
गगन उड़ाइ गयौ लै स्यामहिं, आनि धरनि पर आप दच्यौ री।
धर्म सहाय होत है जहँ-तहँ, सम करि पूरब पुन्य बच्यौ री।
सूर स्याम अबकैं बचि आए, ब्रज-घर-घर सुख-सिन्धु मच्यौ री॥[3]

---

1. 'सूरसागर', दशम स्कन्ध, पद 428।
2. 'सागर', पद 733।
3. 'सूरसागर', दशम स्कन्ध, पद 606।

आलोचना–

सूरदास के वात्सल्य-वर्णन–बालकों की सहज प्रकृति और माता के स्वाभाविक प्रेम–का संक्षिप्त दिग्दर्शन ऊपर कराया गया। इस विषय को लेकर काव्य-रचना बहुत कम कवियों ने की है। आदि कवि वाल्मीकि के काव्य में अवश्य इसका थोड़ा-बहुत वर्णन मिलता है, पर उसके पश्चात् के संस्कृत कवियों ने इस विषय पर कलम नहीं उठाई। "भारत के कवि-सम्राट् कालिदास ने 'ययौ तदीयामवलम्ब्य चाङ्गुलिम्' इत्यादि सरल शब्दों में पितृ-पुत्र भाव की नैसर्गिकता का अनोखा चित्र खींचा, परन्तु यह चित्र परिष्कृत था, कलाओं के आधार पर बना था।"[1] अंग्रेजी साहित्य में भी इस विषय का प्रायः अभाव है। केवल दो-चार कवियों ने ही बालकों की स्वाभाविक सरलता, सुकुमारता और निष्कपटता आदि पर मुग्ध होकर कुछ छोटी-बड़ी कविताएँ लिखी हैं। लांगफेलो की ये पंक्तियाँ इसी प्रकार के भावोद्गार का फल हैं–

You are better than all ballads,
That ever were sung or said;
For ye are the living palms,
And all the rest are dead.

हाँ, ख्यातिप्राप्त वर्तमान विश्व-कवियों में कवीन्द्र रवीन्द्र ने वात्सल्य के कुछ चित्र अवश्य खींचे हैं। इनकी विशेषता यह है कि बालक के मनोविज्ञान का परिचय देने में ये सफल हुए हैं। उनके बालक में उस स्वभावोचित सरलता और प्रकृतिजन्य मनोहरता के दर्शन नहीं होते, जो सूर के बालकृष्ण की बाल-लीलाओं के रूप में माता-पिता के लालसामय हृदय को मुग्ध और उल्लसित किया करती हैं। भावों की विभिन्नता और वर्णन की विशदता का भी रवीन्द्र के वात्सल्य-चित्रण में अभाव ही समझिए। अतः इस सम्बन्ध में इतना ही कहा जा सकता है कि कवीन्द्र का प्रयास सफल होते हुए भी सूर की समता नहीं कर सकता।

अब केवल एक तुलसीदास ही ऐसे रह जाते हैं, जिनसे सूर की तुलना की जा सकती है। परन्तु वात्सल्य-वर्णन में तुलसी भी सूर के सामने नहीं ठहरते। 'मानस' में तो उनका बाल-चरित्र वर्णन बहुत चलताऊ है; 'गीतावली' और 'कवितावली' में इस कमी को दूर करने का प्रयत्न किया गया जान पड़ता है। परन्तु क्या विस्तार की दृष्टि से और क्या स्वाभाविकता, सरलता और सर्वांगीणता की दृष्टि से, इस क्षेत्र में तुलसी भी सूर की समता नहीं कर पाते। वस्तुतः वात्सल्य-वर्णन में सूर विश्व-कवियों में सर्वश्रेष्ठ माने जाते हैं।

अन्धकवि सूरदास के वात्सल्य-वर्णन की सबसे बड़ी विशेषता यह है कि इस सम्बन्ध में छोटी-से-छोटी बात भी उसकी दृष्टि से नहीं छूटी। कवि जानता है कि

1. डॉ. सूर्यकान्त शास्त्री, 'हिन्दी-साहित्य का विवेचनात्मक इतिहास', पृ. 341।

पुत्र की छोटी-छोटी बातें भी माता-पिता का मन मुग्ध कर लेती हैं। इसी से उसने बालक कृष्ण की बाल-लीला के सभी अंगों का सांगोपांग वर्णन किया है। वास्तव में यह उसके सूक्ष्मातिसूक्ष्म निरीक्षण का ही फल है कि उसके काव्य में बालकों की लीलाएँ, उनके खेल, उनका लड़ना-झगड़ना, मचलना आदि के चित्र एक ओर और माता के हृदय की छोटी-से-छोटी अभिलाषा, भावना, प्रसन्नता और कामना आदि के चित्र दूसरी ओर मिलते हैं। पहली बात में उसकी तुलना तुलसी से किसी सीमा तक की भी जा सकती है, परन्तु वात्सल्य के विभिन्न क्षेत्रों का उद्घाटन तथा तत्सम्बन्धी विभिन्न मानसिक वृत्तियों के विशद वर्णन में उनकी समता, तुलसी क्या, कदाचित् कोई कवि नहीं कर सकता।

दूसरी विशेषता है वर्णन की स्वाभाविकता और लीलाओं का यथार्थ रूप में वास्तविक चित्रण। सूर के वात्सल्य-वर्णन की अन्य प्रमुख विशेषताओं की ओर से यदि आँख मूँद भी ली जाए तो भी स्वाभाविक और यथातथ्य चित्रों के कारण सूर-काव्य का यह अंश चिरंतन और सार्वकालीन रहेगा। नित्यप्रति आज भी हम भोले-भाले और स्वस्थ बालकों की जिन लीलाओं पर मुग्ध होते हैं, उनका ही वर्णन हमें 'सूर-सागर' में मिलता है।

सारांश यह कि कृष्ण की बाल-लीलाओं का वर्णन भक्त-शिरोमणि सूरदास ने बड़े ही मधुर और हृदयहारी पदों में किया है। इनका सरल, स्वाभाविक और पूर्ण चित्र तो हमारा हृदय हरता ही है, माता यशोदा के मातृ-स्नेह का वात्सल्यपूर्ण सूक्ष्म वर्णन सहृदय पाठक को मुग्ध कर लेता है। कवि ने आलेख्य चित्रण में इतनी सूक्ष्मता और कुशलता दिखाई है कि पिछले लगभग चार सौ वर्षों से माता यशोदा और बालक कृष्ण ने सजीव होकर पाठक को सच्चे दृश्य-दर्शन का सा मधुर आनन्द दिया है, अतः यह निश्चयपूर्वक कहा जा सकता है कि वात्सल्य-वर्णन से सम्बन्धित अंश यदि सूर-साहित्य से अलग कर दिया जाए तो महाकवि सूरदास का व्यक्तित्व अपूर्ण ही रह जाएगा।

सूर का विरह-वर्णन

सत्येन्द्र

सूरदास हिन्दी साहित्याकाश के सूर्य हैं। यही वह महाकवि है जिसने हिन्दी काव्य में उस स्वर्ण-युग की अवतारणा की। इस कवि ने अपनी प्रतिभा से अध्यात्म, दर्शन, भक्ति और सगुण ब्रह्म को कला का चेरा अथवा माध्यम बनाकर साकार कर दिया। इससे काव्य का धरातल ऊँचा उठा। पर वे विषय भी धन्य हो उठे।

इस महाकवि ने यों तो प्रसंगवश सभी रसों का यथास्थान समावेश किया है। वीर, करुण, हास्य, अद्‌भुत, रौद्र, भयानक, शान्त के छींटे जहाँ-तहाँ हमें इनके 'सूरसागर' में मिल जाते हैं; किन्तु वात्सल्य और शृंगार ही इस कवि के प्रधान विषय रहे हैं। वात्सल्य तो इनका अद्वितीय है ही, शृंगार में भी सूर की समानता कोई नहीं कर सकता। शृंगार के संयोग और वियोग पक्ष दोनों में ही उत्कृष्टता की पराकाष्ठा है। उनके कृष्ण-चरित्र का निरूपण में वात्सल्य और संयोग शृंगार 'वियोग' की भूमिका मात्र हैं। कवि ने वात्सल्य और संयोग-रति के द्वारा कृष्ण को गोपियों के तन-मन में रमा दिया है, उनसे अभिन्न कर दिया है। गोपियों से ही नहीं, ब्रज के पशु-पक्षियों से भी, ब्रज के लता-पताओं से भी। जैसे ही संयोग भाव की पूर्ण-प्रतिष्ठा हो जाती है, वियोग आ उपस्थित होता है।

सूर के विरह-काव्य का आधार बहुत सूक्ष्म और साधारण है। कृष्ण गोकुल से मथुरा चले गए। अक्रूर उनको लेने आए, उसी समय से ब्रज में एक हलचल मच गई। विरह का आभास प्रस्तुत हो गया। बल्कि गोपियाँ बिलबिलाने लगीं। यशोदा बार-बार पूछती है–

यशोदा बार बार यों भाखै।
है कोउ ब्रज में हितू हमारो, चलत गुपालहिं राखै॥

किन्तु विकलता और दौड़-भाग का कोई भी परिणाम नहीं निकलता। कृष्ण मथुरा चले ही गए और गोपियों को अत्यन्त विरह दे गए। ब्रज को सूना ही नहीं कर गए, उजाड़ गए। आलोचकों का कहना है कि गोपियों और ब्रजवासियों का यह

दीर्घविरह-उत्ताप अस्वाभाविक है। कृष्ण गोकुल नहीं आए तो गोपियाँ मथुरा जा सकती थीं। कितनी उपहासास्पद युक्ति है! समस्त गोकुल मथुरा पर आक्रमण कर दे। वहाँ क्या कृष्ण को वे उसी रूप में पा सकते थे जिसमें उन्होंने गोकुल में पाया था—नहीं, नहीं; प्रेम कितना ही अन्धा अथवा पागल क्यों न हो, वह अपनी प्रतिष्ठा नहीं गँवा सकता। मान प्रेम का सबसे दृढ़ आधार है, वही प्रेम को पुंश्चल होने से बचाता है। गोपियाँ मथुरा नहीं जा सकती थीं, यही कारण है कि गोपियों के विरह की तीव्रता और उग्रता को समझते हुए भी कृष्ण ने कभी यह सन्देश गोपियों के पास नहीं भिजवाया कि वे मथुरा आ जाएँ।

प्रेमी से अधिक संवेदनशील कोई दूसरा होता ही नहीं। वह अपने प्रेमी की पीठ फिरना भी सहन नहीं कर सकता, स्थानान्तर तो बहुत बड़ी बात है।

तो सूर के विरह-वर्णन में हमें तीन प्रकार के पात्र मिलते हैं—एक हैं माता-पिता, दूसरे हैं गोपियाँ, तीसरी राधा। माता-पिता का विग्रह वात्सल्य-विरह है।

अक्रूर जिस समय से कृष्ण को मथुरा ले जाने की बात कहते हैं, उसी समय से यशोदा की विकलता अत्यन्त तीव्र है—वह पहले तो अक्रूरजी को ही समझाती हैं—

यसुदा कह सुनहु सुफलकसुत, मैं पयपान जतन करि पारे।
ए कहा जानहिं सभा राज की, ए गुरुजन विप्रौ न जुहारे॥

ये न तो शिष्टाचार जानते हैं, और न मथुरा की बातों से ही परिचित हैं—

सूरदास स्वामी ए लरिका, इन कब देखे मल्ल अखारे।

वे वहाँ जाने के योग्य नहीं। किन्तु अक्रूरजी तो क्रूर हो गए। वे यशोदा की बात नहीं सुनते।

यशोदा के 'छगन-मगन' को कंस ने बुला भेजा है। अक्रूर (सुफलकसुत) ही काल-रूप होकर यशोदा के प्राणों का घात करने के लिए आए हैं। यशोदा क्या करे, कैसे कृष्ण को रोके? वह अपनी सम्पूर्ण सम्पत्ति त्याग देने को तैयार है। कंस उसका सर्वस्व छीन ले, उसे बन्दी बना ले, पर केवल कृष्ण को उसकी आँखों के आगे ही खेलने दे—

बरु ए गोधन हरौ कंस सब मोहि बन्दि लै मेलै।
इतनौ ही सुख कमल नैन मेरी अँखियन आगे खेलै॥

अँधेरा घिरता चला आ रहा है, यशोदा की बेबसी बढ़ती जा रही है। कौन सुनता है उसकी पुकार! कृष्ण जाने को तत्पर हो गए। यशोदा कह उठती हैं—मोहन!

आह, यशोदा के मुख से कितना सार्थक शब्द निकल पड़ा है, जो दूसरे को सम्मोहित कर ले, पर जिसमें स्वयं मोह न हो। तो यशोदा कहती हैं, रिरियाती हुई—

मोहन, नेंक बदन तन हेरौ।

राखौ मोहि नात जननी कौ मदन गुपाल लाल मुख हेरौ।

पाछे चढ़ौ विमान मनोहर, बहुरो यदुपति, होत अँधेरौ।

बिछुरत भैंट देहु ढाड़े ह्वै, निरखौ घोष जनम कौ खेरौ॥

माता के ध्वस्त हृदय की पीड़ा इन व्यावहारिक शब्दों के पीछे झाँक रही है। यशोदा जिस मातृत्व-गर्व में फूली नहीं समाती थी, उसी मातृत्व-गर्व की समाधि स्वयं यशोदा ही बन गई। यह दैवदुर्विपाक नहीं तो और क्या है–क्या यह स्वर उसी यशोदा का है जो कभी कहती थी–

सूरदास मो गोधन की सौं हौं माता तू पूत।

हा! उस भोली यशोदा को क्या पता था कि किसी दिन भग्न हृदय से यह सन्देश भी भिजवाना पड़ेगा–

सँदेसौ देवकी सौं कहियौ।

हौं तो धाय तिहारे सुत की, दया करत ही रहियौ॥

किन्तु गोपियों के प्रेम की अवस्था कुछ और है। उनके प्रेम में कृष्ण का समस्त रूप सामने उघरा हुआ है। उनके भावों की कोई सीमा नहीं। गोपियों के इस विरह की सूर में हमें दो अवस्थाएँ विशेष उग्र मिलती हैं–एक प्रतीक्षा की, दूसरी निराशा की। उद्धव के ब्रज-आगमन से पूर्व तक की अवस्था प्रतीक्षा के विरह की अवस्था है; उसके बाद की निराश-विरह की।

कृष्ण के जाने से ब्रज की क्या अवस्था हो गई थी, उसका परिचय उद्धव ने लौटकर कृष्ण को दिया था–

कहाँ लौं कहिए ब्रज की बात।

सुनहु स्याम! तुम बिनु उन लोगन, जैसें दिवस बिहात।

गोपी, ग्वाल, गाय, गोसुत सब मलिन बदन, कृस गात।

परम दीन जनु शिशिर-हेम-हत, अम्बु जगत बिनु पात।

जो काहू आवत देखत सब, मिलि बूझत कुसलात।

चलन न देत प्रेम आतुर उर, फिरि चरनन लपटात।

पिक, चातक, बन बसन न पावहिं, वायस बलिहि न खात।

सूरदास सन्देसन के डर, पथिक न वा मग जात॥

ब्रज की लता-बेलियाँ तक विरह से उत्तप्त हैं और गायों का तो दुःख अनिर्वचनीय है–उनकी दशा गोपियों ने उद्धव को बताई है–"*जल-समूह बरसति दोउ आँखिनि हँकरति लीने नाँव*"। कोई कृष्ण का नाम भी लेता है तो गाएँ रँभा उठती हैं। यही नहीं, कृष्ण ने जहाँ-जहाँ उनका दूध दुहा है, वहाँ जाकर–

परति पछारि खाइ तेहि-तेहि मिल, अति आतुर ह्वै दीन।
मानहुँ सूर काढ़ि डारी हैं, वारि मध्य तैं मीन॥

जब पशु-पक्षियों की यह दशा है तो गोपी-ग्वालों की दशा का अनुमान लगाया जा सकता है।

गोपियाँ जिधर दृष्टि डालती हैं उधर ही उन्हें कृष्ण का स्मरण हो आता है। वे विश्वास नहीं कर सकतीं कि उनके वियोग में किसी वस्तु की दशा पूर्व जैसी ही रह सकती है, तभी वे मधुवन को हरा-भरा देखकर पूछती हैं–

मधुवन, तुम कत रहत हरे।
बिरह-वियोग स्याम सुन्दर के, ठाढ़े क्यों न जरे॥

और वे स्मरण करती हैं–

मोहन वेनु बजावत द्रुम-तर, साखा टेकि खरे।
मोहे थावर अरु जड़ जंगल मुनि मन ध्यान टरे॥
वह चितवनि तू मन न धरत है, फिर फिर पुहुप धरे॥

गोपियों के शरीर में तो यह देखकर नख से शिख तक आग लग जाती है। एक ओर विरह में शरीर का उत्ताप है, दूसरी ओर नेत्रों से आँसुओं की झर–तभी तो कहती हैं–

ब्रज तैं द्वै रितु पै न गईं।
पावस अरु ग्रीसम प्रचंड सखि! हरि बिनु अधिक भईं।
ऊरध स्वाँस समीर, नयन धन, सब जल जोग जुरे।
वरसि जो प्रगट किए दुख दादुर, हुते जे दूरि हरे।
विषम बियोग दुसह दिनकर सम दिन प्रति उदय करे।
हरि बिधु बिमुख भये कहि सूरज, की तन ताप हरे॥

इन बजमारे नेत्रों से बादल भी परास्त हो उठते हैं। बादल तो समय पर बरसते हैं, पर कृष्ण-वियोग में–

बिनु ही रितु बरसत निसि वासर, सदा सजल दोउ तारे।
सुमिरि सुमिरि गरजत अरु छाँड़त अस्रु सलिल बहु धारे॥

वियोग में उनकी विषम स्थिति और भी विडम्बनापूर्ण उस समय हो जाती है जब कृष्ण की 'पाती' आती है। वे अपने प्यारे के पत्र को पढ़ने के लिए व्यग्र हो उठते हैं। पर हाय रे! यह पाती भी विरह की काँती बन जाती है, छुरी बन जाती है। दुःख का उद्वेग और बढ़ जाता है–अवस्था यह होती है कि–

नैन सजल कागद अति कोमल, कर अँगुरी अति ताती।
परसैं जरैं बिलोकैं भीजैं, दुहूँ भाँति दुख छाती॥

यशोदा माता का विरह भी अकथनीय है। न वे पत्र पढ़ ही पाती हैं न लिख

ही पाती हैं। वियोग कुछ करने ही नहीं देता। वे सन्देश पर सन्देश भेजती हैं–

सँदेसनि मधुबन कूप भरे।

किन्तु लौटकर सन्देश का उत्तर नहीं आता। विवश गोपिकाएँ इसी प्रकार कृष्ण की बाट जोहती हैं। इस प्रतीक्षा में वे तड़प रही हैं। जितने भी कृष्ण के संयोगी थे वे उनके वियोग में आज शत्रु हो गए हैं। ये मोर भी तो न जाने कब की शत्रुता निकाल रहे हैं। रोकने पर भी चुप नहीं होते। अरे! बादलों की गरज ही हृदय को कुचलने के लिए क्या कम है! पर ये मोर, जितना रोको उतना ही कुहुकते हैं। विरह-व्यथित गोपिकाओं के मानी हृदय पर मोर की कुहुक के आघात से जो असहनीय पीड़ा होती होगी, उसका क्या अनुमान लगाया जा सकता है। किन्तु इन पर वश नहीं है–

घन गरजैं बरजैं नहिं मानत, ज्यौ-त्यौं रटत खरे।

ये तो कृष्ण ने ही उद्दंड कर दिए हैं, *करि इक ठौर बीनि इनके पंख मोहन सीस धरे।* कृष्ण ने ही इन्हें सिर चढ़ा रखा था–*नाहीं तैं विरहीन को मारत हरि ही ढींट करे।* पर ये यहाँ से टल क्यों नहीं जाते–*सूरदास परदेस बसे हरि ये ब्रज तैं न टरे,* गोपियों को विषाद में यह खीझ हो उठती है।

इस प्रकार प्रतीक्षा में दिन बीत रहे थे, प्रतिदिन प्रतीक्षा थी कि कृष्ण आएँगे, किन्तु तभी वर्षा ऋतु आ गई। वर्षा में सभी के पति लौटते हैं। उनके प्रिय कृष्ण भी लौटेंगे; पर नहीं आए। बादलों को उमड़ता देखकर गोपियों के हृदय में एक हूक उठी, उन्होंने कहा–

बरु ये बदराऊ बरसन आए।
अपनी अवधि जानि नन्दनन्दन, गरजि गगन घन छाये।

अरे ये तो अपने समय पर आए हैं और गरजते हुए डंके की चोट आए हैं। इन्होंने अपने सभी प्रियजनों को प्रसन्न कर दिया है–

द्रुम किए हरित हरषि बेली, मिली चातक मृतक जिवाये।

ये बादल अपने प्रियजनों को सुख देने के लिए बड़ी दूर-दूर लोक से आए हैं– दूसरे के चाकर होते हुए भी समय पर आ गए, पर–

सूरदास प्रभु रसिक-सिरोमनि मधुबन बसि बिसराये।

गोपियों के हृदय टूट रहे हैं। विरह-विषाद की ज्वाला से ब्रज जल रहा है। पथिकों ने वह मार्ग छोड़ दिया है। पशु-पक्षी भी पलायन कर गए हैं। गोपियाँ हैं और उनका ब्रज है–उजाड़, सुनसान, भयावह। तभी उद्धव 'कृष्ण की जैसी भूषा' में गोपियों को समझाने आते हैं; निर्गुण और योग का सन्देश सुनाने। इसी से तो गोपियों को सान्त्वना हो सकती है। पर उद्धव का सन्देश गोपियों के जले पर नमक छिड़क देता है। वे कल्पना भी नहीं कर सकतीं कि कोई इस विरह में इस प्रकार के सन्देश देने की धृष्टता भी

कर सकता है। उनके हृदय की तिलमिलाहट की अनुभूति कैसे हो सकती है? वे उद्धव से अत्यन्त मुखर हो उठती हैं। उनकी पीड़ा कटाक्ष-व्यंग्य-उपहास में परिणत हो उठती है। वे उद्धव को कृष्ण-सखा समझकर उनका बड़ा आदर करती हैं, बड़े संयम से बात करने की चेष्टा करती हैं, पर क्या करें, विवश होकर कुछ प्रेमोन्मादग्रस्त कहनी-अनकहनी भी कह जाती हैं। किन्तु उनकी समस्त बातों का सार यह है कि–

ऊधौ, मन न भये दस-बीस।
एक हुतौ सो गयौ स्याम सँग को अवराधै ईस॥

तुम हमें हमारा मन ला दो, हम निर्गुण की उपासना करने लग जाएँगी। पर लाओ तो तुम हमारे मन को। वह मन तो श्याम के आने पर ही आएगा।

यह 'भ्रमरगीत' विविध विषय भावों के उद्वेलनों से परिपूर्ण है–गोपियों का हृदय विरह से जल रहा है। पर उन्हें उद्धव की बातों का उत्तर भी देना पड़ रहा है। उद्धव के उपदेशों से सन्तोष कहाँ होता है; वह तो और बढ़ता है–

अँखियाँ हरि-दरसन की भूखी।
कैसे रहें रूप रस राँची ये बतियाँ सुनि रूखी।
अवधि गनत इकटक मग जोवत, तब ऐसी नहिं झूखी॥
अब इन जोग सँदेसनि ऊधौ, अति अकुलानी दूखी॥

इन गोपियों को ब्रज के कुंज अग्निपुंज हो गए हैं। उनकी शीतलता दाहक हो गई है। उन गोपियों को लगता है–

वृथा बहति जमुना, खग बोलत, वृथा कमल फूलें, अलि गुंजैं।
पवन, पानि, घनसार, सँजीवन, दधि-सुत किरन भानु भई भुंजैं॥

ये सब 'भूँजें' डालती हैं। यहाँ इन्हीं मुखर गोपियों में किंचित् राधा की अवस्था भी तो देखिए–

अति मलीन बृखभानु कुमारी।
हरि स्रमजलु अन्तर तन भीजे ता लालच न धुबावति सारी।
अध मुख रहति उरध नहिं चितवति, ज्यों गथ हारे थकित जुआरी।
छूटे चिकुर बदन कुम्हलाने, ज्यों नलिनी हिमकर की मारी।
हरि सँदेस सुनि सहज मृतक भई, इक विरहिनि दूजे अलि जारी॥
'सूर' स्याम बिनु यों जीवति हैं, ब्रज बनिता सब स्याम दुलारी।

गोपियों से सम्मानित और निरादृत होकर उनके प्रेम की गहराई को वियोगानुभूति से प्रभावित होकर उद्धव अपनी ज्ञान-गरिमा खो बैठे। उद्धव ने कृष्ण को ब्रज लौटने की बात कही, पर ब्रज लौटना कहाँ? वे तो मथुरा छोड़कर द्वारका चले गए। जो निराशाजन्य-विरह उद्धव के आगमन से आरम्भ हुआ, उसकी पराकाष्ठा इस संवाद से हुई कि कृष्ण द्वारका चले गए, और भी दूर चले गए, तब गोपियों ने एक दीर्घ

निराशा-निःश्वास छोड़कर कहा–

नैना भये अनाथ हमारे!
मदन गुपाल उहाँ तैं सजनी, सुनियत दूरि सिधारे।
वे जलहर हम मीन वापुरीं, कैसे जिवहिं निनारे।
हम चातक-चकोर, स्याम घन, बदन सुधानिधि, प्यारे॥
मधुबन बसत आस दरसन की, जोइ जोइ मन हारे।
'सूर' स्याम प्रभु करी प्रिय ऐसी, मृतक हुते पुनि मारे॥

मृतकों को मारकर कृष्ण दूर चले गए। गोपियों को अनन्त निराश विरह की थाती सौंप गए। सूर जैसे महाकवि ने अपनी पूरी शक्ति से इस वियोग की प्रत्येक दशा के साथ हृदय की पीड़ा का चित्र देना चाहा है। यह चित्र अत्यन्त उत्कृष्ट हुआ है, पर ऐसा प्रतीत होने लगता है कि व्यथा घनीभूत होते-होते एक स्तर पर पहुँची है, उससे भी ऊपर उठी है और कवि के शब्द उसको प्रगट करने के लिए स्फुट संकेत जैसे रह गए हैं। जब सूर की यह दशा है तो और कौन कवि विरह को यथार्थतः आँक सकता है।

सूर की दार्शनिकता

भगवतस्वरूप मिश्र

कविता कवि के व्यक्तित्व के सारभूत एवं मूल अंश की अभिव्यक्ति है। उस व्यक्तित्व के अनेक आरोपित अंशों को भी अभिव्यक्त होने का अवसर प्राप्त होता है। जैसे दूसरे प्रकार के अंश कविता के बाह्य आकार-प्रकार विषय-वस्तु, चरित्र, अलंकार-विधान आदि के स्वरूप-निर्माण में सहायक हो सकते हैं; पर कविता की आत्मा तो कवि के मूलभूत व्यक्तित्व से ही निर्मित होती है। यह सर्जन निश्चय ही अभिव्यक्ति रूप है। शैव सिद्धान्त की शब्दावली में 'प्रक्षेपण रूप है।' कवि का व्यक्तित्व ही कविता बन जाता है। कवि व्यक्तित्व का मूलभूत रूप उसकी कविता में सर्वव्यापी रहकर सहृदय के लिए ध्वनित होता रहता है। कविता कवि-हृदय का स्वतःस्फूर्त समुच्छलन है। इसमें कवि स्वयं भी विवश रहता है। शिव जगत् के रूप में अपना प्रक्षेपण करते ही हैं, यह उनका सहज-स्वभाव है। यही कवि के लिए भी सत्य है। जहाँ पर कवि में प्रयास होता है उसके सहज व्यक्तित्व पर आरोपित अंशों का नियन्त्रण रहता है, आवरण रहता है, वहाँ पर भी उसका सहज अंश झलक ही जाता है, ध्वनित हो ही जाता है। कवि का सहज रूप तो आरोप के अन्तस्तल में भी हमेशा विराजमान रहता ही है। अगर कवि उसे छिपाना भी चाहे तो भी सहृदय के तीक्ष्ण नेत्रों से वह छिप नहीं पाता है। जगत् के आवरण में छिपे हुए शिवतत्त्व की प्रत्यभिज्ञा चाहे सामान्यजन को कराने पर भी न हो, पर भक्त को तो शाश्वत रहती ही है। प्रेम के वासनामय रूप में ही मूलतः रस लेनेवाले अतृप्त वासना से निर्मित व्यक्तित्व वाले कवि की दिव्य प्रेम की कविताओं के अन्तस्तल में से भी उसका अतृप्त वासनावाला व्यक्तित्व झाँकता ही रहता है। कभी-कभी इन दोनों व्यक्तित्वों का वैषम्य कविता को उपहासास्पद भी बना देता है। वस्तुस्थिति यह है कि कवि के मूलभूत व्यक्तित्व से ही उसकी सारी कविता प्राणान्वित होती है (शृंगारी चैत् कविः जातं रसमयो जगत्)।

व्यक्तित्व के मूलभूत अंश का निर्माण व्यक्ति के दर्शन, अर्थात् उसकी जीवन सम्बन्धी विचारधारा, उसकी जीवन-दृष्टि से ही होता है। दर्शन का जो भी अंश निष्ठा

का रूप धारण कर लेता है वही उसके व्यक्तित्व का मूलभूत अंश बन जाता है। दर्शन के इस रूप का वह हृदय से साक्षात्कार करता है। तर्क और चिन्तन पर प्रतिष्ठित केवल बौद्धिक प्रतीति मात्र नहीं होती। जिन दार्शनिक सिद्धान्तों की बौद्धिक प्रतीति मात्र रहती है वे व्यक्तित्व पर दार्शनिकता का आरोप मात्र होते हैं। ये ज्ञाता के व्यक्तित्व के बाह्य अंश मात्र बन पाते हैं। कालान्तर में इनके मूलभूत तत्त्व में परिणत हो जाने की सम्भावना अवश्य है। निष्ठा रूप में परिणत जीवन-दर्शन ही व्यक्ति की सम्पूर्ण क्रियाओं को नियन्त्रित करता है। यही जीवन-दृष्टि उसके काव्य की मूलध्वनि बन पाती है। यही जीवन-दर्शन उस कवि का जीवन को सन्देश होता है। आरोपित अंश की दार्शनिक दृष्टि या तो कवि के अप्रस्तुत विधान का अंश बनकर रह जाती है या अगर उसके प्रस्तुत विधान का अंश बन भी जाए तब भी वह कवि के जीवन को सन्देश में बहुत कम योग दे पाती है। शुक्लजी द्वारा मान्य काव्य के स्थायीभाव की ही नहीं अपितु उसके शील भाव और मूल भाव की नियामक शक्ति भी कवि के इसी मूलभूत जीवन-दर्शन में निहित रहती है। दर्शन के इन उपर्युक्त दोनों स्वरूपों की स्पष्ट धारणा के आधार पर किसी कवि का विवेचन ही उसके काव्य की दार्शनिक व्याख्या है। कवि के वास्तविक दर्शन का निर्णय तभी सम्भव है। कवि का असली जीवन-दर्शन तो हृदय से साक्षात्कृत तथा उसकी निष्ठा में परिणत दर्शन ही है। बौद्धिक चिन्तन से प्राप्त तत्त्व तो उसके काव्य की सामग्री अथवा अप्रस्तुत विधान के तत्त्व मात्र बनकर रह जाते हैं। सूर की हृदय से अनुभूत दार्शनिकता का विवेचन ही इस निबन्ध का उद्देश्य है।

दर्शन शब्द का हिन्दी में आज दो रूपों में प्रयोग प्रचलित हो गया है। उसका सामान्य अर्थ हो गया है जीवन-दृष्टि। यह भौतिक, आध्यात्मिक, व्यावहारिक आदि किसी भी विशेषण से विभूषित हो सकती है। पर दर्शन का एक विशेष एवं परम्परा से प्राप्त अर्थ भी सुरक्षित है। जीवन और जगत् के पारमार्थिक स्वरूप तथा मानव-जीवन के चरम लक्ष्य का चिन्तन, मनन और साक्षात्कार ही दर्शन है। चरम सत्य एवं चरम लक्ष्य की विभिन्न धारणाएँ ही विभिन्न दर्शनों की मूल आधारभित्ति हैं। जब हम किसी कवि की दार्शनिकता की बात करते हैं तब हम इस दूसरे विशेष अर्थ में ही इस शब्द का प्रयोग करते हैं। इसमें कवि की जीवन-दृष्टि भी अन्तर्भूत रहती है। जीवन-दृष्टि का मूल नियामक तत्त्व व्यक्ति की दार्शनिक मान्यता है। दर्शक के दोनों अर्थ एक-दूसरे के पूरक हैं। वस्तुतः हिन्दी में अभी तक आध्यात्मिक दृष्टिकोण को अपनाकर चलनेवाले कवि को ही दार्शनिक कवि कहने की परम्परा है। इसी अर्थ में सूर दार्शनिक कवि हैं। सूर की जीवन-दृष्टि भक्तिपरक है, पर उनकी भक्ति-भावना दार्शनिक एवं आध्यात्मिक कोटि की है। अध्यात्ममूलक भक्ति की अनुभूति को स्वर देने के लिए, उसे साकार रूप प्रदान करने के लिए ही, सूर ने कविता

की है। 'सूरसागर' सूर की इसी आध्यात्मिक अनुभूति का पारावार है। उस पारावार की एक-एक लहर ही सूरसागर का एक-एक पद है।

सूर भक्त हैं। भगवद्गीता में भक्तों के चार रूप माने गए हैं–आर्त, जिज्ञासु, अर्थार्थी और ज्ञानी। सूर अन्तिम प्रकार के भक्त हैं। सूर का दर्शन मूलतः एक शब्द में भक्ति-दर्शन कहा जा सकता है। उनकी भक्ति-भावना दार्शनिक मान्यताओं पर आधारित है। तुलसी भी ज्ञानी भक्त हैं और सूर भी। पर दोनों की ज्ञान-सम्बन्धी चेतनाओं में पर्याप्त अन्तर है। तुलसी में जगत् के मिथ्यात्व की सजग चेतना है। उन्होंने 'रामचरितमानस' और 'विनयपत्रिका' के अनेक स्थलों पर इसे पूर्णतया स्पष्ट कर दिया है। 'यत्सत्त्वादमृषैव भाति सकलं रज्जौ यथाहेर्भ्रमः', 'गो गोचर जहँ लग मन जाई, सो सब माया जानहुँ भाई।' 'सोवत सपनेहुँ संसृति संताप रे।' 'बाढ़्यौ मृग बारि खायौ जेवरी कौ साँप रे।' आदि वाक्यों से इस बात में कोई सन्देह नहीं रह जाता है कि तुलसी में जगत् के मिथ्यात्व का पूर्ण विश्वास और सजगता है। वे 'सिया-राम-मय सब जग जानी। करहुँ प्रनाम जोरि जुग पानी' भी कहते हैं। पर यहाँ पर भी उनमें सारे संसार को 'राममय' जानने की सजग चेतना है और इसके अन्तस्तल में भी जगत् के मिथ्यात्व का विश्वास है। किन्तु सूर में जगत् और परम तत्त्व कृष्ण के भेद की सजगता नहीं है। उन्हें जगत् पर कृष्ण का आरोप-सा प्रतीत नहीं होता है, उन्हें तो 'हरिदेव जगत् जगदेव हरि' की अनुभूति होती है। सारा जगत् भगवान् के सत् स्वरूप का आविर्भाव ही है। यह जगत् भगवान् की लीला ही है। कृष्ण ने ही अपने-आपको गोप-गोपिकाओं तथा अन्य जीवात्माओं के रूप में लीला के लिए प्रकट किया है। सब कुछ कृष्ण-रूप है, कृष्ण से अभिन्न है। जैसे बालक अपनी छाया से खेलता है वैसे ही कृष्ण रास कर रहे हैं। यही सृष्टि है। इससे जगत् अपने व्यावहारिक रूप में, अपनी स्वतन्त्र सत्ता के आधार पर, सत्य नहीं माना जा सकता है। इससे तो द्वैत हो जाता है। पर सूर द्वैतवादी नहीं हैं, कृष्ण के अतिरिक्त दूसरे तत्त्व की पारमार्थिक सत्ता उनको मान्य ही नहीं है। सूर को जगत् कृष्णरूप ही प्रतीत होता है। सूर का यह ज्ञान बौद्धिक चिन्तन और मनन का परिणाम नहीं, अपितु उनकी साक्षात् अपरोक्ष अनुभूति है। इससे सूर में न जगत् के सत्यत्व की और न उसके मिथ्यात्व की–अपितु 'हरिदेव जगत् जगदेव हरि' की निष्ठा है। 'जागे ही ते जायरी' जैसे वाक्यों द्वारा ज्ञान की साधनता के महत्त्व को स्वीकार करने की भी आवश्यकता सूर को नहीं है। सूर ने कृष्ण की लीला का हृदय से साक्षात्कार किया है। कृष्ण के अनन्य प्रेम से वे अभेद-भूमि पर पहुँचे हैं। उद्धव गोपियों को जिस परमतत्त्व को प्राप्त करने के लिए–जिस अवस्था तक पहुँचने के लिए–ज्ञान और योग का उपदेश देते हैं वह तो गोपियों को प्रेम के द्वारा अनायास ही प्राप्त है। उन्हें परमतत्त्व और कृष्ण को एक मानने के लिए तर्क और ज्ञान का सहारा नहीं लेना

पड़ता। यह अनुभूति तो गोपियों में स्वतः ही भाव के माध्यम से ही जाग गई है। इसमें उन्हें ज्ञानात्मक वृत्ति की 'चेतना' की आवश्यकता नहीं हुई। पर इस अवस्था को हम ज्ञान के निषेध की अवस्था भी तो नहीं कह सकते हैं। यह सूफी सन्तों की-सी बहुत कुछ ज्ञान-निरपेक्ष, केवल प्रेम के द्वारा प्राप्त प्रेमी और प्रेयसी के, जीव और परमात्मा के अभेद की अनुभूति मात्र तो नहीं है। भारतीय भक्ति तथा ज्ञान दोनों की ही अनुभूति सूफी सन्तों की रहस्यवादी अनुभूति से कुछ भिन्न होती है। उनमें सूफियों की-सी रहस्यात्मकता एवं आध्यात्मिकता तो होती ही है; उसके साथ ही उनका एक अपना अलग स्वरूप भी है। भक्ति और ज्ञान के द्वारा प्राप्त परमतत्त्व का साक्षात्कार रहस्यवादी अनुभूति की अपेक्षा अधिक यथार्थ एवं प्रत्यक्ष के अधिक समीप प्रतीत होता है। इस अनुभूति में लौकिक अनुभूति की-सी सजीवता रहती है। भारतीय ज्ञान और प्रेम–दोनों ही सूफियों के ज्ञान और प्रेम से कुछ भिन्न प्रकार के होते हैं। यहाँ ज्ञानी भक्त है और भक्त ज्ञानी–यही सूर के लिए भी सत्य है। माना, सूर की अनुभूति में ज्ञान की सजगता नहीं है पर अगर कोई परमतत्त्व और कृष्ण के अद्वैत तथा जगत् एवं कृष्ण के अद्वय की इस अनुभूति को दार्शनिक चिन्तन और ज्ञान के आधार पर समझना चाहे तो भी वह खरी ही उतरती है। सूर को भी इस सारी अनुभूति का दार्शनिक आधार मान्य है। वे इसको तर्क और चिन्तन की कसौटी पर भी खरा ही मानते हैं। पर वे स्वयं इसके तर्क-पक्ष में नहीं, इसके अनुभूति-पक्ष में ही रमते हैं। वे तुलसी की तरह इसके बौद्धिक आधार को प्रस्तुत करने की परवाह नहीं करते। वास्तव में सूर तुलसी की तरह इस अद्वैत की अनुभूति के ज्ञानात्मक पक्ष में नहीं रमते हैं। तुलसी इस ज्ञानात्मक अनुभूति का भी साक्षात् रसास्वाद करते हैं, पर सूर इस ज्ञानात्मक अनुभूति को पृष्ठभूमि में रखकर इसके भावात्मक रूप में ही तन्मय हो जाते हैं। इस प्रकार सूर को ज्ञानी-भक्त कहने की अपेक्षा प्रेमी-भक्त कहना अधिक समीचीन है। पर यह ज्ञान-विरोधी अथवा ज्ञान की उपेक्षा करनेवाली भक्ति नहीं है। इसलिए मैंने ऊपर इस भ्रम की आशंका को दूर करने के लिए ही सूर के ज्ञानी भक्त होने की बात मान ली है। सूर की अनुभूति को दार्शनिक अनुभूति मात्र अथवा भक्ति-भावना मात्र कह देने से सन्तोष नहीं होता है। वास्तव में वह आध्यात्मिक भी है। वस्तुस्थिति तो यह है कि सूर की भक्ति-भावना में दार्शनिकता, आध्यात्मिकता और रहस्यवादिता का भी अपूर्व समन्वय है। चारों में से अकेला एक भी शब्द सूर की अनुभूति को पूर्णतया व्यक्त नहीं कर पाता है।

सूर कवि हैं। इसके साथ दार्शनिक विशेषण भी जुड़ा हुआ है। पर प्राधान्य तो विशेष्य का होता है। कवि के ज्ञान और अनुभूति के साधन दर्शनों के द्वारा मान्य प्रमाण नहीं होते; अपितु एकमात्र प्रतिभा (इंट्यूशन) ही होती है। कवि दार्शनिक अथवा आध्यात्मिक तत्त्व का भी प्रातिभ साक्षात्कार करता है। उसी में वह रमता है।

इसलिए बौद्धिक चिन्तन तथा तर्क के द्वारा दार्शनिक सिद्धान्तों का प्रतिपादन उसके प्रकृत क्षेत्र से बाहर की वस्तु है। कवि जिन दार्शनिक मतवादों तथा उनके द्वारा प्रतिपादित तत्त्वों के बौद्धिक स्वरूप का उपयोग करता है वे उसके काव्य के मूल स्वरूप नहीं होते अपितु उस जगत् के निर्माण की कच्ची सामग्री मात्र होते हैं। किसी भी कवि की दार्शनिकता का तात्पर्य सम्पूर्ण प्रमाणों और तर्कों के द्वारा प्रतिपाद्य तथा उनके अन्तस्तल में प्रवाहित परमतत्त्व की अनुभूति का प्रातिभ साक्षात्कार तथा उसका रसास्वादन है। वाद, जल्प आदि का तर्क-जगत् तो दार्शनिक की दृष्टि से भी निम्न स्तर का ही है। दार्शनिक की अनुभूति का असली क्षेत्र तो इनके ऊपर उठने के बाद ही शुरू होता है और कवि के क्षेत्र का तो प्रारम्भ ही वहीं से होता है। सूर की दार्शनिक अनुभूति भी इसी कोटि की है। सूर अपने मत का प्रतिपादन करनेवाले तर्क-जाल में कहीं भी उलझे नहीं हैं। भक्त अपनी दार्शनिकता का बौद्धिक चिन्तन एवं तर्कों के द्वारा प्रतिपादन न करके भावुकता से ही उसका साक्षात्कार एवं रसास्वादन करता है। सूर में कवि और भक्त का सुन्दर समन्वय है और यह कहना भी असमीचीन नहीं है कि सूर में भक्त और कवि के साम्प्रदायिक मतवादों के बौद्धिक विश्लेषण तथा तर्कों के द्वारा स्थापित करने की आकांक्षा से ऊपर उठे हुए विशुद्ध व्यक्तित्वों का समन्वय है। इसीलिए हमें सूर में खंडन-मंडन तथा सिद्धान्त-निरूपण की बौद्धिक प्रवृत्ति के बहुत कम दर्शन होते हैं। सूर में प्रमुखतः आध्यात्मिक एवं दार्शनिक अनुभूति का ही साक्षात्कार होता है। इस आध्यात्मिक अनुभूति से तो सूर का सम्पूर्ण काव्य ओतप्रोत ही है। 'सूरसागर' में वर्णित घटनाएँ, चरित्र-चित्रण तथा उसका सम्पूर्ण भाव-जगत् इसी आध्यात्मिक अनुभूति की अभिव्यंजना करने के लिए है। सूर का हृदय इसी आध्यात्मिक अनुभूति में रमा है। तुलसी की दार्शनिक एवं आध्यात्मिक अनुभूति को इससे भिन्न प्रकार से मानते हुए भी सूर की अनुभूति की अपेक्षा उसे किसी भी प्रकार निम्न स्तर की मानने का मेरा अभिप्राय नहीं है। तुलसी ने अपनी दार्शनिक मान्यताओं को तर्क के द्वारा भी प्रस्थापित किया है। तुलसी का मन इस बौद्धिक प्रतिपादन में भी रमा है। पर सूर का मन इस प्रकार के प्रतिपादन में नहीं रम पाया। अगर 'सूर-सारावली' को सूर की रचना न माना जाए तो उपर्युक्त कथन की तर्कसम्मतता में सन्देह की गुंजाइश ही नहीं। 'सूर-सारावली' का कवि अपने सम्प्रदाय की दार्शनिक मान्यताओं को प्रस्तुत अवश्य करता है पर उसका कवि-हृदय उस सिद्धान्त-प्रतिपादन में तुलसी की तरह ही रमा है, यह कहने में बहुत संकोच होता है। 'सूर-सारावली' के सूर-कृत होने में सबसे बड़ा सन्देह यही है कि 'सूरसागर' में कवि जिस आध्यात्मिक अनुभूति की ऊँचाई का साक्षात्कार करता हुआ उसमें पूर्णतया तन्मय होता है वही कवि 'सारावली' में किस प्रकार केवल बौद्धिक प्रतिपादन मात्र से सन्तोष कर पाया? तुलसी तो अपने तर्कों में भी रमे हुए प्रतीत

होते हैं। सूर ऐसा क्यों नहीं कर पाए? इसका सीधा और स्पष्ट उत्तर यही है कि सूर किसी भी स्तर पर निरे दार्शनिक मात्र नहीं हैं, वे हर स्तर पर वस्तुतः कवि और भक्त पहले हैं। उनके कवि और भक्त हृदय ने दार्शनिकता एवं आध्यात्मिकता का साक्षात्कार किया है और इस प्रकार वे दार्शनिक भी हो गए हैं।

सूर वल्लभाचार्य के शिष्य थे। महाप्रभु ने सूर को भागवत् उसकी 'सुबोधिनी टीका' तथा 'पुरुषोत्तम सहस्रनाम' सुनाए। इससे सूर में स्फुरणा जागी। यह 'चौरासी वैष्णवों की वार्ता' से स्पष्ट है–''श्री महाप्रभुजी ने प्रथम सूरदासजी को नाम सुनायौ। पाछे सम्पूर्ण करवाई और दशम स्कन्ध की अनुक्रमणिका कही तो ताते सब दोष दूर भये। ताते सूरदासजी को नवधा भक्ति सिद्ध भई। तब सूरदासजी ने भागवत लीला वर्णन करी। अनुक्रमणिका ते सम्पूर्ण लीला फुरी...पाछे सूरदासजी ने बहुत पद किए। पाछे श्री आचार्यजी महाप्रभु ने सूरदासजी को पुरुषोत्तम सहस्रनाम सुनायौ। तब सूरदासजी को सम्पूर्ण भागवत स्फुरना भई...जो सूरदास को सम्पूर्ण सुबोधनी स्फुरी सो श्री आचार्य महाप्रभु ने जान्यौ।'' इससे सिद्ध होता है कि सूर को आध्यात्मिक प्रेरणा वल्लभाचार्य से ही प्राप्त हुई थी और वह शुद्धाद्वैतवाद एवं पुष्टिमार्गी भक्ति में ही ढली हुई थी। उन्हें भगवान् के लीला तत्त्व की स्फुरणा हुई थी। सूर स्वयं तुलसी की तरह संस्कृत के बहुत बड़े पंडित नहीं थे। पर सम्प्रदाय की बैठकों के वाद-विवादों को सुनने तथा उनमें भाग लेने से उन्हें सम्प्रदाय के सिद्धान्तों का पर्याप्त ज्ञान हो गया था। यही कारण है कि सूर की रचनाओं में इतने दार्शनिक तत्त्व प्राप्त होते हैं।

सूर की दार्शनिक एवं आध्यात्मिक अनुभूति का मूलस्रोत और उपजीव्य भी भागवतपुराण है। क्षर और अक्षर ब्रह्म से परे जो पुरुषोत्तम रूप भगवान् श्रीकृष्ण हैं उनकी लीला का साक्षात्कार एवं उस लीला के रस में तन्मय हो जाना ही सूर की वास्तविक आध्यात्मिकता है। सूर क्षर में ही अक्षर ब्रह्म तथा उससे भी परे के पुरुषोत्तम रूप के दर्शन करते हैं। मानव-लीला में भगवान् की अलौकिक लीला का साक्षात्कार ही सूर का उद्देश्य है। सूर कृष्ण की मानवीय लीलाओं में उनके अलौकिक रूप के दर्शन करते हैं। गोचारण आदि के सामान्य क्रिया-कलापों के चरित-नायक भगवान् कृष्ण साक्षात् परमब्रह्म हैं। गोपियों को कृष्ण के इसी रूप के दर्शन होते हैं। उद्धव का ज्ञान ब्रज आने से पूर्व कृष्ण के इस स्वरूप के दर्शन नहीं कर पाया था। अलौकिक पुरुष जो सगुण और निर्गुण दोनों है और दोनों से परे भी है वही परम तत्त्व ब्रज की सामान्य क्रीड़ाओं का चरित-नायक है–यह ज्ञान गोपियों को तो अनायास ही है। इस परम तत्त्व में वे सहज रूप से ही तन्मय रहती हैं। पर उद्धव को कृष्ण के इस रूप का साक्षात्कार ब्रज आने पर, ज्ञान का अहंकार छूट जाने तथा प्रेम की तन्मयता जग जाने के उपरान्त ही होता है। मूलतः परम तत्त्व के सम्बन्ध में सूर की दार्शनिक मान्यता यही है। सूर के कृष्ण में विरुद्धधर्माश्रयत्व हैं और इसका

दिग्दर्शन वे लौकिक और अलौकिक दोनों स्तरों पर करा देते हैं। सूर कृष्ण और गोपियों की सम्पूर्ण मानव-क्रीड़ाओं के क्रिया-कलापों, कथाओं और चरित्रों में भगवान् की अचिन्त्य लीलाओं एवं उनके नित्य अपरिवर्तनशील स्वरूप का साक्षात्कार करते हैं। सूर की दृष्टि से यह सम्पूर्ण जगत् भगवान् का रास ही है। इसमें उन्होंने लीलापुरुषोत्तम भगवान् कृष्ण तथा उनकी ही आह्लादिनी शक्ति भगवती राधा के नित्य रास के दर्शन किए हैं। अनुग्रह प्राप्त कुछ जीवात्माएँ ही गोपिकाएँ हैं जो संसार के सम्पूर्ण सम्बन्धों से ऊपर उठकर भगवान् के इस नित्यरास में भाग लेती हैं तथा हमेशा रास-रस से आप्लावित रहती हैं। यहाँ विधि-निषेध की मर्यादा का कोई प्रश्न नहीं है। जगत् के सभी प्रकार के भावों के–वात्सल्य, दाम्पत्य, माधुर्य आदि रतिभावों के–ही नहीं, उत्साह आदि भावों के भी भगवदाश्रय के कल्मष दूर हो जाते हैं। वे सभी भाव भक्तिरूप ही हो जाते हैं। उन पर से विधि-निषेध की मर्यादा हट जाती है। भगवान् के इस रूप को ही जगत् में व्याप्त देखना, उस रूप के प्रेम में हमेशा तन्मय रहना, नित्य रास के साक्षात्कार से हमेशा आह्लादित रहना, ये जीवन के चरम लक्ष्य हैं। सूर इस लक्ष्य-प्राप्ति का साधन रागानुगा भक्ति ही मानते हैं। उनके लिए प्रेम ही महान् पुरुषार्थ है। रागानुगा भक्ति भी भगवान् के अनुग्रह से ही प्राप्त होती है। यही पुष्टिमार्ग है। 'यम् एष वृणुते तेन लभ्यः'–इसी में सूर की पूर्ण निष्ठा है।

सूर की साधना में ज्ञान, भक्ति और कर्म का पूर्ण सामंजस्य हो गया है। ये सभी भक्ति में पर्यवसित हो गए हैं। सब भक्ति-रूप ही हैं। वल्लभाचार्य ने भी इन सबको भक्ति-रूप ही कहा है। ज्ञानी भक्त का लक्ष्य सर्वज्ञता प्राप्त करना है। कर्मयोगी आत्मप्रसादन करना चाहता है। ये दोनों ही अवस्थाएँ किसी-न-किसी रूप में अहंकार को ही पुष्ट करती हैं। पर विशुद्ध भक्त तो भगवान् की प्रसन्नता को ही सब कुछ समझता है।[1] उसमें ज्ञानी और कर्मयोगी के अहंकार का लवलेश भी नहीं रहता है। पर वह कभी भी ज्ञान-विमुख या कर्म-विमुख नहीं होता है, ये दोनों भी उसकी भक्ति के सहज अंश बनकर उसी में विलीन हो जाते हैं। उनकी पृथक् चेतना और अहम् बुद्धि समाप्त हो जाते हैं। सूर को इन तीनों के समन्वय का साक्षात्कार भी सहज रूप में ही हुआ है। इसे भी वे कृष्ण का अनुग्रह ही मानते हैं। सूर की यही आध्यात्मिकता है, यही दार्शनिकता है।

सूर ने परब्रह्म, ईश्वर, जीव, जगत्-सम्बन्धी सभी दार्शनिक एवं आध्यात्मिक तत्त्वों का हृदय से साक्षात्कार किया है। उन्हें इनका बौद्धिक ज्ञान मात्र नहीं है। सूर का हृदय इनके बौद्धिक विश्लेषण एवं तार्किक प्रतिपादन में कहीं भी नहीं रमा है।

---

1. *ज्ञाननिष्ठा तदा ज्ञेया सर्वज्ञो हि यदा भवेत्।*
कर्मनिष्ठा तदा ज्ञेया यदा चित्तः प्रसीदति।
भक्ति-निष्ठा तदा ज्ञेया यदा कृष्णः प्रसीदति॥

अगर ऐसा होता तो नन्ददास की गोपियों की तरह सूर की गोपियाँ भी ज्ञान-वैराग्य, सगुण-निर्गुण सम्बन्धी अपने मत का बौद्धिक और तार्किक प्रतिपादन करतीं। पर उन्हें तो भगवान् कृष्ण के परब्रह्मत्व का सहज साक्षात्कार है। जो सिद्धियाँ और अवस्थाएँ अन्य लोगों को ज्ञान और योग से प्राप्त हो सकती हैं उनसे कहीं ऊपर की सिद्धियों तथा अवस्थाओं में गोपियाँ कृष्ण के अनन्य सहज प्रेम से पहुँच गई हैं। भगवान् के प्रेम में ही वे शाश्वत रमी रहना चाहती हैं, उसमें संयोग और वियोग का अन्तर नहीं है। संयोग में वियोग है और वियोग में संयोग। यही सूर की रहस्यात्मक आध्यात्मिक अनुभूति है। सूर की गोपियाँ वियोग से छुटकारा कब चाहती हैं? वे तो भगवान् कृष्ण के वियोग का भी रसास्वादन कर रही हैं। वियोग ही उन्हें भक्ति की चरम अवस्था पर पहुँचा रहा है। 'सूरसागर' का प्रत्येक पद इस प्रेम की–इस विरह की–व्यथा के अपार पारावार की लहर ही है। प्रेम की इस तन्मयता को पहुँची हुई गोपियों के ज्ञान और वैराग्य की आवश्यकता भी क्या है। उनके लिए सगुण और निर्गुण का झगड़ा भी व्यर्थ है। वे तो इन दोनों रूपों में समन्वय का ही दर्शन नहीं करती हैं[1] अपितु इनसे आगे की परात्पर अवस्था का भी साक्षात्कार कर लेती हैं। ये सब रूप कृष्ण के ही हैं। ऐसे विरुद्धधर्माश्रय भगवान् कृष्ण का वे शाश्वत प्रेम और भक्ति से साक्षात्कार करती रहती हैं। पर उन्हें ज्ञान, वैराग्य आदि के खंडन की भी आवश्यकता नहीं है। अधिकारी-भेद से ज्ञान-वैराग्य सभी ठीक हैं। गोपियाँ उस भाव-भूमि पर खड़ी हैं जो इन सबसे ऊपर है। पर वे इन सब को देख सकती हैं। उस परम साक्षात्कार की भूमिका में पहुँचने पर इन ज्ञान-वैराग्य, भक्ति-कर्म, सगुण-निर्गुण, जगत् के मिथ्यात्व एवं सत्यत्व आदि के अन्तर और विरोध नहीं रह जाते हैं; इन सबमें समन्वय स्थापित हो जाता है। अधिकारी-भेद और परिस्थिति-भेद से बौद्धिक ज्ञान एवं कर्म के स्तर पर ये सब ठीक ही प्रतीत होने लगते हैं। इन भेदों में उलझे रहना उनका यह खंडन-मंडन करते रहना सच्ची दार्शनिकता या आध्यात्मिकता नहीं है। यह खंडन तो बौद्धिकता का ही स्तर है। इनसे ऊपर उठने पर सच्ची आध्यात्मिक अनुभूति जागती है। इन अनुभूति में भक्ति, ज्ञान, कर्म, दार्शनिकता, आध्यात्मिकता एवं रहस्यवादिता सभी का अपूर्व समन्वय है। इसी

---

1. *वेद उपनिषद् जस कहै निर्गुन ही बतावै।*
सोई 'सगुन' होय नन्द के दौवदी बँधावै॥

... ...

आदि सनातन हरि अबिनासी, निर्गुण सगुण धैर तन होई।

... ...

अविगत आदि अनन्त अनूपम अलख एक अबिनासी।
पूरन ब्रह्म प्रगट पुरुषोत्तम नित निज लोक बिलासी॥

भूमिका पर सूर खड़े हैं। यही सूर की आध्यात्मिकता और दार्शनिकता है। सूर की राधा और गोपियाँ भक्ति से इसी भूमिका पर हैं। सूर ने अपने वास्तविक आध्यात्मिक तथा दार्शनिक व्यक्तित्व को उन्हीं की अनुभूति के माध्यम से व्यक्त किया है। सूर के कृष्ण सगुण-निर्गुण पुरुषोत्तम परात्पर परब्रह्म हैं। वे जीवों की विभिन्न वासनाओं की परितृप्ति के लिए अपनी लीला से अपने विभिन्न रूपों में आविर्भूत होते हैं। पर यह उनका अविकृत परिणाम मात्र है। आविर्भाव-तिरोभाव रूप लीला ही जगत् है। इस प्रकार सूर जगत् को कृष्ण-रूप ही देखते हैं। जगत् की सम्पूर्ण क्रियाओं और भावनाओं में कृष्ण की लीला ही अभिव्यक्त हो रही है। इस दृष्टि से देखने पर मानव-जीवन के सभी भाव भगवान् की भक्ति ही हैं। तभी सूर में जीवन के लौकिक और आध्यात्मिक स्तरों के किसी पारमार्थिक भेद की तुलसी की तरह सजग चेतना नहीं है। यही कारण है कि सूर आध्यात्मिकता के दर्शन लौकिक जीवन में ही कर लेते हैं। लौकिक और अलौकिक, मानव और ईश्वर, जगत् और ब्रह्म एवं विधि और निषेध में—सभी में आध्यात्मिक स्तर पर समन्वय हो जाता है। यही सूर की दार्शनिक दृष्टि है।

सूर में किसी भी दार्शनिक सम्प्रदाय का आग्रह नहीं है। वे सभी मतवादों से ऊपर हैं। उनमें अनुभूति के स्तर पर अद्वैतवाद और शुद्धाद्वैतवाद एवं भक्ति तथा ज्ञान में तात्विक अन्तर की सजग चेतना नहीं है। पर फिर भी शब्दार्थ के माध्यम से की गई अभिव्यक्ति किसी-न-किसी मतवाद का क्षीण अथवा सघन आवरण ग्रहण कर ही लेती है। इस दृष्टि से सूर शुद्धाद्वैतवादी तथा पुष्टिमार्गी हैं। इनके तत्त्वों का उन्होंने हृदय से साक्षात्कार किया है। पर फिर भी सूर-साहित्य में अनेक स्थानों पर जगत्, जीव, ईश्वर, मोक्ष, भक्ति आदि दार्शनिक तत्त्वों के स्वरूप का बौद्धिक तथा शास्त्रीय निरूपण उपलब्ध है। यह निरूपण सूर की दार्शनिकता में गौण महत्त्व की वस्तु है। हम इस लेख में सूर की दार्शनिकता के इस पक्ष का विस्तृत विवेचन नहीं कर रहे हैं।

सूर के गीति-काव्य का स्वरूप-विश्लेषण

मनमोहन गौतम

सूर का गीति-काव्य न तो गीत (Lyric) है, न मुक्तक और न प्रबन्ध। इसमें तीनों के सन्तुलित सामंजस्य से एक चिर-नवीन काव्य-रूप का निर्माण हुआ है। यद्यपि सूरदासजी ने अपना समस्त काव्य गीतों में प्रस्तुत किया है तथापि उनके कुछ ही पद ऐसे हैं जिनकी गणना शुद्ध गीतों में की जा सकती है। अब तक गीतों के जितने प्रकार बताए गए हैं, उनके अन्तर्गत सूर के गीत पूर्णतया नहीं आते। सूर के सभी ग्रन्थों में पद सर्वथा स्वतन्त्र हैं फिर भी उनके भीतर कथा की एक अदृश्य शृंखला विद्यमान है। स्वतन्त्र पद-रचना में उनका दृष्टिकोण शुद्ध आत्मपरक है, किन्तु समस्त ग्रन्थ में आत्मानुभव के स्थान पर भागवत लीला का वर्णन प्रमुख है। एक ओर गेय पद-रचना के भीतर छन्द-विधान भी मिलता है दूसरी ओर संगीत की स्वर-योजना के बाह्याकार के आवरण में काव्य की शब्दार्थ-साधना का वैभव भी सजाया गया है। सारांश यह कि सूर की गीत-पद्धति अनेक तात्विक विरोधों का सहज समन्वय है।

वर्णनात्मक गीति-काव्य या प्रगीत-वर्णन–सूरदासजी के गीतों की प्रमुख पहचान है उनकी वर्णनात्मकता। प्रत्येक ग्रन्थ में आदि से अन्त तक किसी-न-किसी प्रकार का वर्णन अवश्य प्राप्त होता है। सूरसागर में भागवत की समस्त लीलाओं का वर्णन है। उनके पदों में लम्बी कथाएँ और लम्बे वर्णन हैं। छोटे पदों में भी किसी एक स्थिति, चित्र या भाव का मनोरम लघु वर्णन अवश्य प्राप्त होता है। सूरदासजी को सूरसागर में प्रभु की लीलाओं का वर्णन भी अभीष्ट था, कहानी कहना नहीं। इसीलिए कथात्मक या प्रबन्ध-काव्य की दृष्टि से देखने पर ग्रन्थ सदोष प्रतीत होता है। किन्तु यदि हम उनके पदों को भिन्न-भिन्न लीलाओं, मनोदशाओं और स्वरूपों के वर्णन की दृष्टि से देखें तो उनके समस्त छोटे-बड़े पद अपने-अपने स्थल पर उत्कृष्ट दिखाई पड़ते हैं। 'सूर-सारावली' में भी कवि अपनी वर्णन की प्रवृत्ति को रोक नहीं सका है। भागवत की कथा की सूची देते हुए भी संक्षेप में वह वर्णन देता गया है और कवि जब मौलिक अंश–अर्थात् वृन्दावन रास-लीला–में प्रवेश करता है तब तो विस्तार से

रसात्मक वर्णन में जुट जाता है। साहित्य-लहरी के पदों में भी कवि दृष्टकूट-पद्धति में राधा-कृष्ण की संयोग-लीला, नख-शिख, अभिसार, मिलन तथा मान आदि का वर्णन ही प्रस्तुत करता है।

तात्पर्य यह कि सूर का समस्त काव्य वर्णन है और यह वर्णन राग-रागिनियों से समन्वित गीतों में उपस्थित किया गया है। इसलिए सूर के गीत-काव्य को वर्णनात्मक गीति-काव्य या प्रगीत-वर्णन की संज्ञा दी जा सकती है।

गेयत्व–सूर के पदों का गेयत्व अपूर्व है। शास्त्रीय राग-रागिनियों के ठीक स्वर-ताल उनमें प्राप्त हैं। प्रत्येक पद के ऊपर पद-स्थित राग या रागिनी का नाम उल्लिखित है। शास्त्रीय संगीतज्ञ उन्हीं स्वरों में सफलतापूर्वक गाता और सूर के शास्त्रीय संगीतज्ञान की मुक्त कंठ से प्रशंसा करता है। सूरसागर में इतने अधिक राग हैं कि उन्हें देखकर समस्त जीवन संगीत-साधना में अर्पित कर देनेवाले आज के संगीतज्ञों को भी दाँतों तले उँगली दबानी पड़ती है। तात्पर्य यह कि सूर के गीतों में शास्त्रीय स्वर-लय का पूर्ण विधान है फिर भी सूर के गीत शास्त्रीय संगीत मात्र नहीं हैं। उनमें स्वर-लय और नाद का चमत्कार प्रमुख नहीं है, प्रधानता है शब्द-संगीत की। सूर के पदों में कवित्व संगीत का दास नहीं है, संगीत कवित्व का सहायक बनकर आया है। सूरदास के पदों में संगीत पद की भावुकता को अभिवृद्ध करने, सरसता का संचार करने और अनुकूल भावभूमि का निर्माण करने मात्र का कार्य करता है। संगीत शब्द-सौन्दर्य या अर्थ-सौरस्य में किसी प्रकार का विघ्न उत्पन्न नहीं करता। वह तो शब्दों की रमणीयता, ध्वन्यात्मकता और स्वर-लहरी से अर्थ में सौष्ठव और कल्पना में कमनीयता भरता है। यही कारण है कि एक ओर सूर के पदों में संगीत-रचना के तत्त्व मिलते हैं तो दूसरी ओर उनमें काव्यात्मक वर्ण-योजना, अलंकार-विधान, लक्षणा-व्यंजना के चमत्कार और रसावयवों की अनिवार्य योजना प्राप्त होती है। पदगत शब्द-संगीत अनुभूति की सूक्ष्मता को मूर्तिमान कर देता है। संगीत-तत्त्व की रक्षा के लिए सूरदासजी प्रसाद-गुण-प्रधान शब्दावली को अधिक ग्रहण करते हैं, किन्तु जब संस्कृतगर्भित शब्दावली का ग्रहण करते हैं तो उन पर स्वरों के अनुरूप ऐसी रंगत लाते हैं कि वह भी नाद-सौन्दर्य के अनुरूप हो जाती है। जैसे–

सोभित कर नवनीत लिए।
घुटुरुन चलत रेनु-तन मंडित मुख दधि लेप किए॥[1]

इसमें संस्कृत-गर्भित शब्दावली का बाहुल्य है। किन्तु 'शोभित' को 'सोभित', 'रेणु' को 'रेनु' बनाकर उसमें ब्रजभाषा का मार्दव भर दिया गया है। साथ ही दन्त्य वर्णों की बहुलता और सानुनासिक ध्वनि के संयोग से उसका गेयत्व सघन कर दिया गया है।

1.'सूससागर', (सभा) दशम स्कन्ध, पद 99।

कभी-कभी कवि सूरदास, गायक सूरदास की अपेक्षा आगे बढ़े हुए प्रतीत होते हैं। उनकी प्रवृत्ति अलंकार-विधान, उक्ति-वैचित्र्य अथवा शब्द-क्रीड़ा में रम जाती है। पद में भावुकता और रसात्मकता की मात्रा कम हो जाती है। और पंक्तियाँ शब्द-चमत्कार और अर्थ के जटिल भार से दबी दिखाई पड़ती हैं, सूरसागर के बाल-छवि, नख-शिख, मुरली-प्रसंग के अनेक पदों तथा दृष्टकूट पदों और समस्त साहित्य-लहरी में यह प्रवृत्ति प्राप्त होती है। ऐसी अवस्था में पद की संगीतात्मकता में व्याघात उत्पन्न होने की पर्याप्त सम्भावना रहती है, किन्तु गायन-कला के सिद्ध सूरदासजी की वाणी शब्दार्थ-साधना में निरत होते हुए भी संगीत का तिरस्कार नहीं करती है। अपने अभ्यास के बल पर वे अनायास ही स्वर-ताल और लय का शुद्ध निर्वाह साहित्य-लहरी के दृष्ट-कूटों में भी करते जाते हैं। गायक या श्रोता पद का भाव भले ही समझ सकें, किन्तु स्वर-लहरियों तथा उनकी बँधान प्रतिपाद्य को आभासित करने में नहीं चूकती। सूरदासजी के वर्णनात्मक लम्बे पदों की वस्तु गीत के अनुरूप नहीं है। उनमें छन्दों का बन्धन भी है। फिर भी गेयत्व की दृष्टि से वे भी पीछे नहीं हैं। प्रायः उनकी टेक ऐसी है जो उनमें संगीतात्मकता का पुट भर देती है। यदि केवल गेयत्व की दृष्टि से उन पर विचारा जाए तो इन्हें भी गीत कहने में किसी को आपत्ति न होगी। सारावली में एक ही लम्बा पद है, किन्तु वह संगीत और लोक-गीत के ऐसे साँचे में ढला है कि उसके छन्द अन्तरा के रूप में टेक में बँधकर 'काफी' राग के मनोरम स्वरों का निर्वाह करते हैं और ब्रज-होली-लोक-गीत का सुन्दर उदाहरण भी बन जाते हैं।

आत्माभिव्यंजन–कृष्ण-लीला की प्रधानता होते हुए भी सूर-साहित्य में कवि की प्रत्यक्ष आत्माभिव्यक्ति मिलती है। सूरदासजी की प्रकृति आत्म-निवेदन की ओर अधिक उन्मुख थी। उनका समस्त जीवन अपने आराध्य के सम्मुख अपने सुख-दुःख, हर्ष-विषाद, उत्साह और क्षोभ आदि के नम्र निवेदन में व्यतीत हुआ। महाप्रभु वल्लभाचार्य के सम्पर्क में आने से पूर्व वे सन्त परम्परा के स्वरचित गीत गाया करते थे। पुष्टिमार्ग-सम्प्रदाय में दीक्षित होने के पश्चात् उन्हें श्रीनाथजी के सम्मुख कीर्तन करने और आत्मनिवेदन के रूप में पद गाने का जीवन-कार्य मिला। इससे उनके जीवन-क्रम में किंचित् मोड़ मात्र ही हो सका। अब भी उन्हें पहले-जैसा ही आत्म-निवेदन और आत्मानुभूति का प्रकाशन करना था। भेद केवल इतना हुआ कि अब उनहें कृष्ण-लीला का साहाय्य उपलब्ध हो गया। सन्तों-जैसा जो तपस्यामय[1] जीवन उन्होंने व्यतीत किया था, उससे उनके सहज स्निग्ध हृदय को शान्ति न मिली थी। अवचेतन में स्थित सरस-वृत्ति कृष्ण-लीला की अनुकूल भाव-भूमि पाकर तीव्र धारा में उमड़ पड़ी। 'रूप रेख गुन जाति जुगुति बिनु'[2] उनका मन निरालम्ब था। कृष्ण

---

1. शिव विधान तप करेउँ बहुत दिन तऊ पार नहिं लीन। 'सारावली' 1002।
2. 'सूरसागर' (सभा), प्रथम स्कन्ध, विनय-पद 2।

की सरस लीलाओं का आश्रय पाकर उनकी समस्त अवरुद्ध मनोवृत्तियाँ 'कृष्णार्पणमस्तु' बोलकर शत-शत धाराओं में प्रवाहित हो उठीं। गोप, गोपांगना और ब्रजांगना के माध्यम से सूरदासजी अपने ही हृदयोद्गारों का व्यक्तिकरण करने लगे। उनकी दास्य, सख्य, वात्सल्य और माधुर्य-भक्ति कृष्ण की विविध लीलाओं में साकार हो उठी। विनय, बधाई, क्रीड़ा, रस-केलि और विरह के पदों में उनका उल्लसित हृदय झलक उठा। नन्द, यशोदा, गोप, ब्रजांगना और डाढ़ी आदि के द्वारा वे कृष्ण की बाल-छवि निरखकर निहाल हुए। उन्होंने जी भरकर बधाई गाई, फिर वे ग्वाल-बाल बनकर कृष्ण की बाल-क्रीड़ा में सम्मिलित हुए। खूब खीझे और खिझाया, माखन-चोरी में सहयोग किया, दान-लीला में कृष्ण के सैनिक बने, गोपी और गोपांगना बनकर स्वकीया और परकीया प्रेम का परमानन्द लूटा, सुषमा, ललिता और चन्द्रावली की ओट में राधा-कृष्ण की रस-लीला का पूर्ण रूप से आस्वादन किया और भ्रमरगीत में अपनी विरह-कातर रसानुभूति को उपालम्भ के रूप में प्रस्तुत किया। इस प्रकार सूरसागर के वस्तुगत आधार में भी कवि की व्यक्तिगत अनुभूति के लिए सम्यक् क्षेत्र प्राप्त है। रस-स्निग्ध सरस वृत्तियों के प्रकाशन के लिए बन्धन-विहीन वृन्दावन की रंगस्थली अनायास ही सुलभ थी। रसस्वरूप लीला-पुरुषोत्तम कृष्ण की अद्भुत लीलाओं का आधार था ही, अतः लीला-वर्णन में अप्रत्यक्ष रूप से और पदान्त की भनिति में प्रत्यक्ष रूप से सूरदासजी ने अपनी आत्मानुभूति व्यक्त की। साहित्य-लहरी में काव्य-चिन्तन और सारावली में निजी दार्शनिक तथ्य लेकर उन्होंने अपनी साहित्यिक सुरुचि और आध्यात्मिक जिज्ञासा को तृप्त किया।

तात्पर्य यह है कि यद्यपि सूर के गीतिकाव्य में वस्तुगत आधार और वर्णन का आधिक्य है तथापि उसके अन्तर्गत व्यक्तिगत अनुभूति-चित्रण के लिए विस्तृत क्षेत्र सुलभ है। वस्तुपरक होते हुए भी उसके भावपरक होने में विशेष बाधा नहीं पड़ी है। कोरे वर्णनात्मक पदों में यह प्रवृत्ति अवश्य नहीं मिलती, किन्तु उस अंश की गणना तो सूर के गीति-काव्य में करना ही समीचीन नहीं है।

अन्विति–रागात्मक अन्विति गीति-काव्य की धुरी है। पद में एक ही भाव आदि से लेकर अन्त तक विद्यमान रहता है। इसी अन्विति (Unity) के कारण गीत अपने में सर्वथा पूर्ण होता है। उसे पूर्वापर सम्बन्ध की अपेक्षा नहीं होती–गीत की अन्विति तभी श्रेष्ठ होती है जब उसमें विचारों की बौद्धिकता एवं इतिवृत्तात्मकता का अभाव हो। सूरदासजी के गीतों में भाव और स्वरों की संगति (Coherence) प्रायः प्राप्त होती है। विनयपदों तथा कला-गीतों में एक ही मूल-भाव आदि से अन्त तक मिलता है। लीला-सम्बन्धी पदों में वस्तुगत आधार ब्याज-मात्र होता है, उद्देश्य कवि के व्यक्तिगत भाव की अभिव्यक्ति होती है। लीला के उन पदों में, जिसमें वर्णन की प्रधानता है, टेक अन्विति की द्योतक है। अधिकांश लम्बे पदों में पद के बीच-बीच

में टेक की अर्धाली संगति उपस्थित करती जाती है। पद की दो-दो पंक्तियाँ तुकान्त-युक्त छन्दों में होती हैं और टेक सबके साथ लगकर भिन्न तुकवाले चरणों में भी संगति उत्पन्न करती है। उदाहरण के लिए एक लम्बा पद देखिए–

तो पर वारी हौं नन्दलाल! टेक
सरद चाँदनी रजनी सोहै, वृन्दावन श्री कुंज।
प्रफुलित सुमन विविध रँग जहँ तहँ कूजत कोकिल पुंज॥
जमुना पुलिन स्याम घन सुन्दर अद्भुत रास उपायौ।
सप्त सुरन बन्धान सहित हरि मुरली टेर सुनायौ॥[1]

इसी प्रकार दो-दो पंक्तियों के तुकान्त चरण चलते जाते हैं। प्रत्येक तुक भिन्न है किन्तु गायक प्रत्येक तुक के बाद टेक लगाता हुआ गाता जाता है। इस प्रकार समस्त वर्णन में 'तो पर बारी हौं' के मूल भाव की छाप लगती जाती है। इस प्रकार अन्विति की रक्षा हो जाती है। तुक अन्विति और संगति के साधन बनते जाते हैं। सूर के पदों की अन्तिम पंक्ति समस्द पद का सार प्रस्तुत करके पद को पूर्णता पर पहुँचा देती है। जैसे–

सूरदास प्रभु भक्तबछलता, प्रकट करी गिरिधारी।[2]

सारांश यह कि टेक से जिस मूल भाव का परिचय मिलता है और संगति बीच-बीच में टेक की आवृति द्वारा होती रहती है, उसकी पूर्णता भनिति की अन्तिम पंक्ति में हो जाती है। चाहे पद कितना ही बड़ा या छोटा हो, सूरदासजी एक ही मुख्य विचार उसमें रखते हैं। विचार-विस्तार के रूप में उसका कलेवर कुछ भी हो जाए, मूल भाव एक ही रहता है। यही कारण है कि प्रत्येक पद भाव और विचार दोनों दृष्टियों से स्वतन्त्र और सर्वथा पूर्ण होता है। सूर की अन्विति का मूल उसमें स्थित एकरागात्मकता है। प्रत्येक पद में रागात्मक आवेग प्रवाहित होता रहता है। इसी रसधारा में मग्न पाठक या श्रोता पद की इतिवृत्तात्मकता को भूल जाता है। सूर की निजी भावानुभूति ही उसके अन्तस्तल पर संचरण करने लगती है। इस प्रकार सूर के कला-गीतों में गीतिकाव्यानुरूप भाव-प्रवणता प्राप्त होती है जिसमें एक रागात्मक अन्विति अनिवार्य रूप से विद्यमान रहती है।

सहज अन्तःप्रेरणा–सूरदासजी का समस्त साहित्य उनकी सहज अन्तःप्रेरणा का ही परिणाम है। आरम्भ से ही उनके जीवन का क्रम प्रभु-सेवा में लग्न था। जब वे श्रीनाथजी के प्रमुख कीर्तनकार नियुक्त हुए, तब उनकी भक्ति का स्वरूप परिवर्तित हो गया–दास्य के स्थान पर सख्य का आविर्भाव हुआ। अभी तक वे व्यापक अखिलेश्वर के गुणों का गान करते थे, पर अब प्रभु की भी एक निश्चित रूप-रेखा

---

1. सूरसागर (सभा), दशम स्कन्ध, पद 1181।
2. वही, 1181।

लीला-पुरुषोत्तम रसावतार कृष्णचन्द्र और उनकी वृन्दावन की रास-लीलाएँ—उन्हें प्राप्त हो गईं। इनके बाहर और कहीं जाने का विचार उन्होंने छोड़ दिया।[1] प्रतिदिन लीला के माध्यम से आत्म-निवेदन करना अब उनके जीवन का एकमात्र कार्य और व्यसन रह गया। अपनी सहज अन्तःप्रेरणा की उमंग में पद-रचना करके वे प्रभु के सम्मुख कीर्तन किया करते थे। यही कारण है कि इनके मौलिक गीतों में भागवती कथा का अभाव है और रस तथा आवेग की मात्रा अधिक है। बाल-लीला, माखन-चोरी, प्रेम-लीला, रास-लीला और भ्रमरगीत आदि प्रसंगों में क्या नहीं है, प्रत्येक पद प्रसंग का सहारा लेकर रस-सृष्टि करता दिखाई पड़ता है। जैसे–

राग मल्हार

बदरिया बधन बिरहिनी आई।
मारू रौर ररत चातक पिक, चढ़ि नग टेर सुनाई॥
दामिनि कर करवाल गहे, अरु सायक बूँद बनाई।
मनमथ फौज जारि चहुँ दिसि तैं, बज सम्मुख है धाई॥
नदी सुमर सन्देश क्यों पठऊँ, बाट त्रिनन हूँ छाई।
इक हम दीन हुती कान्हर बिनु, ओ हनि गरज सुनाई॥
सूनौ घोष बैर तकि हम सौं, इन्द्र निसान बजाई।
सूरदास प्रभु मिलहु कृपा करि, होति हमारी धाई॥[2]

उपर्युक्त पद में न तो कोई कथा है और न वर्षा का वर्णन ही है। इसमें तो विरह की तीव्रानुभूति ही प्रत्यक्ष की गई है। प्रतीत होता है भयंकरता चारों ओर से घिरी है। विरहिणी आतंकित है, कहीं उसे रक्षा का स्थान नहीं दीख पड़ता। उसकी आर्त पुकार प्रत्येक पंक्ति से निकल रही है।

हम पीछे लिख चुके हैं कि सूरसागर का आदि रूप द्वादश स्कन्धात्मक न होकर स्फुट लीला-पदों का एक संग्रहात्मक रूप था। सूरसागर का वह अंश जो छन्दात्मक-वर्णनात्मक पदों में भागवत की कथा उपस्थित करता है कवि की सहज अन्तःप्रेरणा से मुक्त नहीं है और इसीलिए वह अंश गीति-काव्य के अनुरूप नहीं है।

---

1. *अब तो यही बात मन मानी।*
छाँड़ौं नाहिं स्याम स्यामा की बृन्दाबन रजधानी।...
भ्रम्यौ बहुत लघु धाम बिलोकत छनभंगुर दुःख दानी।
सर्वोपरि आनन्द अखंडित, सूर भरम लपटानी॥

सूरदास (सभा), विनय पद 87।

2. 'सूरसागर' (सभा), दशम स्कन्ध, पद 3306।

'सारावली' और 'साहित्य-लहरी' भी उनकी निजी अन्तःप्रेरणा के परिणाम हैं। इन ग्रन्थों की वस्तु गीति-काव्य का विषय नहीं है–'सारावली' में श्रीमद्‌भागवत का सार तथा सिद्धान्त-समुच्चय और 'साहित्य-लहरी' में शब्द क्रीड़ा-युक्त अलंकार, नायिका-भेद और रस-निरूपण हैं–फिर भी कवि की अन्तःप्रेरणा के भिन्न-भिन्न पहलू इन पुस्तकों में देखने को मिलते हैं।

शैली–सूर की भाषा-शैली गीति-काव्य के अनुरूप है। उसमें अनुपम प्रवाह है। साहित्य-लहरी तथा सूरसागर के दृष्टकूट पदों को छोड़कर सर्वत्र ही पदावली प्रसादगुण-पूर्ण है। शब्दों का लालित्य, उनकी कोमल-कान्तता और सहज मार्दव गीत की भाव-धारा से मिल जाते हैं। संस्कृत शब्दों का प्रयोग संगीत की ध्वनि उत्पन्न करने में सहायक होता है। क्लिष्ट सामाजिक पदावली के दर्शन सूर के पदों में प्रायः नहीं होते। यद्यपि सूर ने ब्रज की लोक-भाषा का साहित्य-संस्कार किया तथापि ब्रज की लोक-भाषा की स्वाभाविकता नष्ट नहीं होने पाई है। शब्दों की आनुप्रासिकता, तुक और कंठ-ध्वनि प्रवाह को द्विगुण करते हैं। कवि को सादृश्यमूलक अलंकार बड़े प्रिय थे। प्रायः प्रत्येक चरण में उपमा, रूपक, उत्प्रेक्षा आदि के द्वारा पद की कमनीयता और भाव की मूर्तिमत्ता के दर्शन होते हैं। उदाहरण–

ललन, हौं या छवि ऊपर वारी।
बाल गोपाल लगौं इन नैननि, रोग बलाइ तुम्हारी॥
लट लटकनि मोहन मसि बिन्दु का, तिलक भाल सुखकारी।
मनौं कमल दल सावक पेखत, उड़त मधुप छवि भारी॥
लोचन ललित, कपोलनि काजर, छवि उपजति अधिकारी।
सुख में सुख औरैं रुचि बाढ़ति, हँसत देत किलकारी॥
अलप दसन कलबल करि बोलनि बधि नहिं परत बिचारी।
बिकसति ज्योति अधर पै मानो, बिधु में बिज्जु उज्यारी॥[1]

उपर्युक्त पद में दन्त्य वर्णों, अनुनासिक ध्वनियों और लकार के बाहुल्य से संगीतात्मकता की वृद्धि हुई है। आनुप्रासिकता शब्द-संगीत के लालित्य को बढ़ाती है। चरणान्त में दो गुरु की तुक प्रत्येक पंक्ति में है। यह गीत में स्वर भरने का सुअवसर प्रदान करती है। समस्त पद में मुख-छवि का वर्णन है जो प्रसादगुणपूर्ण है। उत्प्रेक्षाएँ इतनी साधारण और सुपरिचित हैं कि विचारों का बोझ मस्तिष्क पर नहीं पड़ता और अनायास ही तन्मयता छा जाती है। भाव का तारल्य तो है ही, भाषा में भी सहज प्रवाहयुक्त तरलता दिखाई पड़ती है। शब्द-संगीत अर्थ का द्योतक है। 'लट-लटकनि' में उलझन, 'मसि बिन्दुका' में बिन्दी, 'उड़त' में भौरे की उड़ान, 'लोचन-ललित' में कमनीयता, 'कपोलनि' में स्निग्धता और कपोलों का गोल आकार,

1. सूरसागर (सभा), दशम स्कन्ध, पद 91।

'किलकारी' में किलक, 'अलप दसन कलबल करि बोलनि' में बच्चे की तोतली बानी और 'बिज्जु उज्यारी' में एक दमक की ध्वनि स्वतः आती है। संगीतज्ञ तो इन ध्वनियों से लाभ उठाकर उसमें अपनी सधी हुई स्वर-लहरी के संयोग से उक्त भावों को मूर्तिमंत कर देगा और श्रोता उसे सुनकर आत्म-विभोर हो जाएगा। बीच-बीच में ग्राम-गीत की भावुकता की भी स्थिति सूरदासजी ने रखी है। टेक 'ललन हौं या छवि ऊपर वारी' तो शुद्ध ग्राम-गीतत्व का उदाहरण है। 'रोग-बलाइ तुम्हारी', 'छवि उपजति अधिकारी', 'सुख में सुख औरैं रुचि बाढ़ति' और 'बधि नहिं परत बिचारी' में ग्राम-गीतों का चिर-परिचित स्वर सुनाई पड़ता है। इस प्रकार इस पद में वही मातृभाव व्यक्त है जो सामान्य लोरियों में प्राप्त होता है।

वस्तु-तत्त्व और भाव-तत्त्व का अनुपात–गीति-काव्य में भाव-तत्त्व की मात्रा अधिक और वस्तु-तत्त्व की कम होती है। वस्तु-तत्त्व का आधिक्य मुक्तक या प्रबन्ध-काव्य में होता है। सूरदासजी के गीति-काव्य में वस्तु-तत्त्व का निश्चय ही प्राचुर्य है। कारण यह है कि समस्त काव्य कृष्ण की लीलाओं के वर्णन-रूप में है। किन्तु फिर भी इस वस्तु-तत्त्व के मूल में भाव-तत्त्व सर्वत्र विद्यमान है। सूर-काव्य में वस्तु-तत्त्व अस्थिर-पंजर है तो भाव-तत्त्व उसका प्राण है। प्रत्येक पद में प्रवहमान भाव-धारा वर्णन पर छा जाती है और पाठक या श्रोता उसी में मग्न हो जाता है। वर्णन-वैचित्र्य का प्रभाव उस पर प्रायः न के बराबर पड़ता है। इस प्रकार सूर के गीति-काव्य में परिमाण में तो वस्तु-तत्त्व भाव-तत्त्व से कई गुना दिखाई पड़ता है किन्तु उसके भीतर भाव-तत्त्व की जो तीव्रता और प्रबलता है उसके कारण भाव-तत्त्व मात्रा में कम होते हुए भी अधिक प्रभावशाली हो जाता है। सारांश यह कि सूर के प्रगीत-वर्णन में वस्तु-तत्त्व और भाव-तत्त्व का अनुपात दो और तीन का ही माना जा सकता है और इसी कारण वह गीति-काव्य के अनुकूल भी पड़ जाता है।

स्वान्तःसुख और भावना का उन्नयन

काव्यशास्त्रीय दृष्टि से सूर के गीति-काव्य का जो विवेचन ऊपर प्रस्तुत किया गया है उसकी पुष्टि मनोवैज्ञानिक दृष्टि से भी की जा सकती है। सूरदासजी का जीवन-सम्बन्धी दृष्टिकोण अपने में ही केन्द्रित था। आत्म-केन्द्रित होने के कारण लोकादर्श, समाज-रुचि और नीति आदि पर दृष्टि न रखकर उन्होंने अपने काव्य का आधार स्वान्तःसुख ही माना है। अपने अनुराग-विराग की सभी वृत्तियाँ उन्होंने कृष्ण पर ही अर्पित कर दी हैं। कृष्ण ही उनकी सद्वृत्तियों के आधार हैं और कृष्ण ही उनकी असद्वृत्तियों के आलम्बन हैं। जहाँ उन्होंने कृष्ण के ईश्वरत्व का उद्घाटन किया है वहाँ उन्होंने अपनी सहज मनोवृत्तियों की तुष्टि में कृष्ण की शृंगारिक लीलाओं की भी पूर्ण अभिव्यक्ति की है। अनुराग और विराग दोनों का ही सम्यक्

निरूपण सूरसागर में उपलब्ध है। वल्लभाचार्य से मिलने से पूर्व विरागी होकर साधना और तपस्या आदि उन्होंने की थी,[1] किन्तु मन की रागात्मक सहजवृत्तियाँ विनष्ट न हुई थीं, अवचेतन में स्थित थीं। वे कृष्ण की प्रेम-लीलाओं का आलम्बन पाकर अभिव्यक्त हो गईं। इस प्रकार उनकी सहज मनोवृत्तियों का तरल रूप कृष्ण-लीला-वर्णन के गीतों में बह निकला। परिणाम यह हुआ कि उनके काव्य में वर्णनात्मकता तो आई, पर आत्मपरक होने के कारण उसका व्यक्तिकरण गीतों में हुआ, काव्य में आध्यात्मिकता की स्थिति होते हुए भी नीति, लोकादर्श आदि का समावेश नहीं हो पाया है। एक उदाहरण आवश्यक है–

रीझे परस्पर वन नारि।
कंठ भुज-भुज धरे दोऊ सफत नाहिं निकारि।
गौर-स्याम कपोल सुललित, अधर अमृत-सार।
परस्पर दोउ पीय प्यारी, रीझि लेत उगार।
प्रान इक द्वै देह कीन्हें, भक्ति-प्रीति-प्रकास।
सूर स्वामी स्वामिनी मिल करत-रंग-बिलास।[2]

पद में सूरदासजी की अपने प्रभु-सम्बन्धी अलौकिकता की धारणा स्पष्ट है। वे स्वामी और स्वामिनी के कथन द्वारा अपनी श्रद्धा का प्रकाश करते जाते हैं तथा शृंगारिक विलास-वर्णन के अन्तर्गत भक्ति की महत्ता का स्पष्ट उल्लेख करते जाते हैं। फिर भी रंग-विलास के वर्णन में उन्हें किसी प्रकार का दुराव-छिपाव नहीं। वे संयोग-सुख का निःसंकोच वर्णन करते हैं। अपना मत भी उन्होंने एक स्थल पर प्रकट किया है–

चित चुभि रही मदन मोहन की चितवनि मृदु मुसकानि।
जुर्‌यौ सनेहु नन्दनन्दन सौं तजि परिमित कुलकानि।
छूटत नहीं सहज सूरज प्रभु, दुःख सुख लाभ कि हानि॥[3]

सहज गुण–सूरदासजी सहज गायक थे। अपनी अनुभूतियों और भक्त-हृदय की मनोदशाओं को बिना किसी बनाव-सँवार के गाकर उपस्थित करना ही उनका कार्य था। अन्धे होने के कारण उन्हें अपनी रचनाओं को माँजने, सुधारने और चमकाने

---

1. शिव विधानतप कर्‌यौ बहुत विधि तऊ पार नहिं लीन।

–सारावली, छन्द 1002।

परमभोग पुनि ज्ञान उपासन सबही विधि भरमायौ।

–सारावली, छन्द 1102।

भ्रम्यौ बहुत लघु धाम बिलोकत, छन भंगुर दुख दानी।

–सूरसागर, विनय-पद 87।

2. सूरसागर (सभा), दशम स्कन्ध, पद 1082।
3. वही, 3806।

का अवसर कम था। नन्ददासजी की भाँति सूर को ललित शब्दों और पदों का चयन, उनका परिष्करण और क्रान्ति-निक्षेपण का सुयोग न था। वे काव्य में जड़िया की नक्काशी, खराद और दीप्ति न भर सकते थे, अपने अनूठे, अलोने-सलोने भावों की अकृत्रिम अभिव्यंजना करना जानते थे। यही कारण है कि इतने बहुश्रुत, शास्त्रज्ञ, पंडित और उच्च कोटि के गायक होते हुए भी उनकी वाणी सरल और स्वाभाविक शिल्प-विधान की ही मुखापेक्षी रही है। गम्भीर-से-गम्भीर विचार भी अतिसर ब्रज में व्यक्त होते हैं। जैसे–

द्वै में एकौ तो न भई।
ना हरि भज्यौ न गृह सुख पायौ, बृथा बिहाइ गई।
ठानी हुती और कछु मन में, औरै आनि ठई।
अबिगत-गति कछु समुझि परत नहिं, जो कछु करत दई।
होत कहा अब के पछिताये, बहुत बेर बिलई।
सूरदास सेये न कृपानिधि, जो सुख सकल मई॥[1]

उक्त पद के रेखांकित शब्द और पद की शैली द्रष्टव्य है। 'एकौ तो', 'बिहाइ', 'ठानी हुती', 'करत दई', 'बेर बिलई' जैसे शब्द सरल ब्रज-बोली के हैं, पर पद में विराग और आध्यात्मिकता के ऊँचे विचारों का निरूपण है।

सूरदासजी को अपने विचार कीर्तन के माध्यम से प्रस्तुत करने होते थे, इसलिए वे अवसर-विशेष के लिए विशिष्ट पद की रचना कर लेते थे, जिसमें सहज गुण तो होता था किन्तु कलात्मक शृंगार प्रायः कम होता था। उदाहरण के लिए नृसिंह-जयन्ती[2] और वामन-जयन्ती[3] के पद द्रष्टव्य हैं। इनमें अवसरानुकूल कथा तो है किन्तु कवि का कृतित्व नहीं है। इसी प्रकार शरद्-पूर्णिमा की रात्रि के कीर्तन के लिए शरद्-वर्णन सम्बन्धी लम्बे पद[4] रचे गए हैं जिनमें सहज गुण तो है पर कलात्मकता का अभाव है। उदाहरण–

सरद सुहाई आई रात। दुहुँ दिसि फूलि रही वन-जाति।
देखि स्याम मन सुख भयौ।
ससि गो मंडित जमुना-कूल। वरणत विटप सदा फलफूल।
विविध पवन दुख दवन है।
राधा रवन बजायौ बेनु। सुनि धुनि गोपिनि उपज्यौ मेनु।
जहाँ तहाँ ते उसठ हुइ चलीं–
इत्यादि–[5]

1. सूरसागर (सभा), दशम स्कन्ध, पद 299।
2. वही, सप्तम स्कन्ध, पद 2।
3. वही, अष्टम स्कन्ध, 12 से 14।
4. वही, दशम स्कन्ध, 1180 से 1182।
5. वही, दशम स्कन्ध, 1180।

कीर्तन के क्रम के कारण सूरदासजी का सम्पर्क न केवल पंडित-मंडली से था वरन् साधारण जन-समुदाय से भी था, जो कीर्तन में रुचि रखते थे। उस काल के अच्छे गायक एवं शास्त्रीय संगीत के कलाविद् भी सूरदासजी के कीर्तन में सम्मिलित होते थे। जैसा समुदाय होता था उसी के अनुरूप सूरदासजी भजन गाते थे। परिणाम यह हुआ कि उनके कुछ गीत तो शुद्ध लोक-गीत के रँग में रँगे हैं और कुछ शास्त्रीय रागों के शिल्प-विधान से भूषित हैं। कुछ पर साहित्यिक छटा और शब्द-क्रीड़ा (दृष्टकूट) से भी अलंकृत हैं। सूरदासजी साधारण जन-समुदाय और विशेषज्ञों—दोनों की रुचियों को सन्तोष देने के अभिप्राय से साहित्यिक शब्द-विधान से युक्त ऐसे गीतों की रचना करते थे जो शास्त्रीय रागों में भी गाए जा सकते थे और लोक-गीतों में भी। सूरदासजी की काव्य-कल्पना जब अपने चरम उत्कर्ष पर पहुँच जाती थी, तब भी उसमें सहजता विद्यमान रहती थी। उनकी भाषा का सहज गुण, उनकी कल्पना की कमनीयता में सोने में सुगन्ध का काम करता था। उदाहरण के लिए पद है—

(हौं तो मोहन के) बिरह जरी रे, तू कत जारत।
रे पापी तू पंखि पपीहा पिय-पिय करि अधराति पुकारत॥
करी न कछु करतीत सुभट की झूठि मृतक अबलनि सर मारत।
रे सठ तू जु सतावत औरनि जानत नहिं अपने जिय आरत॥
सब जग सुखी दुखी तू जल बिन, तऊ न उर की बिथा बिचारत।
सूर स्याम बिन ब्रज पर बोलत, काहै अगिलौ जनम बिगारत॥[1]

यहाँ पद-गत भाषा की स्वाभाविकता, अकृत्रिम भाव-योजना और सहज भावानुभूति के स्पष्टीकरण की आवश्यकता नहीं। कल्पना की कमनीयता केवल भाव-विषयक है। संगीत की कला उसके सहज स्वरों में है किन्तु अभिव्यक्ति में सूर ने ग्राम-बधूटी की सहजता की अनिर्वायता रखी है। प्रत्येक पंक्ति, प्रत्येक शब्द और स्वराघात में ग्राम-कंठ मुखरित हो रहा है।

तात्पर्य यह कि सूर के गीति-शिल्प में काव्यशास्त्र और संगीतशास्त्र का जितना योगदान है उससे भी अधिक स्वाभाविकता और सहज गुण का अनिवार्य पुट है। सूर ने अपनी ज्ञान-राशि के द्वारा अपनी अभिव्यक्ति को समृद्ध अवश्य किया, किन्तु उनका भावुक हृदय लोक-संस्कृति, लोक-रुचि, और सहज मार्दव को किसी भी मूल्य पर त्याग नहीं सका। सच तो यह है कि सहज गुण की रक्षा के लिए यदि उन्हें अपने पांडित्य, काव्य-सौष्ठव और संगीत-कला को कहीं निछावर करना पड़ा, तो भी वे ऐसा करने में हिचकिचाए नहीं।

---

1. सूरसागर (सभा), दशम स्कन्ध, पद 3338।

श्रीमद्भागवत और सूरसागर

हरवंशलाल शर्मा

सूर के आधुनिक आलोचकों ने उनकी विवेचना करते हुए इस विषय पर विचार किया है, परन्तु वह विचार साधारण रूप से कथावस्तु की दृष्टि से हुआ है। डॉ. धीरेन्द्र वर्मा ने अपने लेख 'सूरसागर और श्रीमद्भागवत' में कई पक्षों पर प्रकाश डाला है। डॉ. ब्रजेश्वर वर्मा ने अपने प्रबन्ध 'सूरदास' में भी इस पर विचार किया है। सूर-विषयक अन्य ग्रन्थों में भी इस पर प्रकाश डाला गया है किन्तु वह तुलनात्मक विवेचन सर्वांगीण नहीं कहा जा सकता। हिन्हीं दो ग्रन्थों अथवा लेखकों की तुलना करने के लिए यह आवश्यक है कि उनके विषय के अतिरिक्त काल, सिद्धान्त आदि पर भी विचार होना चाहिए। सूरसागर की द्वादश-स्कन्धात्मक प्रतियों में आए हुए 'व्यास कहे सुकदेव सों द्वादस स्कन्ध बनाय, सूरदास सोई कहे पद भासा करि गाय' आदि पद इस धारणा को जन्म देते रहे कि सूरसागर भागवत का अनुवाद है। इस बात को निश्चित करने के लिए दोनों का गहन अध्ययन आवश्यक है। श्रीमद्भागवत एक महापुराण है और 'विद्यावतां भागवते परीक्षा' वाली उक्ति के अनुसार प्रकांड पंडितों के लिए भी यह विषय बड़ा गूढ़ है। भारतीय साहित्य में निर्माण-तिथि देने की परिपाटी न होने के कारण साहित्य का बहुत-सा अंश आज भी अन्धकार के गर्त में पड़ा हुआ है। श्रीमद्भागवत की रचना-तिथि के विषय में निश्चयपूर्वक तो कुछ नहीं कहा जा सकता परन्तु अन्तः एवं ब्राह्य साक्ष्यों के आधार पर यह हम अवश्य कह सकते हैं कि श्रीमद्भागवत का वर्तमान संस्करण दक्षिण में हुआ और दाक्षिणात्य पंडितों के कई संस्करण सम्भावित हैं और उनमें प्रक्षिप्त अंशों की भरमार है, परन्तु श्रीमद्भागवत हमें आज जिस रूप में उपलब्ध होता है उसे देखकर यह अवश्य कहा जा सकता है कि यह किसी एक व्यक्ति द्वारा ही किया गया संस्करण है। अन्य पुराणों में श्रीमद्भागवत का उल्लेख मिलता है परन्तु देवीभागवत से इस ग्रन्थ की स्पर्धा किसी प्रकार के निश्चय में और भी बाधा उत्पन्न करती है। अब हम श्रीमद्भागवत के स्वरूप-निर्धारण और प्राचीनता के विषय में संक्षेप में विचार करेंगे।

आज श्रीमद्भागवत हमें जिस रूप में उपलब्ध होता है, उसमें 12 स्कन्ध, 335 अध्याय और 14615 श्लोक हैं। श्रीमद्भागवत का उल्लेख तथा विवरण विशेष रूप से भी नारदीय पुराण, पद्म पुराण, स्कन्ध पुराण, कौशिक संहिता, गौरी तन्त्र, सात्वत तन्त्र तथा पांचरात्र निबन्ध आदि-आदि ग्रन्थों में है। प्रायः सभी ग्रन्थों में भागवत के 12 स्कन्ध, 335 अध्याय और 18000 श्लोक-संख्या मानी है। मत्स्य पुराण में श्रीमद्भागवत का जो उल्लेख है उसके अनुसार भागवत में शारद्वत कल्प की कथा का वर्णन है परन्तु प्रचलित श्रीमद्भागवत में शारद्वत कल्प का प्रसंग नहीं मिलता किन्तु उसी के प्रमाण से पद्मकल्प की कथा का वर्णन है।

इस उल्लेख से तीन प्रकार के अनुमान सम्भव हैं–(1) मत्स्य पुराण में शारद्वत कल्प की कथा प्रक्षिप्त है, (2) शारद्वत और पद्म एक ही कल्प के दो नाम हैं, (मत्स्य पुराण में वर्णित भागवत श्रीमद्भागवत नहीं है। वह एक गम्भीर विषय है और इस पर स्वतन्त्र विचार की आवश्यकता है।) पद्मपुराण में श्रीमद्भागवत के 12 स्कन्धों का भगवान् के 12 अंशों के रूप में वर्णन किया गया है और फिर उसी का विवेचन करते हुए लिखा है–

द्वात्रिंशात्त्रिशतं च यस्य विलसच्छाखाः।[1]

अर्थात् भागवत पुराण की 332 शाखाएँ सुशोभित हैं। भागवत के प्राचीन टीकाकार चित्सुखाचार्य ने भी अपनी टीका के अन्त में लिखा है–

द्वात्रिंशात्त्रिशतं पूर्णमध्यायाः।

अर्थात् श्रीमद्भागवत के 332 अध्याय पूरे हुए। सम्भवतः इसी आधार पर श्री वल्लभाचार्य आदि ने भागवत के तीन अध्याय प्रक्षिप्त माने हैं, परन्तु श्री जीवगोस्वामी श्रीभागवतपद-सन्दर्भ में लिखते हैं, "जो इन अध्यायों को प्रक्षिप्त मानते हैं, उनके वैसा मानने का कोई कारण नहीं है क्योंकि सब देशों में वे प्रचलित हैं, और वासनाभाष्य, सम्बन्धोक्ति, वित्ततकामधेनु, शुकमनोहारा, परम-हंसप्रिया आदि प्राचीन एवं आधुनिक टीकाओं में इनकी व्याख्या की गई है। यदि अपने सम्प्रदाय में अस्वीकृत होने के कारण ही वे उन्हें अप्रमाणित मानते हैं तो दूसरे सम्प्रदायों में स्वीकृत होने के कारण प्रामाणिक ही क्यों नहीं मानते?[2] 'द्वात्रिंशत्त्रिशतं च' का द्वन्द्वैक्य स्वीकार करके पंडितों ने 335 अध्यायों की संगति लगाई है अर्थात् 'द्वात्रिंशत् च त्रिशतं च त्रयञ्च शतानि च' इस व्याख्या से 335 अर्थ हो जाता है। श्लोक-संख्या का समाधान पंडितों ने इस प्रकार किया है कि श्रीमद्भागवत एक मन्त्रात्मक ग्रन्थ

1. पद्मपुराण, उत्तरखंड, अध्याय 181।
2. श्रीमद्भागवत-पदसन्दर्भ, अध्याय 12।

है और इसके एक-एक श्लोक, एक-एक पद और एक-एक शब्द का मन्त्र की भाँति पाठ किया जाता है। इसलिए मन्त्र-ग्रन्थ होने के कारण प्रत्येक 'उवाच' को एक श्लोक एवं अध्याय की पुष्पिका को डेढ़ श्लोक मानने पर श्लोक-संख्या पूरी हो जाती है। दुर्गासप्तशती की भाँति भागवत के पाठ में 'इति', 'अथ' आदि को जोड़ा नहीं जाता। भागवत की 'अन्वितार्थप्रकाशिका' टीका के रचयिता गड़ासहायजी 'जरठ' महोदय लिखते हैं–

''मैंने तीन बार 'श्रीमद्भागवत' का अक्षर-अक्षर गिना है। उसमें सत्रह हजार नौ सौ साढ़े अट्ठानवे श्लोक गिने हैं। इस प्रकार जो डेढ़ श्लोक की कमी बैठती है, वह उवाच आदि के पाठ-भेद के कारण हो सकती है।''

श्रीमद्भागवत की प्राचीनता के विषय में भी मतभेद है। इसे प्रायः विभिन्न कालों की रचना बतलाया जाता है। 'रासलीला' के आधार पर तो पाश्चात्य विद्वान् इसे 16वीं शताब्दी की रचना बताने में भी नहीं हिचकते। उन्होंने अपने इस अनुमान का आधार बोपदेव के 'हरिलीलामृत' ग्रन्थ को माना है, जो आजकल अप्राप्त है, परन्तु हम इस अनुमान से सहमत नहीं हैं। बोपदेव हेमाद्रि के समकालीन थे और कहा जाता है कि उन्हीं की प्रसन्नता के लिए बोपदेव ने अनेक ग्रन्थों का प्रणयन किया था। भारतीय इतिहासों के आधार पर हेमाद्रि देवगिरि के यादव राजा रामचन्द्र के मन्त्री बताए जाते हैं जिसका राज्य-काल सन् 1271 से 1309 ई. तक माना गया है। इस प्रकार बोपदेव का काल 13वीं शताब्दी ठहरता है परन्तु 13वीं शताब्दी से पहले श्रीमद्भागवत-विषयक अनेक उल्लेख हैं, इसलिए बोपदेव से श्रीमद्भागवत का सम्बन्ध लगाना भागबत के प्रति अन्याय करना ही नहीं, ऐतिहासिक प्रमाणों की भी अवहेलना करना है। द्वैतवाद के प्रसिद्ध आचार्य श्री मध्वाचार्य का उल्लेख हम पहले ही कर चुके हैं। श्री मध्वाचार्य 12वीं शताब्दी में विद्यमान थे और उन्होंने श्रीमद्भागवत पर 'भागवत-तात्पर्य-निर्णय' नामक टीका लिखी। विशिष्टाद्वैत एवं श्री-सम्प्रदाय के आचार्य श्री रामानुज की भागवत पर कोई टीका तो उपलब्ध नहीं है किन्तु उनके सिद्धान्त बहुत-कुछ भागवत पर आधारित हैं। 'वेदार्थसंग्रह' नामक निबन्ध में भागवत की गणना सात्विक पुराणों में की गई है। श्रीमद्भागवत के प्रसिद्ध टीकाकार श्री श्रीधर स्वामी का उल्लेख हेमाद्रि ने किया है और श्रीधरजी ने अपनी टीका में हनुमान और श्री चित्सुख आचार्यों का भागवत के पहले टीकाकारों के रूप में उल्लेख किया है। परन्तु खेद है कि ये टीकाएँ अब उपलब्ध नहीं हैं। चित्सुखाचार्य अद्वैत-सम्प्रदाय में शंकर से तीसरे आचार्य माने जाते हैं। बनारस के 'सरस्वती-भवन' पुस्तकालय में श्रीमद्भागवत की एक हस्तलिखित प्रति सुरक्षित है, जिसमें उसका लेखन-काल 12वीं शताब्दी लिखा है, इसलिए इसमें कोई सन्देह नहीं कि श्रीमद्भागवत की रचना इस रूप में भी बोपदेव से बहुत पहले हो चुकी थी। हमारा

अनुमान है कि भागवत के रचनाकाल को नवीं शताब्दी से आगे नहीं खींचा जा सकता। इसमें तो कोई सन्देह ही नहीं कि श्रीमद्भागवत नाम का पुराण प्राचीन काल से ही अस्तित्व में रहा है परन्तु जिस रूप में वह आज उपलब्ध है, वह अवश्य ही बाद का संस्करण है।

श्रीमद्भागवत में राधा का अभाव अनेक प्रकार के सन्देहों को जन्म देता है। राधा के विकास में हम इस पर विशेष प्रकाश डालेंगे। जैसाकि पहले कहा जा चुका है, राधा का समावेश 'भागवत-धर्म' में अमीरों के संसर्ग से हुआ जान पड़ता है, जो ईसा से बहुत पूर्व हो चुका था। इस युक्ति के आधार पर यह भी अनुमान लगाया जा सकता है कि श्रीमद्भागवत की रचना राधा के समावेश से पहले ही हो चुकी थी, परन्तु श्रीमद्भागवत में श्रीकृष्ण की बाल-लीलाएँ इस अनुमान में बाधा उपस्थित करती हैं। दाक्षिणात्य आचार्यों ने वृन्दावन को भक्ति के प्रचार का केन्द्र नवीं शताब्दी के अनन्तर ही बनाया था। शंकराचार्यजी ने श्रीमद्भागवत का उल्लेख अपने किसी भी ग्रन्थ में नहीं किया है किन्तु उनकी गुरु-परम्परा में श्री गौड़पादाचार्य द्वारा साधारण रूप में भागवत का उल्लेख हुआ है। हम उस उल्लेख को किसी प्राचीन-संस्करणवाले भागवत के अस्तित्व का साधक मान सकते हैं, वर्तमान भागवत के अस्तित्व का नहीं; क्योंकि भागवत-जैसे उच्च कोटि के ग्रन्थ के होते हुए यह सम्भव नहीं था कि उसका विशिष्ट रूप में उल्लेख न हो। हो सकता है कि भागवत के प्राचीन संस्करण के पर्याप्त अंश वर्तमान संस्करण में ले लिए गए हों, क्योंकि कई प्राचीन ग्रन्थों में श्रीमद्भागवत के श्लोक ज्यों-के-त्यों मिलते हैं। 'सांख्यकारिका' पर पाठराचार्य की जो टीका है, उसका अनुवाद परमार्थ नामक बौद्धपंडित ने सन् 557 और 559 ई. के मध्य किया था, उसमें भागवत के पहले स्कन्ध के छठे अध्याय का पैंतीसवाँ श्लोक और आठवें अध्याय का 52वाँ श्लोक ज्यों-का-त्यों दिया हुआ है।

श्रीमद्भागवत के वास्तविक रचयिता का पता लगाना दुस्तर कार्य है क्योंकि सारे भारतीय वाङ्मय में व्यासजी का एक ऐसा व्यापक नाम है कि किसी भी ग्रन्थ के रचयिता के रूप में उनका नाम लिया जा सकता है। इसके अतिरिक्त परम्परा के अनुसार 'व्यास' नाम 'गद्दी' से चलता है। आज के कथावाचक भी व्यास कहलाते हैं। एक पौराणिक गाथा के अनुसार प्रत्येक द्वापर युग के अन्त में भगवान् विष्णु व्यास-रूप में अवतीर्ण होते हैं और जन-साधारण के हितार्थ वेदों के चार भाग कर देते हैं। इस प्रकार प्रत्येक मन्वन्तर और प्रत्येक द्वापर में भिन्न-भिन्न व्यास होते हैं। वैवस्वत मन्वन्तर के 28वें द्वापर में महर्षि पाराशर के पुत्र कृष्ण द्वैपायन ही व्यास हुए हैं।[1]

1. विष्णुपुराण 3-3।

यदि श्रीमद्भागवत पुराण को हम नवीं शताब्दी की रचना मानें और उसको दक्षिण देश में लिखा हुआ स्वीकार करें तो उस समय की धार्मिक परिस्थितियों के ठीक मेल में श्रीमद्भागवत का विषय उतरता है। श्री शंकराचार्यजी का अद्वैत-मत प्राचीन भागवत-धर्म का पोषक था। भक्ति-पद्धति में जिन नवीन तत्त्वों का समावेश आलवार और अडियार भक्तों के सम्पर्क से बढ़ रहा था, उनको शंकराचार्यजी ने अपने मत में कोई स्थान नहीं दिया और न ही उन्होंने भक्ति को सर्वोपरि माना। श्रीमद्भागवत पुराण में इसके विरोध में ही भक्ति की श्रेष्ठता प्रतिपादित की गई है। श्रीमद्भागवत पुराण में इस बात का उल्लेख है कि कलियुग में नारायण के भक्त कहीं-कहीं होंगे, परन्तु द्रविड़ देश में, जहाँ कि ताम्रपर्णी, कृतमाला, कावेरी और महानदी नदियाँ बहती हैं, विशेष रूप से होंगे। इन नदियों के जल का पान करनेवालों के हृदय शुद्ध होंगे।[1] इससे पता चलता है कि भागवत पुराण की रचना के समय तमिल देश में कृष्ण-भक्ति का पर्याप्त प्रचार हो चुका था। श्रीमद्भागवत में अवतारों का विषय भी अन्य पुराणों से भिन्न है। हरिवंश पुराण में छह अवतार, वायु पुराण में दस अवतार, वाराह पुराण में दस अवतार तथा अग्नि पुराण में भी दस अवतार माने गए हैं। भागवत पुराण में तीन स्थलों पर अवतारों की संख्या गिनाई गई है—प्रथम स्कन्ध के तीसरे अध्याय में 22, द्वितीय स्कन्ध के सातवें अध्याय में 23 और ग्यारहवें स्कन्ध के चौथे अध्याय में 16। इस विषय में उल्लेखनीय बात यह है कि भागवतकार ने सनत्कुमार', 'नारद', 'कपिल', 'दत्तात्रेय', 'ऋषभ' और 'धन्वन्तरि' को भी अवतार माना है। इससे पता चलता है कि भागवतकार ने सभी सम्प्रदायों का सामंजस्य अपने भक्ति-सिद्धान्त में करने की चेष्टा की है। यह भक्ति-स्तोत्र, जिसका उद्गम श्रीमद्भागवत कहा जा सकता है, सूरदासजी के समय तक आते-आते विपुल प्रवाह में परिवर्तित हुआ। भागवत एक महापुराण है जिसके आदि एवं अन्त में वैराग्योत्पादक आख्यान हैं। भगवान् की बाल-लीलाओं की कथाओं के अमृत से वह सन्तों और देवताओं को आनन्द देनेवाला है। समस्त वेदान्तों का सार ब्रह्म और आत्मा की एकता रूपी अद्वितीय वस्तु इसका प्रतिपाद्य है। कैवल्य मुक्ति ही इसके निर्माण का प्रयोजन है।[2] इस प्रकार भागवत श्रौत अर्थ का प्रतिपादक एक पूर्ण ग्रन्थ है। इसे वेदरूप कल्पवृक्ष का सुस्वादु रसरूप फल बतलाया गया है। श्रुतियों के अनुसार श्रीमद्भागवत के तीन अर्थ किए गए हैं—यज्ञ, दैवत और अध्यात्म। यही कारण है कि वैष्णव-सम्प्रदायों के आचार्यों ने अपने-अपने सम्प्रदाय के अनुकूल भागवत की टीकाएँ की हैं।

पुष्टि-सम्प्रदाय में भागवत की विशेष मान्यता है और उन्होंने इसे चौथा प्रस्थान माना है। सूरदासजी इसी सम्प्रदाय में दीक्षित थे और वार्ता-साहित्य से यह पता भी

---

1. श्रीमद्भागवत 115। 38-39-40।
2. भागवत, स्कन्ध 12, अध्याय 13, श्लोक 11-12।

चलता है कि वल्लभाचार्यजी ने 'पुरुषोत्तम सहस्रनाम' को सुनाकर सूरदासजी के हृदय में श्री भागवत की लीला का स्फुरण कराया था। "तो पाछे श्री आचार्य जी ने सूरदास कूँ पुरुषोत्तम सहस्रनाम सुनायौ, तब सिगरे श्रीभागवत की लीला सूरदास के हृदय में स्फुरी, सो सूरदास प्रथम स्कन्ध श्रीभागवत सो द्वादशस्कन्ध पर्यन्त वर्णन किए। तामें अनेक दानलीला-मानलीला आदि वर्णन किए हैं।"[1]

सूर-साहित्य के विषय का विवेचन हम पहले कर चुके हैं। अब हम सूरसागर के अन्तःसाक्ष्य के आधार पर हम देखेंगे कि इसमें भागवत के अनुसरणवाली युक्ति कहाँ तक चरितार्थ होती है। सूरसागर की संग्रहात्मक प्रतियों में तो भागवत के अनुसरण का उल्लेख नहीं है। हम द्वादशस्कन्धात्मक प्रति का अनुसरण करेंगे। नागरी-प्रचारिणी सभा द्वारा प्रकाशित सूरसागर ही द्वादशस्कन्धात्मक की मान्य प्रति है। उसमें जहाँ-जहाँ श्रीमद्भागवत का उल्लेख हुआ है, वे स्थल इस प्रकार हैं–

श्री मुख चारि, श्लोक दए ब्रह्मा को समुझाइ।
ब्रह्मा नारद सौं कहे, नारद ब्यास सुनाइ॥
ब्यास कहे सुकदेव सौं, द्वादस-स्कन्ध बनाइ।
सूरदास सोई कहे, पद भाषा करि गाइ॥[2]

*

ब्यास देव जब सुकहिं पढ़ायौ, सुनि के सुक सो हृदय बसायौ।
सुक सौं नृपति परीक्षित सुन्यौ, तिनि पुनि भली भाँति करि गुन्यौ।
सूत सौनकादि सौं पुनि कह्यौ, बिदुर सौं मैत्रय पुनि लह्यौ।
स्तुति भागवत स्रवन सुख पायौ, सूरदास सो बरनि सुनायौ।[3]

*

कहौं सुकथा सुनौ चित धारि, सूर कहे भागवत बिचारि।[4]

*

कहौं सुकथा सुनौ चित धारि, सूर कह्यौ भागवत अनुसारि।[5]

*

सूर कहौ क्यों कहि सके, जन्म-कर्म-अवतार।
कहै कछुक गुरु कृपा तें श्री भागवत अनुसार॥[6]

1. सूरदास की वार्ता (अग्रवाल प्रेस, मथुरा), प्रसंग 1, पृष्ठ 10।
2. सूरसागर, 1 । 225 ।
3. वही, 1 । 227 ।
4. वही, 1 । 260 ।
5. वही, 1 । 205 ।
6. वही, 2 । 379 ।

सुकदेव कह्यौ जाहि परकार, सूर कह्यौ ताही अनुसार।[1]

*

तिन हित जो जो दिये अवतार, कह्यौ सूर भागवत अनुसार।[2]

*

तहँ कियौ जज्ञ पुरुष अवतार सूर कह्यौ भागवत अनुसार।[3]

*

पारवती-विवाह व्यवहार सूर कह्यौ भागवत अनुसार॥[4]

*

कहौं सो कथा सुनौ चित धारि, सूर कह्यौ भागवत अनुसार।[5]

*

यों भयौ ध्रुववर देवन अवतार, सूर कह्यौ भागवत अनुसार।[6]

*

सुक ज्यों राजा कौं समुझायौ, सूरदास त्यों ही कहि गायौ।[7]

*

बरन्यौ रिषभ-देव अवतार, सूर कह्यौ भागवत अनुसार।[8]

*

ज्यों सुक नृप कौं कहि समुझायौ, 'सूरदास' त्यों ही कहि गायौ।[9]

*

सुकदेव ज्यों दियौ नृपहि सुनाइ, सूरदास कह्यौ ताही गाइ।[10]

*

ज्यों सुक नृप सौं कहि समुझायौ, 'सूरदास' त्यों ही कहि गायौ।[11]

*

ज्यों सुक नृप सौं कहि समुझायौ, सूरदास जन त्यों ही गायौ।[12]

*

---

1. सूरसागर, 3। 387।
2. वही, 3। 387।
3. वही, 4। 398।
4. वही, 4। 401।
5. वही, 4। 402।
6. वही, 4। 403।
7. वही, 5। 406।
8. वही, 5। 409।
9. वही, 5। 410।
10. वही, 5। 411।
11. वही, 6। 416, 418, 419।
12. वही, 7। 426।

सुक नृपति पाहि जिहिं बिधि सुनाई, सुरजन हूँ तिहि भाँति गाई।[1]

*

सुक जैसैं नृप कौं समुझायौ, सूरदास त्यों ही कहि गायौ।[2]

*

जैसैं सुक नृप कौं समुझायौ, सूरदास त्यों ही कहि गायौ।[3]

*

सुक जैसे वेद अस्तुति गायौ, वैसे ही मैं कहि समुझायौ।[4]

*

पुनि भयौ नारायण अवतार, सूर कह्यौ भागवत अनुसार।[5]

*

या विधि भयौ बुद्ध अवतार, सूर कह्यौ भागवत अनुसार।[6]

*

सुक नृप सों कह्यौ जा परकार, सूर कह्यौ ताही अनुसार।[7]

*

सूत सौनकनि कहि समुझायौ, 'सूरदास' त्यों ही कहि गायौ।[8]

इस प्रसंग में निम्नलिखित बातें उल्लेखनीय हैं–

1. प्रत्येक स्कन्ध में एकाधिक बार भागवत के अनुसार कथा-वर्णन करने की बात को दुहराया गया है। यह आवृत्ति प्रथम, चतुर्थ तथा नवम स्कन्धों में सबसे अधिक हुई है। दशम स्कन्ध में तो यह आवृत्ति सात बार हुई है परन्तु दशम स्कन्ध पूर्वार्द्ध में यह प्रतिज्ञा केवल एक-आध बार ही दुहराई गई है।
2. इस आवृत्ति में अनुवाद की बात कहीं नहीं कही गई है। केवल भागवत-अनुसार को बार-बार कहा गया है।
3. भागवत के अनुसरण की प्रतिज्ञा कर बनाए हुए ये पद स्कन्धपरक नहीं हैं अपितु कथापरक हैं, अर्थात् किसी कथा-विशेष का वर्णन करता हुआ कवि उनके आधार पर परिचय-मात्र देता है।

---

1. वही, 8। 438।
2. वही, 9। 446, 447, 452, 453, 459, 617, 618।
3. वही, स्कन्ध 10 पूर्वार्द्ध, पद 620।
4. वही, स्कन्ध 10 उत्तरार्द्ध, पृ. 594, पद 138।
5. वही, 11, पृ. 598, पद 5।
6. वही, 12, पृ. 599, पद 2।
7. वही, पृ. 600, पद 5।
8. वही, पद 5।

इसलिए अन्तः और बाह्य साक्ष्य के बल पर यह तो हमें मानना ही पड़ेगा कि सूरदासजी ने अवश्य अपने पदों की रचना में श्रीमद्‌भागवत को आधार बनाया होगा किन्तु यह मान्यता कि उन्होंने भागवत का अनुवाद किया था, पर्याप्त प्रामाणिक सामग्री के अभाव में विवादग्रस्त ही है। आकार-विस्तार एवं विषय की दृष्टि से यदि हम इन दोनों ग्रन्थों की तुलना करते हैं तो अनुवाद वाली बात असंगत ही प्रतीत होती है। दोनों ग्रन्थों का आकार-विस्तार निम्न तालिका में दर्शाया गया है।

भागवत			सूरसागर		
स्कन्ध	अध्याय	श्लोक सं.	स्कन्ध	पद-संख्या	
1	19	1962	1	343	(विनय के
2	10	392	2	38	पदों सं.)
3	33	1502	3	13	
4	21	1407	4	12	
5	26	666	5	4	
6	19	851	6	8	
7	15	750	7	8	
8	24	931	8	17	
9	24	963	9	174	
10 पूर्वार्द्ध	49	1935	10 पूर्वार्द्ध	4160	
10 उत्तरार्द्ध	41	1516	10 उत्तरार्द्ध	149	
11	31	1374	11	4	
12	13	566	12	5	
12	335	14615	12	4926	

इस तालिका से विदित होता है कि सूरसागर के अन्य सारे स्कन्ध मिलकर दशम स्कन्ध पूर्वार्द्ध की पद-संख्या के लगभग आठवें अंश के बराबर हैं और यदि पद-संख्या को दृष्टि में न रखकर पृष्ठ-संख्या के अनुसार विचार किया जाए तो पाँचवें भाग के बराबर ठहरते हैं। कारण यह कि अन्य स्कन्धों में लम्बे पदों की संख्या छोटे पदों की संख्या से अधिक बैठती है। श्रीमद्‌भागवत में भी दशम स्कन्ध पूर्वार्द्ध अन्य स्कन्धों की अपेक्षा आकार में बड़ा है और सब स्कन्धों का यह छठा भाग है, परन्तु भागवत के स्कन्धों की श्लोक-संख्या का अनुपात इतना विषम नहीं है, जितना सूरसागर के पदों का है। श्रीमद्‌भागवत के अन्य स्कन्धों की श्लोक-संख्या तथा सूरसागर के स्कन्धों की पद-संख्या देखते हुए यह बात कि सूरसागर भागवत का अनुवाद है या उसमें भागवत के अनुसार सब विषयों का वर्णन है, बड़ी असंगत-सी लगती है। हाँ, केवल दशम स्कन्ध पूर्वार्द्ध के विषय में यदि यह बात कही जाए तो आकार-विस्तार को देखकर यह विचारणीय हो सकती है। यह तो हुई आकार-विस्तार की बात, अब

हम विषय की दृष्टि से दोनों ग्रन्थों पर विचार करेंगे। दोनों ग्रन्थों की सूची से यद्यपि कुछ आभास हो जाता है परन्तु हमें तो यह देखना है कि कौन-सी घटनाएँ तथा विषय दोनों ग्रन्थों में एक हैं तथा उनमें कौन-कौन विषय हैं। दोनों ग्रन्थों की सूची का अवलोकन करने से ज्ञात होता है कि श्रीमद्भागवत में विषय क्रम से रखे हैं तथा सूरसागर में उनका कोई क्रम नहीं है। उनमें बराबर-बराबर क्रम-परिवर्तन तथा हेर-फेर होता रहा है।

प्रथम स्कन्ध

नागरी-प्रचारिणी सभा द्वारा प्रकाशित सूरसागर में विनय के पद प्रथम स्कन्ध में ही लिए हैं; किन्तु भागवत से तुलना करते हुए हमें उन्हें पृथक् करना पड़ेगा और इस प्रकार इस स्कन्ध के पदों की संख्या 120 रह जाएगी। इस स्कन्ध में भागवत के सब प्रसंगों का समावेश नहीं हुआ है तथा कुछ प्रसंग ऐसे भी आ गए हैं, जो भागवत में नहीं मिलते, जैसे शुकदेव-जन्म की कथा, विदुर और द्रौपदी की कथाएँ; खट्वांग राजा का प्रसंग भी श्रीमद्भागवत में इस स्कन्ध में नहीं हैं। इसी प्रकार श्रीमद्भागवत के बहुत-से प्रसंग तथा कथाएँ इस स्कन्ध में नहीं हैं। अवतारों की गणना, भागवत धर्म का विस्तार आदि भागवत के विषय भी छोड़ दिए गए हैं। बीच-बीच में सूर के जो भक्तिविषयक पद हैं वे तो कवि की अनुभूति के विषय हैं। कवि ऐसे स्थलों पर अन्तर्मुखी हो जाता है तथा भागवत आदि कोई विषय कवि की दृष्टि में नहीं रहता। इस स्कन्ध को हम भागवत के स्कन्ध पर आधारित मान सकते हैं परन्तु अनेक स्थलों को या तो कवि छोड़ता चला है अथवा वे पद अब अप्राप्य हैं।

द्वितीय स्कन्ध

सूरसागर के इस स्कन्ध में केवल 38 पद हैं, जिनमें अधिकतर भक्ति-माहात्म्य, नाम-महिमा, हरि-विमुख-निन्दा, भक्ति-साधना आदि विषय हैं। इस स्कन्ध का प्रारम्भ तो भागवत के अनुसार ही किया गया है, परन्तु इसके पश्चात् केवल मुख्य-मुख्य प्रसंगों का ही उल्लेखमात्र कवि ने किया है; जैसे भगवान् के विराट् स्वरूप का वर्णन केवल एक पद में हुआ है।

तृतीय स्कन्ध

सूरसागर में यह स्कन्ध भी बहुत संक्षिप्त है, इसमें केवल 13 पद हैं। भागवत के बहुत प्रसंग, जैसे कृष्ण की ब्रज और द्वारका से सम्बन्धित कथाएँ सूरसागर में नहीं हैं। भागवत

का यह स्कन्ध उद्धव और विदुर की भेंट से प्रारम्भ होता है, परन्तु सूरसागर में उद्धव के पश्चात्ताप से इसका प्रारम्भ किया गया है। सूरसागर में दी हुई विदुर के जन्म की कथा श्रीमद्भागवत में नहीं है। भागवत के बहुत से प्रसंग सूरसागर में छोड़ दिए गए हैं। सृष्टि की कथा बहुत ही संक्षेप में दी गई है और इसी प्रकार हिरण्यकशिपु और हिरण्याक्ष की कथाएँ भी बहुत संक्षिप्त हैं। हिरण्याक्ष द्वारा पृथ्वी को जल में छिपाने का प्रसंग भागवत में नहीं है। श्रीमद्भागवत के और भी बहुत से महत्त्वपूर्ण प्रसंग सूरसागर में छूट गए हैं, जैसे 'देवहूति और कपिल प्रसंग', जिसमें भक्तियोग की महिमा का वर्णन, महदादि विभिन्न तत्त्वों की उत्पत्ति, प्रकृति-पुरुष-विवेक, अष्टांग-योग-विधि, भक्ति का मर्म, जीव की गति आदि बहुत-से विषय आ गए हैं। सूर ने इस स्कन्ध में चतुर्विधा-भक्ति का वर्णन हरि-विमुख-निन्दा और भक्ति-महिसेमा स्कन्ध की समाप्ति की है।

चतुर्थ स्कन्ध

इस स्कन्ध में केवल 13 पद हैं। श्रीमद्भागवत में यह स्कन्ध बड़ा महत्त्वपूर्ण है; क्योंकि इसमें बड़ी लम्बी-लम्बी वंशावली, लम्बे-लम्बे स्तोत्र, लाक्षणिक और आध्यात्मिक संकेतों के साथ कथाओं के विवरण तथा तत्कालीन सामाजिक परिस्थितियाँ, ब्राह्मणों की दीन अवस्था, शैवों का पतन आदि के चित्र दिए हुए हैं। सूरसागर में इन विषयों का स्पर्श भी नहीं किया गया है। यज्ञ-पुरुष के अवतार के प्रसंग में शिव पार्वती का प्रसंग सूरसागर में स्वतन्त्र रूप से वर्णित है। 'पुरंजन' की कथा सूरसागर में बहुत ही संक्षिप्त है। उसके अन्तर्गत जो इन्द्रियनिग्रह-विषयक रूपक है, वह भी स्पष्ट नहीं है।

पंचम स्कन्ध

चतुर्थ स्कन्ध की भाँति भागवत का पंचम स्कन्ध भी अनेक ऐतिहासिक कथाओं, सामाजिक संकेतों, धार्मिक उपदेशों तथा नाना द्वीपों और लोकों के वर्णनों से परिपूर्ण है, जो सूरसागर में छोड़ दिए गए हैं। सूरसागर में तो केवल ऋषभदेव और जड़भरत की दो कथाएँ हैं और वे भी वर्णनात्मक शैली में हैं। भागवत का यह स्कन्ध भौगोलिक और ऐतिहासिक दोनों ही दृष्टियों से बड़ा महत्त्वपूर्ण है। इसके वर्णन अत्यन्त रोचक, भावपूर्ण एवं कवित्वमय हैं।

षष्ठ स्कन्ध

अन्य स्कन्धों की भाँति सूरसागर के इस स्कन्ध में भी भागवत की कथाओं के विवरण, स्तोत्र, देवताओं की वंशावलियाँ तथा ऐतिहासिक विवरण छोड़ दिए गए हैं।

इस स्कन्ध में दो पदों में गुरु के प्रति भक्ति-भाव दिखाया गया है। अजामिल-उद्धार से प्रारम्भ करके सूरसागर में सुरगुरु बृहस्पति, विश्व-रूप और वृत्रासुर की कथाएँ संक्षेप में दी हैं।

सप्तम स्कन्ध

सूरसागर के इस स्कन्ध में संक्षेप में केवल तीन कथाएँ दी गई हैं–नृसिंह-अवतार, त्रिपुर-वध तथा नारद-उत्पत्ति। ये तीनों कथाएँ बहुत संक्षिप्त और एक-दूसरी से स्वतन्त्र हैं। भागवत में ये कथाएँ दृष्टान्त रूप से आई हैं; तभी वहाँ कथाओं के विवरण के साथ-साथ भक्ति की व्यापकता, भागवत धर्म की महत्ता, शिव की अपेक्षा विष्णु-महिमा का वैशिष्ट्य तथा मानव-धर्म, वर्ग-धर्म, स्त्री-धर्म, आदि का विस्तृत विवेचन है। सूरसागर के इस स्कन्ध में राम-नाम-महिमा विशेष रूप से गाई गई है।

अष्टम स्कन्ध

सूरसागर के इस स्कन्ध में कथाएँ संक्षिप्त तो हैं ही, उनमें कुछ हेर-फेर भी है, जैसे सुन्द-उपसुन्द की कथा का निर्देश श्रीमद्‌भागवत के इस स्कन्ध में नहीं है। मत्स्य-अवतार का कारण भी भागवत से भिन्न कल्पित किया गया है, राजा सत्यब्रत का नाम न देकर उसे केवल नृपति शब्द से निर्दिष्ट किया गया है। हयग्रीव के स्थान पर शंखासुर नाम आया है। वामन-अवतार की कथा अत्यन्त संक्षिप्त है तथा अनेक ऐतिहासिक विवरण, तत्त्व-चिन्तन, धर्मोपदेश आदि सूरसागर में छोड़ दिए गए हैं।

नवम स्कन्ध

इस स्कन्ध में 1224 पद हैं। इसमें भी श्रीमद्‌भागवत के बहुत-से प्रसंग छोड़ दिए गए हैं। सूरसागर की पहली पाँच कथाएँ भागवत के आधार पर ही संक्षेप से दी गई हैं। ये पाँच कथाएँ ये हैं–(1) पुरूरवा की कथा, (2) च्यवन ऋषि की कथा, (3) हलधर-विवाह की कथा, (4) अम्बरीष की कथा और (5) सौभरि ऋषि की कथा। भागवत में वर्णित हरिश्चन्द्र की कथा सूरसागर में नहीं है। गंगा-आगमन और परशुराम-अवतार की कथाओं के पश्चात् सूरसागर में राम-कथा का वर्णन है, जो भागवत की राम-कथा की अपेक्षा अधिक भावपूर्ण और विस्तृत है। अन्य कथाओं की भाँति यह कथा वर्णनात्मक नहीं है, अपितु भावात्मक शैली में वर्णित है। मंगलाचरण के अतिरिक्त समस्त पद गेय हैं। कथा का क्रम व्यवस्थित तो नहीं है फिर भी मार्मिक स्थल सभी आ गए हैं, जिनसे कवि की अनुभूति का परिचय मिलता है। अपनी दिव्य प्रतिभा

के बल पर कवि ने सारी कथा को एक गीति-काव्य का रूप दे दिया है। कवित्व की दृष्टि से यह स्थल बहुत ही उच्च्य कोटि का है। कच और देवयानी की कथा भी सूरसागर में कुछ भेद के साथ दी गई है और भागवत की अपेक्षा अधिक स्वतन्त्र एवं विस्तृत रूप में कही गई है। अन्य स्कन्धों की भाँति इस स्कन्ध में भी भागवत के सामाजिक, ऐतिहासिक और आध्यात्मिक पक्ष को छोड़ दिया गया है।

नवम स्कन्ध के पश्चात् हम सूरसागर के एकादश एवं द्वादश स्कन्ध पर विचार करेंगे, क्योंकि ये दोनों स्कन्ध भी अत्यन्त संक्षिप्त हैं और तुलनात्मक दृष्टि से अधिक महत्त्वपूर्ण भी नहीं हैं। केवल दशम स्कन्ध ऐसा है जिसका विशेष विवरण अपेक्षित है। उसे हम अन्त में लेंगे।

एकादश स्कन्ध

सूरसागर के इस स्कन्ध में केवल चार पद हैं। भक्ति-भाव का प्रदर्शन करने के पश्चात् 'नारायण' और 'हंस' अवतारों का वर्णन अस्पष्टता और शैथिल्य के साथ हुआ है। अन्त में आध्यात्मिक विचार प्रकट किए गए हैं। श्रीमद्‌भागवत का यह स्कन्ध बड़ा ही महत्त्वपूर्ण है क्योंकि इसमें कर्म, ज्ञान और भक्ति का विस्तृत विवेचन करके भक्ति का महत्त्व प्रदर्शित किया गया है तथा योग और सांख्य की व्याख्या की गई है। इसमें वर्णाश्रम धर्म का भी निरूपण हुआ है। दार्शनिक दृष्टिकोण से भागवत का एकादश स्कन्ध बहुत उच्च्य कोटि का है।

द्वादश स्कन्ध

सूरदास का यह स्कन्ध भी अत्यन्त संक्षिप्त है, इसमें केवल पाँच पद हैं। बहुत ही संक्षेप में बुद्धावतार, कल्कि-अवतार, राजा परीक्षित की हरिपद-प्राप्ति तथा जन्मेजय के यज्ञ का उल्लेख है। श्रीमद्‌भागवत का भी यह स्कन्ध छोटा है, परन्तु सूरसागर का स्कन्ध तो उसकी छायामात्र भी नहीं कहा जा सकता। ऐतिहासिक तथा धार्मिक कथाओं के अतिरिक्त इसमें सम्पूर्ण भागवत की एक रूपक की भाँति व्याख्या की गई है।

दशम स्कन्ध (पूर्वार्द्ध)

सूरदासजी का उद्‌देश्य कृष्ण की लीलाओं का ही गान करना था, यह बात हमें उनकी रचनाओं से भी झलकती है। वार्ता-साहित्य के अनुसार श्री वल्लभाचार्यजी का भी यही आदेश था। हम पीछे नित्य-कीर्तन और वर्षोत्सव का क्रम दे आए हैं, जो भगवान्

कृष्ण की जीवनचर्या से सम्बद्ध है और जिसमें उनकी अनेक लीलाओं का समावेश है। वल्लभ-सम्प्रदाय में भगवान् का स्वरूप संयोग-वियोगात्मक शृंगार रसरूप माना है और वही ब्रह्म श्रीनन्द-यशोदोत्संगलालित रूप में महा अलौकिक रमण-स्थली श्री ब्रजभूमि में नाना प्रकार की अद्‌भुत लीलाएँ करने के लिए अवतीर्ण हुआ। उनकी लीलाओं का गान भी भक्त का चरम उद्‌देश्य है। श्रीमद्‌भागवत का दशम स्कन्ध ही इस प्रकार की लीलाओं का प्रधान स्थल है; अतएव पुष्टि-मार्ग में दशम स्कन्ध का बहुत महत्त्व है। श्री वल्लभाचार्यजी ने अपनी सुबोधिनी में दशम स्कन्ध की व्याख्या में विशेष रुचि दिखाई है। बहुत सम्भव है कि श्री वल्लभाचार्यजी ने दशम स्कन्ध की लीलाओं का गान करने के लिए ही सूर को आदेश दिया हो। सूर ने भागवत की समाधि-भाषा का आश्रय लेकर भगवान् की लीलाओं का विस्तार किया है। उन्होंने सम्भवतः भागवत के ऐतिहासिक वर्णन, वंशानुक्रम, धार्मिक तथा आध्यात्मिक विषयों को अनावश्यक समझा। भागवत तो एक महापुराण है जिसमें महापुराण के सभी लक्षण विद्यमान हैं, परन्तु सूर ने भगवान् के लीलापरक लोकरंजक रूप को ही लिया है और भक्ति को दृढ़ करने के लिए उसमें अलौकिकत्व का समावेश किया है। इसका विस्तृत विवेचन हम आगे करेंगे। हमें तो ऐसा प्रतीत होता है कि परिभू, स्वयंभू रूप महाकवि सूरदासजी का हृदय विभिन्न अनुभूतियों का विशद क्षेत्र था, जो संसार के आवरण से कुछ धूमिल था। श्री वल्लभाचार्यजी के सम्पर्क से वह आवरण उच्छिन्न हो गया और वे सारी अनुभूतियाँ प्रकाश में आ गईं—

कर्म योग पुनि ज्ञान-उपासन सब ही भ्रम भरमायो।
श्री वल्लभ-गुरु तत्त्व सुनायौ लीला भेद बतायौ॥
ता दिन ते हरि-लीला गाई एक लक्ष पद-बन्द।
ताकौ सार सूर-सारावलि गावत अति आनन्द॥[1]

भारतीय कथाओं के सूक्ष्म सूत्रों से रससिद्ध कवि सूर ने न जाने कितने नयनाभिराम स्वरूपों का विस्तार किया है। सूरसागर की सूची में हमने उन स्वरूपों और विषयों की ओर संकेत किया है। भगवान् के जन्मोत्सव, हर्षोद्रेक आदि गीति-शैली में जैसा भावपूर्ण, विशद और अनुभूतिमय वर्णन सूर ने किया है और जो नवीन उद्‌भावनाएँ की हैं, उनमें उनकी प्रतिभा की मौलिकता और दिल की ताजगी सर्वत्र देखी जा सकती है। भागवत में इन प्रसंगों की ओर संकेत भी नहीं किया गया है। श्रीमद्‌भागवत की भाँति सूरसागर में भी कृष्ण-चरित के दो स्वरूप मिलते हैं। एक तो उनके ब्रज के क्रीड़ामय जीवन से सम्बद्ध और दूसरा उनकी अलौकिक लीलाओं से; जिनके अन्तर्गत कंस द्वारा प्रेषित असुरों का संहार तथा अन्य अलौकिक कर्म करते हैं। सूर के काव्य में यह वैशिष्ट्य है कि उन्होंने कृष्ण की अलौकिक क्रीड़ाओं की

1. सूरसागर, वेंकटेश्वर प्रेस।

पृष्ठभूमि समुचित कारणों पर आधारित रखी है। उदाहरणार्थ, कृष्ण के गोकुल में पोषित होने की आशंका से कंस को इतना त्रस्त चित्रित किया है कि उसे कर्त्तव्य-विवेक ही नहीं रहता। पूतना-वध के पश्चात् श्रीधर के अंग-भंग की घटना श्रीमद्भागवत में नहीं है। तृणावर्त्त, शकटासुर और कागासुर की कथाएँ भागवत में संक्षिप्त हैं; परन्तु सूर ने गेय शैली में इनका वर्णन किया है। कृष्ण के संस्कारों का वर्णन भी सूर ने अपने ढंग से किया है। श्रीमद्भागवत में साधारण रूप से उनका विवेचन हुआ है, कहीं-कहीं अलौकिक रूप भी दे दिया है—परन्तु सूर के वातावरण में महान् अन्तर है। उन्होंने इन संस्कारों के विशेष वातावरण ही उत्पन्न नहीं किए बल्कि अनेक स्वतन्त्र कल्पनाएँ भी की हैं; जैसे—अन्नप्राशन, वर्ष-गाँठ, कर्ण-छेदन आदि प्रसंग सूर की मौलिक कल्पना के प्रतीक हैं। हो सकता है कि यह विस्तार साम्प्रदायिक तथा सामयिक प्रभावों का फल हो। सूर की बाल-लीला का तो संसार के साहित्य में कोई जोड़ ही नहीं। मौलिकता और विस्तार, दोनों की दृष्टि से सूर की बाल-लीला अपने समान आप ही है। महाराने पाँडे की घटना को सूर ने मौलिक रूप दिया है, परन्तु कुछ कथाएँ सूरसागर में बड़ी ही संक्षिप्त हैं; जैसे वत्सासुर, अघासुर और बकासुर की कथाएँ। यमलार्जुन-उद्धार की कथा भी सूरसागर में बड़े गौण रूप से दी गई है। वास्तव में तथ्य तो यह है कि सूरसागर में भगवान् की लीलाओं का क्रम नित्य-कीर्तनवाला क्रम है और उस क्रम की संगति में अलौकिक घटनाएँ इतनी नहीं आतीं, जितनी भगवान् की बाल-चरित लीलाएँ। कृष्ण के सोने, जागने, खाने, रूठने, गायें चराने आदि के अनेक भावात्मक विवरण सूरसागर के मौलिक चित्रण हैं। एक बात यह भी है कि सूर का उद्देश्य श्रीमद्भागवत की भाँति अलौकिकता तथा भक्ति से पुष्ट आध्यात्मिकता का प्रदर्शन नहीं है; उनकी भक्ति में तो सख्य भाव और वात्सल्यभाव की प्रधानता है। गोपालकृष्ण के गोपरूप का चित्रण तथा सखाओं के स्वाभाविक, निर्मल प्रेम का अभिव्यंजन ही सूर का प्रमुख विषय था; उदाहरणार्थ—बाल-वत्स-हरण की लीला भागवत में ब्रह्मा के मोहनाश के लिए दी गई है, परन्तु सूर ने सखाओं के पारस्परिक स्नेह-संवर्धन के लिए ही इस कथा को विशेष रूप से रखा है और तीन बार इसकी आवृत्ति की है। इसमें घटना-वैचित्र्य, नाटकीयता, स्वाभाविकता और सखाओं के सरस स्नेह की भाव-सँवलित व्यंजना कवि की प्रतिभा की उपज है।

सूर ने राधा के प्रथम मिलन का जो चित्रण किया है वह सर्वथा भागवत-निरपेक्ष, मौलिक है। इस प्रसंग से सम्बद्ध अनेक मौलिक उद्भावनाएँ सूर ने की हैं, जो एक ओर तो राधा और कृष्ण के प्रेम के स्वाभाविक विकास का अभिव्यंजन करती हैं और दूसरी ओर नन्द-यशोदा और वृषभानु एवं उसकी पत्नी के वात्सल्य का चित्रण करती हैं। इसके पश्चात् गोचारण का प्रसंग है, जिसमें सूरदास का मन बहुत रमा है। इस स्थल पर सहृदय सूर ने मानवीय तथा बाह्य प्रकृति का इतना सुन्दर समन्वय किया

है कि आश्चर्य होता है। पशु-प्रकृति का सूक्ष्म निरीक्षण और उनकी चेष्टाओं का यथार्थ वर्णन कर सूर ने अनेक मौलिक चित्र सूरसागर में प्रस्तुत किए हैं। धेनुक-वध, कालिय-मर्दन आदि का वर्णन सूर ने भागवत के आधार पर ही संक्षेप में किया है, परन्तु वृन्दावन-प्रदेश का वर्णन बड़ा ही सजीव है। सूरसागर का अध्ययन करते समय हमें इस बात को नहीं भूलना चाहिए कि कृष्ण की नैतिक दिनचर्या का वर्णन ही कवि का प्रमुख उद्‌देश्य है; यही कारण है कि तत्सम्बन्धी पदों की इस स्कन्ध में बार-बार आवृत्ति होती है। 'गोपाल' नाम की सार्थकता के उद्‌देश्य से कवि को गोचारण का विषय भी अत्यधिक प्रिय रहा है। यही कारण है कि भागवतीय लीलाओं के चित्रण में कवि बीच-बीच में गोचारण-चित्र की स्पष्ट रेखाएँ सूरसागर में उभारता हुआ चलता है और उनमें अपनी कल्पना का ऐसा रंग भरता है कि चित्र लगते हैं—मानो अब बोले। इस प्रकार भागवतीय लीला-चित्रों में यत्र-तत्र पर्याप्त व्यवधान सूरसागर में परिलक्षित होता है, श्रीमद्‌भागवत में कालिय-दमन का प्रसंग कालिय-दह-जलपान से सम्बद्ध है, पर सूरसागर में इन दोनों प्रसंगों में यथेष्ट व्यवधान है। सूर ने प्रायः ऐसी घटनाओं को लेकर उन्हें एक स्वतन्त्र खंड-काव्य का रूप दे दिया है और ऐसे कथानकों का सूर ने इसी रूप से वर्णन किया भी है। तदनन्तर दावानल-पान एवं प्रलम्ब-वध वर्णन भागवतानुसार ही है, केवल थोड़ा-सा अन्तर है। हम पहले कह चुके हैं, सूर की रुचि इन वर्णनों की अपेक्षा, गोचारण की विविध क्रीड़ाओं, कृष्ण के मनोहर सौन्दर्य, उनकी चेष्टाओं और क्रिया-कलाप आदि के सजीव चित्र प्रस्तुत करने में पर्याप्त रूप से रमी है। भागवतकार ने लीलाओं में कृष्ण के देवत्व-विशिष्ट रूप पर अधिक बल दिया है, पर सूर ने नरत्व में ही देवत्व की प्रतिष्ठा की है। गोचारण और कृष्ण की दैनिक चर्या से मुरली का नित्य सम्बन्ध है, अतएव मुरली-स्तवन सूर का प्रमुख विषय है। यद्यपि श्रीमद्‌भागवत के 'वेणुगीत' का भी बड़ा भारी महत्त्व है, परन्तु उसका महत्त्व आध्यात्मिक होने के कारण जन-साधारण का विषय नहीं है। सूर की रागिनी में जब हम कृष्ण की चर-अचर-सम्मोहिनी मुरली की तान सुनते हैं, तो निर्वेद और हर्ष का, स्वर्ग और धरा का, श्रेय और प्रेय का ऐसा समन्वय देखते हैं कि आत्म-विस्मृत हो जाते हैं। ऐसी न जाने कितनी रागिनियाँ सूर ने गाई हैं, न जाने कितने पदों की रचना की है। मुरली-वादन का प्रभाव और उसकी मनोहारिता सूर की अपनी मौलिकता है, जिसमें उनकी कवित्व-शक्ति और भक्ति-भावना का भी अच्छा प्रस्फुटन हुआ है। दूसरी बार राधा-कृष्ण-मिलन का वर्णन है जिसमें पूर्व-परिचय और साहचर्य के कारण प्रेम की प्रगाढ़ता ही नहीं, अनन्यता भी स्पष्ट रूप से भाषित होती है। प्रेम के घात-प्रतिघातों का इसमें मनोवैज्ञानिक वर्णन है। भागवत-जैसे दार्शनिक ग्रन्थों में इतनी सरलता भला कहाँ सम्भव है? इसके पश्चात् चीर-हरण की प्रसिद्ध लीला है। यद्यपि इस लीला का सूत्र श्रीमद्‌भागवत ही है, तथापि दोनों में महान्

अन्तर है। भागवतकार ने इस लीला का वर्णन करते हुए वर्षा और शरद का सुन्दर वर्णन किया है और प्रकृति के अनेक सुरम्य चित्र उपस्थित किए हैं, परन्तु सूर ने इस लीला का उद्देश्य प्रेम का मनोवैज्ञानिक विकास रखा है। आत्माभिव्यंजक तथा अनुभूत्यात्मक होने के कारण इस लीला में कई विवरणात्मक भेद भी आ गए हैं। श्रीमद्भागवत में नग्न-स्नान के औचित्य-अनौचित्य की विवेचना के साथ संयम और मर्यादा से वर्णन किया गया है, किन्तु व्यक्तिगत साधनारत सूर औचित्य-अनौचित्य आदि के प्रश्न से दूर थे। भागवत की गोपियाँ भद्रकाली, कात्यायनी देवी का पूजन एक मास तक करती हैं और सूर की गोपियाँ ब्रजवल्लभ, श्यामसुन्दर पति की कामना से नित्य-नियम से यमुना-स्नान और रवि एवं शिव की एक वर्ष तक उपासना करती हैं। यही कारण है कि यमुना-स्नान के समय कृष्ण जल के भीतर प्रकट होकर नग्न गोपियों की कटि मँजते और उन्हें सुख देते हैं। इस प्रकार सूर ने भक्ति-साधना-समन्वित गोपियों की साधना-पूर्ति कर भगवान् कृष्ण के सान्निध्य का लाभ कराया है, जिसके होने पर कुलकानि, मर्यादा, लाज और संकोच आदि व्यवधान उत्पन्न कर ही नहीं सकते। वेंकटेश्वर प्रेस, बम्बई की प्रति में इसके पश्चात् पनघट-लीला है जो नागरी-प्रचारिणी सभावाली प्रति में रासलीला के पश्चात् आती है। यह लीला श्रीमद्भागवत से स्वतन्त्र है। प्रेम के विकास में इसका बड़ा महत्त्व है और उस विकास-क्रम में इसे हम तीसरी कोटि में समझते हैं। इसमें राधा का भी उल्लेख है, जो गोपियों में प्रमुख दिखाई गई है। वह खुल्लमखुल्ला छेड़-छाड़ की लीला है और अब गोपियाँ कृष्ण से खुलकर प्रेम करने का निश्चय करती हैं। माधुर्य-भाव की पुष्टि इसी लीला से विशेष रूप से होती है। इससे आगे जो यज्ञ-पत्नी-लीला है, वह भी भागवत के आधार पर ही है, परन्तु सूर का दृष्टिकोण व्यास के दृष्टिकोण से सर्वथा भिन्न था। इस लीला के द्वारा भी भक्त ने उस मधुरा भक्ति का पोषण किया है, जहाँ कुल-मर्यादा तथा लौकिक धर्मों की अवहेलना स्वतः ही हो जाती है। सूर की गोवर्द्धन-लीला भी एक स्वतन्त्र खंड-काव्य कही जा सकती है। श्रीमद्भागवत की गोवर्द्धन-लीला तथा सूर की लीला में कई मौलिक अन्तर हैं। जैसे–1. श्रीमद्भागवत की लीला का वातावरण धार्मिक तथा दार्शनिक है। यहाँ कृष्ण के द्वारा कर्म-मार्ग का विस्तृत उपदेश दिलाया गया है, परन्तु सूर ने जो वातावरण उपस्थित किया है, वह अत्यन्त सरल, स्वाभाविक तथा मनोहर है और उसमें दार्शनिकता की गन्ध भी नहीं है। 2. श्रीमद्भागवत के कृष्ण दार्शनिक तर्कों के आधार पर ब्रजवासियों को इन्द्र-पूजा से विरत करते हैं, परन्तु सूर के कृष्ण ऐसा नहीं करते। वे तो सीधे-सादे अहीरों को अपने सपने का हाल सुनाते हैं, जिसमें किसी चतुर्भुज अवतारी पुरुष ने उन्हें गोवर्द्धन की पूजा के लिए कहा था। 3. श्रीमद्भागवत में श्रीकृष्ण के ईश्वरत्व और योगेश्वरत्व पर विशेष बल दिया गया है, परन्तु सूर ने कृष्ण का मानवरूप ही चित्रित किया है।

4. गोवर्द्धन-पूजा का आकार-प्रकार श्रीमद्‌भागवत से भिन्न है। इसका कारण तत्कालीन प्रचलित प्रथाएँ भी हो सकती हैं। 5. सूरसागर का इन्द्रकोप बड़ा भावात्मक और चित्रात्मक है, उसमें जल-वर्णन के सुन्दर चित्र उपस्थित किए गए हैं, किन्तु भागवत में साधारण वर्णनात्मक ढंग से इस विषय का वर्णन किया गया है। 6. इन सबसे मौलिक तथा भागवत-निरपेक्ष बात जो हमें 'सूरसागर' में मिलती है, वह है ललिता, चन्द्रावली, राधा तथा वृषभानु की सेविका 'बदरौला' का उल्लेख। राधा और कृष्ण की तो रस-केलि का भी संकेत किया गया है। गोवर्द्धन-धारण का भी बड़ा सुन्दर वर्णन सूर ने किया है। यद्यपि यह वर्णन वर्णनात्मक ही है, तथापि बीच-बीच में गेय पदों का समावेश भी हुआ है। इसी प्रसंग में अत्रिस्तुति तथा कृष्णाभिषेक भी है।

नन्द-हरण का प्रसंग यद्यपि भागवत के ही आधार पर है, तथापि उसमें कुछ परिवर्तन भी लक्षित होता है; जैसे—इस प्रसंग में सूर ने गंगा के द्वारा नन्द को कृष्ण के ब्रह्मत्व की सूचना दिलाई है। श्रीमद्‌भागवत में यह बात गोवर्द्धन-लीला में ही आ गई है। दूसरे, भागवत में श्रीकृष्ण ने ब्रजवासियों को अपने सगुण और निर्गुण रूप को दिखाया है, परन्तु सूरसागर में इसका उल्लेख नहीं है।

श्रीमद्‌भागवत में नन्द-हरण के पश्चात् रास-लीला का आरम्भ होता है। 'सभा' के सूरसागर में भी यही क्रम रखा गया है, परन्तु वेंकटेश्वर वाली प्रति में नन्द-हरण के पश्चात् दान-लीला का प्रसंग है। 'सभा' वाली प्रति में पनघट-लीला और दान-लीला के प्रसंग व्योमासुर के पश्चात् दिए हैं, परन्तु यह क्रम ठीक प्रतीत नहीं होता। वास्तव में पनघट-लीला और दान-लीला राम से पहले ही आनी चाहिए, क्योंकि रास तो भक्ति-साधना का चरमोत्कर्ष है और पनघट-लीला तथा दान-लीला उस मधुरा भक्ति की विभिन्न कोटियाँ हैं, जिनको पार करता हुआ भक्त भगवान् का सान्निध्य प्राप्त करता है।

पनघट-लीला की भाँति दान-लीला भी सूर की मौलिक उद्‌भाव्रना है। इस लीला में सूर की वृत्ति इतनी रमी है तथा उन्होंने इतने विस्तार के साथ वर्णन किया है कि यह प्रसंग भी एक पृथक् खंड-काव्य का रूप धारण कर लेता है। घटना बड़ी साधारण-सी है, परन्तु इसमें सूर का वाग्वैदग्ध्य पूर्णतया प्रतिफलित हुआ है। मथुरा को दधि बेचने के लिए जानेवाली गोपियों से दधि-दान की माँग ही इस घटना का विषय है, परन्तु इसी वर्णन में सूर ने अपनी प्रबन्धात्मकता, भावप्रवणता तथा अनुपम व्यंग शैली का पूर्ण परिचय दिया है। कवित्व एवं भक्ति-भाव दोनों की दृष्टि से यह प्रसंग बड़ा ही आकर्षक है। इसमें भौतिकता एवं आध्यात्मिकता का अपूर्व समन्वय है। पुष्टि सम्प्रदाय की दृष्टि से तो यह और भी महत्त्वपूर्ण है क्योंकि इसमें भगवान् को भक्ति-भावमय रूप देकर भक्ति-भावापन्न भक्तों के साथ उसका सम्बन्ध कराया

गया है और गीतों की "ये यथा मांप्रपद्यन्ते तांस्तथैव भजाम्यहम्" उक्ति को पूर्णरूपेण चरितार्थ किया गया है। यह प्रेमोन्माद की दशा का चित्रण है। कृष्ण के प्रति गोपियों का प्रेम प्रगाढ़तम हो जाता है परन्तु इसे वासनामय प्रेम के रूप में देखना भूल होगी। यह तो मधुरा-भक्ति के क्रमिक विकास की लीला है। कृष्ण और राधा का अभेदात्मक युगलत्व यहीं से प्रारम्भ हो जाता है। सभी गोपियों में राधा का प्रेम चरमोत्कर्ष पर पहुँचा प्रतीत होता है। सूर ने राधा-कृष्ण के चिर-संयोग के अनेक पद गाए और युगल-स्वरूप को भक्ति का आश्रय घोषित कर दिया। राधा के रूप-चित्रण-प्रेम की प्रायः सब दशाएँ इस वर्णन में आ गई हैं। राधा-कृष्ण-विहार का यह पहला स्थल है, जहाँ वे युगल रूप में भक्त के सम्मुख उपस्थित होते हैं।

वेंकटेश्वर प्रेस की प्रति में राधा-कृष्ण के इसी विहार के साथ-साथ ग्रीष्म-लीला, अनुराग-समय, नैनन-समय तथा अँखियन-समय के पद दिए हैं जिनमें राधा और कृष्ण के रूप-माधुरी का बड़ा प्रभावोत्पादक सूक्ष्म तथा विस्तृत वर्णन हुआ है। वस्तुतः इन अंशों को पृथक्-पृथक्, खंड-काव्य का रूप दिया जा सकता है और इस रूप में पद प्राप्त होते भी हैं। 'सभा' की प्रति में पनघट-लीला के पश्चात् अक्रूर-ब्रज-आगमन तक इन सब घटनाओं का क्रम रखा गया है।

श्रीमद्‌भागवत में नन्द-अपहरण के पश्चात् रास का वर्णन प्रारम्भ होता है। यहाँ यह बात उल्लेखनीय है कि भागवतकार ने नन्द-अपहरण के प्रसंग में गोपियों को निर्गुण और सगुण रूप के दर्शन कराकर रास की पृष्ठ-भूमि प्रस्तुत की है। 'रास-पञ्चाध्यायी' भागवत का एक महत्त्वपूर्ण प्रकरण है और इसी के आधार पर रास-विषयक अनेक पुस्तकों की रचना हुई है, किन्तु सूरदास की 'रास-पञ्चाध्यायी' में भागवत की अपेक्षा कई मौलिक उद्‌भावनाएँ हैं। जैसे–1. गोपियों में राधा का उल्लेख, कृष्ण के साथ उनका विवाह तथा राधा और कृष्ण के विहार का चित्रण। भागवत के अनुसार कृष्ण पहले किसी गोपिका के साथ अन्तर्हित हो जाते हैं और फिर उसको नष्ट करने की इच्छा से उसे भी अकेली छोड़ देते हैं। सूरसागर में गोपियों के प्रेम का स्पष्ट उल्लेख नहीं है और उस विशिष्ट गोपी को, जिसे कृष्ण अपने साथ लेकर अन्तर्हित हो गए थे, स्पष्ट रूप से राधा नाम दिया गया है। इसी प्रकार राधा-विषयक अन्य घटनाएँ भी भागवत में नहीं हैं। 2. भागवत के कृष्ण अंतर्धान होने के पश्चात् जब लौटते हैं तो गोपियों के समक्ष दार्शनिकता से ओत-प्रोत एक लम्बी-चौड़ी वक्तृता झाड़ देते हैं और आत्माराम, आप्तकाम, कृतघ्न आदि भावों की व्याख्या करके उन्हें समझाते हैं। सूरसागर में ये बातें नहीं हैं। वहाँ तो प्राकृत-मानव के समान ही आचरण करते हुए वे पुनः रास प्रारम्भ कर देते हैं। 3. श्रीमद्‌भागवत में गोपियों की रति-क्रीड़ा और रमण का वर्णन करने के पश्चात् उसकी व्याख्या की गई है, किन्तु सूर ने उस व्याख्या अथवा स्पष्टीकरण की आवश्यकता ही नहीं समझी।

4. श्रीमद्‌भागवत में रास के अन्तर्गत उसी शरद-रात्रि को यमुना में जल-विहार का भी संक्षिप्त वर्णन है, परन्तु सूरसागर में जल-विहार दूसरे दिन प्रातःकाल कराया गया है। 5. सूरसागर में रास के अन्त में गोपियों के विषय में वामनपुराण का उल्लेख है। सूर ने ब्रह्मा और भृगु के संवाद के रूप में बताया है कि गोपियाँ वास्तव में श्रुतियाँ थीं, जो कृष्ण के सगुण रूप में उनके संयोग का आनन्द लेने के लिए ब्रज बालाओं के रूप में प्रादुर्भूत हुई थीं। वास्तव में श्री वल्लभाचार्यजी ने लीला का क्रम तथा स्वरूप वामनपुराण के अनुसार ही लिया है। इस प्रसंग के पश्चात् सूरसागर में राधा-कृष्ण के संयोग और रति-सम्बन्धी वर्णन हैं, जिनके पश्चात् केवल दो पदों में शाप-मोचन का उल्लेख करके फिर राधा-कृष्ण के वृन्दावन-विहार के दृश्य सम्मुख आते हैं। भागवतानुसार शंखचूड़ दैत्य का उल्लेख एक ही पद में कर दिया है और तदनन्तर सूर अपने भागवत-निरपेक्ष स्वतन्त्र विषयों को लेकर चल दिए हैं। जैसे, कृष्ण को जगाना, कलेऊ भोजन के नाना व्यंजन, सखाओं के साथ गोचारण तथा वंशी-वादन आदि। मुरली का विषय भी सूर का एक स्वतन्त्र विषय है, जिसको लक्ष्य करके न जाने कितने नवीन-नवीन भावों की मनोवैज्ञानिक उद्‌भावनाएँ सूर ने की हैं। मुरली के विषय में भी उनका एक पृथक् ही काव्य बन सकता है। श्रीमद्‌भागवत के पैंतीसवें अध्याय में इस बात का उल्लेख है कि जब कृष्ण गोचारण करने के लिए समस्त दिन वन में रहते थे तो गोपियाँ उनके विरह में किस प्रकार व्यथित रहती थीं और उनके रूप, सौन्दर्य, मुरली-वादन आदि की चर्चा से अपना दिन बिताती थीं। इसको भागवतकार ने युगल-गीत का नाम दिया है। इस युगल गीत में तन्मनस्क गोपियों का बड़ा ही सुन्दर चित्रण हुआ है। सूरसागर में यह विषय अधिक विस्तार और भावपूर्ण ढंग से कहा गया है तथा कृष्ण के ब्रज आने की शोभा का बड़ा सुन्दर वर्णन कवि ने किया है। भागवत में आए हुए वृषभ, केशी और व्योम नामक राक्षसों के वध का वर्णन सूर ने बहुत संक्षेप में किया है।

श्रीमद्‌भागवत में अरिष्ट-वध के पश्चात् ही नारद-सम्मति से कंस अक्रूर को भेजने का निश्चय करता है, परन्तु सूरसागर में यह प्रसंग बहुत पीछे है। हम पहले कह चुके हैं कि वेंकटेश्वर प्रेस की प्रति तथा 'सभा' की प्रति के क्रम में कुछ अन्तर है। 'सभा' की प्रति में व्योमासुर-वध के पश्चात् उन लीलाओं को लिया गया है, जो सूर की मौलिक तथा भागवत-निरपेक्ष लीलाएँ कही जा सकती हैं। पनघट-लीला, दान-लीला, ग्रीष्म-लीला, मान-लीला, नैनन-समय, अँखियन-समय, खंडिता-प्रकरण, राधा का मान तथा खंडिता नायिकाओं का विशद वर्णन है। इसी खंडिता-प्रकरण में ललिता, चन्द्रावली, सुषमा, राधा, वृन्दा, प्रमदा आदि के साथ कृष्ण की प्रेम-क्रीड़ाओं का विषद वर्णन है। राधा की मान-लीलाओं का वर्णन करके कवि ने उसके चरित्र का पूर्ण चित्रण किया है तथा जयदेव, विद्यापति और चंडीदास की राधा से अपनी

राधा का पृथक् व्यक्तित्व रखा है। इस प्रकरण में राधा के भाव की स्थापना तथा राधा एवं कृष्ण के चिर-संयोग का प्रतिपादन किया गया है।

इसके पश्चात् सूरसागर में झूलने और वसन्त-लीला के प्रकरण हैं। झूलने का प्रकरण वेंकटेश्वर प्रेस की प्रति में विद्याधर शाप-मोचन से पहले दिया गया है, परन्तु 'सभा' की प्रति में राधा की मान-लीला के पश्चात् झूलना और वसन्त दोनों करण दिए गए हैं। वस्तुतः पुष्टि-सम्प्रदाय में गाए जानेवाले पदों का विषय नित्य कीर्तन और वर्षोत्सव ही है। जब वर्षोत्सव के पद अधिक भारी होने लगे तो उनके दो भाग कर दिए गए। होली और धमार नाम से एक भाग अलग कर लिया गया और शेष पद दूसरी प्रति में अलग रखे गए। सम्प्रदाय में इन दो भागों के होने का यह भी कारण बताया जाता है कि वसन्तोत्सव के समय सारी पुस्तक को पाठ के लिए रखना उसके बिगड़ने के भय से खाली नहीं था, क्योंकि इस उत्सव में रंगरेलियाँ और मस्ती ही मुख्य विषय रहता है। ब्रज की होरी और झूला बहुत प्रसिद्ध हैं और दीर्घकाल से उत्साहपूर्वक मनाए जाते रहे हैं। पुष्टि-सम्प्रदाय में इन उत्सवों का बड़ा महत्त्व है। सूरसागर में तो होरी को लेकर बड़ा सुन्दर रूपक बाँधा गया है। नित्य-वृन्दावन का मनोहर चित्रण करके कवि ने कृष्ण और गोप-गोपियों की सम्मिलित आनन्द-क्रीड़ा का होरी के रूप में वर्णन किया है जिसमें किसी प्रकार का संकोच नहीं रहता और सारा ब्रज अनुराग एवं हर्ष के रंग में डूब जाता है।

कृष्ण को गोकुल से मथुरा लाने के लिए कंस द्वारा अक्रूर को भेजने का प्रसंग सूर ने भागवत के आधार पर ही दिया है, किन्तु कुछ परिवर्तन के साथ। सूरसागर में नारद स्वयं कृष्ण की सम्मति से कंस को कृष्ण और बलराम के बुलाने का परामर्श देने जाते हैं। सूरसागर में कंस के दुःस्वप्नों का जो वर्णन है वह भागवत में नहीं हुआ है। अक्रूर के मथुरा से ब्रज पहुँचने पर सूर ने ब्रज का जो करुण दृश्य चित्रित किया है वह निःसन्देह बेजोड़ है। ब्रजवासियों, गोपियों तथा यशोदा की विरह-वेदना के काले मेघ उमड़-उमड़कर ब्रज पर छाए हुए हैं। उनको देखकर ब्रजवासी जन गिरिधर की याद में और भी अधिक सुध-बुध खो बैठते हैं; उनके मूक क्रन्दन की करुण रागिनी मिलन-याम के समय प्रणयपूर्ण वार्तालाप से मुखरित, मुरली की मधुर स्वरधारा से सिक्त और ब्रज-वल्लभ एवं उनकी वल्लभाओं की स्मित प्रभा के आलोकित कुंजों में सन्नाटा भर रही है। कालिन्दी का कौतुकमय कूल, ब्रज की एक-एक सरणि, वृन्दा-विपिन की विस्तृत वीथिकाएँ वियोग की वह्नि में झुलस गई हैं। ब्रज-जनों की दशा को देखकर "अपि ग्रीवा रोदित्यपि दलित ब्रजस्य हृदयम्" के अनुसार शिला भी रोने लगती है और पत्थर का भी हृदय फटने लगता है तो फिर अक्रूर तो रक्त-मांस निर्मित सहृदय व्यक्ति ठहरे। वे कैसे बच सकते थे? वे बहक-से जाते हैं; इसलिए कृष्ण अपने ब्रह्मत्व का आभास देकर उनका अज्ञान दूर करते हैं।

फिर सूरदास ने मथुरा पहुँचने पर मथुरा के नागरिकों तथा कंस पर उनके द्विविध प्रभाव का वर्णन किया। इस प्रसंग में श्रीमद्‌भागवत में बहुत-सी कथाओं का उल्लेख है। सूर ने उनमें से कुछ कथाएँ संक्षेप में कही हैं। जैसे–रजक-वध, दर्जी, माली, कुब्जा का उल्लेख, धनुर्भंग, कुवलयापीड हाथी, मुष्टि और चाणूर मल्लों का वध। मल्ल-युद्ध का वर्णन सूरसागर में नहीं है। कंस-वध की कथा सूरदास ने वर्णनात्मक ढंग से न देकर स्तुति के रूप में दी है तथा उसके सहयोगियों के वध का उल्लेख मात्र किया है। भागवत के 45वें अध्याय में श्रीकृष्ण और बलराम के यज्ञोपवीत और गुरुकुल-प्रवेश का वर्णन है। श्रीकृष्ण अपनी योगमाया से अपने माता-पिता के स्व-ब्रह्म-विषयक ज्ञान को आवृत कर लेते हैं। सूर ने भी कंस-वध के पश्चात् वसुदेव-देवकी की मुक्ति, उनके हर्षोल्लास, उग्रसेन का राज्याभिषेक और कुब्जा को पटरानी बनाने का उल्लेख किया है। इसके पश्चात् नन्द आदि गोपों को ब्रज के लिए विदा करने का वर्णन है जिसमें कवि की प्रतिभा और भावुकता पुनः सजग-सचेष्ट हो उठती है और तन्मयता के साथ ऐसे चित्र उपस्थित करती है, जो विरह-जन्य करुणा और वात्सल्य के चित्र कहे जा सकते हैं। अनेक छोटे-छोटे सन्दर्भों की कल्पना की गई है। ब्रज लौटने पर नन्द और यशोदा का वार्तालाप होता है, वहाँ कवि की भावुकता पराकाष्ठा पर पहुँच जाती है। इस स्थल पर सूर के कोमल हृदय से जो उद्‌गार निकलते हैं, उनमें मातृत्व का इतना स्पष्ट चित्र उतरा है, जितना विश्व-साहित्य में कदाचित् ही कहीं मिल सके। ग्वालों का करुण क्रन्दन, ब्रज की दयनीय दशा आदि का वास्तव में सूर ने ऐसा चित्रण किया है, जिससे भवभूति के 'एको वरसः करुण एवं' वाले कथन में कोई भी अत्युक्ति या असंगति नहीं दीख पड़ती। सूरदास के ये सब वर्णन पूर्णरूपेण मौलिक हैं।

उद्धव की ब्रज-यात्रा में सूर ने फिर भागवत का अनुसरण किया है; परन्तु जहाँ भागवत में उद्धव को ब्रज भेजने का उद्‌देश्य केवल नन्द-यशोदा को सन्देश देकर सुखी करना और गोपियों को सान्त्वना देना बतलाया गया है, वहाँ सूर ने उद्धव के पांडित्य एवं ज्ञान-गर्व को खंडित कर उन्हें प्रेमाभक्ति में दीक्षित करना ही उद्‌देश्य माना है। इसके अतिरिक्त सूर ने और कई कल्पनाएँ की हैं, जो सर्वथा मौलिक और भागवत से स्वतन्त्र हैं; जैसे–कृष्ण का अपने माता, पिता और गोपियों को पत्र लिखना, कुब्जा का राजा को सन्देश तथा उद्धव और ब्रजवासियों की भेंट। उद्धव के ब्रज आने पर तो मानो सूर की कल्पना पंख लगाकर उड़ने लगी। श्रीमद्‌भागवत में 47वें अध्याय में उद्धव और गोपियों की बातचीत और भ्रमर-गीत का वर्णन है। भ्रमर-गीत का प्रसंग सूर ने भी रखा है। सूर का भ्रमर-गीत सगुण भक्ति का पोषक एक अकाट्य शास्त्र है, जिसमें भक्ति और ज्ञान का सन्तुलन करके भक्ति को सर्वोपरि बतलाया है और योग तथा कर्म कांड का व्यंग्यात्मक रूप से खंडन किया

है। यद्यपि श्रीमद्भागवत में भी भक्ति की श्रेष्ठता प्रतिपादित की गई है, किन्तु दूसरे ढंग से। वहाँ सुलभता और प्रेयता के कारण भक्ति को श्रेष्ठ बतलाया गया है। वहाँ उद्धव का ज्ञानोपदेश सुनकर गोपियों पर विरुद्ध प्रतिक्रिया नहीं होती, किन्तु यहाँ का तो दृश्य ही भिन्न है। इसलिए भक्ति की श्रेष्ठता के प्रतिपादन में भागवत के भ्रमर-गीत की अपेक्षा सूर के भ्रमर-गीत का अधिक महत्त्व है। कवि की सहृदयता और वाग्विदग्धता का सुन्दर सामंजस्य, इस प्रसंग के अनुसार, सूर ने भ्रमर-गीत की पुनरावृत्ति में किया है–उनके उद्धव गोपियों के भक्ति-प्रवाह में ज्ञान की 'गुरु गठरी' गँवाकर मथुरा लौट जाते हैं। इसके पश्चात् एक ही पद में कृष्ण का अक्रूर के घर जाने का उल्लेख है।

दशम स्कन्ध (उत्तरार्द्ध)

श्रीमद्भागवत के इस स्कन्ध में 41 अध्याय हैं, जिनमें बहुत-सी कथाएँ पूरे-पूरे अध्यायों में दी हुई हैं। कथा-विवरणों के साथ-साथ ऐतिहासिक, धार्मिक और दार्शनिक सामग्री भी पर्याप्त मात्रा में है, परन्तु सूरसागर में ये कथाएँ बहुत संक्षेप में दी गई हैं। रुक्मिणी का पत्र-लेखन, भक्ति-भाव और विवाह का वर्णन भागवत की अपेक्षा सूरसागर में अधिक भावात्मक है। बलभद्र के ब्रज-आगमन का वर्णन भी सूर ने विशेष रुचि से किया है, कालिन्दी और वारुणी को उन्होंने व्यक्तियों की भाँति चित्रित किया है और इस प्रकार थोड़ा-थोड़ा-सा अन्तर कर दिया है। पौंड्रक राजा का नाम सूर ने पुंडरीक लिखा है। सुदामा और कृष्ण की कथा श्रीमद्भागवत के इसी स्कन्ध में 80वें और 81वें अध्याय में आई है। सूरदास ने इस कथा को लेकर भागवद्- भक्ति-विषयक अनेक पदों की रचना की है। उनका हृदय मानो ब्रज के वियोग से तड़प रहा है, इसलिए वे इस प्रसंग के पश्चात् पुनः ब्रज लौटने की मौलिक कल्पना करते हैं। सूर ने यहाँ एक सन्देशवाहक की मौलिक कल्पना की है, जिसके द्वारा ब्रज-नारियाँ श्याम के पास सन्देश भेजती हैं, जिसके मिलते ही कृष्ण की स्मृति हरी हो जाती है और वे रुक्मिणी से राधा और गोपियों के प्रेम की चर्चा चलाते हैं। इस स्थल पर कवि का ब्रज-विषयक प्रेम शत-शत धाराओं में फूट निकला है।

इसी प्रकार कुरुक्षेत्र में कृष्ण और ब्रजवासियों की भेंट का वर्णन भी सूरदासजी ने विशिष्टता के साथ किया है। सूर का वर्णन सर्वथा मनोवैज्ञानिक तथा आत्मीयता से परिपूर्ण है। कृष्ण के दूत के पहुँचने से पहले ही गोपियों को शुभ शकुन होते हैं, जो उनके भग्न हृदयों का आधार बनकर उन्हें आश्वासन देते हैं। फिर कृष्ण-दूत के पहुँचने पर भ्रमर-गीत जैसे वातावरण की आशंका होने लगती है।

कुरुक्षेत्र में कृष्ण, यशोदा और गोपियों का मिलन भी एक अलौकिक घटना है, जिसका वर्णन सूर ने बड़ी ही गम्भीरता और भावात्मकता के साथ किया है। राधा-कृष्ण की अन्तिम भेंट में उन्होंने बड़ी तन्मयता दिखाई है और ऐसा प्रतीत होता है कि इस मधुर मिलन की मादकता में ही वे कुरुक्षेत्र-यज्ञ को भी भूल गए। इस स्कन्ध की शेष कथाएँ सूर ने केवल खानापूरी करने के लिए रखी हैं।

द्वादश-स्कन्धात्मक सूरसागर से 'श्रीमद्‌भागवत' की तुलना करने पर हम निम्नलिखित निष्कर्ष पर पहुँचते हैं–

1. दशम स्कन्ध को छोड़कर अन्य स्कन्धों में भागवतानुसरण की बात मात्र ही दुहराई गई है, अनुसरण नहीं किया गया है। अन्य स्कन्धों में केवल वे ही स्थल आए हैं, जहाँ भगवान् के यश का वर्णन, हरि-भक्ति की महिमा अथवा भक्त-गुणगान है। भागवतानुसरणवाली बात वर्णनात्मक प्रसंगों तक ही सीमित है। गेय पदों में उसका अनुसरण नहीं मिलता।

2. पौराणिक तथा ऐतिहासिक आख्यानों की पूर्ण उपेक्षा की गई है और कथाओं में पारस्परिक सम्बन्ध भी नहीं है। पद भारती के-से प्रतीत होते हैं।

3. भागवत के दार्शनिक पक्ष को भी 'सूरसागर' में प्रश्रय नहीं दिया गया है। स्तोत्रों और प्रवचनों के रूप में भागवत में दार्शनिक सिद्धान्तों की जैसी विस्तृत व्याख्या मिलती है, उसका लेश भी सूरसागर में नहीं है।

4. सूरसागर में वर्णनात्मक तथा गेय-पद-शैली, ये दो प्रकार की शैलियाँ दीख पड़ती हैं। ऐतिहासिक उपाख्यान तथा पौराणिक कथाओं के उल्लेख में कवि ने वर्णनात्मक शैली को और हरि-लीला-गान में गेय-पद-शैली को अपनाया है।

5. जिस स्थल पर सूरसागर में भागवत के वर्णनों को ज्यों-का-त्यों अपनाने का प्रयास किया है, वहाँ उसमें शिथिलता आ गई है और वर्णन में अस्वाभाविकता-सी प्रतीत होती है। ऐसे स्थानों में कहीं तो वर्णनात्मक शैली के दर्शन होते हैं और कहीं ऐसी अस्पष्ट समास शैली मिलती है कि ज्ञात होता है, मानो कवि को कथाओं का भार ढोना पड़ रहा है। अनुवाद की तो बात दूर रही, कथाओं का सार भी पदों में नहीं आ पाया।

6. सूरसागर में चार प्रकार की हरि-लीलाओं का गान हुआ है–

(अ) वे लीलाएँ जिनका आधार पूर्णतया श्रीमद्‌भागवत है। ऐसी लीलाएँ केवल दशम स्कन्ध में हैं, किन्तु उनका क्रम भागवत से भिन्न है।

(ब) वे लीलाएँ जिनका सूत्र तो कवि को भागवत से ही प्राप्त हुआ है, किन्तु 'सागर' में कवि ने उनकी विस्तृत व्याख्या की है। उन प्रसंगों के वर्णन में सूर की दृष्टि भागवत पर नहीं जमती, अपितु भावना के विस्तृत प्रांगण में चौकड़ी भरती हुई दीख पड़ती है। ऐसे स्थलों पर कवि भागवत के कथा-स्रोत को केवल

मोड़ ही नहीं दे देता, अपितु एक बाँध बाँधकर स्वतःप्रवाहिनी कल्लोलिनी की ओर उन्मुख कर देता है। ऐसे स्थलों पर कवि की गाम्भीर्यपूर्ण तन्मयता एवं परिपक्व शैली के दर्शन होते हैं। ये रचनाएँ खंड-काव्य की कोटि तक पहुँच जाती हैं।

(स) सूरसागर में कुछ ऐसी लीलाएँ भी हैं जिन्हें हम पूर्णतया मौलिक, स्वतन्त्र और भागवत-निरपेक्ष कह सकते हैं। जैसे—राधाकृष्ण-मिलन, पनघट-प्रस्ताव, दान-लीला आदि।

(द) सूरसागर में कुछ ऐसी लीलाएँ भी हैं जिनका स्रोत भागवत-पुराण न होकर अन्य पुराण हैं।

उक्त विवेचन से हम सहज ही इस प्रश्न का उत्तर खोज सकते हैं कि सूरसागर कहाँ तक श्रीमद्‌भागवत का अनुवाद है, और कहाँ तक उसमें भागवत का अनुसरण किया गया है। इस विषय पर हिन्दी के कुछ विद्वानों ने विचार भी किया है। डॉ. ब्रजेश्वर वर्मा का मत है—

"अनुमान तो यह होता है कि भागवत की कथा को सुनकर कवि ने दशम स्कन्ध पूर्वार्द्ध के अतिरिक्त अन्य स्कन्धों पर अपने भाव के अनुकूल, कभी प्रबन्धात्मक और कभी स्फुट रीति में पद-रचना की। इस पद-रचना को स्कन्धों के कथाक्रम से संग्रह करके देखने से जहाँ कथा-सूत्र छूटे पाए गए वहीं वे पूर्तिमात्र के विचार से वर्णनात्मक शैली में रख दिए गए। यह भी सन्देश हो सकता है कि ये वर्णनात्मक अंश स्वयं हमारे कवि सूरदासजी की रचना भी हैं या अन्य किसी ने सूरसागर को भागवत का बाह्य रूप दे दिया।"[1]

डॉ. वर्मा के अनुसार सूर के भागवत के दशम स्कन्ध (पूर्वार्द्ध) पर पूर्णतया नियमित रूप से तथा अन्य स्कन्धों पर कभी-कभी रचना की और फिर कथा-सूत्र जोड़ने के लिए सूर ने अथवा और किसी कवि ने कुछ पदों की रचना की। श्री द्वारिकादास परीख और प्रभुदयाल मीतल ने इस विषय में लिखा है—

"उपलब्ध मुद्रित एवं हस्तलिखित प्रतियों के अध्ययन से यह निःसंकोच कहा जा सकता है कि यह श्रीमद्‌भागवत का न तो अनुवाद है और न इसमें उनकी प्रथम स्कन्ध से द्वादश स्कन्ध की कथाओं का पूर्ण समावेश ही हुआ है। फिर भी हमें इस विषय पर सूरसागर में सूरदास का निम्न कथन मिलता है—

व्यास कहे सुखदेव सों, द्वादस स्कन्ध बनाइ।
सूरदास सोई कहे, पद भाषा करि गाइ॥[2]

1. ब्रजेश्वर वर्मा, 'सूरदास', पृ. 80।
2. सूरसागर, स्कन्ध 1, पद 225।

इस उल्लेख से जान पड़ता है कि सूरदास ने द्वादश स्कन्ध पर्यन्त की कथाओं को, जो व्यासजी द्वारा कथित हैं, गाया है।[1]

"इन दोनों विरुद्ध कथनों का एक अविरुद्ध निष्कर्ष यह हो सकता है कि श्री वल्लभाचार्यजी ने व्यासजी की 'समाधि' भाषा को प्रमाण रूप माना है और उसी का गायन किया है। श्री वल्लभाचार्यजी के अनुसार श्रीमद्‌भागवत में तीन प्रकार की भाषा है–लौकिकी, परमत और समाधि। लौकिकी भाषा उसे कहते हैं जो ऐतिहासिक चरित्र के रूप में सूतजी द्वारा कही गई थी। परमत भाषा उसे कहते हैं जो अन्य ऋषि-मुनियों के विभिन्न मतों के रूप में उपस्थित की गई है और समाधि-भाषा उसे कहते हैं, जो स्वयं व्यासजी को समाधि में जो कुछ प्रत्यक्ष अनुभव हुआ था, उसका वर्णन करती है और व्यास-शुकदेव द्वारा कही हुई है। इसी समाधि भाषा को महाप्रभु ने 'प्रमाण-चतुष्टय' में स्वीकार किया है। यह भाषा भक्ति-मार्ग का मूल है। इसी के आधार पर चारों भक्ति-सम्प्रदायों की विविध भावनाओं का विस्तार हुआ है। सम्भव है कि सूरदास ने अन्य भाषाओं की अनावश्यक कथाओं आदि पर ध्यान न दिया हो और इसी प्रकार परमत-स्वरूप कर्म-ज्ञानवाले वर्णनों की भी उपेक्षा की गई हो। भक्ति में आवश्यक ऐसे कर्म-ज्ञान का तो सूरदासजी ने वर्णन किया ही है, जिसके फलस्वरूप ईश्वर में प्रेम बढ़ानेवाले कर्म और ब्रह्म के माहात्म्य-सूचक अनेक प्रसंग और वर्णन प्राप्त होते हैं। सूरदास का उद्‌देश्य श्रीमद्‌भागवत-वर्णन से भगवान् की भक्ति और उनकी अनेक लीलाओं का कथन करना ही था। ऐसा ज्ञात होता है कि इसीलिए सूरसागर की कथाओं में स्कन्धानुक्रम होते हुए भी प्रत्येक प्रसंग या अन्य वर्णनों का भागवतक्रम पूर्णतः अपेक्षणीय नहीं समझा गया।"[2]

"दूसरा विकल्प यह भी हो सकता है कि जब सूरसागर के प्रारम्भ में सूरदासजी स्पष्ट कहते हैं कि–

व्यास कहे सुकदेव सों, द्वादस स्कन्ध बनाइ।
सूरदास सोई कहे, पद भाषा करि गाइ॥

तब सम्भव है उन्होंने भागवत का ही अनुवाद किया हो और उसके सहस्रावधि पद होने के कारण आद्योपान्त प्रतिलिपि न हो सकने से, मुख्य-मुख्य अंशों को किसी ने संगृहीत कर लिया हो और उसी से फिर अनेक प्रतिलिपियाँ होती रही हों, जो आजकल उपलब्ध हैं।"[3]

जो भी हो, 'सूर-सारावली' वाले उल्लेख से हम इस निष्कर्ष पर पहुँच सकते हैं कि–

---

1. 'सूर-निर्णय', प्रथम संस्करण, सं. 2006, (अग्रवाल प्रेस, मथुरा) पृ. 161।
2. 'सूर-निर्णय'।
3. वही, पृ. 162।

1. "सूरदास ने अपने गुरु श्री वल्लभाचार्य से श्रीमद्भागवत तत्त्व का उपदेश प्राप्त कर उसकी अनेक विधि से हरि-लीलाओं को गाया था, जिनके आधार श्रीमद्भागवत और उसके अनुकूल अन्य पुराण, महाभारत, रामायण, पाञ्चरात्र और संहितादि रहे हैं। ये लीलाएँ कथात्मक शैली में हैं। ऐसा ज्ञात होता है कि इनको उन्होंने अपने सेवकों के उपदेशार्थ गाया था।

2. सम्प्रदाय की नित्य तथा वर्षोत्सव की लीलाओं की प्रतिवर्ष नवीन भाव, छन्द और वर्णन के भेद की दृष्टि से सूरदास ने श्रीनाथजी के सम्मुख गाया होगा। सम्भव है कि ये दोनों संग्रह प्रारम्भ में भिन्न रूप में लिखे जाते हों और पीछे किसी ने उन्हें एक कर दिया हो, जो आज द्वादश स्कन्धात्मक और दशम पूर्वार्द्ध के रूप में उपलब्ध होते हैं।"[1]

ये दोनों लेखक न तो सूरसागर को श्रीमद्भागवत का अनुवाद मानते हैं और न सर्वांश में श्रीमद्भागवत को सूरसागर का आधार ही मानते हैं, परन्तु 'श्रीमद्भागवत-तत्त्व' को अवश्य आधार मानते हैं तथा यह भी सम्भावना करते हैं कि नित्य-कीर्तन और वर्षोत्सव के पदों में से ही पीछे से किसी ने सूरसागर के दो रूप दे दिए हों।

डॉ. मुंशीराम शर्मा का मत भी यहाँ उल्लेखनीय है। वे लिखते हैं—

"इन कथनों के होते हुए भी सूरसागर को भागवत का अविकल अनुवाद नहीं कहा जा सकता। वह एक स्वतन्त्र रचना है। बालिका राधा, बालक कृष्ण के संग खेलने के प्रसंग और 'भ्रमर-गीत' की व्यंग्यमयी उक्तियाँ भागवत में ढूँढ़ने पर भी नहीं मिलेंगी। भागवत में उद्धव की कथा आती है, परन्तु उनके गोकुल पहुँचने पर गोपियाँ उन्हें चिढ़ाती नहीं। वे जो कुछ कहते हैं उसे चुपचाप सुन लेती हैं। उद्धव द्वारा कृष्ण का सन्देश पाकर उनकी विरह-व्यथा शान्त हो जाती है। कृष्ण के प्रति दिए गए उनके उलाहने भी इतने तीव्र नहीं हैं। निर्गुण और सगुण का झमेला भी भागवत में दिखाई नहीं देता, जो सूरसागर के भ्रमर-गीत का प्रधान अंश है। कृष्ण-लीलाओं का स्मरण करती हुई एक गोपी अपने सामने गुनगुनाते हुए भ्रमर को आया देखकर कुछ चटपटी बातें अवश्य कह जाती है। भागवत के भ्रमर-गीत में सूरसागर-जैसा भावनाओं का उफान कहीं भी दृष्टिगोचर नहीं होता। इसके अतिरिक्त भागवत सर्ग-विसर्ग आदि दस विषयों का वर्णन करती हुई भक्ति को मूर्धन्य स्थान देती है, पर सूरसागर में मुख्य रूप से राधा-कृष्ण लीला को ही प्रधानता दी गई है। भागवत जहाँ निवृत्ति-मूलक साधना का उपदेश करती है, वहाँ सूरसागर की राधा-कृष्ण लीला मनुष्य को प्रवृत्ति मार्ग में लगानेवाली है। अतः सूरसागर भागवत का अक्षरशः अनुवाद नहीं है।"

1. वही, पृ. 162-63।

डॉ. मुंशीराम शर्मा केवल भ्रमर-गीत और उनकी दो-चार बातों को लेकर इस निष्कर्ष पर पहुँच जाते हैं कि सूरसागर भागवत का अक्षरशः अनुवाद नहीं है, पर, उनके इस कथन से स्पष्ट ही यह ध्वनि निकलती है कि 'भावात्मक अनुवाद अवश्य है–आधार तो निश्चय रूप से है ही।[1]

इन तीनों ही ग्रन्थों में श्रीमद्भागवत को आधार अवश्य स्वीकार किया गया है। डॉ. ब्रजेश्वर वर्मा, कवि द्वारा द्वादश स्कन्धात्मक रूप दिए जाने में सन्देह करते हैं। डॉ. मुंशीराम शर्मा ने इस विषय पर अधिक विवेचन नहीं किया और इसीलिए वे सन्देहात्मक निष्कर्ष पर पहुँचे हैं। श्री द्वारिकादास परीख ने दो विकल्प रखे हैं और पहले विकल्प में ही भागवत के आधार की ओर संकेत किया है। इन सब कथनों को दृष्टिकोण में रखते हुए हम निम्नलिखित निष्कर्ष पर पहुँचते हैं–

1. यों तो सभी वैष्णव सम्प्रदायों में श्रीमद्भागवत की मान्यता है, परन्तु पुष्टि सम्प्रदाय में तो इस महापुराण को चतुर्थ प्रमाण माना है और वेद, उपनिषद् एवं गीता के समकक्ष रखा है। 'तत्त्वदीप-निबन्ध' में श्री वल्लभाचार्य ने भागवत की प्रामाणिकता पर बल देते हुए कहा है–

समाधिभाषा व्यासस्य प्रमाणं तच्चतुष्टयम्।

अर्थात्–व्यास की समाधि भाषा अन्य तीन प्रमाणों के समान ही प्रमाणस्वरूप है।

इस सम्प्रदाय की आधार-भित्ति भागवत ही है। अतएव सूरदास ने अपने गुरु वल्लभाचार्यजी से अवश्य ही भागवत-तत्त्व सुना होगा। वैसे भी सम्प्रदाय की बैठकों में भागवत की कथाएँ हुआ करती थीं और पुराणों का आश्रय लेकर धार्मिक वाद-विवाद भी होते थे, अतएव यह तो निश्चय ही है कि सूरदासजी को श्रीमद्भागवत का ज्ञान था और वे उसके महत्त्व को भी समझते थे, किन्तु उन्होंने यथावत् उसका अध्ययन किया हो, इसका कोई प्रमाण नहीं।

2. महात्मा सूरदास सिद्ध कवि थे और अपने ही समय में बहुत प्रसिद्ध भी हो गए थे, जिसका पर्याप्त प्रमाण वार्त्ता-साहित्य से मिलता है। बिजली के तार की भाँति स्पर्श-मात्र से ही उनकी प्रतिभा देदीप्यमान हो उठती थी, जिसका वार्त्ता-साहित्य में उल्लेख भी है। सिद्ध कवि अपनी प्रतिभा और कवित्व-शक्ति से नूतन सृष्टि-सृजन में समर्थ होते हैं। लीलाओं के स्फुरण का उल्लेख भी सूर के विषय में वार्त्ता-साहित्य में कई बार आया है। भागवत के विषय में भी सूरदास के सम्बन्ध में यही लिखा है–"पुरुषोत्तम सहस्रनाम सुनने के पश्चात् सम्पूर्ण भागवत की लीला सूरदास के हृदय में स्फुरी और सूरदासजी ने प्रथम स्कन्ध से द्वादश स्कन्धपर्यन्त कीर्तन वर्णन किए।"[2]

1. डॉ. मुंशीराम शर्मा 'सोम'–'सूरसौरभ'...दूसरा भाग, पृ. 11 (दूसरा संस्करण)।
2. सूरदास की वार्ता, प्रसंग 1।

यदि साफ वार्त्ता के कथन को प्रामाणिक मानें तो दो बातें उल्लेखनीय हैं–पहली–"सूरदास के हृदय में भागवत की लीला स्फुरी"; और दूसरी–"कीर्तन वर्णन किए।" अनुवाद वाली बात कहीं है ही नहीं।

श्री वल्लभाचार्य ने भागवत की टीका (सुबोधिनी) केवल उन्हीं स्कन्धों पर की, जिनकी संगति उन्हें अपने सिद्धान्तों से लगानी थी। उन्हें दशम स्कन्ध ही बहुत प्रिय था और उसके 87 अध्यायों की, रूपक बाँध-बाँधकर, उन्होंने विस्तृत व्याख्या की है। इससे हम इस निष्कर्ष पर पहुँचते हैं कि सम्भवतः सूर ने भी भागवत के दशम स्कन्ध तक ही अपने वर्णन को सीमित रखा हो, इसकी पुष्टि निम्न बातों से भी होती है–

1. सूरदासजी के दशम स्कन्ध सम्बन्धी ग्रन्थों का उल्लेख। जैसे–दशम स्कन्ध टीका, दशम स्कन्ध पूर्वार्द्ध आदि।

2. केवल दशम स्कन्ध वाली सूरसागर की प्रतियों की प्राप्ति।

3. किसी-किसी संग्रहात्मक प्रति में भी दशम स्कन्ध का उल्लेख।

परन्तु इन स्कन्धात्मक प्रतियों में कम उलट-पलट है। अतएव यह कथन कि सूर के जीवन-काल में ही इस प्रकार की कोई स्कन्धात्मक प्रति बन गई होगी, युक्तिसंगत प्रतीत नहीं होता। हम 'सूरनिर्णय' में दिए हुए इस कथन से पूर्णतया सहमत हैं कि–"सम्प्रदाय की नित्य और वर्षोत्सव की लीलाओं को प्रतिवर्ष नवीन भाव, छन्द और वर्णन की विभेदता से 'सूरदास' ने 'श्रीनाथजी' के सम्मुख स्वतः उद्गार-रूप से गाया था। पीछे किसी ने इन्हीं पदों में से दो संग्रह कर दिए–संग्रहात्मक तथा द्वादश स्कन्धात्मक।"[1]

दशम स्कन्ध के अतिरिक्त द्वादश स्कन्धात्मक सभी प्रतियों के कुछ गेय-पदों को छोड़कर अन्य पद प्रक्षिप्त-से प्रतीत होते हैं। सम्भवतः गेय-पदों की रचना सूरदास ने की हो। संग्रहात्मक तथा द्वादश स्कन्धात्मक प्रतियों के विषय में हम पहले ही लिख चुके हैं कि संग्रहात्मक प्रतियों का संकलन 100 वर्ष पूर्व का मिलता है तथा उनमें पाठ भी अपेक्षाकृत शुद्ध हैं। इसलिए हम सहज ही इस निष्कर्ष पर पहुँच जाते हैं कि सूर के पदों का संग्रहात्मक संकलन ही पहले हुआ था। उन पदों में–1. नित्यकीर्तन और वर्षोत्सव के पद थे। 2. विनय के पद थे, जो सूर ने पुष्टि-सम्प्रदाय में दीक्षित होने से पहले रचे थे। 3. अन्य पद भी थे जो सूर यथावसरी रचते थे, उस संकलन में रहे होंगे।

विषय की दृष्टि से इन सारे पदों को तीन भागों में विभाजित कर सकते हैं–

---

1. सूर-निर्णय, पृ. 161।

(1) ऐतिहासिक तथा वर्णनात्मक

इनका आधार, भागवत के अतिरिक्त हरिवंशपुराण, विष्णुपुराण, पद्मपुराण, वायु-पुराण तथा देवीभागवत आदि हैं। सूरदासजी को इन पुराणों के सम्यक् अध्ययन का अवसर प्राप्त हुआ होगा, इसकी तो कोई सम्भावना ही नहीं, परन्तु तत्कालीन ब्रज के सन्त-समाज में अनेक विद्वान् रहते थे, जो अपने साम्प्रदायिक मन्तव्यों को सिद्ध करने के लिए अनेक ग्रन्थों का आश्रय लिया करते थे। उसी श्रुति के आधार पर ही सूरदास ने बहुत-से पदों की रचना की होगी।

(2) लीलापरक

इन पदों का आधार प्रधानतया श्रीमद्भागवत है; क्योंकि पुष्टि-सम्प्रदाय में सारस्वत-कल्प की लीला मानी जाती है, जिसका वर्णन वामनपुराण में है तथा जिसका उल्लेख सूर ने किया है। इसलिए वामनपुराण में भी उसका आधार था। कुछ लीलाएँ ब्रह्मवैवर्त पुराण से ली गई हैं, विशेषतया राधा का विस्तृत वर्णन इसी पुराण में मिलता है। कुछ लीलाओं की उद्भावना सूर ने स्वतन्त्र रूप से की है जो तत्कालीन प्रचलित सामाजिक प्रथाओं एवं लोक-गीतों से सम्बन्ध रखती हैं।

(3) भक्ति तथा दार्शनिक सिद्धान्त-विषयक पद

सूर का लक्ष्य न तो भक्ति का विवेचन था और न दार्शनिक सिद्धान्तों का विश्लेषण, किन्तु कवि भावुकता की अथाह धारा में बहता हुआ अनजाने ही कुछ ऐसी बातें कह जाता है, जिसका सम्बन्ध दार्शनिक जगत् से जोड़ा जा सकता है। सूर के पदों के हमें कई रूप स्पष्ट लक्षित होते हैं–

1.पुष्टि-सम्प्रदाय में दीक्षित होने से पहला रूप।

2.दीक्षित होने के पश्चात् का रूप।

3.सामयिक प्रभाव से प्रभावित रूप।

सूर से पहले की पाँच-छह शताब्दियाँ देश के धार्मिक क्षेत्र में बड़ी उथल-पुथल की शताब्दियाँ थीं। सिद्धों और नाथों के नाना सम्प्रदाय, कबीर आदि सन्तों के पंथ तथा अनेक वैष्णव सम्प्रदाय अपने-अपने सिद्धान्तों का प्रचार कर रहे थे। सूरदास यद्यपि एक विशेष सम्प्रदाय में दीक्षित थे, परन्तु अपने युग के धार्मिक आन्दोलनों को सहृदय व्यक्ति तमाशबीन की तरह नहीं देख सकता। इसलिए जहाँ सूर के साहित्य में सम्प्रदाय के सिद्धान्तों का प्रतिपादन है, वहाँ तत् सामयिक परिस्थितियों की ओर भी संकेत है।

'निरंकुशा हि कवयः' उक्ति के अनुसार कवि की कल्पना निःसीम आकाश में बढ़ा करती है। कवि बन्धन में बँधकर नहीं रह सकता। उसका मानिकस विकास उस स्थिति तक पहुँच जाता है, जहाँ उसके लिए कोई वस्तु अगम्य, अबोध्य और अलक्ष्य नहीं रहती। सभी उच्च कोटि के कवियों में ये गुण पाए जाते हैं। फिर रस-सिद्ध भक्त-शिरोमणि सूरदास का तो कहना ही क्या! सूर ने कहीं शब्दों के साथ खिलवाड़ किया है, कहीं वाणी का विस्मयकारक विलास दिखाया है और कहीं हृदय-रत्नाकर के अमूल्य भाव-रत्नों को मनमौजी तौर से लुटाया है।

अन्त में हम श्रीमद्भागवत के उन चार श्लोकों का अनुवाद प्रस्तुत करते हैं, जिनको पद-भाषा में गाने की प्रतिज्ञा सूरसागर में मिलती है। भागवत के द्वितीय स्कन्ध के नवम अध्याय में भगवान् ने ब्रह्मा को स्वयं अपने रूप का ज्ञान दिया है। जिन चार श्लोकों में इस स्वरूप का वर्णन है, वे भागवत में 'चतुःश्लोकी' के नाम से प्रसिद्ध हैं।[1]

सृष्टि के पूर्व केवल मैं ही मैं था। मेरे अतिरिक्त न स्थूल था और न सूक्ष्म तथा न दोनों का कारण अज्ञान ही था। जहाँ यह सृष्टि नहीं है वहाँ भी मैं ही मैं हूँ और इस सृष्टि के रूप में जो भी प्रतीत हो रहा है, वह भी मैं ही हूँ तथा जो कुछ बच रहेगा वह भी मैं हूँ। वास्तव में न होने पर भी जो कुछ अनिर्वचनीय वस्तु मेरे अतिरिक्त मुझ परमात्मा में दो चन्द्रमाओं की तरह मिथ्या ही प्रतीत हो रही है अथवा विद्यमान होने पर भी आकाश के नक्षत्र-मंडल में राहु की भाँति जो मेरी प्रतीत नहीं होती, उसे मेरी माया समझना चाहिए। जैसे प्राणियों के पंचभूत-रचित छोटे-बड़े शरीरों में आकाशादि पंच-महाभूत उन शरीरों के कार्य-रूप से निर्मित होने के कारण प्रवेश करते भी हैं और पहले से उन स्थानों और रूपों में कारण रूप से विद्यमान रहने के कारण प्रवेश नहीं भी करते, वैसे ही उन प्राणियों के शरीर की दृष्टि से मैं उनमें आत्मा के रूप में प्रवेश किए हुए हूँ और आत्म-दृष्टि से अपने अतिरिक्त कोई वस्तु न होने के कारण प्रविष्ट नहीं भी हूँ। 'यह ब्रह्म नहीं है, यह ब्रह्म नहीं है'—इस प्रकार की निषेध पद्धति से और 'यह ब्रह्म है, यह ब्रह्म है'—इस अन्वय-पद्धति से यही सिद्ध होता है कि सर्वातीत एक सर्वस्वरूप भगवान् ही सर्वदा और सर्वत्र स्थित है। वही वास्तविक तत्त्व है। जो आत्मा और परमात्मा का तत्त्व जानना चाहते हैं, उन्हें केवल इतना ही जानने की आवश्यकता है।

1. श्रीमद्भागवत, स्कन्ध 2, अध्याय 9, श्लोक 32-35।

सूरदास की राधा

हजारीप्रसाद द्विवेदी

जयदेव कहते हैं कि "यदि हरि-स्मरण में मन सरस हो, यदि विलास-कला में कुतूहल हो तो जयदेव की मधुर, कोमल-कान्त पदावली को सुनो!"–

यदि हरिस्मरणे सरसं मनो यदि विलासकलासु कुतूहलम्।
मधुर कोमलकान्तपदावलीं शृणु तरा जयदेवसरस्वतीम्॥

और कोई भी रसिक, जिसने इस सरस्वती का रसास्वादन किया है, जयदेव की बात में रत्ती-भर भी सन्देह नहीं करेगा। जयदेव की राधा विलास-कला के कुतूहल को निःसन्देह दूर कर सकती हैं। विद्यापति की नवीन प्रेम-भरी कविता भी आपके इस कुतूहल को दूर कर सकती है। उसके गज-गमन से, उसके अपांग-वीक्षण से, उसके इन्द्रजाली पुष्पबाणों से, उसके चम्पे के फूलों की रस्सी जैसे बाहुपाश से, उसके सुमधुर बैनों से, उसके शरद्चन्द्राभ मुख-मंडल से, जगत्पति का मनोमयूर नाच उठता है। उस अकाम की कामना पूरी हो जाती है–

गेलि कामिनी गजहु गामिनी विहसि पलटि निहारि।
इन्द्रजालक कुसुम सायक कुहक भेलि वर नारि।
जोरि भुज जुग मोरि बेढ़ल ततहि बयन सुछन्द।
दाम चम्पक काम पूजल जैसे शारद चन्द।

पर चंडीदास की राधा में ये सब बातें बहुत कम हैं। उस मक्खन की पुतली को गलते देर नहीं। कान्ह ही उसके प्राण हैं, कान्ह ही जाति, कान्ह ही जीवन। कान्ह उसकी दोनों आँखों के तारा हैं। वह प्राण से भी अधिक हृदय की पुतली हैं जिसके खो जाने की आशंका उसे क्षण-क्षण पर व्याकुल कर देती है–

कानू से जीवन जाति प्रान धन, ए दुटि आँखिर तारा।
परान अधिक हियार पुतली निमिखे-निमिखे हारा।

विद्यापति की राधा ईषदुद्भिन्नयौवना हैं, जयदेव की पूर्ण विलासवती प्रगल्भा और चंडीदास की राधा उन्मादमयी, मोम की पुतली। ये तीनों ही धन्य हैं पर और

भी धन्य है वह बाल किशोरी, वह 'लाल की बतरस लालच से मुरली लुका' धरने वाली, वह 'आँख-मिचौनी में बड़री अँखियान के कारण बदनाम' बरसाने की छबीली वृषभानु-लली। वह बालिका है, वह किशोरी है, वह ग्वालिनी है, वह ब्रजनारी है। शोभा उस पर सौ जान से निसार है, श्रृंगार उसका गुलाम है, त्रैलोक्यनाथ उसकी आँखों की कोर के मुहताज हैं फिर भी वह तद्‌गत-प्राणा हैं। विरह में वह करुणा की मूर्ति है, मिलन में लीला का अवतार। प्रेमी के सामने वह सरल है; गाती, नाचती है, हिंडोले पर झूलती है–अपने को एकदम भूल जाती है। प्रेम की गम्भीरता आनन्द-कल्लोल से भर जाती है, पर विरह में वह गम्भीर है, और गोपियों की तरह उसमें उतावलापन नहीं रहता। वह सच्ची प्रेमिका है। सूरदास की राधा तीन लोक से न्यारी सृष्टि है–अपूर्व, अद्‌भुत, विचित्र। सुनिये उसकी सौन्दर्य-कथा–

सुनि मोहन, तेरी प्राण पिया को वरणौं नन्दकुमार।
जो तुम आदि अन्त मेरौ गुन मानहु यह उपकार।
चन्द्रमुखी भौंहें कलंक बिच चन्दन तिलक लिलार।
मनु बेनी भुवंगिनी परसत स्रवत सुधा की धार।
नैन मीन सरवर आनन में चंचल करत बिहार।
मानो कर्नफूल चारा कौं रबकत बारम्बार।
बेसरि बनी सुभग नासा पर मुक्ता परम सुढार।
मनु तिल-फूल अधर बिम्बाधर दुहुँ बिच बूँद तुषार।
सुठि सुठान ठोड़ी अति सुन्दर सुन्दरता कौ सार।
चितवन चुअत सुधा-रस मानो रहि गइ बूँद मँझार।
कंठसिरी उर पदिक बिराजत गज-मोतिन के हार।
ढहिनावर्त देत मनु ध्रुव को मिलि नछत्र की मार।
कुच-युग कुम्भ सुंडि रोमावलि नाभि सुहृद आकार।
जनि जल सोखि लियौ सो सबिता जोबन गज मतबार।
रत्न-जटित गजरा बाजूबन्द सोभा भुजनि अपार।
फूदा सुभग फूल फूले मनु मदन बिटप की डार।
छीन लंक कटि किंकिनि की धुनि बाजत अनि झनकार।
मौर बाँधि बैठ्यो जनु दूलह मन्मथ आसन तार।
जुगल जंघ जेहरि जराव की राजति उदार।
राजहंस गति चलति कृसोदरि अति नितम्ब के भार।
छिटकि रह्यौ लहँगा रँग तनसुख सारी तन सुकुमार।
सूर सुअंग सुगन्ध समूहनि भँवर करत गुंजार।

सूरदास की राधा केवल विलासिनी नहीं हैं। श्रीकृष्ण के साथ उनका केवल युवाकाल का सम्बन्ध नहीं है, वे परकीया नायिका भी नहीं हैं। बहुत छोटी उम्र से वे श्रीकृष्ण के साथ गुड़ियों के खेल खेल चुकी हैं, घंटों अपने घर न जाकर नन्द बाबा के घर में आँख-मिचौनी खेलकर समय काट चुकी हैं। उस बारी वय में ही एक गाढ़ प्रेम का आभास पाया जाता है जो खेल में, हँसी में, मान में, अपमान में, रोदन में विचित्र भाव से विकसित हो उठा है। पहले दिन ही जब बालक कृष्ण खेलने के लिए ब्रज की गलियों में निकलते हैं, इस अल्पवयस्का सखी को देखकर रीझ जाते हैं, नैन नैनों से मिल जाते हैं, ठगौरी पड़ जाती है—वह स्वर्गीय प्रेम है, वासना से रहित, निर्मल, विशुद्ध।

खेलन हरि निकसे ब्रज खोरी।
कटि कछनी पीताम्बर ओढ़े हाथ लिए भौंरा चक डोरी।
मोर मुकुट कुंडल स्रवनन बर दसन दसक दामिनि छबि थोरी।
गये स्याम रवि-तनया के तट अंग लसति चन्दन की खोरी।
औचक ही देखी तहँ राधा नयन बिसाल भाल दिये रोरी।
नील बसन फरिया कटि पहिरे बेनी पीठ रुलति झकझोरी।
संग लरिकनी चलि इत आवति दिन थोरी अति छबि तन गोरी।
सूर स्याम देखत ही रीझे नैन नैन मिलि परी ठगौरी।

यह पहला दर्शन था। श्याम ने श्यामा को देखा। कैसा सुन्दर था वह रूप! गोरा शरीर, नीला वस्त्र और पीठ पर वेणी, अल्पवयस, आँखें विशाल और माथे पर रोरी। श्यामा की आँखें श्याम की आँखों में अटक गईं। यह उलझन युवावस्था की नहीं थी जिसमें वाक्य रुद्ध हो जाते हैं, यह बाल्यकाल की स्वर्गीय उलझन थी, जिसमें न झिझक है न संकोच। श्याम ने कहा—क्योंजी, तुम हमारे साथ खेलने क्यों नहीं चलतीं, हम तुम्हारा कुछ चुरा लेंगे?—'तुम्हारौ कहा चोरि हम लैहैं खेलन चलौ संग मिलि जौरी।' और फिर—

प्रथम सनेह दुहुँन मन जान्यौ।
सैन सैन कीनी सब बातें गुप्त प्रीति सिसुता प्रकटान्यौ।

श्याम ने कहा—सखी, हमारे घर आकर मुझे खेलने को बुला लेना। तुम्हें वृषभानु बाबा की सौगन्ध, सुबह-शाम एक बार जरूर आना—'तुमहिं सौंह वृषभानु बबा की प्रात साँझ एक फेर।' हाँ जी, तुम बड़ी सीधी जान पड़ती हो, इसलिए तुम्हारे साथ रहने को जी चाहता है—'सूधी निपट देखियत तुमको तातैं करियत साथ।' मगर ए सूरदास, इनको निपट सीधा न जानना, ये केवल बनवारी नहीं हैं, श्याम और श्यामा दोनों ही नागर और नागरी हैं, सुनते रहो इनकी मिलन-कथा—'सूर, श्याम नागर उत राधा नागरि दोउ मिलि गाथ।'

फिर धीरे-धीरे यह प्रेम गाढ़ से गाढ़तर हो जाता है। आँखों को विश्राम नहीं, सैन-पर-सैन चलते हैं, तिल-मात्र का वियोग भी असह्य हो उठता है। श्याम के प्रथम इशारे के मादक दर्शन से राधिका के कनक-कपोल व्रीड़ा के आवेग से रक्तिम हो उठते हैं। यह प्रथम संकोच का उदय हुआ है। इसके पहले बहुत-से गुड़ियों के खेल खेले जा चुके हैं परन्तु यह रक्तिमता तो आज ही की है। कितनी स्वर्गीय है यह–

कनक बदन सुढार सुन्दरि सकुचि मुख मुसकाइ।
स्याम प्यारी नैन राचे, अति बिसाल चलाइ।
सूर प्रभु के बचन सुनि सुनि रही कुँवरि लजाइ।

घर में अब अच्छा नहीं लगता, चित हर समय गोष्ठ में ही आबद्ध है, खान-पान भूल गया है, कभी हँसती हैं, कभी रोती हैं, माँ-बाप का भय भी लगा है, अब दोहनी लेकर गोष्ठ में जाने की बड़ी उत्कंठा है–

नागरि मन गई अरुझाइ।
अति बिरह तनु भई ब्याकुल, घर न नेकु सुहाइ।
स्याम सुन्दर मदनमोहन, मोहिनी-सी लाइ।
चित्त चंचल कुँवरि राधा, खान-पान भुलाइ।
कबहुँ बिलपति कबहुँ बिहँसति सकुचि रहति लजाइ।
मातु पितु कौ त्रास मानति, मन बिना भइ बाइ।
जननि सौं दोहनी माँगति बेगि दै री माइ।
सूर, प्रभु कौं खरकि मिलिहौं गए मोहिं बुलाइ।

इधर श्याम भी दोहनी के लिए व्याकुल हैं। श्याम और श्यामा दोनों ही खरिक में दोहनी लिए पहुँच गए। नन्द ने कहा–दोनों यहीं खेलो, दूर न जाना। फिर क्या था, 'जो रोगी को भावै, सो ही बैद बतावै।' राधिका ने कहा, ''सुनी तुमने नन्द बाबा की बात? खबरदार, मुझे छोड़ के जाना मत, ज़रा भी हटे कि पकड़ लाऊँगी। अच्छा हुआ जो हमको सौंप गए। अब तुम्हें मैं छोड़ने की नहीं। तुम्हारी बाँह पकड़ के तुम्हारी रखवाली करूँगी, नहीं तो अम्मा खीझेगी।'' श्याम ने कहा–'राधा, मेरी बाँह छोड़ दे!' यह बाल-केलि है। दोनों को पता नहीं कि वे किस ओर बहे जा रहे हैं; परन्तु, सूरदास से यह बात छिपी नहीं है कि ये भी प्रेम की बातें हैं–प्रेम, जो भविष्य में सान्द्रमाधुर्य में परिणत होगा–

नन्द बबा की बात सुनौ हरि!
मोहिं छाँड़िकै कबहुँ जाहुँगे, ल्याऊँगी तुको धरि
भली भई तुम्हें सौंपि गये मोहिं जानि न दैहौं तुमको।
बाँह तुम्हारी नैंक न छाँड़िहौं, महरि खीझिहैं हमको।
मेरी बाँहि छाँड़ि दै राधा, कर न उपरफट बातें।
सूर स्याम नागर नागरि सों करत प्रेम की घातें।

धन्य हो सूरदास! तुम्हारी भविष्यवाणी सच निकली। उस मेघमेदुर सन्ध्या को नन्द ने राधिका से कहा–बेटी, श्याम को घर ले जा। दोनों ने सघन कुंज का रास्ता लिया–

गगन घहराइ जुरी घटा कारी।
कौन झकझोर, चपला चमकि चहुँ ओर, सुवन तन चितै नन्द डरत भारी।
कह्यो वृषभान की कुँवरि सौं बोलिकैं, राधिका कान्ह घर लिए जाहु री।
दोऊ घर जाहु संग गगन भयौ स्याम रँग कुँवर कर गह्यौ वृषभानु बारी।
गए बन घन ओर नवल नन्दकिसोर नवल राधा नए कुंज़ भारी।
अंग पुलकित भए मदन तिन तन जए सूर प्रभु स्याम स्यामा बिहारी॥[1]

इस प्रकार 'नवल गुपाल नवेली राधा नए प्रेम-रस पागे' और इस नए प्रेम की धारा-सार वर्षा से सूर-सागर उद्वेलित हो उठा है–

कबहुँक बैठि अंस भुज धरिकैं पीक कपोलनि दागे।
अति रस-रासि लुटावत लूटत लालच लगे सभागे।

अपनी भुजा स्याम भुज ऊपरि स्याम भुजा अपने उर धरिया।
यों लपटाइ रहे उर-उर ज्यों, मरकत मणि कंचन में जरिया।

चूमत अंग परस्पर जनु जुग चन्द करत हित वार।
रसन दसन भरि चापि चतुर अति करत रंग बिस्तार॥

यहीं सूरदास, विद्यापति और चंडीदास समान भूमि पर आते हैं। विद्यापति की राधा और चंडीदास की राधा इसके पहले नहीं दिखाई देती। बालकेलि की वर्णना में सूरदास अकेले हैं–Unique। पर इस समान भूमि पर भी सूरदास की अपनी विशेषता है। राधा और कृष्ण का मिलन एकदम अनूठा है। इसमें चिन्ता नहीं, आशंका नहीं, भीति नहीं। चंडीदास की राधा मिलन में भी विरह के त्रास से भीत हो उठती है, पद-पद पर विरह का भय, कलंक का भय, जुदाई की जलन। यही भय बराबर मन में लगा रहता है, कि न जाने कान्ह का प्रेम कब तिल-भर के लिए भी छूट जाएगा–

एइ भय उठे मने एइ भय उठे।
ना जानि कानूर प्रेम तिले जानि छूटे।

---

1. तुलनीय–
मेघैर्मेदुरअम्बरं वनभुवः श्यामास्तमालद्रुमै–
र्नक्तं भीरुरयं त्वमेव तदिमं राधे गृहं प्रापय।
इत्थं नन्दनिदेशतश्चलितयोः प्रत्यध्वकुञ्जद्रुमं
राधामाधवयोर्जयन्ति यमुनाकूले रहः केलयः॥ –जयदेव

प्रेमी को देखकर अभी-अभी हृदय जुड़ा जाता है पर दूसरे ही क्षण काँप उठता है उसके अमंगल की आशंका से। ऐ सखियो, श्याम अंग के शीतल पवन-स्पर्श से मेरा हृदय शीतल हो गया, तुम लोग यमुना-जल में स्नान करो ताकि उस पुण्य-फल से मेरे प्यारे का सारा अमंगल दूर हो जाए–

सई जुड़ाइल मोर हिया।
श्याम अंगेर शीतल पवन ताहार परश पाइया॥
तोरा सखिगन करह सिनान आनि यमुना नीरे।
आमार बन्धुर यत अमंगल सकल याउक दूरे।

उधर विद्यापति की राधा प्रिय-मिलन का वर्णन करते-करते आनन्द-गद्गद हो उठती हैं, वह पिया की पिरीति कह भी नहीं सकतीं। अफसोस, ब्रह्मा ने उन्हें लाखों मुँह नहीं दिए। कैसी है वह प्रीति? "प्रिया ने मुझे हाथ पकड़कर गोद में बैठाया और मेरे शरीर में सुगन्ध और चन्दन का लेप किया। अपने हृदय की मालती-माला उतारकर यत्नपूर्वक मेरे कंठ में पहना दी। अनुपम रूप से मेरे लम्बे केश बाँध दिए, उसमें चम्पे के फूलों की रस्सी लपेट दी। मधुर-मधुर दृष्टि से मुँह निहारने लगा, आनन्द-वाष्प से उसकी आँखें भर आईं।" विद्यापति कहते हैं कि यह प्रसंग चलाते समय राधिका रात के रस-रंग में भूल गईं!

पियाक पिरीति हम कहइ नइ पार,
लाख बयान विहि ना देह्य हमार।
करे धरि पिया मोर बइठावल कोर,
सुगन्धि चन्दने तनु लेपक मोर।
आपन मालति माला हिया से उतारि।
कंठे पहिरावल यतने हमारि।
फूयल कबरी बाँधई अनुपाम,
तारे बेढ़यल चम्पक दाम।
मधुर-मधुर दिठि हेरय बयान,
आनन्द जले परिपूरल नयान।
भनय विद्यापति इह परसंग,
धनि भूलल कह इते रजनी के रंग।

मगर समग्र सूर-साहित्य में एक स्थान पर भी शायद राधिका का इस प्रकार का उच्छ्वसित रूप नहीं मिलेगा। प्रेम की उस आकंठपूर्ण कलशी में कभी भी छलकन नहीं आई। क्षण-भर के लिए विद्यापति की समान भूमि पर आकर सूरदास फिर अपने स्वाभाविक मार्ग पर आ जाते हैं। वही दिन-भर कृष्ण के साथ हास-विलास, मुरली की चोरी, माखन की बँटाई और आँखों की लड़ाई। यशोदा राधिका का वेश सँवार देती

है, कृष्ण के साथ खेलने की आज्ञा देती हैं, युगल मूर्ति का सारा दिन हँसी-खुशी में कट जाता है। न अमंगल की आशंका है, न प्रेम का उच्छ्‌वास, यह सृष्टि अद्‌भुत है। राधिका देर से घर पहुँचती है, माता को नए प्रेम का सन्देह होता है, माता डाँटती है—

काहे को तुम जहँ तहँ डोलति हमको अतिहिं लजावति।
अपने कुल की खबरि करौ धौं सकुच नहीं जिय आवति।

मगर प्रेम गाढ़ से गाढ़तर होता जाता है। पनघट पर ठठोली होती है, रास्ते में छेड़-छेड़, पर कहीं भी यह प्रेम उच्छ्‌वास के रूप में फूट नहीं पड़ता। मानो इन सारी लीलाओं में कोई विचित्रता नहीं, मानो ये अपनी स्वाभाविक बातें हैं कि कभी किसी से कहने की कोई आवश्यकता नहीं। बिना किसी हिचकिचाहट के जोर देकर कहा जा सकता है कि इस प्रकार का अपने आप में भरपूर प्रेम सूरदास की ही लेखनी की करामात है। प्रेम के सवा लाख गीतों का समुद्र एक बार भी उद्वेलित नहीं हुआ, कहीं भी निर्मर्याद नहीं हुआ! चाँद के संयोग में वह उफन उठता है, पर उद्वेलित नहीं होता; विरह में वह तरंग-लोल हो जाता है, पर मर्यादा नहीं त्यागता। विरह के दो-चार पदों को देकर हम इस बात की यथार्थता की जाँच करेंगे।

सूरसागर पर एक सरसरी निगाह दौड़ाने पर भी यह स्पष्ट हो जाएगा कि सूरदास की राधिका न तो विलासिनी हैं और न ग्वालिन। इन दोनों रूपों का एक विचित्र सामंजस्य ही मानो सूरदास का अभीष्ट प्रतिपाद्य है। राधा जब कृष्ण के साथ खेलती हैं, हँसती हैं, रोती हैं, छेड़-छाड़ करती हैं तो एक शुद्ध प्रेममयी के रूप में दिखाई देती हैं। यद्यपि सूरदास इस बाल-लीला के भावी रूप की ओर इशारा कर देने में कभी नहीं चूकते। कृष्ण माता से कहते हैं—माँ, राधिका बड़ी चोर है, हमारी मुरली चुरा ले जाएगी; इसे सँभाल के रख। यशोदा कह उठती है—"मेरे लाल के प्रान खिलौना ऐसौ को लै जै है री।" इसी तरह राधिका अपनी माँ से कहती हैं—माँ, भारी दुष्ट है वह कान्हा, सारा दही ढरका देता है, मैं उस रास्ते नहीं जाऊँगी। माँ बोल उठती है—क्या हुआ, दही की क्या कमी है, तू उदास न हो। पर सूरदास दोनों ही जगह अपने पाठकों को आगाह कर देते हैं कि इनकी बात सुनते रहो, ये दोनों ही नागर हैं! राधा मान करती हैं। हजार मनाने पर नहीं मानतीं। दूतियाँ थक जाती हैं, कृष्ण मूर्च्छित हो जाते हैं, पर यह मान उनके मान का नहीं रहता, चंडीदास की राधिका इसके बहुत पहले पानी-पानी हो गई होतीं। कह उठतीं—छिः छिः, इस दारुण मान के लिए मैंने प्यारे को खो दिया था, श्यामसुन्दर के मनोहर रूप को देखकर जी-में-जी आया!—

छि छि दारुण मानेर लागिया बँधू न हाराये छिलाम।
श्यामसुन्दर रूप मनोहर देखिया परान पेलाम।

विद्यापति की राधा कृष्ण को देखते ही गद्‌गद हो उठतीं—

दुहु मुँह हेरइत दुहु भेल धन्य।

परन्तु सूरदास की राधा मानिनी हैं—दारुण मानिनी। इस मानिनी ने ज्यों ही सुना कि कृष्ण दरवाजे पर से लौटे जा रहे हैं, बस, सारा मान भंग हो गया। परन्तु मान भंग होते ही दौड़ के मिलने नहीं गईं। प्रिय को प्रसन्न करना ही है तो जरा अच्छी तरह सजकर क्यों न चला जाए। इतनी देर तक उन्होंने प्रतीक्षा की ही, जरा और कर लेंगे। राधिका शृंगार करने लगती हैं और सखी से सन्देश कह देती हैं—

ताहि कह्यौ सुख दै चलि हरि कों हौं आवति हों पाछे

और फिर वह शृंगार किया जिसका नाम—

रत्न-जटित गजरा बाजूबन्द, सोभा भुजन अपार,
कूँदा सुभग फूल फूले मनु मदन बिटप की डार।

× × ×

छिटकि रह्यौ लहँगा रँग ता सँग, तन सुखवत सुकुमार,
सूर सुअंग सुगन्ध समूहनि भँवर करत गुंजार।

मगर इस मान की सारी दृढ़ता इस विश्वास पर निर्भर है कि कृष्ण उनके हैं और उन्हीं के हैं। यही मानिनी कृष्ण के मथुरा-गमन के बाद—

आजु रैनि नहिं नींद परी।
जागत गनत गगन के तारे, रसना रटत गोबिन्द हरी।
वह चितवन वह रथ की बैठन, जब अक्रूर की बाँह गही।
चितवति रही ठगी-सी ठाढ़ी, कहि न सकत कछु काम-दही।
इतनौ मन व्याकुल भयौ सजनी, आरज पंथहु ते बिडरी।
सूरदास प्रभु जहाँ सिधारे कितिक दूर मथुरा नगरी॥

सूरदास की राधा का हृदय-सौन्दर्य देखना हो तो उद्धव का प्रसंग देखिए। गोपियों ने क्या-क्या नहीं कहा! कृष्ण को भी कहा, उद्धव को भी कहा। बेचारे भौंरे की तो दुर्गति ही कर डाली। पर हाय, राधिका ने क्या कहा! उस बरसाने की चोरटी ने कुछ भी नहीं कहा—कुछ भी नहीं। उद्धव के रथ को देखकर गोपियों ने समझा कि श्यामसुन्दर आ गए। एक दौड़ी-दौड़ी राधिका के पास भी पहुँची। राधा ने सुना पर दौड़ी नहीं गईं—चुप-सी रह गईं। उद्धव जब लौटकर मथुरा गए तो उन्होंने समाचार कहते समय कह दिया कि मेरा रथ देखकर गोपियाँ दौड़ीं; सबके आगे थीं राधा—

एक सखी उनमें जो राधा, जब हौं इहँ ते गयौ।
तब ब्रजराज, सहित गोपी गन आगे ह्वै जु लयौ॥

पर यह उनकी भूल थी। बाद में उन्होंने कहा कि राधिका दरवाजे पर खड़ी थीं। जो मानिनी अपने मान में इतनी दृढ़ रही वह दो कदम भी आगे न बढ़ सकी। हाय—

चलत चरन गहि रही गई गिरि, स्वेद सलिल भयभीनी।
छूटी बट भुज फूटी बलया टूटी लर फटी कंचुक झीनी।

और,

जब सँदेसा कहन सन्दरि गवन मो तन कीन।
खसी मुद्रा चरन अरुझी गिरी भुवि बलहीन॥
कंठ बचन न बोलि आवै हृदय परिहस भीन।
नैन जल भरि रोइ दीनी ग्रसित आपद दीन॥
उठी बहुरि सँभारि भट ज्यों परम साहस कीन।
सूर, प्रभु कल्यान ऐसे जिवहि आसा लीन॥

यह है वह प्रेम-सागर जिसमें कभी चंचलता नहीं आई। जिन आँखों को देखकर कितनी ही बार नट-नागर मूर्छित हो पड़े थे–"कहुँ मुरली कहुँ लकुट पर्‌यौ अन कहुँ पट कहूँ चन्द्रिका गौर।" जिस दशा को देखकर चकित सूर ने पूछा था–"राधे, तेरे नैन किधौं री बान?" उन्हीं आँखों को उद्धव ने किस रूप में देखा?

देखि मैं लोचन चुअत अचेत।
उमँगि चले दोऊ नैन बिसाल।
नैन घट घटत न एक घरी।
नैननि होड़ बदी बरसा सौं।

और,

तुम्हरे बिरह ब्रजनाथ राधिका नैनिन नदी बढ़ी।
लीने जात निमेष कूल दोउ एते मान चढ़ी॥

परन्तु इस व्याकुल विरहिणी का कोई भी सन्देश उद्धव न कह सके। प्रियतम के मित्र से आखिर राधा क्या कहतीं? यह बात नहीं है कि राधिका के पास कोई सन्देश नहीं था। उद्धव की जगह अगर अन्य कोई पथिक होता तो वे सन्देशा दे सकती थीं–

सुरति करि ह्वाँ की रोइ दियौ।
पंथी एक देखि मारग में राजा बोलि लियौ॥

परन्तु सन्देशा कहते समय–

गद्‌गद कंठ हियौ भरि आयौ बचन कह्यौ न दियौ।

यह पंथी उद्धव नहीं था। सँभालकर राधा ने जो सन्देशा दिया उससे–

अपि द्रावा रोदित्यपि गलति वज्रस्य हृदयम्!

क्या था वह सन्देश? यही कि–

इतनी बिनती सुनहू हमारी बारक हू पतिया लिखि दीजै।
चरन कमल दरसन तव नौका करुनासिन्धु जगत जस लीजै॥

यह केलि-कलावती का सन्देशा नहीं है, यह विलासिनी का अनुरोध नहीं है, यह एकान्त-आश्रित भक्त की करुण पुकार है। हाय, इस सन्देशे में कितनी करुणा है,

कितनी विवशता है!

सूरदास प्रभु आस मिलन की एक बार आवन ब्रज कीजै।

पर उद्धव तो प्रिय के अपने मित्र थे। कालिदास ने कहा है कि स्वजन के सामने दुःख दरवाजा तोड़कर निकल पड़ता है–

स्वजनस्य हि दुःखमग्रतो विवृतद्धारमिवोपजायते।

फिर ऐसी अवस्था में सन्देह क्या?

गोपियों ने कृष्ण को दोष देना शुरू किया। प्रेम की साक्षात् मूर्ति वह ब्रज-सुन्दरी बोल उठी–

सखी री, हरिहिं दोष जनि देहु।
ताते मन इतनौ दुख पावत मेरौइ कपट सनेहु॥

क्योंकि,

तदपि सखी ब्रजनाथ बिना उर फाटि न हो बड़ बेहु॥

इस चित्र का और भी अधिक स्पष्टीकरण कुरुक्षेत्र के मिलन में हुआ है। सखी ने राधिका को श्रीकृष्ण के आने का समाचार सुनाया। सुनकर राधिका की आँखों में आँसू भर आए। श्याम यद्यपि निकट आ गए हैं फिर भी, कौन जाने, उनसे कब मिलन होगा–

राधा नैन नीर भरि आए।
कब धौं मिलैं स्याम सुन्दर सखि जदपि निकट हैं आए।

श्यामसुन्दर निकट तो आ गए हैं पर मिलन तो उनकी इच्छा पर अवलम्बित है। कौन जाने, उन्हें हमारे प्रेम की आवश्यकता ही न हो। उन्होंने अब तक छोड़ दिया था, राधिका ने उनसे फरियाद नहीं की, तो आज भी नहीं करेंगी। राधिका का प्रेम उन्हें पूर्णता तक पहुँचाने के लिए है, बोझ होने के लिए नहीं। यदि उन्हें जरूरत होगी, वे खुद आएँगे। पर राधिका अपनी एकान्त-रक्षित प्रेम-निधि को सहज ही नहीं खोल देंगी। वे आवें, अगर उनमें कोई अपूर्णता रह गई हो; वे न आवें, अगर वे अपने को पूर्ण समझते हों; राधिका का तो एक ही काम है प्रेम करना, विरह की आग में जलना और मिलन की आशा में जीना। वे स्वयं नहीं जाएँगी।

राधा आगे नहीं गईं। महाराज श्री कृष्णचन्द्र आज अपनी पट्टमहिषी रुक्मिणी के साथ पधारे हैं। ये गोपाल नहीं, नटवर नहीं, वनमाली नहीं, मुरलीधर भी नहीं हैं। पौर युवती का कर्त्तव्य है, आचारलाजा से महाराज की मंगल-अभ्यर्थना करना। राधा भी युवतियों में खड़ी हो गईं।

रुक्मिणी श्रीकृष्ण से पूछती हैं–

...पिय, इनमें को वृषभानु किशोरी?
नैकु हमैं दिखरावहु अपनी बालापन की जोरी।

परम चतुर जिन कीन्हें मोहन, अल्प बैस ही थोरी।
जाके गुन गनि गुथति माल कबहूँ उर ते नहिं छोरी।

इस पर श्रीकृष्ण ने युवती-वृन्द में खड़ी राधिका को दिखाया–

देखो जुवति वृन्द में ठाढ़ी नील बसन तनु गोरी।
सूरदास मेरौ मन बाकी चितवन देखि हर्‌यौ री॥

सचमुच वह चितवन ऐसी रही होगी। दो कदम आगे ही अपने एकान्त जीवन का परम आराध्य खड़ा था, पर उसके मिलने की हौंस मन में ही दुबककर रह गई थी। वही कृष्ण हैं जिनके साथ गुड़ियों के खेल खेले थे, पनघट पर छेड़खानियाँ हुई थीं, दान देने-लेने के बतरस में आँखों की तनातनी हुआ करती थी। मुरली के लिए हाथापाई हो जाती थी, यमुना का तट और कदम्ब-कुञ्ज रसमय हो उठते थे, वृन्दावन रास के उमंग में गहगहा उठता था–जो सबसे निकट थे वही आज कितनी दूर हैं! आज कृष्ण महाराज हैं, उनके साथ में लाव-लश्कर का अन्त नहीं, हाथी-घोड़ों की भीड़ लगी है, बड़ी-बड़ी रानियाँ उनका मनोरंजन कर रही हैं, जो सहजगम्य थे आज वे दुर्गम हैं। प्रेमिका की उस करुण चितवन को श्रीकृष्ण-जैसा प्रेमी समझ सकता था और समझ सकता था सूर-जैसा सम्यक् दृष्टिसम्पन्न पारखी।

अन्त में महाराज श्रीकृष्ण रथ से उतरे। राधिका के भाग्य जगे। बहुत दिनों का खोया रत्न मिला। मगर बाधा नहीं गई–

सूर देखि वा प्रभुता उनकी, कहि नहिं आवै बात।

श्रीकृष्ण ने इसे समझा, रुक्मिणी ने इसका अनुभव किया। पति-परायणा पट्टमहिषी राधिका की बगल में बैठ गईं–रानी की तरह नहीं, बहिन की तरह। फिर अपने घर लिवा ले गईं, नाना भाँति का आतिथ्य किया। अब सूरदास के प्रभु उस महल में पधारे जहाँ दोनों ठकुरानियाँ बैठी थीं–

रुकमिनि राधा ऐसे भेंटीं।[1]
जैसे बहुत दिनन की बिछुरीं एक बाप की बेटीं।
एक सुभाउ एक बय दोऊ, दोऊ हरि कौं प्यारीं।
एक प्रान मन एक दुहुँन कौ तन करि दीसत न्यारीं।

---

1. *तु.–शतेक वरष परे बँधुआ मिलल धरे राधिकार अन्तरे उल्लास।*
हारानिधि पाइनू बलि, लइया हृदये तुलि, राखिते ना सहे अवकाश।
× × ×
मिलल दुहुं तनु कि वा अपरूप।
चकोर पाइल चाँद, पतिया पिरीति फाँद, कमलिनी पावल मधुप।
रस भरे दुहुँ तनु, थर-थर काँपइ, झाँपइ दुहुँ दोंहा आवेंशे भोर।
दुहुँक मिलने आजि, निभायल अनल, विरहक ओर॥

–चंडीदास

निज मन्दिर लै गई रुकमिनी, पहुनाई बिधि ठानीं।
सूरदास प्रभु तहँ पग धारे, जहँ दोऊ ठकुरानीं।

और फिर,

'राधा माधव भेंट भई।'

दोनों एक-दूसरे की चिन्ता में तन्मय हो गए, तद्रूप हो गए। जैसे भ्रमरी की अनवरत चिन्ता करनेवाला कीट भी भ्रमरी हो जाता है। राधा माधव बन गई और माधव राधा। माधव राधा के रंग में रँग गए, राधा माधव से और माधव राधा से हँसकर बोले—हममें-तुममें अन्तर कया है?—

राधा माधव भेंट भई।
राधा माधव माधव राधा कीट गभृं गति है जु गई।
माधव राधा के रँग राचे राधा माधव रंग रई।
माधव राधा प्रीति निरन्तर, रसना करि सो कहि न गई।
बिहँसि कही हम तुम नहिं अन्तर, यह कहि कैं उन ब्रज पठई।
सूरदास प्रभु राधा माधव, ब्रज बिहार नित नई नई।

भगवान् तो बोले पर, हाय, राधा ने क्या कहा! बरसाने की उस मुखर बाला के मुँह में शब्द नहीं थे। प्रियतम के जाने पर पछताकर रह गई—

करत कछु नाहीं आज बनी।
हरि आए हौं रही ठगी सी, जैसे चित्र धनी।
आसन हरषि हृदय नहिं दीन्हौ, कमल कुटी अपनी।
न्यौछावर उर अरघ न नैननि, जल धारा जु बनी।
कंचुकि तैं कुच कलस प्रकटि है, टूटि न तरक तनी।
अब उपजी अति लाज मनहिं मन, समुझत निज करनी।
मुख देखत न्यारी-सी रहि गई, बिनु बुधि मति सजनी।
तदपि सूर मेरी यह जड़ता, मंगल माहिं गनी।

यह हैं सूरदास की राधा! भारतवर्ष के किसी कवि ने राधा का वर्णन इस पूर्णता के साथ नहीं किया। बाल-प्रेम की चंचल लीलाओं की इस प्रकार की परिणति सचमुच आश्चर्यजनक है। संयोग की रस-वर्षा के समय जिस तरल प्रेम की नदी बह रही थी, वियोग की आँच से वही प्रेम सान्द्रगाढ़ हो उठा। सूरदास की यह सृष्टि अद्वितीय है। विश्व-साहित्य में ऐसी प्रेमिका नहीं है—नहीं है!

सूर का प्रकृति-वर्णन

पद्मसिंह शर्मा 'कमलेश'

प्रकृति मानव की सहचरी है। वह उसके जन्म-काल से ही उसके साथ है। आदिम युग में जब मनुष्य सभ्यता और संस्कृति के आलोक से वंचित था, प्रकृति और उसकी विभूतियाँ ही उसके जीवन का आधार थीं। वैज्ञानिक विकास के कारण आज हम प्रकृति से बहुत दूर हो गए हैं फिर भी वह हमारे बड़े-बड़े नगरों में नाना प्रकार के पार्कों और सुरक्षित वन-उपवनों के रूप में अपनी महत्ता सिद्ध कर रही है। साधारण-से भवन के एक-एक कमरे में जीवन-यापन करनेवाले परिवारों को भी किसी लता या किसी फूल के पौधे को एक गमले में सजाए बिना सन्तोष नहीं होता। यदि और कुछ नहीं होता तो कम-से-कम तुलसी का पौधा तो हमारे घरों की शोभा बढ़ाता ही है। यह सब इस तथ्य को प्रमाणित करते हैं कि प्रकृति से हमारा रागात्मक सम्बन्ध है और हम चाहते हैं कि वह कभी नष्ट न हो। विश्व के समस्त देशों में लम्बी-लम्बी पार्वतीय यात्राएँ भी तो प्रकृति के साहचर्य को पुनर्नवीन करने के लिए ही आयोजित होती रहती हैं। चाँद-तारों की कविता को नाश करने पर तुले हुए विज्ञान की गति भी प्रकृति के बिना पंगु हो जाती है। यही नहीं, उसे प्रकृतिगत अनेक परिवर्तनों के विषय में भी यह घोषित करना पड़ता है कि अभी उसने उसे समग्रतः नहीं जान पाया है। अस्तु,

ब्रजभाषा के सर्वश्रेष्ठ कवि और हिन्दी-साहित्याकाश के सूर्य महाकवि सूरदास ने अपने काव्य में प्रकृति को पर्याप्त स्थान दिया है। इसके कई कारण हैं। सबसे पहली बात तो यह है कि सूर के आराध्य नटनागर कृष्ण की लीला-भूमि ब्रज प्रकृति की अनन्त विभूतियों का आगार है। दूसरे, वह स्वयं सूर की भी क्रीड़ा-स्थली है, जिसके कारण सूर को भी उसके प्रति अत्यधिक अनुराग है। तीसरे, सूर के दीक्षागुरु और उन्हें भगवान् के सगुण रूप की ओर आकृष्ट कर उनको भगवल्लीला का गान करने की प्रेरणा देनेवाले महाप्रभु वल्लभाचार्य ने श्रीनाथजी की मूर्ति की प्रतिष्ठा भी गोवर्द्धन में की, जिसका प्राकृतिक सौन्दर्य अप्रतिम और अद्वितीय है। चौथी बात यह

है कि ब्रज और उसका केन्द्र-बिन्दु वृन्दावन केवल लौकिक दृष्टि से ही महत्त्वपूर्ण नहीं है प्रत्युत उनका आध्यात्मिक महत्त्व भी है। पुष्टि-मार्ग में दार्शनिक दृष्टि से जो महत्त्व गोलोक को दिया गया है, वही उसके छायारूप कृष्ण के लीलाधाम वृन्दावन को भी दिया गया है। इस महत्त्व के कारण ब्रजभूमि के दोनों रूप सूर में मिलते हैं–लौकिक दृष्टि से परिवर्तनशील रूप भी और अलौकिक दृष्टि से अपरिवर्तनशील रूप भी। इन सब कारणों की दृष्टि से यमुना और उसके कछार, कदम्ब और करील, पर्वत और समतल मैदान, पशु-पक्षी, पेड़-पौधे आदि का वर्णन सूर ने बार-बार किया है। सच तो यह है कि सूर का समस्त काव्य ही प्रकृति के प्रांगण में निर्मित है। इसीलिए श्री रामरतन भटनागर का यह कथन अक्षरशः सत्य है, "कृष्ण का विकास जैसे ब्रज की प्रकृति में होता है उसी प्रकार सूर-साहित्य का विकास भी ब्रज-प्रकृति की छाया में ही होता है। ब्रज की प्रकृति ने उन्हें केवल उपमाओं और उत्प्रेक्षाओं के लिए ही सामग्री नहीं दी है वह उनके काव्य के केन्द्र में प्रतिष्ठित हुई है।"[1]

सूर को ब्रजभूमि से विशेष प्रेम है। उस भूमि के सुख के समक्ष उन्हें संसार के समस्त सुख तुच्छ प्रतीत होते हैं। वहाँ का वंशीवट, वहाँ की यमुना, वहाँ के वन और उनमें राधा के साथ गोपियों का विहार, वहाँ का रास और लता एवं तरुकुंजों में झूलने का आनन्द तथा गोपियों के विरह का सुख आदि बातें एक साथ अन्यत्र कहाँ मिलेंगी?[2] कदाचित् यही कारण है कि भक्त ब्रज में जूठन खाकर भी रहने को प्रस्तुत हैं। एक भक्त की अन्तरात्मा का स्वर इस पद में मुखरित है–

धनि यह वृन्दावन की रेनु।
नन्द किशोर चरावत गैयाँ, मुखहिं बजावत बेनु।
मनमोहन कौ ध्यान धरै जिय, अति सुख पावत चैनु।
चलत कहाँ मन और पुरीतन, जहाँ कछु लैन, न दैनु।
इहाँ रहहु जहँ जूठनि पावहु, ब्रजवासिन कै ऐनु।
सूरदास ह्याँ की सरवरि नहिं, कल्प बृच्छ सुरधैनु॥

अभिप्राय यह कि ब्रज और वृन्दावन की शोभा के समक्ष स्वर्ग और उसकी सम्पदा भी तुच्छ है।

---

1. 'सूर-साहित्य की भूमिका', द्वितीय संस्करण, पृ. 211।
2. *कहाँ सुख ब्रज कौ सौ संसार।*
कहाँ सुखद बंसीवट, जमुना, यह मन सदा बिचार।
कहाँ बन धाम, कहाँ राधा सँग, कहाँ संग ब्रज नाम।
कहाँ रस रास बीच अन्तर सुख, कहाँ नारि तनु ताम।
कहाँ लता तरु-तरु प्रति झूलनि, कुंज-कुंज बन धाम।
कहाँ बिरह सुख बिनु गोपिन सँग, सूर स्याम मम काम॥

ऐसे ब्रज में सूर के आराध्य की क्रीड़ा हुई है, अतः प्रकृति ने कभी भी उसके काव्य का आँचल नहीं छोड़ा। अपने शैशव से ही कृष्ण बाल-गोपालों के साथ कालिन्दी-कूल पर शोभित लता-तरु-कुंजों में खेले हैं। राधा और कृष्ण की लीला का प्रारम्भ भी प्रकृति के प्रांगण में ही हुआ है। उसके अन्तर में प्रेम का अंकुर ही तब उगा है जबकि वर्षा का प्रारम्भ हुआ है—

गगन गरजि घहराय जुरी घटा कारी।
पवन झकझोर, चपला चमक चहुँ ओर,
सुवन तन चितै नन्द डरत भारी।
कह्यो वृषभानु की कुँवरि सौं बोलिकै,
राधिका कान्ह घर लिए जा री।
दोऊ घर जाहु संग नभ भयौ,
स्याम रंग कुँवर कर गह्यौ वृषभानु बारी।
गए बन घन ओर नवल नन्द किशोर,
नवल राधा नए कुंज भारी।
अंग पुलकित भए मदन तिन तन,
जय सूर प्रभु स्याम स्यामा बिहारी॥

यही नहीं, राधा-कृष्ण के प्रथम मिलन के अवसर पर प्रकृति अपनी कामोत्तेजना की भूमिका को पूरी तरह निभाती है। आकाश में घटाओं के घिरने, चपला के चमकने, पवन के झकोरे लेने आदि-आदि दृश्यों ने दोनों को रोमांचित कर दिया। वे दोनों नए वस्त्रों से सुसज्जित कुंज-पुंज में भीगते हुए विलास करने लगे।[1]

प्रकृति किस प्रकार उनकी लीला में सहायक है, यह हमें रास के प्रसंग में देखने को मिलता है। शरद ऋतु की छटा के साथ रास की पृष्ठभूमि में प्रकृति की शोभा विचित्र हो जाती है। वृन्दावन में सुमन-समूह विकसित हो जाता है, वृक्ष फलों से लद जाते हैं, यमुना-पुलिन परम रमणीय हो उठते हैं और त्रिविध समीर बहने के कारण आनन्द-ही-आनन्द छा जाता है।[2] न केवल शरद ऋतु में, वरन् वसन्त में भी ऐसी ही स्थिति रहती है। वसन्त ऋतु में राधा श्याम के ऊपर छड़ी लेकर दौड़ती है।

---

1. *नयौ नेह, नयौ गेह, नयौ रस, नवल कुँवरि वृषभान-किसोरी।*
नयौ पिताम्बर, नई चुनरी, नई-नई बूँदनि भीजति गोरी।
नए कुंज, अति पुंज, नए द्रुम सुभग जमुन जल पवन हिलोरी।
सूरदास प्रभु नवरस विलसत नवल राधिका जीवन भोरी॥
2. *सरद-निसि देखि हरि हरष पायौ।*
विपिन वृन्दा रमन, सुभग फूले सुमन, रास रुचि स्याम के मनहिं आयौ।
परम उज्ज्वल रैनि, छिटकि रही भूमि पर, सद्य फल तरुनि प्रति लटकि लागे।
तैसौई परम रमनीक जमुन-पुलिन, त्रिविध बहै पवन आनन्द जागे॥

शीतल जल वाली सरिता बह रही है और सूर्य उत्तर दिशा में आ गया है। कोकिल बोल रही है, पलाशों से वन लाल हो रहे हैं, कमलों और वृक्ष-लताओं पर भ्रमर मँडरा रहे हैं। कृष्ण ग्वाल-बालों के साथ मिलकर गोपियों से फाग खेल रहे हैं।[1] इस प्रकार वर्षा, शरद और वसन्त तीनों ऋतुओं का वर्णन राधा और कृष्ण-हृदय में प्रेम के अंकुर को उत्पन्न करके उसे पल्लवित-पुष्पित करने के माध्यम के रूप में किया है। प्रकृति और उसके प्रांगण में विहार करनेवाले युगल किशोर परस्पर एक हो गए हैं, इसका उल्लेख सूर ने बार-बार किया है। बहुधा हम प्रकृति के साथ तादात्म्य को इस युग की विशेषता मानते हैं किन्तु सूर ने भी अपने काव्य में अनेक स्थलों पर ऐसा किया है। एक पद में वृन्दावन और वर्षा के आकाश में होड़ लग गई है और अन्त में राधा-कृष्ण ही जीतते दिखाई देते हैं–

अद्‌भुत कौतुक देखि सखी री बृन्दाबन नभ होड़ परी।
उत घन उदित सहित सौदामिनि, इतहि मुदित राधिका हरी।
उत बग-पाँति, सु हतहि स्वाँति-सुत दाम, बिसाल, सुदेस खरी।
ह्वाँ घन-गरज, इहाँ मुरली-धुनि, जलधर उत इत अमृत भरी।
उतहिं इन्द्र-धनु, इत बनमाला, अति विचित्र हरि कंठ धरी।
सूरदास प्रभु कुँवर राधिका, गगन कि सोभा दूर करी।

प्रकृति के ये चित्र संयोग-शृंगार के हैं। वियोग-शृंगार में यही प्रकृति दुखदायी हो जाती है। कारण, जिस वातावरण में नायक-नायिका एक-दूसरे के साथ एकाकार होकर अपने को विस्मृत कर देते हैं और स्वर्गिक सुख का अनुभव करते हैं, वही वातावरण वियुक्त होने पर खाने को दौड़ता है। प्रकृति के इस उद्‌दीपक रूप का चित्रण महाकवि सूर ने यत्र-तत्र सभी स्थलों पर किया है। प्रियतम श्रीकृष्ण के बिना राधिका को प्रकृति का मधुर वातावरण कितना दाहक लगता है। राधा ने इस बात को कैसी स्वाभाविकता से कहा है–

फूल बिनन नहिं जाऊँ सखी री, हरि बिनु कैसे फूल।
सुनिरी सखी मोहिं राम-दुहाई, फूल लगत तिरसूल।

---

1. *सुन्दर बर संग ललना बिहरति बसन्त सरस ऋतु आई।*
लै लै छरी कुमारि राधिका कमल नैन पर छाई।
सरिता सीतल बहति मन्द गति रवि उत्तर दिसि आयौ।
अति रस भरी कोकिला बोली बिरहिनि बिरह जगायौ।
द्वादस बन रतनारे देखियत, चहुँ दिसि टेसू निले।
भौंरे अंबुज अरु द्रुम बेली मधुकर परिमल भूले।
इत श्रीराधा उत श्रीगिरिधर इत गोपी उत ग्वाल।
खेलत फाग रसिक ब्रजबनिता सुन्दर स्याम तमाल॥

वै जो देखियत राते-राते फूलन-फूली डार।
हरि बिनु फूल झरी सी लागत, झरि-झरि परत अँगार।
कैसे पनघट जाऊँ सखी री, डोलौं सरिता तीर।
भरि-भरि जमुना उमड़ि चली है, इन नैनन के तीर॥

जिस वर्षा ऋतु में प्रेम का अंकुर जमा था और पल्लवित-पुष्पित हुआ था वही वर्षा ऋतु आने पर राधा को चिन्ता होती है कि किस प्रकार ये दिन कटेंगे। बात सत्य है। वर्षा ने सारे मार्ग बन्द कर दिए हैं अतः श्याम कैसे लौट सकेंगे? दादुर, मोर और पपीहा जी के गाहक हो रहे हैं और घन-दामिनी की गरज धुनर्धारी काम के आक्रान्त रूप की समता कर रही है। रावण के शिरों की भाँति विशाल सावन के दिन कैसे कटें–

कैसे कैं भरि हैं री दिन सावन के।
हरित भूमि भरे सलिल सरोवर, मिटें मग मोहन आवन के।
दादुर मोर सोर चातक पिक, सूही निसा सिरावन के।
गरज चहूँ घन घुमड़ि दामिनी, मदन धनुषधर धावन के।
पहिरि कुसुम सारी कंचुकि तन, झुंडनि-झुंडनि गावन के।
सूरदास प्रभु दुसह घटत क्यों, सोक त्रिगुन सिर गावन के॥

वस्तुतः कृष्ण के अभाव में सारी ऋतुएँ बदल गई हैं। गोपियाँ *'सबै ऋतु औरहि लागत आहि'* कहकर इस बात की व्यंजना करती हैं कि अब ऋतुओं में वह आकर्षण नहीं रहा जो कृष्ण के ब्रज में उपस्थित रहने के समय था। उन्हें बादलों को घुमड़ते देखकर कामदेव के मस्त हाथियों के बन्धन तोड़कर उच्छृंखल होने का भ्रम होता है, चाँदनी रात उस सर्पिणी के सदृश जान पड़ती है जो डँसकर उलटी हो जाती है, चन्द्रमा अग्नि सदृश लगता है और मोर शत्रु जान पड़ते हैं। अभिप्राय यह है कि कोई भी ऐसी वस्तु नहीं जो विरह को कम करने वाली हो।

सूर ने उद्दीपन रूप में प्रकृति का जो चित्रण किया है उसका एक दूसरा पहलू भी है। वह है प्रकृति का स्वयं कृष्ण के विरह में व्यथित रहना। जिस दिन से कृष्ण गए हैं उस दिन से मोरों ने वर्षा ऋतु तक में बोलना छोड़ दिया, मृग वंशी-ध्वनि नहीं सुनते और वृन्दावन हरा-भरा नहीं होता। यही नहीं, यमुना काली पड़ गई है। सूर ने यमुना को सन्निपातग्रस्त स्त्री के रूप में चित्रित कर गोपियों की दशा का जो चित्र अंकित किया है वह अद्वितीय है। इसमें सूर की अभिव्यंजना का कौशल तो देखने को मिलता ही है, कथा की चुभन भी बड़ी तीखी है। गोपियाँ कहती हैं–

देखियत कालिन्दी अति कारी।
अहो पथिक कहियौ उन हरि सौं, भई बिरह जुरि जारी।

मनु पर्यंक ते परी धरनि धसि, तरंग तरफ तन भारी।
तटबारू उपचार चूर जल, पूर प्रस्वेद पनारी।
दिगलित कच कुस काँस कूल पर, पंकजु कज्जल सारी।
भौंर भ्रमत अति फिरति भ्रमति मति, दिसि-दिसि दीन दुखारी।
निस दिन चकई काज बकति है, भई मनो अनुहारी।
सूरदास प्रभु जोइ जमुन गति, सो गति भई हमारी।

शृंगार–विशेष रूप से वियोग शृंगार, प्रसंग में सूर के प्रकृति-वर्णन का एक पक्ष वह भी है जिसमें गोपियाँ अपनी व्यथा के कारण प्रकृति की प्रफुल्लता को न सह पाने के कारण मधुवन को कोसती हैं। *मधुवन तुम कत रहत हरे, बिरह-बियोग स्याम सुन्दर के ठाड़े क्यों न जरे* जैसी उक्तियाँ ऐसी ही हैं। गोपियाँ चाहती हैं कि वियोग में जब वे ही तपकर क्षीण हो रही हैं, तब मधुवन क्यों हरा-भरा रहे। जब वे यह देखती हैं कि कृष्ण के वियोग में *बाल बिलख, मुख गौ न चरत तन, बछरन छीर न धावैं* या *अति कृसगात भई हैं तुम बिनु परम दुखारी गाय*, तब मानो समस्त ब्रज ही कृष्ण के अभाव में सुख से विमुख हो गया है। वे पपीहे को चिरंजीवी होने का आशीर्वाद इसलिए देती हैं कि वह *वासर रैनि नाँव लै बोलत भयौ बिरह जुर कारौ।* इस प्रकार प्रकृति राधा-कृष्ण के संयोग और वियोग की स्थिति में निरन्तर उनके साथ लगी रहती है। इस वर्णन को हम कोरा उद्दीपन का वर्णन नहीं कह सकते। यह निस्सन्देह उनकी आत्मा का प्रतिबिम्ब प्रतीत होता है।

जहाँ संयोग और वियोग की भावनाओं के चित्रण में प्रकृति पृष्ठभूमि के रूप में अथवा सहानुभूति-प्रदर्शक के रूप में व्यवहृत होती है, वहाँ रूप-सौन्दर्य के चित्रण में उसका ग्रहण अलंकार के रूप में होता है। इस रूप में जो-जो उपमान लाए जाते हैं, वे कवि-विशेष की मनोवृत्ति के अनुरूप थोड़े-बहुत ही परिवर्तित होते हैं। अधिकांश कवि उनका ग्रहण परम्परागत रूप में ही करते हैं। सूर ने भी वैसा ही किया है। सूर को उत्प्रेक्षा का सम्राट् कहा जाता है। वस्तुतः वे अपने आराध्य बाल-कृष्ण के रूप का वर्णन करते-करते अघाते नहीं। ऐसा करते समय वे व्यतिरेक और प्रतीक अलंकार के द्वारा अपने आराध्य के रूप की महत्ता और उपमानों की हीनता भी सिद्ध करते जाते हैं। उदाहरण के लिए यह पद देखिए–

हरिजू की बाल छवि कहौं बरनि।
सकल सुख की सींव, कोटि मनोज सोभा हरनि।
भुज-भुजंग, सरोज नैननि, बदन बिधु जित्यौ लरनि।
रहे बिबरनि, सलिल, नभ, उपमा अपर दुरि डरनि।
मंजु, मेचक मृदुल तनु, अनुहरत भूसन भरनि।
मनहु सुभग सिंगार-सिसु-तरु, फर्‌यौ अद्‌भुत फरनि।

चलत पद-प्रतिबिम्ब मनि आँगन घुटरुवनि करनि।
जलज संपुट-सुभग-छवि भरि लेत उरजतु धरनि।
पुन्य फल अनुभवति सुतहिं बिलोकि कै नँद घरनि।
सूर प्रभु की उर बसी किलकनि ललित लरखरनि॥

यहाँ प्रथम चार पंक्तियों में उपमेय के उत्कर्ष के साथ व्यतिरेक की व्यंजना और क्रमालंकार की सिद्धि है। आगे की चार पंक्तियों में उत्प्रेक्षा है। कभी वे समस्त उपमानों को हेय ठहराते हैं–*उपमा एक न नैन गही* वाले पद में नेत्रों की चकोर भ्रमर, मृग और खंजन से तुलना उन्होंने इस आधार पर व्यर्थ ठहराई है कि कृष्ण के मुखचन्द्र के अभाव में जीना, चकोर के लिए सम्भव नहीं, मुख-कमल-कोष से दूर होकर भ्रमर नहीं रह सकता, व्याधरूप उद्धव को देखकर मृग ठहर नहीं सकता और खंजन कभी अपनी चंचलता नहीं छोड़ सकता। नेत्रों के उलटे व्यापार को देखकर सब उपमान व्यर्थ हैं। हाँ, वे बराबर सजल रहते हैं इसलिए मीनता ही एक ऐसा उपमान है, जिसकी सार्थकता मानी जा सकती है। यहाँ यह बात है और एक-आध पद में सूर ने सब उपमानों को न्यायोचित ठहराया है। कृष्ण के घुँघराले बाल इसलिए भ्रमर हैं कि उन्होंने मालती लता-जैसी गोपियों को बहका लिया और नीरस करके छोड़ दिया, मुख इसलिए चन्द्रमा है कि कुमुदिनी रूपी गोपियों का रस पीकर उन्हें पाले से मरने को छोड़ दिया और शरीर घनश्याम इसलिए है कि चातक-जैसी गोपियाँ उनका नाम रटते-रटते मर गईं, पर उनके मुख में प्रेम के स्वाति जल की एक बूँद भी न गई।[1]

सूर ने रूपकातिशयोक्ति अलंकार के द्वारा भी सौन्दर्य-वर्णन किया है; *अद्भुत एक अनूपम बाग* वाला पद इसका अच्छा उदाहरण है। रूपकातिशयोक्ति का प्रयोग एक और ढंग से भी सूर ने किया है, जिसमें राधा के म्लान अंगों के उपमानों का हर्षित होना व्यंजित करके राधा की विरह-दशा की तीव्रता का आभास कराया गया है। ऐसे पदों में निम्नलिखित पद उल्लेखनीय हैं–

तब तैं इन सबहिन सचु पायौ।
जब तैं हरि सन्देस तिहारौ सुनत ताँबरौ आयौ।
फूले ब्याल दूर तैं प्रगटे, पवन पेट भरि खायौ।
भूले मिरगा चौंकि चखन तेहतौ जो जिय बिसरायौ।
ऊँचे बैठि बिहंग सभा बिच कोकिल मंगल गायौ।

---

1. *उपमा एक न नैन गही।*
कवि जन कहत-कहत चलि आए, सुधि करि-करि काहू न कही। इत्यादि।
ऊधौ, अब यह समझ भई।
नन्दनन्दन के अंग-अंग प्रति उपमा न्याय दई। इत्यादि।

निकसि कन्दरा ते केहरि हू माथे पूँछ हिलायौ।
गृहवन ते गजराज निकसि कै अँग-अँग गर्व जनायौ।

सूर भक्त कवि हैं अतः वे वैराग्य-भावना की अभिव्यक्ति के लिए भी प्रकृति के उपकरणों का उपयोग करते हैं। भगवान् के प्रति अनन्यता की अभिव्यक्ति के लिए उन्होंने बार-बार मीन और जल, चकोर और चन्द्रमा, भ्रमर और कमल अथवा कमल और सूर्य के दृष्टान्त दिए हैं। निम्नलिखित पद में वे इसी प्रकार की व्यंजना कर रहे हैं–

तुम्हारी भक्ति हमारे प्रान।
छूटि गए कैसैं जन जीवत ज्यौं पानी बिन पान।
जैसैं मगन नाद-रस सारँग, बधन बधिक बिन बान।
ज्यौं चितवत ससि ओर चकोरी, देखत ही सुख भान।
जैसैं कमल होत अति प्रफुलित, देखत दरसन भान।
सूरदास प्रभु हरि-गुन मीठे, नित प्रति सुनियत कान।

जो लोग भगवान् का भजन नहीं करते उनको 'कूकर' और 'सूकर' ही उन्होंने नहीं बताया, वरन् 'बग-बगुली', 'गीध-गीधनी', 'ऊँट-बैल-भैंसा' भी कहा है।[1] संसार की निस्सारता की व्यंजना सेमल की रुई से की है, जिसके लोभ में तोता उसके आस-पास चक्कर लगाता रहता है; पर ज्योंही उसे चखता है कि वह उड़ जाता है।[2] उन्होंने मन को तोता और तन को पिंजरा कहकर कहा है कि काल बिल्ली का शरीर धारण कर घूम रहा है और कभी भी घात कर सकता है।[3]

वैराग्य के पदों में ही सूर ने वे पद भी लिखे हैं जिनमें प्रकृति की रहस्यमय रूप झलकता है। यहाँ वे निर्गुणपंथी सन्तों की परम्परा का पालन करते हुए आत्मा अथवा जीव को चकवी, भ्रमरी और सुवा के रूप में सम्बोधित करते हैं और प्रभु के चरणों में लीन होने की बात कहते हैं। इन पदों की ध्वनि में रहस्यानुभूति स्पष्ट है। एक पद में वे कहते हैं–

चकई री, चलि चरन-सरोवर जहाँ न प्रेम बियोग।
जहँ भ्रम निसा होति नहिं कबहुँ, सोई सायर सुख-जोग।
जहाँ सनक सिव हंस, मीन मुनि, नख रवि प्रभा प्रकास।
प्रफुलित कमल, निमिष नहिं ससि डर, गुञ्जत जिगम सुवास।

---

1. 'सूरसागर', पद 357।
2. *यह संसार सुवा सेमर ज्यों, सुन्दरि देखि लुभायौ।*
   चाखन लाग्यौ रुई उड़ि गई, हाथ कछू नहिं आयौ।
3. *मन सुवा मन पींजरा, तिहि माँझ राखे हेत।*
   खाल फिरत बिलार तनु धरि, अब घरी तिहि लेत।

जिहिं सर सुभग मुक्ति-मुक्ताफल, सुकृत अमृत रस पीजै।
सो सर छाँड़ि कुबुद्धि बिहंगम, इहाँ कहा कहि लीजै।
लक्ष्मी सहित होत निज क्रीडा, सोभित सूरज दास।
अब न सुहात विषय रस छीलर, वा समुद्र की आस।

एक अन्य पद में वे जीव को सुवा के रूप में सम्बोधन कर लिखते हैं–

सुवा, चलि ता वन कौ रस पीजै।
जा वन राम नाम अम्रित रस स्रवन पात्र भरि पीजै।
को तेरौ पुत्र, पिता तू काकौ, घरनी, घर को तेरौ।
काग, सृगाल-स्वान कौ भोजन, तू कहै मेरौ-मेरौ।
बन-वारानसि मुक्ति क्षेत्र है, चलि तोकों दिखराऊँ।
सूरदास साधुनि की संगति, बड़े भाग जो पाऊँ।

इस प्रकार चाहे शृंगार और वात्सल्य का चित्रण हो, चाहे भक्ति-वैराग्य का, सूर के लिए प्रकृति अत्यन्त निकट की वस्तु है। बिना उसके उनकी कोई भावना व्यक्त नहीं होती। लेकिन प्रकृति का स्वतन्त्र अस्तित्व भी सूर में मिलता है। प्रकृति का स्वतन्त्र चित्रण दोनों प्रकार का है–कोमल भी और कठोर भी। कोमल प्रकृति का स्वतन्त्र चित्रण माता यशोदा अथवा राधा द्वारा कृष्ण को प्रभात होने पर जगाने के प्रसंग में हुआ है। यशोदा द्वारा कृष्ण को जगाते समय प्रभात का यह दृश्य देखिए–

जागिए, ब्रजराज कुँवर, कमल कुसुम फूले।
कुमुद बृन्द सकुचित भए, भृंग लता भूले।
तमचुर खग रोर सुनहु, बोलत बनराई।
राँभति गो खरिकनि में, बछरा हित धाई।
बिधु मलीन, रवि प्रकाश, गावत नर-नारी।
सूर-स्याम प्रात उठौ, अंबुज कर धारी।

और राधा का प्रभात-वर्णन यह है–

बोले तमचुर जार्‌यौ जाय को गजर मार्‌यौ।
पौन भयौ सीतल तमि तै तमता गई।
प्राची अरुनानी, भानु किरनि उन्यारी नभ।
छई, उडुगन चन्द्रमा मलीनता लई।
मुकुले कमल बच्छ बन्धन बिछोह्यौ ग्वाल।
चरैं चली गाय द्विज तैंती कर कौं दई।
सूरदास राधिका सरस बानी बोलि कहै।
जसोदा प्रान धारे जू सवारे की समौ भई।

प्रकृति के कठोर रूप का वर्णन 'दावानल-पान लीला' और 'गिरिधारण-लीला' के वर्णन में हुआ है। सूर ने दावानल का यथार्थ चित्र उपस्थित कर दिया है, जिसको ध्वन्यर्थ-व्यंजक शब्दावली ने और भी आकर्षक बना दिया है–

भहरात झहरात दावानल आयौ।
घेरि चहुँ ओर, करि सोर अंदोर वन, धरनि आकास चहुँ पास छायौ।
बरत बनबाँस, थरहरत कुसकाँस, जरि उड़त है भाँस अति प्रबल धायौ।
झपटि झटपट लपट, फूल, फल, चट, चटकि फटत, लटलटकि द्रुमद्रुम नवायौ।
अति अगिनि झार, भंगार धुँधार करि उचटि अंगार झंझार छायौ।
बरत बनपात, भहरात, झहरात अररात तरु महा धरनी गिरायौ।

प्रलयंकर वर्षा करनेवाले बादलों का यह रूप गिरिधारण-लीला में वर्णित है–

घटा घनघोर घहरात, अररात, दररात थररात ब्रज लोग डरपैं।
तड़ित-आघात तररात, उतपात सुनि, नारि-नर संकुचि तन-प्रान अरपैं।

सब मिलाकर सूर में प्रकृति-चित्रण के जितने प्रकार सम्भव हैं, उनके उदाहरण मिल जाते हैं। वस्तुतः सूर का काव्य अपने नाम के अनुरूप एक विशाल साागर ही है, जिसमें असंख्य भाव-रत्न और प्राकृतिक दृश्य-चित्रण की अनमोल निधियाँ भरी पड़ी हैं। यद्यपि आलंकारिक प्रकृति-चित्रण में पुनरावृत्ति का आभास होता है तथापि सूर में भक्ति-भावना की सघनता के कारण उसमें नीरसता नहीं आने पाई। हमें सूर की वर्णन-शक्ति पर आश्चर्य होता है। उनकी उपमाओं की ताजगी, उत्प्रेक्षाओं की विचित्रता और रूपकों की नवीनता हमें बरबस मोह लेती है। गोचारण-प्रसंग में जीव-जगत् के अनेक ऐसे अछूते चित्र हमें देखने को मिलते हैं, जिनका अन्य कवियों में अभाव है। उनके विनय और अध्यात्म के पद भी अपनी अलग विशेषता रखते हैं। सूर का प्रकृति-वर्णन हमारे ग्राम्य जीवन की नाना छवियों को लिए हुए हैं और उसमें हमारा तत्कालीन जन-जीवन मुखरित हो उठा है। सारांशतः सूर का प्रकृति-वर्णन भक्तिकालीन कवियों में सर्वाधिक व्यापक और मौलिकता लिए हुए है।

सूरदास और ब्रज की संस्कृति

मुंशीराम शर्मा 'सोम'

हिन्दी-साहित्य में संस्कृति का प्रयोग इस समय ठीक उसी अर्थ में हो रहा है, जिस अर्थ में कल्चर (Culture) शब्द का प्रयोग अंग्रेजी में होता है। ऑक्सफोर्ड डिक्शनरी नाम के अंग्रेजी शब्दकोश में कल्चर का अर्थ इस प्रकार दिया है : Act of Cultivating Instruction, Training enlightenment, refinement–संस्कार डालने का कार्य, शिक्षा, दीक्षा, अभ्यास, प्रकाश, परिमार्जन। संस्कृति, इस प्रकार एक व्यक्ति के शिक्षण, संस्कार और अभ्यास से प्रारम्भ होती है और उसका अन्त मनुष्य के विकसित व्यक्तित्व में प्रकाश तथा परिमार्जित अवस्था के रूप में दिखलाई देता है। परिमार्जित अथवा संस्कृत-जीवन-सम्पन्न मानव का अनुभव उसके अपने काम तो आता ही है, साथ ही वह मानव-समाज के लिए भी हितकारी होता है। इसी कारण संस्कृति सामाजिक रूप धारण कर लेती है। और समाज में ही उसकी वास्तविक चरितार्थता सिद्ध भी होती है। संस्कृति जहाँ एक व्यक्ति के जीवन को अनुप्रमाणित और पुष्ट करती है, वहाँ सामूहिक रूप से समस्त समाज को संस्कृत करने में भी सहायक होती है।

साधना और संस्कृति का परस्पर घनिष्ठ सम्बन्ध है। साधना विशुद्ध रूप से व्यक्तिगत और संस्कृति सामान्य रूप से सामाजिक होती हुई भी एक-दूसरे की सहायिका हैं। सहायक ही क्यों, एक में दूसरे के प्रतिबिम्ब का पड़ना अवश्यंभावी है। साधक को पूजा, व्रत, अनुष्ठान आदि के संस्कारों का सहारा लेकर चलना ही पड़ता है। आचार का परित्याग वह नहीं कर सकता। अतः जब हम किसी देश, प्रदेश अथवा प्रान्त की संस्कृति की चर्चा करते हैं, तब हमारा उद्देश्य उस प्रदेश के विकसित आचार-व्यवहार, रीति-रिवाज, पर्व-उत्सव, संस्कार, कला-कौशल, ज्ञान-विज्ञान, पूजा आदि के विधि-विधान एवं अनुक्रम का ही उल्लेख करना होता है। एक व्यक्ति और समग्र समाज का भी विकसित एवं संस्कृत जीवन इन्हीं रूपों में प्रकट होता है। इस प्रकार साधना से संस्कृति का विकास होता है और संस्कृतिनिष्ठ समाज में ही साधना फलती और फूलती है।

ब्रज-प्रदेश अत्यन्त प्राचीनकाल से आर्य संस्कृति का केन्द्र रहा है। आर्य धर्म की विभिन्न शाखाओं, दर्शनों, कलाओं, साहित्य एवं विज्ञान के विकास में इसने महत्त्वपूर्ण भाग लिया है। चौदहवीं शताब्दी से लेकर सोलहवीं शताब्दी तक इस प्रदेश में कृष्ण-भक्ति की जो अभिनव धारा प्रवाहित हुई, उसने न केवल इस देश की बोली को उन्नत, मधुर-भाव-व्यंजक एवं साहित्यिक रूप ही प्रदान किया, प्रत्युत इस प्रदेश की संस्कृति को भी विदेशी प्रभाव से सुरक्षित कर एक अभिनव एवं रमणीय ढाँचे में ढाला। ब्रज का अर्थ गोचरभूमि है। जहाँ पशु विचरण करते, तिनके चुगते और अपने शरीर को पुष्ट करते हैं। ब्रज के द्वादश वन अपनी निसर्ग-सुषमा तथा रमणीयता के लिए अत्यन्त प्रसिद्ध हैं। इन वनों में पशुओं के लिए, बड़े-बड़े चरागाह थे। सूर ने अपने सूरसागर में इन सबका हृदयहारी वर्णन किया है। इस प्रदेश की बोली भी अपने साहित्यिक रूप में ब्रज नाम से ही प्रख्यात हुई। इस कोमल बोली में सोलहवीं शताब्दी के आस-पास ऐसे साहित्य की सृष्टि हुई, जिसने अपनी मधुरिमा से न केवल ब्रज, प्रत्युत समग्र उत्तराखंड को आप्यायित कर दिया। इस बोली के माध्यम द्वारा ब्रज की संस्कृति का विस्तार दूर-दूर तक हो गया और उसकी सरसता एवं भाव-प्रवणता ने यहाँ की जनता को, लोक-समुदाय को, अत्यधिक प्रभावित किया। अठारहवीं शताब्दी तक ब्रजभाषा एवं ब्रज-संस्कृति के प्रचार का क्रम अबाध गति से चलता रहा।

ब्रज-संस्कृति के अभिनव रूप और उसके प्रसार में महाप्रभु वल्लभाचार्य, उनके वंशज तथा अनुयायियों का विशेष हाथ है। अनुयायियों में अष्टछाप के आठ कवियों और इन आठों कवियों में भी महात्मा सूरदास अग्रगण्य समझे जाते हैं।

महाप्रभु वल्लभाचार्य ने ब्रजवासियों के सात्विक एवं सरल स्वभाव से प्रभावित होकर और उनकी हृदय-भूमि को भक्ति-बीज के अंकुरित तथा पल्लवित होने के योग्य समझकर ब्रज-प्रदेश को अपने पुष्टिमार्ग के प्रचार का प्रधान क्षेत्र बनाया। यहाँ रहकर उन्होंने आर्य संस्कृति के उद्धार का भी व्रत लिया। ब्रज के निकट ही आगरा में महिमाशाली मुगल साम्राज्य की राजधानी थी। राज्य की चमचमाती चकाचौंध में सामान्य जनता आत्मविस्मृत हो शासकों के आचार-व्यवहार को अपनाने के लिए बाध्य हो जाती है और अपनी संस्कृति से हाथ धो बैठती है। आचार्य वल्लभ ने इसी का निराकरण करने के लिए ब्रज में अपनी योग-शक्ति का प्रयोग किया। गोवर्धन पर श्रीनाथ मन्दिर की स्थापना मानो इस प्रयोग का एक साधन था। इसके द्वारा उन्होंने आर्य जाति में प्रचलित संस्कारों, पर्वों और उत्सवों के प्रचार का ऐसा क्रम बनाया कि जनता मुगल-महिमा द्वारा आत्मवंचित होने से बच गई। उसे उन्होंने भक्ति के ऐसे रंग में रँगना आरम्भ किया कि विदेशियों के वैभव-प्रभाव का एक भी रंग उसके ऊपर न चढ़ सका। आचार्यजी के पश्चात् गोस्वामी विट्ठलनाथ ने इस क्रम

को और भी अधिक बढ़ाया। परिणाम यह हुआ कि लोकसमुदाय अपनी संस्कृति के प्रति आकृष्ट बना रहा। यही नहीं, भक्ति के रूप ने रसखान, रहीम, ताज आदि यवन-संस्कृति में पले हुए अनेक व्यक्तियों को भी आर्य संस्कृति की गरिमा मानने को विवश कर दिया।

संस्कार–सूरदास पुष्टिमार्गीय सम्प्रदाय के अनुयायी ही नहीं, एक प्रधान अंग थे। उनके सूरसागर में ब्रजप्रदेश की इस संस्कृति का प्रमुख रूप से वर्णन हुआ है। सर्वप्रथम हम संस्कारों के सम्बन्ध में सूरसागर में संचित सामग्री का उल्लेख करेंगे। संस्कार ही व्यक्तित्व का निर्माण करते हैं और एक-एक व्यक्तित्व की निर्मिति समग्र समाज को संस्कृत बना देती है। अतः संस्कारों का संस्कृति के विकास में महत्त्वपूर्ण स्थान है। सूरदास ने नीचे लिखे रूप में संस्कारों का वर्णन किया है।

पुत्रजन्म–आर्य संस्कृति में पुत्र का जन्म पुण्य परिणाम समझा गया है। जिसके पुत्र नहीं है, उसका प्रातःकाल मुख देखना अशुभ एवं अमंगलजनक माना जाता है। पुत्र की उत्पत्ति और उसका मुख देखने के लिए प्राणी तरसा करते हैं। तभी तो कृष्ण के उत्पन्न होने पर यशोदा नन्द से कहती है–

आवहु कन्त, देव परसन भए, पुत्र भयौ, मुख देखौ धाइ।

नन्द दौड़कर आते हैं और पुत्र का मुख देखते हैं। उस समय की शोभा और सुख का वर्णन किया नहीं जा सकता।

कृष्ण के जन्म के समय स्त्रियाँ बधावा लेकर जाती हैं। स्वर्ण-निर्मित थाल में दूब, दधि और रोचना रखा है। सखियाँ मंगलगान गाती हैं, नाल-छेदन होता है और द्वार पर दुन्दुभि बजती है। सूर ने इस अवसर पर बाजों का बजना, बन्दनवारें बाँधना, हल्दी-दही मिलाकर छिड़कना, वेद-ध्वनि का होना, ग्रह-लग्न-नक्षत्र आदि का विचार करके मुहूर्त शोधना, विप्रों को चन्दन का तिलक करना, नांदीमुख श्राद्ध, पितृपूजा, गुरु और ब्राह्मणों को वस्त्र पहनाना, गोकुल-निवासियों की भेंटें ले-लेकर नन्द के द्वार पर आना, द्वार पर साँतिये (स्वस्तिक) बनाकर सात सींकें चिपकाना, ब्रज-बन्धुओं का अक्षत, रोली, दूब और फलों से भरे हुए थाल लेकर पुत्र-दर्शन के लिए आना, उत्सव का होना, विप्र-मागध-सूत आदि का आशीर्वाद देना, ढाढ़ी-ढाढ़नि का नाचना, दान लेने के लिए झगड़ना, यशोदा-नन्द द्वारा उनकी पहिरावनी कराना तथा हार, कंकण और मोतियों से भरे थाल दान में देना आदि अनेक बातों का वर्णन किया है।[1]

छठी व्यवहार–छठी के दिन मालिन का बन्दनवार बाँधना, केले लगाना, सुनार का हीरा-जटित स्वर्णहार बनाकर लाना, नाइन का महावर लगाना, दाई को लाख टका,

1. सूरसागर, दशम स्कन्ध, छन्द 29 से 34 तक। सारावली में छन्द-संख्या 403 से 312 तक। दोनों स्थलों के वर्णनों में पर्याप्त साम्य है।
सूरसागर (ना. प्र. स. 653-657)।

झुमके और साड़ी देना, विश्वकर्मा (बढ़ई) का पालना बनाकर लाना, जाति-पाँति की पहिरावनी करके पुत्र के काजल लगाना, ऐपन (बटे हुए चावल) से चित्र बनाना आदि प्रथाओं का वर्णन पाया जाता है।[1]

नामकरण–इस समय विप्र, चारण, बन्दीजनों का नन्द के घर आकर दूर्वा-हल्दी बाँधना तथा गर्ग द्वारा जन्मपत्र बनाकर लक्षणादि का निरूपण करना आदि का वर्णन हुआ है। कृष्ण के स्वजन-उद्धार और अंगुर-संहार सम्बन्धी कार्यों की भविष्यवाणी भी यहाँ की गई है।[2]

अन्नप्राशन–कृष्ण के छह मास के होने में कुछ दिन रहने पर शुभ मुहूर्त में अन्नप्राशन संस्कार के करने का वर्णन है। इस अवसर पर स्त्रियाँ मंगल गीत गाती हैं। नन्द तथा यशोदा का नाम लेकर गालियाँ भी गाई जाती हैं। यशोदा ब्रज-बन्धुओं को बुला लाती हैं और ज्यौनार तैयार होती है। गोप इकट्ठे होते हैं। नन्द स्वर्ण-थाल में खीर भरकर उसमें घृत और मधु मिलाते हैं। जब यह खीर कृष्ण को खिलाई जाती है, तो वे मुँह बिगाड़ते हैं। संस्कार के उपरान्त युवतियाँ कृष्ण का मुख चुम्बन करती हैं तथा पत्तलों पर गोपभोज होता है।[3]

वर्षगाँठ–इस समय कृष्ण को उबटन लगाकर स्नान कराया जाता है। आँगन का लीपना, चौक पूरना, वाद्य बजाना, अक्षत-दूब बाँधना तथा मंगलगान आदि होता है।[4]

कर्णछेदन–कंचन के दो दुरों (कर्ण के आभूषण, बालियाँ, जो उमेठकर नीचे की ओर लटका दी जाती हैं) से कनछेदन कराने के समय सूर लिखते हैं–

कान्ह कुँवर को कनछेदनों है, हाथ सुहारी भेली गुर की।
बिधि बिहँसत, हरि हँसत हेरि-हेरि यशुमति के धुकधुकी उर की॥

यशोदा के हृदय में धुकधुकी हो रही है। माता का हृदय सूर ने बड़े निकट से देखा है। इस स्थल पर जो वर्णन पाया जाता है, उसमें उस समय के बालकों के वस्त्र, आभूषण आदि कैसे होते थे, इस बात का भी परिचय हो जाता है। कृष्ण की पीत झगुली, सिर पर कुलही, मणि-जटित व्याघ्र-नख से संयुक्त कंठश्री, किंकिणी, बाहु-भूषण आदि का धारण करना वर्णित हुआ है।

गोकुल में श्रीकृष्ण के इतने ही संस्कार हुए। यद्यपि आभीर क्षत्रिय वंश है और भागवत में नन्द वसुदेव के निकटस्थ बन्धु भी कहे गए हैं, फिर भी गोपालन आदि वैश्य कर्म करने के कारण भागवतकार और हरिवंश के रचयिता दोनों ने उन्हें वैश्य

---

1. सूरसागर, दशम स्कन्ध, पद 35। (वही, पृ. 678)।
2. वही, पद 79, (वही, पृ. 5)।
3. सूरसागर, दशम स्कन्ध, पद 80, (ना. प्र. स. 706)।
4. वही, पद 88, (वही, 713)।

लिख दिया है। वैश्य भी द्विज कोटि में आते हैं और उनका यज्ञोपवीत संस्कार होता है। सम्भवतः आयु में छोटे होने के कारण कृष्ण और बलराम का यज्ञोपवीत संस्कार गोकुल में नहीं हो सका। यह भी सम्भव है कि आभीर क्षत्रियों का महत्त्व मुगल-काल में क्षीण हो गया हो और उनके अन्तर्गत यज्ञोपवीत प्रथा का ही लोप हो गया हो। अतः जब कृष्ण मथुरा पहुँचे, तब इस विस्तृत संस्कार को भी पूरा किया।

यज्ञोपवीत—सूरसागर के पृष्ठ 473 पर 29वें पद में यज्ञोपवीत संस्कार का वर्णन है। इस समय षड्रस ज्यौनार होती है और गर्ग ऋषि कृष्ण को गायत्री मन्त्र का उपदेश देते हैं। ब्राह्मणों को विधिपूर्वक अलंकृत गायें दी जाती हैं। स्त्रियाँ गीत गाती हैं और यशोदा प्रसन्न होकर न्यौछावर करती हैं।

विवाह—यद्यपि सूर ने राधा और कृष्ण का गान्धर्व विवाह कराया है, उज्ज्वल-नीलमणिकार रूप गोस्वामी ने भी इस गान्धर्वरीति से हुए विवाह को स्वीकार किया है—

गान्धर्वरीत्या स्वीकारात् स्वीया त्वमिह वस्तुतः।
अव्यक्तात् विवाहस्य सुष्ठु प्रच्छन्न कामता॥15॥

(हरिवल्लभा-प्रकरण)

यहाँ राधा के साथ अन्य गोपियों से भी कृष्ण ने गान्धर्व विवाह किया है, पर उसमें वे सब बातें वर्णित हैं, जो विवाह के अवसर पर सूर के समय में प्रचलित थीं और जो ब्रज में आज तक चली आती हैं। जैसे—

मौर धारण करना—

मोर मुकुट रचि मौर बनायौ
माथे पर धरि हरि वरु आयौ॥

निमन्त्रण

गोपीजन सब नेवते आईं।
मुरली ध्वनि ते पठई बुलाईं।

मंडप और गान—

बहु विधि आनन्द मंगल गाये।
नव फूलन के मंडप छाये॥

गीत और वेद-मन्त्रोच्चारण—

गाये जु गीत पुनीत बहु।
विधि बेद रव सुन्दर धुनी॥

पाणिग्रहण और भाँवरें—

तापर पाणिग्रहण विधि कीन्हीं।
तब मंडल भरि भाँवरि दीन्हीं॥

गालियाँ गाना–

उत कोकिलागण कर कोलाहल, इत सकल ब्रजनारियाँ।
आईं जु निबती दुहूँ दिशि मनो देत आनन्द गारियाँ॥

–सूरदास (ना. प्र. स. 1690)

कंकण खोलना–नहीं छूटै मोहन डोरना हो–

बड़े हौ बहुत अब छोरियो हो ये गोकुल के राइ।
की कर जोरि करी बिनती, कै छुऔ श्री राधा जी के पाँइ॥
बहुरि सिमटि ब्रज सुन्दरी मिलि दीन्हीं गाँठि बनाइ।
छोरहु बेगि कि आनहु अपनी जसुमति माई बुलाइ॥

... ...

किलकि उठीं सब सखी स्याम की, अब तुम छोरी सुकुमारि।
पचिहारी कैसेहु नाहिं छूटत, बँधी प्रेम की डोरि॥
दुलहिनि तोरि दुलह को कंकन की बोलि बबा वृषभान॥

सूरसागर (ना. प्र. स., 1691)

इसके पश्चात् पुनः गालियों का वर्णन है। जैसे–

''कान्ह तुम्हारी माइ महाबल सब जग अपजस कीन्हों'' –इत्यादि। अन्त में सूर लिखते हैं–

सनकादि नारद मुनि सिव बिरंचि जान।
देव दुंदुभी मृदंग बाजे वर निसान॥
वारने तोरन बँधाये हरि कीन्हौ उछाह।
ब्रज की सब रीति भईं बरसाने ब्याह।

–पृ. 349, पद 60।

सूरसागर (ना. प्र. स., 1962)

अन्तिम पंक्ति से स्पष्ट प्रकट होता है कि सूर ने जिन संस्कारों का वर्णन सूरसागर में किया है, वे सब ब्रज की रीति और पद्धति के अनुसार हैं। ब्रज में जिस संस्कृति का विकास हुआ, ऊपर उल्लिखित प्रथाएँ उसी के अन्तर्गत हैं। कृष्ण और रुक्मिणी के विवाह-वर्णन में भी वे सब बातें हैं, जिन्हें हम ऊपर लिख चुके हैं। वहाँ राजसी वेश-भूषा और साज-सामान की विशिष्टता अधिक है।

पूजा, व्रत और स्नान–ब्रज की संस्कृति में पूजा, व्रत, स्नान आदि का भी महत्त्व है। सूरदास ने गौरी-पूजा, शिव-पूजा, सूर्य-पूजा, व्रत रखना, यमुना-स्नान करना आदि का वर्णन राधा और गोपियों के सम्बन्ध में किया है। नन्द द्वारा शालिग्राम की पूजा और एकादशी व्रत रखने का भी वर्णन है। शकुन आदि भी एकाध स्थान पर वर्णित हुए हैं। सूर ने ब्रजवासियों को देव से डरनेवाला और ईश्वर-विश्वासी माना है।

बलराम की तीर्थ-यात्रा का विवरण प्रायश्चित के रूप में आता है। उससे भी ब्रजवासियों के इसी स्वभाव का पता चलता है। आर्य संस्कृति के विकास में तीर्थों ने भी अनुपम योग दिया है। इन्हीं तीर्थों पर जाकर मानव अपने भूले हुए संस्कारों को ऋषियों, मुनियों और आचार्यों से पुनः प्राप्त कर लेता था। समाज में यदि किसी नवीन पद्धति का प्रचार करना अभीष्ट होता था, तो वह भी सुगमता से इन तीर्थों पर जुड़े हुए मेलों द्वारा सम्पादित हो जाता था।

पर्व और उत्सव—सूरसागर में गोवर्धन-पूजा का समारोह उत्सव के रूप में वर्णन किया गया है। पूजा के लिए विपुल सामग्री तैयार की जाती है। मधुमेवा, पकवान, मिठाई, षड्रस के व्यंजन, माखन, दधि, दूध आदि शकट्टों पर लाद कर गोप एवं गोपिकाएँ पूजा के लिए चलते हैं। आनन्दमग्न गोपिकाएँ षोडश शृंगारों से सुसज्जित हो पंक्ति बनाकर चलती हैं। गोवर्धन पर जन-समूह का सागर उमड़ पड़ता है। यज्ञ तथा वेद-पाठ होता है और गोवर्धन को भोग समर्पण किया जाता है।

गोवर्धन की पूजा के पश्चात् दीपमालिका का वर्णन है। सामाजिक उत्सवों में वर्षा ऋतु के हिंडोले, बसन्त ऋतु के फाग और होली का वर्णन सारावली और सूरसागर, दोनों में पाया जाता है। इन उत्सवों पर नर-नारी सुन्दर वस्त्राभूषण धारण करते हैं, गान और नृत्य होता है। पखावज, बीन, बाँसुरी, डफ, महुअरि, मृदंग आदि विविध प्रकार के बाजे बजते हैं। अरगजा और अबीर चलता है। स्वर्णघट में रंग भरकर रखा जाता है। सब आमोद-प्रमोद में मग्न हो जाते हैं। पर्वों और उत्सवों का किसी देश की संस्कृति में विशेष स्थान होता है। ब्रज-संस्कृति के निर्माण में इन प्रसन्नता-संचारी उत्सवों ने भी महत्त्वपूर्ण भाग लिया है।

आश्विन की पीयूषवर्षिणी पूर्णिमा के दिन रासलीला होती है, जो सूरजीवन का पाथेय बन गई थी। सूर ने इसका अतीव हृदयग्राही वर्णन किया है। सूरसागर में नवरात्र का भी उल्लेख है।

पर्वों में मनोरंजन की पर्याप्त सामग्री रहती है। पर्व का अर्थ है—गाँठ या जोड़। जैसे मानव-शरीर में घुटने, कमर, ग्रीवा, स्कन्ध, कुहनी और पहुँचे पर जोड़ होते हैं और वे जितने ही सुगठित तथा दृढ़ होते हैं शरीर भी उसी मात्रा में सबल, क्रियाशील और अधिक दिनों तक टिकाऊ रहता है, उसी प्रकार पर्व किसी समाजरूपी शरीर के जोड़ हैं। ये जितने ही सुगठित और सुचारु रूप से सम्पादित होंगे, समाज भी उतना ही सबल, सुसंस्कृत और दीर्घायु होगा। उत्सव का अर्थ ही है प्रसन्नता, आह्लाद, आनन्द। सतोगुण का भी यही रूप है। जो समाज निधन-तिथियाँ मानकर वर्ष भर हाय-हाय करता रहेगा, जन्म-तिथियों, जयन्तियों तथा प्राकृतिक पर्वों को मनाकर प्रसन्नता का संचार अपने जीवन में नहीं करेगा, वह सतोगुण की ओर उन्मुख नहीं हो सकता। जो स्वयं रोता है वह दूसरों को भी रुलाना चाहता है। आर्य संस्कृति,

इसके विपरीत, उत्सवों को जीवन में स्थान देकर आह्लाद का संचार करती है और परिणामतः संसार को आनन्द की ओर ले जाती है।

उत्सवों में खेलों का भी स्थान है। उत्सव नैमित्तिक होते हैं, परन्तु खेल नैत्यिक और नैमित्तिक दोनों ही। सूरसागर में दोनों प्रकार खेलों का वर्णन है। दैनिक अथवा नैत्यिक खेलों में आँख-मिचौनी, भाग-दौड़, कबड्डी, गेंद खेलना, भौंरा-चकडोरी, चौगान तथा नैमित्तिक खेलों में जल-केलि, दंगल आदि का विवरण प्राप्त होता है।

शृंगार-सज्जा—सूर ने अनेक स्थानों पर आभूषणों के नामों का उल्लेख किया है। आभूषण जहाँ शृंगार-सज्जा और शोभा के उत्पादक हैं वहाँ वे हृदय में प्रसन्नता का भी संचार करते हैं। विशेषज्ञों ने विशिष्ट प्रकार के रत्न, मणि आदि से निर्मित आभूषणों को विविध प्रकार के रोगों के निवारण और सुख-सम्पादन का हेतु कहा है। आर्य संस्कृति ने सांसारिक वैभव का तिरस्कार नहीं किया। उसने वैभव के प्रतीक आभूषणों को भी उचित स्थान दिया है। हाँ, उसने यह अवश्य ध्यान रखा है कि ये आभूषण अथवा ऐश्वर्य-राशि अपनी उचित मर्यादा में रहे।

सूरसागर के पृष्ठ 236 और 240 पर क्रमशः पद-संख्या 42 (ना. प्र. स., 2093) और 20 (ना. प्र. स., 2158) में सूर ने आभूषणों का वर्णन किया है, जिनमें मोतीमाला, कंठश्री, कर्णफूल, तिलक, हमेल, करधनी, नूपुर, बिछिया, नगजटित चौकी, छाँड, कंकन, बाजूबन्द, बेसरि, दुलरी, तिलरी, टीका आदि विविध प्रकार के आभूषणों के नाम आए हैं। इन आभूषणों को स्त्रियाँ धारण करती थीं। पुरुष भी आभूषण पहनते थे। सूर ने इन आभूषणों—हीरा लालजटित मकराकृति के कुंडल, दुर, कंठमाला, मुद्रिका, वैजयन्तीमाला आदि के नाम गिनाये हैं।

भोजन—जो समाज जितना अधिक संस्कृत होगा, वह उतना ही अधिक भोजन की विविधता तथा व्यवस्था भी रखेगा। असंस्कृत समाज में भोजन सम्बन्धी ये बातें प्राप्त नहीं होतीं। सूरदास के समय में गोस्वामी विट्ठलनाथ ने श्रीनाथ मन्दिर में इष्टदेव को भोग लगाई जानेवाली सामग्री की बहुलता कर दी थी। यद्यपि महाप्रभु वल्लभाचार्य के समय से ही मन्दिर में भोग-पद्धति की विशेषता पर ध्यान रखा जाता था, फिर भी श्री विट्ठलनाथजी के समय में उस पर और भी अधिक मनोयोग दिया जाने लगा। अन्नकूट के दिन श्रीनाथजी को 56 प्रकार के व्यंजनों का भोग अवश्य लगाया जाता था। कभी-कभी यह विस्तृत समारोह के रूप में भी होता था।

सूरसागर में भोजन की विविधरूपता का स्पष्ट उल्लेख पाया जाता है। उसके पृष्ठ 421 पर (ना. प्र. स. 1831) 21वें पद के अन्तर्गत खीर, खाँड, खीचरी, मधुर महेरी, भात, हींग से भावित ढरहरी मूँग, तुलसी, डालकर तपाया हुआ सद मक्खन, कचोर, पापड़, बरी, विविध प्रकार के अचार, भाजी, साग, पेठा खीरा, बरा, पकौड़ी,

रायता, बेसन, अजवाइन मिली रोटी, पूड़ी, कचौड़ी, सुहार, लपसी, मालपुआ, लड्डू, सेब, घेवर, गोझा, मेवा, जलेबी, दही, मलाई, सिखरन, धुमारा हुआ मट्ठा आदि विविध प्रकार के व्यंजनों का वर्णन है। प्रातःकाल के कलेऊ; दोपहर के भोजन और रात्रि समय की व्यालू का पृथक्-पृथक् रूप है। होली के वर्णन में वारुणी का उल्लेख भी पाया जाता है। दानलीला के प्रसंग में लौंग, नारियल, दाख, सुपारी, हींग, मिरच, पीपर, अजवाइन, कायफल, सौंठ, चिरायता, बहेरा आदि के भी नाम आ गए हैं। भोजन-वर्णन के अन्त में कपूर से सुवासित पान खाने का भी उल्लेख पाया जाता है।

संगीत—इसका थोड़ा-सा परिचय उत्सवों के वर्णन में आ गया है। सूरसागर में कई अन्य स्थानों पर भी संगीत से सम्बन्धित सामग्री उपलब्ध होती है। सूर स्वयं संगीतशास्त्र में निष्णात थे। उनका सूरसागर विविध राग-रागिनियों में ही लिखा गया है। अनेक रोगों की सृष्टि सूरदास ने स्वयं की थी। सारावली के छन्द संख्या 1012 से 1017 तक सोरठ, मलार, केदारी, जयतश्री आदि विविध रागों के नाम गिनाए गए हैं, जिन्हें संगीतशास्त्र का कोई विशेषज्ञ ही समझ और समझा सकता है। सूरसागर के पृष्ठ 352 पर संगीत के सप्तस्वरों के नाम दिए हैं।[1] उसके पृष्ठ 646 पर उपंग ताल, मुरज, रवाब, बीना, किन्नरी, मृदंग आदि बाजों के नाम आए हैं।[2]

संगीत संस्कृत का विशेष अंग है। संस्कृत समाज में ही संगीत का विकास सम्भव है। पुष्टि-सम्प्रदाय ने संस्कृति के इस पक्ष पर विशेष बल दिया था, जिसने उन दिनों समाज के अन्तर्गत निवृत्ति के स्थान पर प्रवृत्ति-परायणता का प्रचार किया और उसकी खिन्नता एवं उदासीनता को बहाकर उसे उत्फुल्लता एवं सक्रियता प्रदान की।

साहित्य—सरस्वती के वरद पुत्र, सारस्वत सूरदास के सम्बन्ध में साहित्य की चर्चा करना अनावश्यक ही नहीं, अनुपयुक्त भी है। उसके अमर काव्य सूरसागर की समता करनेवाला साहित्य विश्व में ढूँढ़ने से मिलेगा। साहित्य सिन्धु की इतनी अधिक भाव-ऊर्मियाँ, इतनी अधिक कल्पना-तरंगें, इतनी चारु चित्रात्मकता और विशद व्यंजना, इतना विस्तार और इतनी गहराई सूरसागर के अतिरिक्त अन्य किस ग्रन्थ में है! काव्य-कला का जो रमणीयतम, उज्ज्वलतम रूप सूरसागर में निखरा वह हिन्दी साहित्य में न उसके पहले दिखलाई दिया था और न उसके पीछे ही उपलब्ध हो सका। यह युग हिन्दी साहित्य का स्वर्ण युग था और सूर निस्सन्देह हिन्दी साहित्याकाश के सूर्य थे।

---

1. सूरसागर (ना. प्र. स., 1769)।
2. वही (वही 1677 और 1798)।

साहित्य में संस्कृति का सर्वोत्तम और सर्वांगीण रूप प्रस्फुटित होता है। साहित्य और संगीत का अन्योन्याश्रित सम्बन्ध है। साहित्य संगीत की लय और संगीत साहित्य की नवनवोन्मेषशालिनी भावधारा में अपना परम विशुद्ध प्रश्रय पाता है। इन दोनों का मणिकांचन संयोग सूरदास में हुआ है। सूर ने जिस संस्कृति का उद्घाटन, इस प्रकार अपने व्यक्तित्व में किया, वही सूरसागर में स्वतः परिणत एवं प्रतिफलित हो उठा। सूर को पाकर ब्रज की संस्कृति और ब्रज संस्कृति को पाकर सूर धन्य हो गए। संगीत और साहित्य के रूप में संस्कृति को सूर की अनुपम देन है। सूर के समय में अष्टछाप के कवियों तथा इस सम्प्रदाय से बाहर रहकर अन्यत्र कार्य करनेवाले अन्य कवियों ने भी साहित्य-सृजन में अनुपम योग दिया है।

साहित्य और संगीत के अतिरिक्त ललित कलाओं में वास्तु, मूर्ति और चित्र-कलाओं की भी गणना है, पर ये प्रथम दो की अपेक्षा अवर कोटि की मानी गई हैं। वस्तुकला के थोड़े-से दर्शन सूरसागर के दशम स्कन्ध पूर्वार्द्ध में मथुरा-वर्णन के अन्तर्गत हो जाते हैं, जिसमें महलों पर पड़ती हुई सूर्य की किरणों, कंचन कोटि के कंगूरों, छज्जों, उच्च अट्टालिकाओं, उन पर फहराती हुई ध्वजाओं और मथुरा को चारों ओर से घेरे हुए उपवन का उल्लेख है। दशम स्कन्ध के उत्तरार्द्ध में जहाँ द्वारका की शोभा का वर्णन हुआ है, वहाँ भी वास्तुकला का किंचित् दिग्दर्शन हो जाता है। इस वर्णन में विद्रुम और स्फटिक की पच्चीकारी, कंचन के मणि-खचित मन्दिर, उनमें नीचे के नर-नारी तथा ऊपर के पक्षियों के पड़ते हुए प्रतिबिम्ब, जल तथा स्थल पर विविध प्रकार के विचित्र रंग, वन, उपवन, फूल, फल, सरोवर, शुक, सारिका, हंस, पारावत, चातक, मोर, चकोर, पिक आदि पक्षियों का कल-कूजन, घर-घर संगीत की सरस ध्वनि आदि प्रसंग आए हैं। भूमि पर विविध प्रकार के रंग चित्रकला की ओर भी निर्देश कर सकते हैं। व्रतों और पर्वों के मनाने में भी चित्रकला का प्रचार होता रहा है। श्रावणी, अनन्त चतुर्दशी, जन्माष्टमी नौता (नवरात्र), करवा चौथ, अहोई, देवोत्थान आदि के अवसर पर ब्रज में स्त्रियाँ आज भी दीवारों पर तथा आँगन में ऐपन और गेरू आदि के रंगों से चित्र-रचना करती हैं। देवी-देवताओं की पूजा के रूप में मूर्तिकला का भी उल्लेख आ जाता है। गौरी-गौरा की मूर्ति, पूजन के समय आज भी बनाई जाती है। वैसे भी उन दिनों ये सभी कलाएँ विकसित हो रही थीं। श्रीनाथ का मन्दिर, आचार्यों की बैठकें, मूर्तियों की शृंगार-सज्जा, मन्दिरों की झाँकियाँ, विविध कलाओं के विकास की ही सूचक हैं।

सूरनिर्णय के विद्वान् लेखकों ने पर्वों, उत्सवों, झाँकियों और संस्कारों के प्रचुर प्रमाण सूर-साहित्य से निकालकर अपने ग्रन्थ में एकत्र कर दिए हैं। अतः हमने इस अध्याय में उनसे सम्बन्धित कुछ विशिष्ट प्रसंगों पर ही प्रकाश डाला है। सूर

श्रीनाथ मन्दिर में कीर्तन के अध्यक्ष थे। वे प्रत्येक नवीन अवसर पर नवीन पद बनाकर गाया करते थे। इन पदों में उन दिनों की प्रचलित प्रथाओं, रीति-रिवाजों और आचार-व्यवहार का पर्याप्त ज्ञान हो जाता है। ब्रज की संस्कृति पर भी इस रूप में इन पदों से विशद प्रकाश पड़ता है।

सूरसागर में ब्रज की महिमा कई स्थानों पर वर्णित है। नीचे लिखी पंक्तियों में ब्रज की परिक्रमा से सूर ने शारीरिक पापों का नष्ट होना लिखा है–

श्रीमुख वाणी कहत विलम्ब अब नेंक न लावहु।
ब्रज परिकरमा करहु देह को पाप नसावहु॥

–35, पृ. 158, **सूरसागर (ना. प्र. स. 1110)**

सूर ब्रजवासियों के चरित्र की प्रशंसा करते हुए लिखते हैं–

कहाँ बसति हौं बावरी, सुनहु न मुग्ध गँवारि।
ब्रजवासी कहा जानहीं, तामस को व्यवहारि॥

–34, पृ. 158, **सूरसागर, (ना. प्र. स.,** 2236, पृ. 819)

सूर के समय में तो ब्रजवासी तमोगुण से शून्य, सात्विक स्वभाव के थे ही, उनसे पूर्व भी हुएनसाँग के शब्दों में वे कोमल स्वभाव वाले तथा दूसरों के साथ आदरणीय व्यवहार करनेवाले थे। वे परोपकारी, तत्त्वज्ञान के अध्येता और विद्या के प्रति सम्मान का भाव रखते थे।[1] ब्रज की सात्विक संस्कृति ब्रजवासियों के सात्विक स्वभाव में परिलक्षित होती थी। सूरदास के सूरसागर में इसी संस्कृति के दर्शन होते हैं।

1. हुएनसाँग का मथुरा-वर्णन–श्रीकृष्णदत्त वाजपेयी के मथुरा-परिचय से।

सूर की भाषा

कैलासचन्द्र भाटिया

महाकवि सूर का विपुल साहित्य जिस भाषा में प्राप्य है वह ब्रजभाषा है। सूर की जन्मभूमि 'साही', सूर का साधना क्षेत्र 'गौघाट' (रुनकता-आगरा) तथा उपासना-क्षेत्र 'परासौली' (गोवर्धन-मथुरा) तीनों ही ब्रजभाषा क्षेत्र में स्थित हैं। कबीर और तुलसी से सूर की स्थिति भिन्न है। कबीर घुमक्कड़ थे, पूरब के बासी थे, पर उनकी भाषा तत्कालीन लोक-भाषा थी और तुलसी का जन्मस्थान आज तक विवादास्पद है, साथ ही उन्होंने ब्रज तथा अवधी दोनों ही भाषाओं का प्रयोग किया। पर सूर न तो कबीर की भाँति घुमक्कड़ थे और न उन्होंने तुलसी के समान दो भाषाओं का प्रयोग किया। इस दृष्टि से वह एकभाषा-निष्ठ थे। जिस भाषा को उन्होंने अपने काव्य का माध्यम बनाया, वह उस क्षेत्र की जनभाषा थी जिसको सूर ने 'भाषा' नाम से अभिहित किया है–

श्रीमुख चारि स्लोक दए, ब्रह्मा को समुझाइ।
ब्रह्मा नारद सौं कहे, नारद ब्यास सुनाइ॥
ब्यास कहे सुकदेव सौं द्वादस स्कन्ध बनाइ।
सूरदास सोई कहे, पद 'भाषा' करि गाइ॥[1]

---

1. जनभाषा को 'भाषा' या 'भाखा' कहने की प्रथा हमारे साहित्य में सूर से पूर्व और बाद में भी मिलती है। देखिए–
षट् भाषा पुरानं च कुरानं च कथितं मया। (चन्दा)
भाषा बद्ध करब मैं सोई॥ (तुलसी)
ताही तो यह कथा जथामति भाखा कीनी। (नन्ददास)
भाखा बोल न जानई, जिनको कुल के दास।
भाषा कवि मो मन्दमति, तिहिं कुल केसौदास॥ (केशव)
जिती देवबानी प्रगट, है कबिता की घात।
ते भाषा में होय तौ सब समझें रसबात॥ (कुलपति मिश्र)
चारण भाट सुकवि भाखा चित्र॥ (प्रिथीराज)

इस लोकभाषा को ही सूर ने सरस, सरल, सानुप्रास, संगीतमय, सुमधुर एवं इतना सम्पन्न बना दिया कि सूर के सौरभ के साथ सूर की भाषा का सौष्ठव भी सर्वत्र फैला। यह सच है कि प्रारम्भ में सूर की प्रौढ़ भाषा को देखकर यह सोचा गया कि "साहित्य के उत्तम वाहन के रूप में ब्रजभाषा सूरदास से बहुत पहले चल निकली होगी।" जिसके फलस्वरूप 'सूरपूर्व'[1] ब्रजभाषा के स्वरूप की खोजबीन की गई, पर साथ ही यह भी निर्विवाद है कि सूर ने ब्रजभाषा को जो अक्षय निधि प्रदान की, उससे जो भाषा में एक अद्‌भुत शक्ति और ध्वननशीलता प्राप्त हुई वह अद्वितीय है। सूर की भाषा पर सूर-साहित्य पर लिखे गए विवेचनात्मक एवं आलोचनात्मक ग्रन्थों में विचार किया गया है जिसमें से 'सूरदास'[2] 'सूर और उनका साहित्य'[3] तथा 'सूर की काव्यकला'[4] उल्लेखनीय हैं। 'सूर की भाषा' पर एक महत्त्वपूर्ण कार्य का भी आयोजन लखनऊ विश्वविद्यालय में किया गया। इस विश्वविद्यालय के तत्त्वावधान में ही 'सूरकोश' की योजना भी कार्यान्वित की गई जिसके अनेक भाग प्रकाशित भी हो चुके हैं। इतने कार्य के होते हुए भी पाठकों के समक्ष यह निबन्ध प्रस्तुत है जिसमें सूर की भाषागत विशेषताओं का दिग्दर्शन कराने की चेष्टा की गई है।

तत्कालीन ब्रजभाषा का कोई व्यवस्थित या वैज्ञानिक व्याकरण उपलब्ध नहीं होता है, केवल मिर्जाखाँ का एक व्याकरण है वह भी सर्वसुलभ नहीं। सूर की भाषा के आधार पर ब्रज की ध्वनि-प्रक्रिया तथा व्याकरण प्रस्तुत करने का स्तुत्य प्रयास डॉ. प्रेमनारायण टंडन का है।

बोलचाल की भाषा को भावानुकूल साहित्यिक रूप देने का कारण सूर की शब्दावली में तत्कालीन लोक में प्रचलित मुहावरे तथा लोकोक्तियों में प्रयुक्त होनेवाले विशिष्ट शब्द लिए गए, साथ ही उसमें विदेशी शब्दावली भी गृहीत हुई जिससे भाषा का सजीव तथा प्रौढ़ रूप खड़ा हुआ। अब नवीनतम अनुसन्धान के आधार पर यह सिद्ध हो चुका है कि सूर को अनायास ही ऐसे सुयोग प्राप्त हुए जिससे भाषा का परिष्कार हो गया और उसको साहित्यिक रूप देने का श्रेय सूर को ही प्राप्त हो गया–

'भाषा' या 'भाखा' पर मिर्जाखाँ ने भी अपने विचार ब्रजभाषा 'व्याकरण' में दिए हैं जिनका अनुवाद जियाउद्‌दीन महोदय ने इस प्रकार किया है–"Bhakha is a Sanskrit word originally signifying speech in General, but now applied to the Nur Bannee or living language of Hindus particularly that spoken in the country of Braj."

1. 'सूर-पूर्व ब्रजभाषा और साहित्य' : डॉ. शिवप्रसाद सिंह, 1958।
2. ले. डॉ. ब्रजेश्वर वर्मा।
3. ले. डॉ. हरबंशलाल शर्मा।
4. ले. डॉ. मनमोहन गौतम।

"जो कोमलकान्त पदावली, भावानुकूल शब्द-चयन, सार्थक अलंकार-योजना, धारावाही प्रवाह, संगीतात्मकता और सजीवता सूर की भाषा में है, उसे देखकर तो यही कहना पड़ता है कि सूर ने ही सर्वप्रथम ब्रजभाषा को साहित्यिक रूप दिया।"

–'सूर और उनका साहित्य' से

"उनकी भाषा में साधारण लोक-गीत से लेकर चमत्कार-प्रधान दृष्टिकूट पद-रचना तक की विविधता मिलती है। इसीलिए उनको 'ब्रजभाषा का वाल्मीकि' कहना सर्वथा उचित ही है। सूरदासजी ने ब्रजभाषा को स्वरूप दिया, वह स्थिर रूप से परवर्ती साहित्यकारों द्वारा ग्रहण किया गया।"

–'सूर की काव्यकला' से

सूर द्वारा प्रयुक्त ब्रजभाषा की ध्वनियों में सामान्यतः ब्रजभाषा के सभी स्वरों के साथ 'ए' और 'ओ' के ह्रस्व रूप भी मिलते हैं। 'ऋ' का प्रयोग उच्चारण-अनुसार ही सर्वत्र 'रि' के रूप में ही है–

तब तो बेद रि चा बौरानी अब ब्रज-बास दुलारी।

कहीं-कहीं अवश्य ही लिपि में 'तृनावर्त' 'वृषभासुर' आदि रूप अपवाद स्वरूप मिलते हैं जिनको लिपिकारों की कृपा का ही फल कहा जा सकता है।

सभी स्वर निरनुनासिक तथा सानुनासिक मिलते हैं–

अ	–	अँ	=	नँद
आ	–	आँ	=	आँखि
इ	–	इँ	=	नाहिं
ई	–	ईँ	=	भईँ
उ	–	उँ	=	कुँवर
ऊ	–	ऊँ	=	सुनाऊँ
ए	–	एँ	=	सेँ दुर
ऐ	–	ऐँ	=	नैँ कु
ओ	–	ओँ	=	मोकोँ
औ	–	औँ	=	क्यौँ

नोट–ओँ तथा औँ दोनों का उच्चारण 'औँ' ही होता है।

आनुनासिकता नासिक्य ध्वनि के स्थान पर भी मिलती है और पड़ौसी नासिक्य ध्वनियों के प्रभाव के कारण भी–

सन्देश = सँदेस

नन्द = नँद

नासिक्य ध्वनि के प्रभाव से–

नाम = नाँव

कहीं-कहीं अकारण रूप में भी आनुनासिकता प्राप्त होती है–

अक्षि = आँखि

वस्तुतः देखा जाए तो ब्रजभाषा की अतिशय कोमलता तथा संगीतात्मकता का कारण ही आनुनासिकता का प्राचुर्य है।

टिप्पणी–1. 'ऐ' और 'औ' दोनों स्वरों के क्रमशः सन्ध्याक्षर स्वर के रूप भी प्रयोग में आते हैं, 'अइ' और 'अउ'।

2. 'इ' और 'उ' के फुसफुसाहट वाले रूप भी मिलते हैं।

स्वरानुक्रमों के भी पर्याप्त उदाहरण सूर-साहित्य में मिलते हैं जिनको हम चार्ट-रूप में इस प्रकार प्रस्तुत कर सकते हैं–

	अ	आ	इ	ई	उ	ऊ	ए	एँ	ऐ	ओ	औ
अ	+	+	गइ	नई	जउ	तऊ	दए	गएँ	भऐ		
आ	+	+	पाइ	दुहाई	चबाउ	बटाऊ	अघाए				
इ	जिअनि	पतिआरौ					लिए	किएँ	मरिए		
ई											
उ	चुअत	भुआल	दुइगानों	मुई			मुए			+	
ऊ	+	+									
ए	+	+	देइ	खेई	देउ	कलेऊ	सेए				
एँ							सेँए				
ऐ							जेए		सकुचैए		
ओ	+	+	कोइला	कोई	दोउ	कोऊ	+			+	
ओँ			सोँइ		कोँउ		सोँए				
औ		नौआ		सिरनोई							

टिप्पणी– 1. स्वरानुक्रमों के आनुनासिक रूप भी मिलते हैं।

2. दो स्वरों के साथ-साथ तीन स्वरों के अनुक्रम भी मिलते हैं।

3. (+) चिह्नित रूपों में 'य' अथवा 'व' श्रुति का आगम हो जाता है।

व्यंजन–सामान्यतः ब्रज के सभी व्यंजन सूर की भाषा में प्रयुक्त हुए हैं। बहुधा 'य' के स्थान पर 'ज', 'व' के स्थान पर 'ब' तथा 'श' के स्थान पर 'स' हो जाता है जो ब्रजभाषा की प्रमुख विशेषता है।

'य' के स्थान पर 'ज'–

चढ़े जदुनन्दन बनक बनाइ कै।
सज बरात चले जादव पाइकै॥

'व' के स्थान पर 'ब'–

बिप्रनि गो दीन्हीं बहुत जुगुति करी।

'श' के स्थान पर 'स'

ससि सोडस कला सोभतन धरी।

'ड़' के स्थान पर 'र'–

जगरत, झगरन आदि।

'ल' और 'र' का पिपर्यय–

यह तो ब्रजभाषा की एक विशेषता है। ब्रज में और साथ में ही सूर में इस प्रवृत्ति के उदाहरण भरे पड़े हैं। जैसे–धूल-धूर।

शब्दावली–शब्दावली में संस्कृत के सरल तत्सम रूप ही सुरक्षित हैं अन्यथा तद्भव रूप ही प्रायः दृष्टिगत होते हैं। तत्सम शब्दावली का प्रयोग, 'सिद्धान्त-निरूपण' या 'अप्रस्तुत-योजना' में ही हुआ है, शेष पदों में तद्भव एवं लोक-शब्दावली का ही बाहुल्य है–

मधुकर, पीत बदन किहिं हेतु।
जनियत है मुख पांडु रोग भयौ जुवतिनि कों दुख देत।
रसमय तन मन स्याम राम कौ जो उचरै संकेत।
कमलनयन के बचन सुधासम करन घूँट भरि लेत।
कुत्सित कटु बायक सायक से को बोलत रस खेत।
इनहिं चातुरी लोग बापुरे बहत धरम की सेत।
माथे परौ जोग पथ ताकै वक्ता छपद समेत।
लोचन ललित कटाच्छ मोच्छ बिनु महिमा जियें निकेत।
मनसा बाचा औरु कर्मना स्याम सुन्दर सौं हेत।
सूरदास मन की सब जानत, हमरे मनहिं जितेत।

इस पद की शब्दावली का यदि विश्लेषण किया जाए तो 32 प्रतिशत तत्सम शब्दावली है और शेष शब्दावली में से कटाच्छ, मोच्छ, बाच, आदि बिगड़े हुए रूप हैं। 'मनसा बाचा कर्मना' जैसे व्याकरणिक रूप भी कहीं-कहीं सुरक्षित हैं, शेष शब्दों में ब्रज की प्रवृत्ति के अनुसार ध्वनि-परिवर्तन हुआ है।

अर्द्ध-तत्सम शब्द भी पर्याप्त संख्या में मिलते हैं जिनके ध्वनि-गुच्छ स्वरागम से तोड़ दिए जाते हैं–

र्ण–कर्ण–करन। 'र' और 'ण' के मध्य।

मे...धर्म धरम। 'र' और 'म' के मध्य।

सामान्य ध्वनि-परिवर्तन के साथ–

क्ष–च्छ। कटाक्ष–कटाच्छ। मोक्ष–मोच्छ।

परम्परागत तद्भव रूप ही प्रयुक्त किए गए हैं–

'मस्तक' के स्थान पर 'माथा' तो प्राकृत में 'मत्था' पहले ही हो चुका था। सूर में आँगन, अँचयौ, अनियारे, अमराई, औसर, कान्ह, दही, लवन, बिसारि, सुरति, सौंह, हियरौ, अँजोरि, महतारी, मीत, सकुचात, सकोरत, मसान आदि सहस्रों शब्द मिलते हैं।

इसके अतिरिक्त लोक में प्रचलित ग्रामीण शब्दावली का भी सूर ने यत्र-तत्र प्रयोग किया है और वह स्वाभाविक भी था, क्योंकि सूर ने कृष्ण द्वारा गैया चराने का ग्रामीण बालकों के साथ खेलों आदि में जो वर्णन किया है उसमें उन शब्दों का आ जाना स्वाभाविक था। ये शब्द सैकड़ों की संख्या में हैं–औचट, औघट, घींच, चुटिया, बगदाद, टकटोरत, धुकधुकी, झाम, खुटिला, अहीठ, गोसों, छाक, झगा झारी आदि।

विदेशी शब्दावली–अरबी-फारसी के शब्द पर्याप्त संख्या में हैं, पर सूर के काव्य में वे ऐसे घुल-मिल गए हैं कि आसानी से उनका पहचानना कठिन है। भाषा में आगत शब्दावली अपना महत्त्वपूर्ण स्थान रखती है और अपने विदेशीपन को हटाकर ही वह अपना स्थायित्व बना लेती है। मुसलमानी शासन के कारण लोक में ये शब्द बहुप्रचलित थे; अतएव सूर की भाषा में इनका प्रयोग होना स्वाभाविक है, जैसे–अबीर, अमीर, खसम, जवाब, मुसाहिब, अकल, कुलफ, कादर, खबर, खरच, खवास, गुलाम, जमानत, जहाज, तलफ, दगा, सन्दूक, महल, फौज, जहाँ, जौहर, बकसीस, खराद, रेशम, गुमान, दरबार, दलाली, दस्तक, सरदार, दीवान, मेहमान आदि लगभग 150 शब्द हैं।

दृष्टिकूट पदों तक में आपने इन शब्दों का चमत्कारिक प्रयोग किया है–

कुन्ती-सुत स्वभाव ('साहित्य-लहरी', पद 4)

↓

कर्ण का स्वभाव–दानी–सखी (अरबी शब्द)–सहेली।

शब्दों की तोड़-मरोड़–सामान्यतः सूर ने शब्दों को प्रचलित रूप में ही प्रयुक्त किया है फिर भी तुक मिलाने के लिए कहीं-कहीं शब्दों को तोड़-मरोड़ दिया गया है, जैसे–किलकी, तिलकी, हिलकी, मिलकी, पिलकी, सिलकी आदि।

ध्वन्यात्मक शब्दावली–अरबराइ, कलमलात, किलकिलात, किलकना, किलकार, खरभर, खलबली, गहगहात, घहरानि, चटपटात, चुपकार, जगमग, झकझक, थरथर, फटकन, धकधक, झुनझुन, झरझर, झनकार, झपतार, झमकत, झमकिन, झरन, झलक, झल्लरि, झुन, झुनक, झूम, झूमक आदि सहस्रों शब्द लिए जा सकते हैं।

एक ही शब्द के अनेक व्युत्पन्न रूप भी मिलते हैं–

झकझौर–झकझोर (976), झकझूरि (4461), झकझोरा (2152), झकझोरत (812), झकझोरति (706), झकझोरि (1207), झकझोरी (1825), झकझोरे (3519), झकझौरै (3916), झकझोर्या (2097), झकौर (3515)।

झलक–झलक, झलकत, झलकति, झलकाइ, झलकावै, झलमलत, झलमलात, झलमलाति आदि।

दावानल का वर्णन देखिए, एक-एक वर्ण, उसकी योजना एवं तुक दाव-नल के स्वरूप, गति एवं उसकी व्यापार-क्रिया को चित्रवत् प्रस्तुत करती है–

भहरात झहरात दवा (नल) आयौ।

\+ + +

झपति झपटत लू, फूल चट चटकि फटत लटलटकि, द्रुमद्रुम नवायौ।
अति अगिनि झार, भँभार धुंधारकारी, उचटि अंगार झंकार छायौ।
बरत बन पात, भहरात, झहरात, तररात तरु महा धरनी गिरायौ।

\+ + +

पटकत बाँस, काँस कुस, चटकत ताल तमाल।
उघटत अति अंगार, फटत फर झपटत लपट कराल॥

गोवर्द्धन-लीला में–

घहरात, गररात, दररात, हररात, तररात, झहरात माथ नाए।

शब्दों की ध्वनि से भाव मूर्तिमान हो जाते हैं–

<u>लट-लटकनि</u> मोहनी मसि <u>बिन्दुका तिलक</u> भाल सुखकारी।

↓ ↓

उलझन बिन्दी

मनौ कमल दल साधक पेखत उड़त मधुप छवि भारी।

वर्ण-योजना–

मुकुट लटकनि, भृकुटि भटकनि धरै नटवर अंग।

\+ + +

मेघ घहरात थहरात गाता।
चपला चमचमाति, चमाक नभ झरात, राखि लै क्यों न ब्रज नन्द नाता॥

वर्ण–योजना से ही मेघों का चित्र सामने आ जाता है। 'ठुमुकि-ठुमुकि डोलै' बच्चे के चलने का भाव, 'झुनुकि-झुनुकि बाजै पैंजनि', 'मृदु मुखर' में पैंजनी की झनकार, 'किलकि-किलकि हँसे' में हँसने की मुद्रा साक्षात् सामने आ जाती है।

दृष्टिकूट शब्दावली—कवि की शब्द-क्रीड़ा का चरम रूप दृष्टिकूट पदों में मिलता है। शब्द-क्रीड़ा संस्कृत के कवियों का रुचिकर विषय था। सूर का भी भाषा पर असाधारण अधिकार था। साधारणतः सूर ने अपने सहस्रों पदों में सरल शैली को ही स्थान दिया है जिससे वह क्लिष्टत्व दोष से बचे रहे हैं, पर जहाँ शब्द-क्रीड़ा की ओर आप झुके वहाँ आपने खुलकर उसका प्रयोग किया है। इस शैली से लिखे गए आपके लगभग तीन शतक पद मिलते हैं जिनको 'दृष्टिकूट पद' की संज्ञा दी गई है। इन पदों में सूर की तत्सम-प्रियता विशेष दृष्टिगत होती है।

अधिकांशतः शब्दों की खींचतान ही है।

विष के लिए तद्भव 'बीस'—

नखत, वेद, ग्रह जोरि अरध करि सोइ बनत अब खात।

महीना के लिए 'मास'—

मन्दिर अरध अवधि हरि बदि चले, हरि-अहार चल जात।

ऐसा प्रतीत होता है कि सूर ने 'मास' का उच्चारण 'मांस' भी सुना होगा।

दृष्टिकूट में जटिलता एवं दुर्बोधता आना स्वाभाविक है; फिर भी 'साहित्य-लहरी' के पद 'सूरसागर' के दृष्टिकूट पदों में अधिक क्लिष्ट हैं। कभी-कभी एक-एक सार्थक 'शब्द' के लिए पदों की डेढ़-डेढ़ पंक्ति तक के अर्थ के साथ दंड-बैठक करनी पड़ती है।

काजल के लिए—

कारन अन्त अन्त तें घटकर आदि घटत पै जोई मद्ध घटे पर नास।

काज काज पय (जल) काल

चन्द्रमा के लिए—

बात आदि और जान अन्त मिलि रिपुपर्वत पतनी तासु पितु दलपति।

पवन यान-रथ पथि रिपु | जाम्बवती ऋष-नक्षत्र चन्द्रमा

यमुना-पति श्रीकृष्ण

दृष्टिकूट पदों में कूट शब्दों के निर्माण के लिए डॉ. टंडन ने सात प्रणालियों पर विचार किया है—1. पर्यायवाची, 2. प्रहेलिका, 3. पुनरावृत्ति, 4. गणित, 5. क्रम, 6. विपर्यय, 7. सम्मिलित; जबकि श्री प्रभुदयाल मीतल ने अपने ग्रन्थ 'साहित्य-लहरी' की भूमिका में इस प्रकार वर्ग-उपवर्ग में इसको विभाजित किया है—

1. उक्ति-वैचित्र्य-बोधक—

   1. अर्थवक्रता, 2. यमक, 3. पुनरावृत्ति, 4. पर्याय, 5. ध्वनि-परिवर्तन, 6. प्रहेलिका।

2. क्रमागत–

1. आदि क्रम 2. मध्य क्रम 3. अन्त क्रम 4. योगायोग क्रम 5. विलोम क्रम।

3. गणनासूचक–

ज्योतिष-सम्बन्धी, अंक-विषयक।

4. कथात्मक।

5. मिश्रित।

पुनरावृत्ति की प्रणाली कितनी मजेदार है–

तीन बि बि	–6 बि	–छबि
तीन ल ल	–6 ल	–छल
डेढ़ ल ल	–3 ल	–तिल
तीन पी पी	–6 पी	–छपी-गोपी
तीन की की	–6 की	–छकी

दृष्टिकूट पदों में सूर को 'सारंग' सबसे अधिक प्रिय है और समास में 'दधिसुत' देखिए–

दधिसुत	–चन्द्रमा
दधिसुत-ग्रह	–अधर
दधिसुत-धरि-रिपु	–जाम
दधिसुत-बेद	–जीव
दधिसुत-सुत	–ब्रह्मा
दधिसुत-सुत-बाहन	–हंस
दधिसुत-सुत-सुत-के-हितकारी	–आग

किसी भाषा की श्रेष्ठता का मानदंड केवल यह है कि उस भाषा में हम सूक्ष्मातिसूक्ष्म भावों को व्यक्त कर सकें। 'सूर' और 'सूर की ब्रजभाषा' में से किसको हम समर्थ कहें, यह तो निर्णयात्मक रूप से नहीं कहा जा सकता; सूर समर्थ थे कि उन्होंने ब्रजभाषा को वह अभिव्यंजना-शक्ति प्रदान की अथवा ब्रज-भाषा ही इतनी सशक्त थी कि सूर को विशेष श्रम न करना पड़ा। आज 'राजभाषा' के रूप में मान्य होने पर 'हिन्दी' पर सबसे अधिक दोषारोपण यही है कि वह 'दरिद्र' है और विशेष रूप से अंग्रेजी के समक्ष। इस सम्बन्ध में मैं पाठकों के समक्ष कुछ तथ्य प्रस्तुत कर रहा हूँ। उदाहरणार्थ 'देखना' क्रिया के लिए अंग्रेजी में मिलते-जुलते केवल ये शब्द हैं–

see, behold, look, perceive, observe, watch, take notice.

जबकि सूर ने देखिए, कितने शब्दों का प्रयोग किया है–

पेखि, विलोकि, निरखि, पलक भुलोन, चितवति, दृष्टि रही, देख्यो, नैन भुलाने, झाँकति, दरशन, झखति, आदि।

अगर अंग्रेजी में इनसे सैकड़ों मुहावरे बनते हैं तो केवल सूर ने ही 'नैन-व्यापार' पर लगभग 200-250 पदों की रचना की है जिसमें एक-एक नया मुहावरा भी प्रयुक्त हुआ हो तो 250 मुहावरे मात्र हो गए। हम अपने भंडार से अवगत नहीं हैं। आज आवश्यकता है कि हम अपने साहित्य और लोक में बिखरे भाषा-सम्बन्धी इस खजाने को पहचानें।

"भाव-सम्राट् सूर ने मनोदशा-विशेष के चित्रण में भाषा को भाव के समानान्तर लाने के लिए स्तुत्य प्रयास किया है। भाषा को प्रवाह और प्रभाव प्रदान करनेवाली मिली-जुली शब्दावली उसी प्रयास का एक अंग और सूर की उस समन्वयवादी प्रवृत्ति का प्रतीक है।"–यह कथन सत्य है। सूर के विप्रलम्भ शृंगार में गोपिकाओं का करुण क्रन्दन गूँजता है। ग्रामीण युवतियों की सीधी-सादी भाषा में गम्भीर चोट, भीतरी मार है, जिसमें अनायास ही ब्रज में चलते हुए मुहावरों-कहावतों का प्रयोग हुआ है जिसमें गोपियों का भग्न-हृदय ही प्रतिबिम्बित होता है। निराशा, प्रलाप, वेदना, उन्माद आदि की स्थितियों को भाषा में उतार पाना बहुत कठिन है, सूर इस क्षेत्र में भी सफल हुए हैं। कहीं-कहीं इस क्षेत्र में भाषा का अटपटा हो जाना स्वाभाविक ही है–

ऊधौ, अब कछु कहत न आवै।
सिर पर सौति हमारे कुबिजा, चाम के दाम चलावै॥

इसमें 'चाय के दाम चलावै' का प्रयोग कितना सम्यक् और साथ ही चुभता हुआ है।

लोकोक्तियों और मुहावरों का प्रयोग–लोकोक्तियों और मुहावरों के सैकड़ों प्रयोग भरे हुए हैं। कुछ उदाहरण द्रष्टव्य हैं–

आकाश बाँधना–

तुम बाँधति आकास बात झूठी को सहै।

दो कौड़ी का–

द्वै कौड़ी के कागद मसि कौ लागत है बहु मोल।

इस प्रकार हियरौ सुलगावत, सहद लाइ के चाटौ, धूम के हाथी, गुर चींटी ज्यों पाटी, हंस कौ संग, गुडी डोर ज्यों तोरी, दई प्रेम की फाँसी, मूँड़ चढ़ाई, हाथ बिकानी, बोहित के काग, भौंहें तानत, लोचन भये पराये, पवन कौ भुस भयौ, गगन भूप खानि, गूँगे गुर की दशा आदि उदाहरण लिए जा सकते हैं।

आँख से प्रारम्भ होनेवाले ही अनेक मुहावरे हैं–

आँखि उघारी, आँखि गड़ि लागत, आवतन आँखि तर, आँखि दिखावत, आँखि में धूर डालना, आँखि लगी, आँखि भरि देखौं, आँखि नहिं मारत।

कुछ लोकोक्तियाँ भी द्रष्टव्य हैं–

ले आए ही नफा जानि के सबै वस्तु अकरी।
कहौ कौन पै कढ़त कनूका जिन अठि भुसि पछरी।
सूर सु बहुत कहे न रहे रस गूलर को फल फोरे।
मूर सूर अक्रूर लै गए ब्याज निबेरत ऊधौ॥

सबसे अधिक प्रयोग 'भ्रमरगीत' के प्रसंग में हुआ है।

भावानुकूल भाषा–स्थान-स्थान पर भावानुसार भाषा का रूप भी बदल गया है–

वीर–*आजु जो हरिहिं न सस्त्र गहाऊँ।*
तौ लाजौं गंगा जननी कौं, सांतनु-सुत न कहाऊँ॥

क्रोध–*कोध करि सुता सौं कहति माता।*
तोहिं बरजति भरी अचगरी सिर परी गर्व भंजन लाभ है विधाता।

व्यंग्य–*ऊधौ, जाहु तुमहिं हम जाने।*
स्याम तुमहिं ह्याँ नाहिं पठायौ, तुम हीं बीच भुलाने॥

सूक्तियाँ–सूर के काव्य में सूक्तियाँ भी भरी पड़ी हैं, जैसे–

सिंहन कौ छौना भलौ, कहा बड़ौ गजराज।

लक्षणा और व्यंजना की दृष्टि से सूर की भाषा का पृथक् से अध्ययन प्रस्तुत किया जा सकता है। उदाहरणार्थ एक पद उद्धृत है–

ऊधौ, जान्यौ ग्यान तिहारौ।
जानै कहा राज-गति लीला, अन्त अहीर बिचारौ।

कहीं-कहीं तो सूर अपनी उक्ति के समर्थन में समानान्तर उक्ति की झड़ी लगा देते हैं–

मधुकर, तुम हो स्याम सखाई।
पा लागौं यह दोष बकसियौ, मनमुख करति ढिठाई।
कौन रंक सम्पदा बिलसी, सोबत सपने माई।
किहिं सोने की उड़त चिरैया, डोरा बाँधि उड़ाई ॥

सूर के काव्य में वाग्वैदग्ध्य के भी उत्कृष्ट उदाहरण भरे पड़े हैं जिनमें शब्दों के चमत्कार से वक्रोक्ति की तो झलक आती है, साथ ही कथन में नवीनता और भावों में अतिशयता आती है। कुछ उदाहरण देखिए–

है गई स्याम, स्याम की पाती।

पद-वक्रता–*गोकुल सबै गोपाल उपासी।*

विशेषण-वक्रता–*मधुकर स्याम हमारे चोर।*

मन हरि लियौ माधुरी मूरति, चितै नयन की कोर।

'भ्रमरगीत' में तो सूर की भाषा का साहित्यिक सौन्दर्य इतने निखार पर है, शब्द-योजना इतनी आदर्श है और दृष्टान्तों तथा उपमाओं का चुनाव इतना सार्थक एवं उपयुक्त है कि भाषा की दृष्टि से कवि अपना सानी नहीं रखता।

सूर-साहित्य का रीतिकालीन काव्य पर प्रभाव

भगीरथ मिश्र

भागवत का मूलतः आधार ग्रहण करते हुए भी सूर-साहित्य की अपनी मौलिकता है और उसने न केवल भक्ति-सम्बन्धी वरन् समवर्ती एवं परवर्ती साहित्य की अन्य धाराओं को भी प्रभावित किया है, यह एक तथ्य है।

सूर-साहित्य का प्रभाव किन-किन रूपों में साहित्य की अन्य धाराओं पर पड़ा है, यह तभी भली-भाँति जाना जा सकता है, जब हम सूर-साहित्य की अपनी विशेषताओं का विश्लेषण करें। ऐसा करने पर हम यह स्पष्टतया देखेंगे कि सूर-साहित्य के भीतर जो भी अपनी निजी विशेषताओं की मान्यता प्राप्त कर सकती है, वे सभी बातें हैं जिनका प्रभाव अन्य समवर्ती एवं परवर्ती कवियों एवं काव्यधाराओं पर पड़ा है। सूर-साहित्य की इन विशेषताओं को हम निम्नलिखित रूपों में देख सकते हैं–

(क) गेय मुक्तकत्व, (ख) नख-शिख-सौन्दर्य-चित्रण, (ग) उन्मुक्त संयोग-शृंगार वर्णन, (घ) मार्मिक विरह, (ङ) राधा-कृष्ण का नायिका-नायकत्व, (च) आलंकारिक शैली।

सूर-साहित्य की इन विशेषताओं का प्रभाव समवर्ती कृष्ण और राम-काव्य पर तो पड़ा ही है, परवर्ती भक्ति और शृंगार-काव्य पर विशेष रूप से पड़ा है। समवर्ती प्रभाव के प्रसंग में यह सर्वविदित तथ्य है कि सूर-साहित्य का प्रभाव किस प्रकार अष्टछाप के तथा वल्लभ सम्प्रदाय के अन्य कवियों तथा राधावल्लभ सम्प्रदाय, हरिदासी सम्प्रदाय, चैतन्य सम्प्रदाय के कृष्ण-काव्य पर पड़ा है। इतना ही नहीं, गोस्वामी तुलसीदास की 'रामगीतावली' और 'कृष्णगीतावली' भी मूलतः सूर-साहित्य से प्रेरित हैं। गीतावली के अनेक पद केवल नाम-भेद से 'सूरसागर' के ही पद हैं। इससे यह स्पष्ट होता है कि सूरदास के पद-साहित्य का अपने समय में भी एक व्यापक आकर्षण था और उसी प्रकार के पदों की रचना करना कवि के लिए एक गौरव की बात थी। इसके परिणामस्वरूप न केवल भक्तिकाल में वरन् रीति या शृंगार

काल में भी विशाल-पद-साहित्य की रचना हुई। कृष्ण-भक्ति साहित्य के विभिन्न सम्प्रदायों से सम्बद्ध अनेक कवि हमें रीतिकव्य में मिलते हैं। इतना ही नहीं, आधुनिक काल तक सूर की पद-परम्परा चली आई है।

हमारे बहुत-से साहित्य के इतिहासकार हैं जो रीतिकालीन साहित्य को एक रँगे चश्मे से देखते हैं; उनको यह जानकर शायद आश्चर्य हो कि वीर, भक्ति, नीति, ज्ञान-वैराग्य, हास्य-व्यंग्य आदि से सम्बन्धित जितना प्रचुर काव्य रीतिकाल में रचा गया, उतना पद्यबद्ध रूप अभी तक किसी भी काल में नहीं रचा गया। निर्गुण भक्ति-काव्य का भी विस्तार रीतिकाल में आकर अधिक हुआ है। अस्तु, 'सूरसागर' के पद-साहित्य से प्रभावित होकर कृष्ण एवं रामकाव्य धाराओं में अनेक कवियों द्वारा असंख्य पदों की रचना की गई। इन कवियों में ध्रुवदास, नागरीदास, चाचा हितवृन्दावनदास, गुणमंजरीदास, अलबेलीअलि, ललितकिशोरी, रसिकदास आदि प्रमुख हैं। इन कवियों द्वारा लिखित प्रचुर पद-साहित्य है जो सूरदास द्वारा लिखित पद-साहित्य की परम्परा में है। अनेक पदों में सूरदास के भावों, विचारों और कल्पनाओं का प्रतिबिम्ब झलकता है।

सूरदास के पद-साहित्य का प्रभाव न केवल कृष्ण-काव्य पर ही पड़ा है, वरन् रीतियुगीन राम-काव्य पर भी उसका प्रभाव प्रचुर मात्रा में देखा जाता है। रामभक्ति के रसिक-सम्प्रदायी कवि 18वीं और 19वीं शती में अधिक हुए। रामभक्ति की रसिक परम्परा पुष्ट और सुदूरगामी होते हुए भी इन पर कृष्ण-काव्य की मधुर भावना का प्रभाव स्पष्ट है। रामभक्ति की काव्यधारा के प्रसिद्ध कवियों में उल्लेखनीय हैं– रामप्रियाशरण, जानकीरसिकशरण, रसिकअली, प्रेम-सखी, प्रेमलता, बनादास आदि। पद साहित्य की श्रृंगारी लीलाओं का रामकाव्यधारा पर प्रचुर प्रभाव है। इस बात को इनकी रचनाओं में देखा जा सकता है। इस प्रसंग में श्री सीतारामशरणजी की 'शुभ शीला' का एक पद द्रष्टव्य है–

करत फिरत सैनन सें बतियाँ।
सुरति सुहागिन केलि समय की लिखी मदन पतियाँ।
उर उरोज नख रद कपोल की कोर उघर छतियाँ।
मुसकन सकुचन सिय नैनन में नमित पलक करियाँ।
सकुचन मुलकन सिय प्यारी, मुर, 'सुभशीला' बिकियाँ॥

इसी प्रकार के पद हैं जिन पर सूर-साहित्य की कुंजलीला का प्रभाव स्पष्ट दिखलाई देता है। इस प्रकार रीतिकालीन गेय पद-साहित्य पर अतिशय रूप में सूर-साहित्य का प्रभाव है। सगुण भक्ति-काव्य की जितनी भी धाराएँ हैं, वे सूर के पद-साहित्य से प्रचुर रूप में प्रभावित हैं। यह सूर-साहित्य की गेय मुक्तकता है।

इस गेय मुक्तक शैली में जिन बातों ने सबसे अधिक रूप में परवर्ती साहित्य को प्रभावित किया, उनमें से सर्वप्रथम नख-शिख सौन्दर्य-चित्रण है। इस चित्रण के अन्तर्गत अंग-प्रत्यंग का वर्णन एक साथ भी मिलता है और एक-एक अंग का वर्णन अलग-अलग भी। सूरदास ने विशेष रूप से नेत्रों का वर्णन किया है। इस नेत्र-वर्णन के अनेक पद हैं। उनके इस वर्णन के प्रभाव को स्पष्ट करने के लिए हम सूरदास का एक पद देते हैं–

लोचन मेरे भृंग भये री!
लोक लाज बन-घन बेली तजि आतुर ह्वै जु गये री।
स्याम रूप रस वारिज लोचन, तहाँ जाइ लुबधे री।
लपटे लटकि पराग बिलोकनि संपुट लोभ परे री।
हँसनि प्रकास विभाग देखिकै, निकसत पुनि तहँ पैठत।
सूत स्याम अंजुल कर चरननि, जहाँ तहाँ भ्रमि पैठत॥

उपर्युक्त पद में नेत्र भौंरे हैं। इसी प्रकार के अन्य पदों में योद्धा, ठग, चोर, चकोर, काग, लोभी आदि अनेक रूपों में वर्णित किए गए हैं। इसी प्रकार 'देव' के एक छन्द में नेत्र 'वियोगिनी' रूप में निम्न प्रकार से चित्रित हैं–

वरुनी बघंबर में गूदरी पलक दोऊ,
कोए राते बसन भगौहें वेष रखियाँ।
बूड़ी जलही मैं दिन जामिन हूँ जागैं, भौंहैं।
धूम सिर छायौ, बिरहानल बिलखियाँ।
अँसुआ फटिक माल, लाल डोरे सेल्ही पैन्हि,
भई हैं अकेली तजि चेली संग सखियाँ।
दीजिए दरस 'देव' कीजिए सँजोगिनि, ये
जोगिनि ह्वै बैठी हैं वियोगिनि की अँखियाँ॥

इसी प्रकार *'अँखियाँ मधु की मखियाँ भई मेरी'* में देव ने आँखों को मधुमक्खी रूप में व्यक्त किया है। इसी प्रकार सूर के *'देखि सखि अधरन की लाली' 'मुख पर चन्द्र डारौं वारि' 'देखौं माई सुन्दरता को सागर'* आदि पदों से नख-शिख-सौन्दर्य की जो कल्पना व्यक्त हुई है, वैसी ही छटा, बलभद्र, रसहीन, ग्वाल आदि के नख-शिख-वर्णन में देखने को मिलती है। अनेक कल्पनाओं का उन्मेष इन परवर्ती कवियों को सूर-साहित्य से प्राप्त हुआ है।

रीतिकालीन श्रृंगारी कवि अपने उन्मुक्त संभोग श्रृंगार-वर्णन के लिए बदनाम हैं। परन्तु यदि हम कालिदास, जयदेव आदि संस्कृत के तथा विद्यापति, सूर आदि हिन्दी के कवियों की परम्परा देखें, तो मतिराम, देव, बिहारी, पद्माकर आदि के वर्णन कुछ नहीं हैं। रीतिकालीन श्रृंगारी कवियों को जहाँ संस्कृत के काव्यशास्त्र और कामशास्त्र

के ग्रन्थों का आधार मिला, वहीं इनके वर्णन को तात्कालिक प्रेरणा विद्यापति और सूर के साहित्य से मिली है, इसमें सन्देह नहीं । सूर के संयोग शृंगार के अनेक पद रीतिकालीन कवियों की अपेक्षा कहीं अधिक अश्लील हैं–यदि अश्लीलता का प्रश्न काव्य में उठाया जाता है। इस प्रसंग में भी एकाध उदाहरण तुलना के लिए दे देना आवश्यक है।

सूरदास ने यद्यपि संभोग शृंगार के प्रसंग में प्रमुखतया राधा-कृष्ण के संयोग विलास का वर्णन किया है, फिर भी कृष्ण के ललिता, चन्द्रावली, सुषमा आदि सखियों के साथ केलि-विलास का भी वर्णन कर खंडिता नायिकाओं के प्रसंग उन्होंने प्रस्तुत किए हैं। बिहारी, पद्माकर आदि से अधिक परनायिका-रति-विलास का स्पष्टीकरण सूर ने किया है और अपने वर्णनों में सूर का इस प्रकार का पूर्ववर्ती वर्णन पाकर इन कवियों को संकोच अनुभव करने का कोई भी अवसर न रहा। सूर का एक पद है–

तहँइ जाउ जहँ रैनि बसे हो।
काहे कौं दाहन हो आये, अँग अँग चिन्ह लसे हौ।
अजगर अंग मरगजी माला, बसन सुगन्ध भरे हौ।
काजर अधर कपोलन बन्दन, लोचन अरुन धरे हौ।
पलकनि पीक, मुकुर लै देखौ, ये कौने ही करे हौ।
सूरदास प्रभु पीठि वलय गड़े, नागरि अंग भरे हौ॥

उपर्युक्त पद में खंडिता नायिका की भर्त्सना वर्णित है। बिहारी और देव के इसी भाव के वर्णन करनेवाले छन्द इससे कहीं अधिक संयत हैं। उदाहरणार्थ; बिहारी का दोहा है–

पलक पीक अंजन अधर, दिये महावर भाल।
आजु मिले सो भली करी, भले बने हौ लाल॥

इसमें व्यंग्य अधिक है, वाच्य कम। इससे भी संयत रूप में इसी भाव को प्रकट करनेवाला देव का छन्द है–

भोरे हौ भूरि भुराई-भरे अरु भाँतिन भाँतिन के मन भाये।
भाग बड़ौ वरु भामता की, जेहि भामते लौ रँग मौन बसाये।
भेस भलोई भली बिधि सों करि, भूलि परे किधौं काहू भुलाये।
लाल भले हौ, भली सिख दीनी, भली भई आजु, भले बनि आये॥

स्पष्ट देखा जा सकता है कि परवर्ती दोनों कवियों पर सूर का प्रभाव है, पर उनमें अधिक संयम एवं व्यंग्यात्मकता है।

इतनी ही नहीं, 'सूरसागर' के बीसों पदों में संभोग-क्रीड़ा का डटकर वर्णन है। यह रति-क्रीड़ा कुंज-भवन में एक बार नहीं, अनेक बार वर्णित हुई है। प्रत्येक मान

के बाद राधा और कृष्ण का रति-उत्सव जैसा 'सूरसागर' में वर्णित है, वैसा किसी भी रीतिकालीन कवि ने वर्णन करने का साहस नहीं किया; परन्तु इसमें सन्देह नहीं कि नायिका-भेद और संयोग शृंगार के उदाहरण देने में निश्चय ही इन कवियों ने विद्यापति और सूर के काव्य से प्रभावित होकर लिखा है। इन उदाहरणों को देने की आवश्यकता नहीं।

संयोग क्रीड़ा के बाद राधाकृष्ण के स्वरूप का वर्णन करनेवाला एक पद इस प्रकार है–

अरुझि रहे मुक्ता निरुवारति, सोहत घूँघर वारे बार।
रति भानी सँग नन्द नँदन के, टूटे बन्द कंचुकी हार।
निसि के जागे दोऊ नैना, ढरकि रहे जीवन मद भार।
सूर स्याम यह अति अनुपम सुख देखत रीझे बारम्बार॥

उपर्युक्त प्रकार के वर्णनों का ही प्रभाव मतिराम तथा अन्य कवियों के वर्णनों पर देखा जाता है; जैसाकि इन पंक्तियों से स्पष्ट है–

केलि कै राति अघाने नहीं, दिन ही में लला पुनि घात लगाई।

–मतिराम

आपुस मैं रस मैं रहसैं, बहसैं, बनि राधिका कुंज बिहारी।
स्यामा सराहत स्याम की पागहिं, स्याम सराहत स्यामा की सारी।
एकहि आरसी देखि कहै तिय, नीकौ लगै पिय प्यो कहै प्यारी।
'देव' सुबालम बाल कौ बाद बिलोकि भई बलि हौं बलिहारी॥

–देव

कुंज भवन तजि भवन कौ, चलिए नन्द किसोर।
फूलति कली गुलाब की, चटकाहट चहुँ ओर॥

–बिहारी

कृष्ण-काव्य के रचयिता भक्तों की उद्‌भावना राधाकृष्ण लीला-सम्बन्धी नई-नई कल्पनाओं के उन्मेष में देखी जाती है। इनके अन्तर्गत रूप-सौन्दर्य भी है और किया चेष्टा-सौन्दर्य भी। राधाकृष्ण संवाद तथा इनकी पारस्परिक क्रीड़ा के अनेक प्रसंग हैं जो आगे के कवियों के लिए प्रेरक सिद्ध हुए हैं। सूर का प्रसिद्ध पद है–

बूझत स्याम कौन तू गोरी।
कहाँ रहति काकी तू बेटी, देखी नहीं कहूँ ब्रज-खोरी।
काहे को हम ब्रज तन आवति, खेलति रहति आपनी पौरी।
सुनत रहति स्रवननि नँद ढोटा करत फिरत माखन दधि चोरी।
तुम्हरौ कहा चोरि हम लैहैं, खेलन चलौ संग मिलि जोरी।
सूरदास प्रभु रसिक-सिरोमनि, बातनि भुरहि राधिका भोरी॥

राधा-कृष्ण का यह संवाद कितना चोखा और सहज है! इस प्रकार के संवादों और प्रसंगों की कल्पना रीतिकाल में भी हुई है। महाकवि कालिदास का एक छन्द है—

राधिका माधव एक ही सेज पै धाइ लै सोइ सुभाइ सलोने।
पारे 'महाकवि' कान्ह को मध्य में राधे कही यह बात न होने।
साँवरे सौं मिलि ह्वै हौ न साँवरी बाबरी बात सिखाई है कौने।
सोने कौ रंग कसौटी लगै पै कसौटी को रंग लगै नहिं सोने॥

इस छन्द से, राधा के स्वभाव की चटकाई और अपने रूप का गर्व शैशवावस्था से ही था, यह बात प्रकट होती है। सोने और कसौटी का उदाहरण बड़ा सटीक है। इसी प्रसंग से 'देव' का एक छन्द स्मरण आ रहा है जिसमें इस उपमा का और भी मार्मिक उपयोग किया गया है। छन्द इस प्रकार है—

ओझिल ह्वै आई, झुकि उझकी झरोखा,
रूप-झरसी झलकि गई झलकनि झाँईं की।
पैने अनियारे कै सहज कजरारे चख—
चोट सी चलाई चितवनि चंचलाई की।
कौन जानै को ही उड़ि लागी डीठि मोही, उर
रहै अवरोही देव, निधि सी निकाई की।
अब लगि आँखिन की पूतरी कसौटिन में,
लागी रहै लीक वाकी सोन सी गोराई की॥

इस प्रकार के अनेक प्रसंगों एवं उदाहरणों की उद्‌भावना की प्रेरणा इन रीतिकालीन कवियों को सूर-साहित्य से प्राप्त हुई है। एक और प्रसंग 'आँख-मिचौनी' खेल का है। राधा के नेत्र बड़े-बड़े हैं, अतः वह हाथ से मींचे जाने पर भी खुले रहते हैं। सूर ने इसका वर्णन सीधे-सहज रूप में इस प्रकार किया है—

ठाढ़ी कुँवरि राधिका लोचन मीचत तहँ हरि आये।
अति बिसाल चंचल अनियारे हरि हाथन न समाये॥

परन्तु इससे स्फूर्ति पाकर रीतिकाल के एक कवि ने इस खेल का वर्णन निम्नलिखित प्रकार से किया है—

कानन लौं अँखियाँ हैं तिहारी, हथेली हमारी कहाँ लगि फैलि हैं।
मँदेहू पै तुम देखि हौ ही यह कोरैं तिहारी कहाँ लौं सकेलि हैं।
कान्हर हू कौ सुभाव यहै उनको हम हाथन ही पर मेलि हैं।
राधे तू मानौ भलौ कै बुरौ, अँखमूँदिबौ संग तिहारे न खेलि हैं।

इस प्रकार अनेक दृष्टियों से हम देखते हैं कि सूर-साहित्य के प्रसंगों का सुन्दर विकास रीति-युग में हुआ है और अनेक कवियों ने उससे प्रभाव प्राप्त किया है।

सूर-साहित्य की एक अन्य विशेषता विरह-वर्णन की है। सूर से इतर परम्परा के काव्य में विरह-वर्णन सहज एवं अभिधापरक है। जायसी आदि प्रेमाख्याकार तथा रासो-काव्यों में प्राप्त विरह में ग्राम्य विशेषता के दर्शन अधिक होते हैं; परन्तु सूर का विरह-वर्णन विदग्ध, नागरिक एवं अधिक व्यंजनापूर्ण है। परवर्ती रीति-युग के शृंगारी कवियों ने भी सूर की परिपाटी का विकास किया है।

संयोग-वर्णन के समान ही, वरन् उससे भी अधिक विस्तृत सूर का वियोग-वर्णन है। सूर के इस वियोग-वर्णन में गोपियाँ कोरी ग्रामवासिनी नहीं, वरन् मार्मिक व्यंग्योक्ति करनेवाली हैं। वे कभी चतुर नायिका हैं, तो कभी कुशल दूती; और इस दृष्टि से उनमें विदग्ध नागरिकता के संस्कार हैं, इसका कारण है, गोपिकाएँ केवल गोकुल या बरसाने की रहनेवाली अनपढ़ ग्वालिनी नहीं हैं; वरन् वे नित्य रास में सम्मिलित होनेवाली भगवान् कृष्ण और उनकी शक्ति राधा की सखियाँ हैं। इसी प्रतीकात्मकता के कारण उनके वाक्यों में अपने विशिष्ट सम्बन्धों के संस्कार विद्यमान हैं। संयोग और वियोग दोनों ही स्थितियों में उनके कथन में विदग्ध नागरिकता की विशेषता देखने को मिलती है। वह उन पुरुष-प्रकृति रूपा कृष्ण-राधा के लीला-विलास का अंग हैं, अतः वह उनमें अपेक्षित हैं। इस प्रकार सूर की मार्मिक उक्तियाँ सकारण हैं।

सूर के वियोग-वर्णन की इस मार्मिक विशेषता का प्रभाव रीतियुगीन कवियों की रचनाओं में देखा जा सकता है, परन्तु उनकी विदग्ध उक्तियों का कारण उपयुक्त नहीं। यह बात संयोग शृंगार के वर्णन के सम्बन्ध में कही जा सकती है। उपर्युक्त प्रतीकात्मकता के होने के कारण सूर का शृंगार-वर्णन अश्लीलता के धरातल से ऊपर माना जाता है, और इसी के अभाव में रीतिकालीन शृंगारी कवियों का काव्य अश्लील कहा जाता है। मेरा विचार है कि प्रभाव-ग्रहण के प्रसंग में वह प्रच्छन्न प्रतीकात्मकता समग्र महत्त्व नहीं रखती और कोई भी पूर्वाग्रहरहित व्यक्ति दोनों ही प्रकार के काव्यों में एक ही कोटि का भावनात्मक प्रभाव प्राप्त कर सकता है। अतः सूर के सभी रति विलास-वर्णन उसी प्रकार कहे जा सकते हैं जिस प्रकार रीतिकालीन कवियों के।

खैर, यह बात तो प्रसंगेतर थी। विरह-वर्णन की मार्मिक व्यंग्योक्तियों का प्रभाव परवर्ती काव्य पर यथेष्ट मात्रा में देखा जाता है। सूरदास के चन्द्रोपालंभ, नेत्रोपालंभ, मुरली-व्यंग्योक्तियाँ तथा भ्रमरगीत-प्रसंग उल्लेखनीय हैं। इनके प्रभावस्वरूप रीतिकालीन काव्य में अनेक छन्द देखे जा सकते हैं। कुछ छन्द ये हैं—

साँसन ही सों समीर गयौ अरु आँसुन ही सब नीर गयौ ढरि।
तेज गयौ गुन लै अपनी अरु भूमि गई तनु की तनुता करि।
जीव रह्यौ मिलिबेई की आस कि आसहु पास अकास रह्यौ भरि।
जा दिन ते मुख फेरि हरे हँसि, हेरि हियो जु लियौ हरिजू हरि॥

—देव

हौं हीं बौरी बिरह बस, कै बौरी सब गाँव।
कहा जानि ये कहत हैं, ससिहिं सीसकर नाँव॥
बाल बेलि सूखी सुखद, यह रूखी रुख धाम।
फेरि डहडही कीजिए, सरस सौंचि घनश्याम॥
सोवत सपने स्याम घन, हिलमिल हरत वियोग।
तब ही टरि कितहूँ गई, नींदहु नींदन जोग॥

—बिहारी

आपुहिं आपु पै रूसि रहै कबहूँ पुनि आपुहिं आप मनावै।
त्यौं 'पद्‌माकर' ताकि तमालनि भेंटिबे कों कबहूँ उठि धावै।
जौं हरि रावरो चित्र लखै तौं कहूँ कबहूँ हँसि हेरि बुलावै।
व्याकुल बाल सुआँखिन सौं कह्यौ चाहै कछू तो कछू कहि आवै॥

यह छन्द राधा की विरह-दशा वाले सूर के पदों से काफी साम्य रखते हैं। देखिए सूर के पद—

ऊधौ, देखि ही ब्रज जात।
कर कंकन ते भुज टाड़ भई।
कउ माई जैहै री गोपालहिं।
सुपनैं हरि आये हौं किलकी।

न केवल विरह के वरन् शृंगार के भी अनेक मार्मिक चित्रण कवियों ने किए हैं, जिन पर सूर-साहित्य का प्रभाव परिलक्षित होता है। ये प्रसंग जीवन का बहुविध रूप प्रस्तुत करते हैं। इनमें से प्रमुख गोचारण, होली, जल-क्रीड़ा के प्रसंग हैं जो विशेष उल्लेखनीय हैं। गोचारण के प्रसंग भी सूर के सहज स्वाभाविक हैं जिनमें कृष्ण का माता को उलाहना, गायें घेरना, छाक खाना, खेलना, चिढ़ाना आदि हैं। रीतिकालीन कवियों ने इस गोचारण के प्रसंग को अधिक नहीं लिया। एकाध छन्दों में फिर भी उसके मार्मिक संकेत हैं। इस प्रसंग में मतिराम का एक छन्द गोपी-उपालम्भ के रूप में बड़ा चटकीला है—

मानहु पायौ है राज कहूँ चढ़ि बैठत ऐसे पलास के खोढ़े।
गंज गरे सिर मोर पखा मतिराम जू गाय चरावत चोढ़े।
मोतिन कौ मेरो तोर्‌यौ हरा करसौं पकरे रही चूनरी पोढ़े।
ऐसे ही डोलत छैला भये तुम्हैं लाज न आवति कामरि ओढ़े॥

कमरी ओढ़कर छैलापन के काम करने पर गोपिका का कितना तीखा व्यंग्य है।

जल-क्रीड़ा के प्रसंगों में भी यह कहा जा सकता है कि सूर का वर्णन सहज, सीधा-सादा है, परन्तु रीतिकालीन कवियों का अधिक विशद है। उन्होंने विद्यापति की

सद्यःस्नाता से अधिक प्रभाव ग्रहण किया है, ऐसा जान पड़ता है। स्नान के प्रसंग का सूर का एक पद इस प्रकार है–

राधा जल बिहरति सखियन संग।
ग्रीव प्रजंत नीर मैं ठाढ़ी छिरकति जल अपने-अपने रंग।
मुख भरि नीर परस्पर डारति, सोभा अतिहिं अनूप बढ़ी तब।
मनहु चन्दगन सुधा गँडूषनि, डारति हैं आनन्द भरे सब।
आई निकरि जानु कटि लौं सब, अँजुरिनि तै लै लै जल डारति।
मानहुँ सूर कनक बल्ली जुरि, अमृत बूँद पवन मिस झारति॥

सूर के इस सहज वर्णन में कलाकार की पैनी सौन्दर्य-दृष्टि नहीं है और न इस दृश्य को देखकर उठती भावनाओं का ही रंग चढ़ पाया है। रीतिकालीन कवियों का वर्णन ऐसा निरीह एवं वासनाशून्य भला कैसे हो सकता है। अतः वे प्रौढ़ सरसता से उक्त जलक्रीड़ा के प्रसंग प्रस्तुत करते हैं। इस प्रसंग में बिहारी, देव और पद्माकर के छन्द बड़े रोचक हैं। देखिए–

नहिं अन्हाइ नहिं जाइ घर, चितु चिहँट्यौ तकि तीर।
परसि, फुरहरी लै फिरति, बिहँसति, धँसति न नीर॥
मुँह धोवति एँड़ी घसति, हँसति अनँगवति नीर।
धँसति न इन्दीवर नयनि, कालिन्दी के नीर॥
मुँह पखारि, मुँह हरु भिजै, सीस सजल कर छ्वाइ।
मौरु उँचैं घूटेनु नै, नारि सरोवर न्हाइ॥
बिहँसति-सकुचित सी दिये, कुच आँचर बिच बाँह।
भीजे पट तट कों चली, न्हाइ सरोवर माँहँ॥

इन दोहों में स्नान की विभिन्न अवस्थाओं का जो वर्णन किया गया है वह काफी स्वाभाविक है। इस प्रसंग में देव का स्नाता का वर्णन बड़ा ही सुन्दर है–

पीत रंग सारी गोरे अंग मिलि गई देव,
श्रीफल उरोज आभा आभासै अधिक सी।
छूटी अलकनि झलकनि जलकननि की,
बिना बेंदी बन्दन वदन-सोभा बिकसी।
तजि तजि कुंज पुंज ऊपर मधुप पुंज,
गुँजरात मंजुवर बोले बाल पिक सी।
नीबी उकसाय, नैक नैननि हँसाय, हँसि,
ससि-मुखी सकुचि सरोवर ते निकसी।

इस वर्णन में स्नान-चेष्टाओं और सौन्दर्य का वर्णन अधिक चटकीला है; यह स्वाभाविक क्रियाओं के साथ आन्तरिक भाव-विश्लेषण से भी संयुक्त है।

कविवर पद्माकर ने केवल नहाती ही नहीं, वरन् तैरती हुई बाला का चित्रण भी किया है जो अधिक संयत एवं आलंकारिक है। छन्द इस प्रकार है–

जाहिरै जागति सी जमुना जब बूड़ै बहै उमहै वह बेनी।
त्यौं 'पद्माकर' हीरा के हारनि गंग तरंगनि की छवि देनी।
पइँान के रँग सो रँगि जात सी भाँति ही भाँति सरस्वति सेनी।
पैरे जहाँई जहाँ वह बाल तहाँ तहाँ ताल में होती त्रिवेनी॥

क्रिया-कलाप एवं चेष्टागत सौन्दर्य का और भी अधिक चोखा रूप होली का फाग-वर्णन के सम्बन्ध में प्रस्फुटित हुआ है। सूर-साहित्य के होली-फाग-वर्णन का प्रभाव भी आगे के कवियों के षट्ऋतु-वर्णन पर खूब पड़ा है। होली-वर्णन का सूर का एक पद इस प्रकार है–

सौंधे की उठति झकोर मोहन रंग भरे।
चोवा चन्दन अगरु कुमकुमा सोहैं माट भरे।
रतन जटित पिचकारी कर गहे बालक वृन्द खरे।
भरि पिचकारी प्रेम सों डारी, सो मेरे प्रान हरे।
सब सखियन मिलि मारग रोक्यौ जब मोहन पकरे।
अंजन आँजि दियो अँखियन मैं, हाहा करि उबरे।
फगुआ बहुत मँगाइ साँवरे, कर जोरे अरज करे।
धनि धनि सूर भाग ताके, प्रभु जाके सँग बिहरे॥

सूरदास के उपर्युक्त होली-क्रीड़ा के पद को पढ़ते ही पद्माकर के सुप्रसिद्ध छन्द का अनायास ही स्मरण आ जाता है, जो इस प्रकार है–

फागु की भीर अभीरन की गहि गोविन्द लै गई भीतर गोरी।
भाई करी मन की पदमाकर ऊपर नाइ अबीर की झोरी।
छौनि पितम्बर कंमर ते सुबिदा दई मीड़ि कपोलनि रोरी।
नैन नचाइ, कही मुसकाइ, लला फिर आइयौ खेलन होरी॥

इस प्रकार जीवन के मार्मिक चित्रणों, विशेष रूप से संयोग और वियोग से सम्बन्धित, पक्षों के वर्णन में सूर-साहित्य का बड़ा व्यापक प्रभाव रीतिकालीन काव्य पर पड़ा हुआ देखा जा सकता है।

सूर-साहित्य की एक अन्य विशेषता है जिसका भी प्रचुर प्रभाव परवर्ती काव्य पर पड़ा है, वह है कल्पनाशील अलंकृत वर्णन शैली की विशेषता। सूर अपनी उत्प्रेक्षाओं की कल्पना के लिए प्रख्यात हैं। उसी के प्रभाव को ग्रहण कर अपने रूप-वर्णन एवं सौन्दर्य-चित्रण में रीतिकालीन कवियों ने भी खूब उत्प्रेक्षाएँ की हैं। शायद सामान्य नायक-नायिका के वर्णनों में कल्पना को उतनी स्फूर्ति न मिलती। परन्तु राधा और कृष्ण अलौकिक रूप-सौन्दर्य का सहारा पाकर इन परवर्ती कवियों

ने भी सौन्दर्य-चित्रण में अनेक उद्भावनाएँ की हैं, जो कहीं-कहीं अधिक ऊहात्मक और अलंकृत हो गई हैं। फिर भी सूर-साहित्य का प्रभाव ग्रहण करके चरम सौन्दर्य की कल्पना का मार्ग इन कवियों के समक्ष प्रशस्त हो गया था। राधा के शुभ्र गोरे वर्ण-सौन्दर्य तथा उनके कोमल कलेवर के वर्णनों से प्रेरित होकर बिहारी-जैसे कवियों के निम्नलिखित प्रकार के दोहों की रचना की–

पत्रा ही तिथि पाइये बा घर के चहुँ पास।
नित प्रति पूनौ ही रहत, आनन ओक उजास।
मानहुँ विधि तन अच्छ को स्वच्छ राखिबे काज।
दृग पग पौंछन को किये भूषन पायंदाज॥
मैं बरज्यौ कै बार तोहिं, तू जनि लेइ करौंट।
पँखुरी लगे गुलाब की, परिहै गात खरौंट॥
लिखन बैठ जाकी सबिहिं गहि गहि गरब गरूर।
भये न केते जगत के, चतुर चितेरे कूर॥

इस प्रकार रूप-सौन्दर्य, सुकुमारता एवं कोमलता के चित्रण में इन परवर्ती कवियों को सूर-साहित्य से प्रचुर प्रेरणा मिली जो कि बिहारी, देव, पद्माकर, दास, घनानन्द से लेकर हरिश्चन्द्र तक के काव्य में प्रतिबिम्बित है।

इसी प्रसंग में एक बात और कहकर यह विश्लेषण समाप्त करूँगा। उपर्युक्त अनेक प्रकार के वर्णनों में सूर ने राधा और कृष्ण के दो पक्ष सामने प्रस्तुत किए हैं– एक तो अलौकिक अवतारी पुरुष-प्रकृति का दूसरा सुन्दर नर-नारी का। अपने दूसरे रूप में वे नायक-नायिका के रूप में बड़े चोखे रूप में प्रकट हुए हैं। नर-नारी-सुलभ शैशव से लेकर युवावस्था तक ही जो सामान्य जीवन की सजीव मनोहारी लीलाएँ हैं, वे कृष्ण और राधा को अलौकिक व्यक्तित्व की अपेक्षा मनोहारी क्रिया-कलापों में संलग्न स्फूर्तिमय रूपश्री-मंडित, शोभासम्पन्न नायक-नायिकाओं के रूप में अधिक प्रस्तुत करती हैं।

उपर्युक्त प्रकार के चित्रण से रीतिकाल के कवियों ने मानो अपने लिए एक अबाध मार्ग प्राप्त कर लिया। नायक-नायिकाओं के व्यक्तित्वों में जीवन के समग्र युवा-सुलभ क्रिया-कलाप, लीला-विलास एवं रूप-माधुर्य की कृष्ण-राधा की विशेषताओं के आरोप के साथ कल्पना खूब हुई और समस्त नायक-नायिकाएँ मानो कृष्ण-राधा ही बन गईं। कृष्ण-राधा के व्यक्तित्व को सामान्य जीवन की कार्यचर्या में उतारने का यह एक स्वाभाविक परिणाम था। यहाँ पर यह विचार करना अभीष्ट नहीं कि इससे क्या हानि-लाभ हुआ। सूर-तुलसी आदि भक्त कवियों ने तो उस अलौकिक परब्रह्म को हमारे जीवन के बीच उतारा था और इस प्रकार जीवन के प्रत्येक क्रिया-कलाप को एक शुचिता और पवित्रता प्रदान की थी। उस दृष्टिकोण का एक

सहज विकास रीतिकालीन काव्य में देखने को मिलता है जिसमें कृष्ण-राधा पर आरोपित जीवन की विशेषताओं को लौकिक नायक-नायिकाओं या लौकिक युवा-युवतियों पर आरोपित किया गया है। हम कह सकते हैं कि इन परवर्ती कवियों में युवा-सुलभ दृष्टि से जीवन की सौन्दर्य एवं प्रेम की भावना से ओत-प्रोत रूप में देखने की विशेषता प्रचुर मात्रा में विद्यमान थी। यदि इन कवियों ने अपने साहित्य के वर्णनों से हमें प्रत्येक अवस्था में युवा-भावनाओं से, युवा-दृष्टि से सम्पन्न करना चाहा, तो इसमें उन्होंने कोई गुनाह नहीं किया। मेरी दृष्टि से जीवन में उसी भावना को उतारने के लिए भक्ति के भीतर उस मधुर भावना को घोला गया था जिससे निराशा और शुष्कता न आने पाए। इसी दृष्टिकोण का सूर-साहित्य का प्रभाव परवर्ती काव्य पर प्रचुर मात्रा में देखा जा सकता है, जिसका कुछ संकेत इस निबन्ध में किया गया है।

सूर-काव्य के महत्त्व पर कुछ विचार

नलिनविलोचन शर्मा

भक्ति हृदय की वृत्ति है। विद्वता उसे भी शास्त्र का गम्भीर रूप देकर ही सन्तुष्ट होती है। कृष्ण-भक्ति को हृदय की वस्तु बनाए रखने में सूरदास का बहुत हाथ है। सूरदास ने भक्ति को उसके अनुरूप कवित्व और संगीत से भावूपर्ण और मधुर बनाकर, न केवल सरल और आकर्षक आध्यात्मिक साधन ही बनाया, प्रत्युत उसे साहित्य का मनोरम स्वरूप भी दिया।

यही कारण है कि हिन्दी के प्राचीन कवियों में सूरदास का बहुत ऊँचा स्थान है। किसी पुराने आलोचक ने तो बड़ी स्पष्टता के साथ, सूर और तुलसी पर तुलनात्मक निर्णय देते हुए, पहले को सूर्य और दूसरे को शशि कहा है–'सूर-सूर', तुलसी ससी...।' इसे आलोचक का यमक के लिए मोह कहकर टाल दिया जाता है। किन्तु, कुछ आधुनिक आलोचक भी, दबी जबान से ही सही, यह कहते हैं कि गीति-गुण की दृष्टि से सूर प्राचीन कवियों में अपना सानी नहीं रखते।

वस्तुतः सूर और तुलसी की तुलना का प्रयास निरर्थक है। सामान्य रूप से आलोचना की ऐसी तुलनात्मक परिपाटी ही अवांछनीय है। ऊपर जो कुछ कहा गया है उसका एकमात्र निष्कर्ष यही है कि अन्य अनेक भक्तों से भिन्न सूर एक महान् कवि भी हैं। साहित्य के अध्येताओं के लिए इसी कारण उनका महत्त्व है यद्यपि वे भी सूर के दर्शन और सिद्धान्त का ही विवेचन कर अपने कर्त्तव्य की समाप्ति समझ लेते रहे हैं।

यह कहा जा सकता है कि सूर अपनी रुचि से तो भक्त ही थे, कवि तो हम उन्हें मान लेते हैं। यह सर्वथा सत्य है। उनके अधिकांश पदों में भक्ति-शास्त्र की बातें मिलती हैं और कहीं भी हम उन्हें रस या अलंकार को ध्यान में रखकर पद्य-रचना करते पकड़ नहीं पाते। भक्तों के बीच उन्हीं की तरह समादृत जयदेव या विद्यापति के बारे में यह बात नहीं कही जा सकती; वे कवि भी हैं यह उन्होंने छिपाया नहीं है। उनके विपरीत सूर संयोग से अनजाने ही; ऐसे गीत गाते हैं,

जिनका कविता के रूप में भी असंदिग्ध महत्त्व स्वीकार्य होता है। सूरदास की निष्ठा विभाजित नहीं है–वे दार्शनिक भी, भक्त और कवि भी बनने की महत्त्वाकाक्षा नहीं रखते। वे विशुद्ध रूप से भक्त बने रहते हैं। इसका अनिवार्य परिणाम होता है कि उनकी वाणी शास्त्र की ओर झुकने पर भी अपनी ताजगी नहीं खोती और जब वह रागात्मक तीव्रता के कारण एकतान बन जाती है तो अनायास कविता में रूपान्तरित हो जाती है।

अनेक रोमांटिक और छायावादी कवियों ने कविता के उद्‌गम के सम्बन्ध में यह कल्पना की है कि वह स्वतःस्फूर्त प्रेरणा के क्षणों का आकस्मिक परिणाम-मात्र है। स्वयं उनकी अतिशय सचेष्ट काव्य-रचना पर यह सिद्धान्त कहाँ तक लागू हो सकता है, यह विवाद का विषय है; किन्तु सूर या मीरा-जैसे भक्त-कवियों के बारे में तो यह सत्य है ही।

सूर या मीरा के अधिकतम पद कविता की कोटि में नहीं रखे जा सकते; किन्तु जो इस कोटि में अनायास आ जाते हैं वे अपनी अकृत्रिमता के फलस्वरूप असाधारण रूप से उत्कृष्ट प्रमाणित होते हैं। ऐसे पदों में रस और अलंकार, गुण और रीति अपने आप अपने स्थान पर सज जाते हैं। हिन्दी के नवीन आलोचक का कर्त्तव्य है कि भक्तों के ऐसे पदों का ही वह काव्यात्मक मूल्यांकन करे।

हम यहाँ सूर के शिशु-वर्णन-सम्बन्धी कुछ पदों के आधार पर, उनका नव-मूल्यांकन कर रहे हैं। यह अध्ययन की दिशा का संकेत मात्र है।

कृष्ण का जन्म होता है और–

आनदै आनँद बढ्‌यौ अति।
देवनि दिवि दुन्दुभी बजाई, सुनि मथुरा प्रगटे जादवपति॥

और आगे भी नवजात बालक की अलौकिकता का इसी स्वर में सविस्तार वर्णन है। भक्ति-शास्त्र की दृष्टि से इस या ऐसे अन्य पदों का जो भी महत्त्व हो, यह कविता नहीं है।

इस पद से भिन्न आगे की–

गोकुल प्रकट भये हरि आइ।

इत्यादि पद के पूर्वार्द्ध में जहाँ पुनः शिशु की अलौकिकता का वर्णन है, वहीं जब सूर मातृत्व के सौभाग्य को प्राप्त करनेवाली यशोदा का चित्रण करते हैं–

जागी महरि, पुत्र-मुख देख्यौ, पुलक अंग उर में न समाइ।
गद्‌गद कंठ, बोलि नहिं आवै, हरषवंत ह्वै नंद बुलाइ॥
आवहु कंत, देव परसन भए पुत्र भयौ, मुख देखौ धाइ।
दौरि नंद गए, सुत-सुख देख्यौ, सो सुख मो पै बरनि न जाइ।
'सूरदास' पहिलैं ही माँग्यौ, दूध पियावन जसुमति माइ॥

तो परिस्थिति-विशेष में मानव-मन की प्रतिक्रियाओं के जानकार का, न कि एक भक्त का, स्वर हमें सुनने को मिलता है।

और तब जैसे सूर थोड़ी देर तक आनन्द की इस प्रखर धारा में बहते चले जाते हैं–

हौं इक नई बानि सुनि आई।

या–

आजु नन्द के द्वारे भीर।

या–

सोभा-सिन्धु न अन्त रही री।

और फिर–

जसोदा हरि पालनै झुलावै। इत्यादि।

किन्तु, विषय की सम्भावनाएँ समाप्त हो जाती हैं। अब मानो कथा का सूत्र जोड़ देना है या पौराणिक आधार का निर्वाह करना है। अतः पूतना और कागासुर के वर्णन आते हैं। कवित्व का स्रोत थोड़ी देर के लिए चुक जाता है। भक्त कहिए, या भागवती कथा कहनेवाला कह लीजिए, आगे आ जाता है, कवि विश्राम करता हुआ अपने मौके की ताक में रहता है।

बालक तीन महीने का ही चलता है–*एक-पाख त्रय-मास कौ मेरौ भयौ कन्हाई।* बालक तो बालक रहता ही है, उसके कारण माता का बचपन भी कुछ देर के लिए लौट आता है। बालक उसके लिए एक खिलौना के समान है। यशोदा ऐसे ही बालोचित अधैर्य और उत्सुकता के साथ–

जसुमति मन अभिलाष करै।
कब मेरौ लाल घुटुरुवनि रैंगै, कब धरनी पग द्वैक धरै।
कब द्वै दाँत दूध के देखौं, कब तोतरै मुख वचन झरै।

और–

सुत मुख देखि जसोदा फूली।

या–

हरि किलकत जसुमति की कनियाँ।

या–

लाल, हौं बारी तेरे मुख पर।

वस्तुतः ये ही ऐसे स्थल हैं, जहाँ 'सूरसागर' भागवत का भाषा-संक्षेप न होकर मौलिक काव्य बन गया है। यहाँ हम उद्धृत स्थलों की सामान्य काव्यगत विशेषताओं का निर्देश करना ही पर्याप्त समझते हैं।

कृष्ण का बाल-रूप में भी अपना एक पुराण-निर्धारित व्यक्तित्व है। सूर इस व्यक्तित्व का बहुविध उल्लेख करते हैं, किन्तु इससे भक्त को सन्तोष हो सकता था,

कवि को अवश्य नहीं होता। वह उसे असंख्य बालकों के बीच एक बालक का व्यक्तित्व प्रदान करके ही सन्तुष्ट होता है। किसी भी दूसरे व्यक्ति के लिए दो बालकों के बीच स्पष्ट विभेद करना कठिन होता है; किन्तु बालकों की माताओं के लिए यह सरल ही क्यों, सर्वथा स्वाभाविक है। सूरदास बालक कृष्ण को माता की आँखों से देखते हैं और उनके कृष्ण शिशुमात्र नहीं रह जाते, वे शिशु-विशेष बन जाते हैं।

जब व्यक्तित्व विकसित हो चुका रहता है, शील-स्वभाव की विशेषताएँ स्पष्ट हो जाती हैं, तब चित्रणीय पात्र को 'व्यक्तित्व' का रूप देना बहुत कठिन नहीं होता। किन्तु, एक शिशु के नाम और आकृति भी अनिर्धारित रहते हैं, विशिष्ट शील और व्यक्तित्व तो दूर की बातें हैं। इन्हें निर्दिष्ट कर सूर ने निश्चय ही एक असम्भवप्राय कार्य को सम्भव कर दिखाया है।

सूर ने शैशव का भावकरण नहीं किया है, जैसा विपरीत उदाहरण के लिए अंग्रेजी के रोमांटिक कवि ब्लेक ने किया है। उसने शिशु-विशेष में नहीं, प्रत्युत शैशव-सामान्य में ईश्वरीय विद्वता की अनुभूति की है। सूर ने जिसे प्रभु और उपास्य माना है, उसे जब शिशु-विशेष के रूप में वर्णित किया है, तो वर्णन काव्य के स्तर पर उन्नीस हो जाता है। सूर भाव को मूर्त कर देते हैं, और यही उनके बाल-वर्णन की प्रमुख विशेषता है। यह एक सगुणमार्गी साधक की आध्यात्मिक वृत्ति के सर्वथा अनुरूप ही है। जैसे ईश्वरतत्त्व के भाव को भक्त सूरदास कृष्ण में मूर्त कर देते हैं, ठीक वैसे ही शैशव के भाव को कवि सूरदास शिशु-कृष्ण में।

सूरदास और योग-भावना

शिवशंकर शर्मा 'राकेश'

हमारे देश की अनेक प्राचीन प्रवृत्तियों के अन्तर्गत धर्म एवं दर्शन का सामंजस्य स्थापित करने की प्रवृत्ति भी बड़ी प्राचीन है। यही कारण है कि प्राचीन सांख्य और उसके अंशभूत योग ने न केवल भागवत मत को, बल्कि साथ-साथ बौद्ध और जैन मतों को भी प्रभावित किया। भागवत धर्म ने शुद्ध नैतिकता पर आधारित सांख्य दर्शन की चुनौती पर ईश्वर की प्रतिष्ठा की और नैतिकता के महत्त्व का प्रतिपादन किया। किन्तु योग दर्शन अथवा सेश्वर सांख्य ने उक्त विरोध का एक समन्वित मत देकर समाधान कर दिया। वस्तुतः योग द्वारा गृहीत ईश्वर-भावना ने केवल उसके बाह्य रूप को ही स्पर्श किया, क्योंकि उसका आभ्यन्तर दर्शन-पक्ष पूर्ववत् बना रहा। इस परिवर्तन के फलस्वरूप भागवतों को योग आदि कुछ विशेष शब्द मिल गए। भागवत धर्म में योग शब्द केवल एकाग्र चिन्तन के अर्थ में ही व्यवहृत न होकर प्रायः ईश्वर-प्रेम अथवा भक्ति के सन्दर्भ में प्रयुक्त हुआ है। योग-पद्धति में स्वीकृत ईश्वर छाया-रूप और एक परम ज्ञान तथा शक्ति-सम्पन्न विशिष्ट आत्मा के सदृशमान्य है। उसी को 'पुरुष' संज्ञा से अभिहित किया गया। उसी को भागवत लोगों ने भगवत, नारायण, वासुदेव नामों वाला परम निष्ठा-पुष्ट ईश्वर, अनन्त, अच्युत और अविनाशी बतलाया। यही ईश्वर 'प्रसाद' रूप में समय-समय पर अवतार लिया करता है। राम, कृष्ण आदि उसी के तो अवतार हैं। नारदीय भक्तिसूत्र तथा शांडिल्य भक्तिसूत्र में योग और भक्ति के सम्बन्ध के विषय में कुछ संकेत मिलते हैं। योग तो ज्ञान और भक्ति दोनों का साधन है। यद्यपि योग मुख्यतः ज्ञान का अंग हैं, तथापि जब ज्ञान भी भक्ति का अंग माना गया है, तो उसी के साथ योग भी उसका अंग माना जा सकता है।[1] शांडिल्यमुनि ने 'ईश्वरप्रणिधानाद्वा' योग-सूत्र को गौणी भक्ति के अन्तर्गत बतलाया है, और गौणी भक्ति द्वारा समाधि के सिद्ध होने की सम्भावना व्यक्त की है।[2] इस प्रकार ऐसे अनेक शोध-संकेत मिल सकते हैं जिनसे यह स्पष्ट होता है कि

1. शांडिल्यभक्तिसूत्र, 19, 20, 22।
2. वही, अध्याय 1 : 20।

योग और भक्ति के तत्त्वों की स्थिति और उनकी सन्निकटता वैदिक वाङ्मय से लेकर विरल-अविरल रूप में हिन्दी के भक्ति-काल तक बनी रही। इसके अतिरिक्त यह भी कहा जा सकता है कि योग एवं भक्ति की साधनाएँ गहरी नींव पर खड़ी हैं, और इनके शिखर भी 'अनन्त' की ऊँचाई तक हैं, किन्तु इनके चरम प्राप्तव्य तक पहुँचाने वाले पथों व साधनों के साथ क्रमशः दुर्गम और सुगम विशेषण लगाना उचित है। योग भारतीय चिन्ता का सूक्ष्म और सुदूर लक्ष्य है, तथा भक्ति-भाव गद्गद हृदय का कोमलस्पन्दन है। योग और भक्ति को इसलिए और भी एक-दूसरे के निकट कहा जा सकता है कि ये दोनों ही मानव-जीवन के उन्नायक साधन हैं। यदि योग-साधन के मूल तत्त्व तन और गूढ़ चिन्तन हैं, तो भक्ति के मुख्य आधार हैं तन, मन और इष्ट के प्रति सच्ची लगन!

ईसा की 15वीं शती में स्वामी रामानन्द का भक्ति-मार्ग एक उदार दृष्टिकोण लेकर चला। रामानन्दजी के सम्बन्ध में यह उल्लेख मिलता है कि वह अद्वैतवादी ब्रह्मचारी थे और उन्होंने अर्बुदगिरि पर बारह वर्ष तक योगसाधना करके सिद्धि प्राप्त की।[1] यही नहीं, उनके शिष्य परिकर में योगी, वैरागी और तपस्वी दिखाई पड़ते हैं, जिन्हें सम्प्रदाय में पर्याप्त प्रतिष्ठा मिली और जिन्होंने योगियों के सदृश 'अवधूत' संज्ञा को अपनाया।[2] श्री वल्लभाचार्य तथा उनके अष्टछाप की स्थापना से सैकड़ों वर्ष पूर्व भक्ति-क्षेत्र में मन्त्र-योग और प्रेम-योग की प्रतिष्ठा थी। उस समय ज्ञान और योग की गहराई में पैठने की शक्ति समाज में बिलकुल नहीं थी। आगे चलकर कर्म, ज्ञान और योग इन तीनों ही पथों में भक्ति के साधन-रूप को मान्यता मिली। और फिर यह भी देखने में आया कि ज्ञान तथा योगमार्गों में निर्गुण ईश्वर की और भक्ति-मार्ग के अन्तर्गत सगुण ईश्वर की उपासना गृहीत हुई। योग के अष्टांगों अर्थात् यम-नियम-आसन इत्यादि को वैष्णव मत बिलकुल महत्त्वहीन समझता हो, ऐसी बात नहीं है, क्योंकि श्रीमद्भागवत में यह बतलाया है कि प्रेम-भक्ति-साधक को कभी-कभी इन योगांगों की इसलिए आवश्यकता पड़ती है कि उसकी साधना शीघ्र सम्पन्न हो सके।[3] कुछ विचारकों की धारणा है कि वैष्णवों की रामोपासना को निर्गुणता की, निराकारी उपासना की धारा में बहा ले जाने में योगी-सम्प्रदाय (नाथ-गोरख सम्प्रदाय) और सूफी सम्प्रदाय भी कारणीभूत हुए थे।[4] उदाहरणतः वैधी भक्ति के पंचांगों—उपासक, उपास्य, पूजा द्रव्य, पूजा विधि और मन्त्रजप—का विश्लेषण करने पर ज्ञात होता है कि उपासक के लिए हृदय-शुद्धि तथा शरीर-शुद्धि

---

1. रामचन्द्र शुक्ल : हिन्दी साहित्य का इतिहास, पृ. 120।
2. डॉ. पीताम्बरदत्त बड़थ्वाल : योग-प्रवाह, पृ. 17।
3. श्रीमद्भागवत अध्याय 17, स्कन्ध 3 : 5-11; अध्याय 28, स्कन्ध 3 : 120।
4. बलदेव प्रसाद मिश्र : तुलसी-दर्शन, पृ. 54, 57, 53।

दोनों ही अपेक्षित हैं। अतः शरीर-शुद्धि के लिए स्नान, तिलक, माला, आसन, पादुका इत्यादि की आवश्यकता पड़ती है, तथा हृदय-शुद्धि के लिए प्राणायाम, गायत्री-जप और सन्ध्योपासना आवश्यक है। रामावत सम्प्रदाय के प्राण स्वामी रामानन्द ने अविच्छिन्न स्मरण रूपाभक्ति के विभिन्न उपायों का उल्लेख करते हुए इस भक्ति के बोधक यम-नियम आदि योग-विहित आठ अंगों का भी निर्देश किया है, और उन्होंने यह भी स्पष्ट कर दिया है कि इन अंगों द्वारा उद्बुद्ध परम अनुराग भक्ति ही का स्वरूप है।[1]

इसी विचार-शृंखला में वल्लभ-सम्प्रदाय का अनुशीलन करने पर कुछ प्रसंग-संगत संकेत मिल जाते हैं। एक बात तो यह है कि भगवत्प्रेम की प्राप्ति के लिए अविद्या का निवारण आवश्यक है जो कि विद्या के द्वारा ही सम्भव है, और यह कि भक्ति विद्या का पर्व मात्र है। विद्या के अन्य पर्वों में, वल्लभाचार्य के अनुसार वैराग्य, सांख्य, योग और तप की भी गणना की जाती है।[2] उक्त निर्देश से यह प्रकट है कि योग और भक्ति 'विद्या' के स्तर पर समान कोटि में प्रतिष्ठित हैं। आचार्य वल्लभ ने भगवत्सेवा के निमित्त सर्वभाव धारण करने पर जोर दिया है, और यह भी कहा है कि तन, चित एवं मन तीन प्रकार से सेवा की जाती है (सिद्धान्तमुक्तावली, षोडश ग्रन्थ 2)। परन्तु इनमें सर्वोत्तम सेवा वही है जिसमें कि भक्त प्रभु-सेवा में अपने मन को ही पूर्णतः नियोजित कर दे। इसके लिए यह अपेक्षित है कि मन का पूर्ण निरोध किया जाए। अध्यात्म शास्त्र के अन्तर्गत मन-निरोध के हेतु ज्ञान, योग, भक्ति इत्यादि साधनों का निर्देश किया गया है। इस प्रकार योग-दर्शन के चरम लक्ष्य 'चित्तवृत्ति-निरोध' के साधन-रूप योग और भक्ति को समान उपयोगी माना है, परस्पर विरोधी साधन नहीं बतलाया गया। अपने प्रसिद्ध ग्रन्थ 'तत्त्वदीपनिबन्ध' में वल्लभाचार्य ने यह भी संकेत किया है कि श्रवण आदि भक्ति ज्ञान, वैराग्य, योग, तप आदि के द्वारा भी साध्य है, और ये साधन भी फल-प्राप्ति में सहायक होते हैं, यद्यपि इनकी अवस्थाएँ स्थिर नहीं होतीं। यथा– "यथा वैराग्ययोगे तु ज्ञानं तस्य फलिष्यति ततोऽन्यथा।" (शास्त्रार्थ प्रकरण, श्लोक 107)। इसके अतिरिक्त भक्ति-मार्ग के अन्य आचार्यों की भाँति वल्लभजी ने संसार को दुःखमय माना है, और उस दुःख के निवारण का साधन ज्ञान, योग तथा प्रेम-भक्ति तीनों को बतलाया है। यहाँ यह लक्ष्य करने की बात है कि वल्लभ ने प्रेम-भक्ति को ज्ञान और योग की अपेक्षा सुगम साधन माना है, विरोधी साधन नहीं। यद्यपि सगुण भक्तों ने लययोग, हठयोग, राजयोग आदि साधनों की कहीं भी सराहना नहीं की, तथापि वे योग अथवा ज्ञान-साधना के वास्तविक महत्त्व को

1. बलदेव उपाध्याय : भागवत सम्प्रदाय, पृ. 264।
2. बल्लभाचार्य : तत्त्वदीप निबन्ध, शास्त्रार्थ-प्रकरण, 49।

बिलकुल झुठलाना नहीं चाहते थे। इसमें सन्देह नहीं कि ज्ञान और योग की अपेक्षा भक्ति उन लोगों के लिए अधिक सुविधामय और व्यवहार्य थी। योग और ज्ञान की तंग गलियों से कुछ अनोखे अक्खड़ अभ्यासी ही गुजर सकते हैं, जिनकी सावधानी और कुशलता पर लोक केवल चकित हो सकता है–उनके अनुकरण के लिए उत्सुक नहीं। वास्तव में योग-साधना के भीतरी रहस्य चर्मचक्षुओं से दिखाई नहीं देते। वहाँ तो आँख मूँदकर अपने अन्दर झाँकने की कोशिश करनी पड़ती है, नहीं तो अपने भीतर बैठा हुआ ईश्वर भी अनदेखा रह जाता है। यह स्पष्ट है कि 'सूरसागर' का भ्रमर-गीत-प्रसंग योग की कष्टकर साधना के प्रति एक बड़ी चुभती हुई चुनौती है, जिसका उत्तर 'श्याम सुन्दर के सखा और सकल योग के उद्धव' भी न दे सके। सूरदास ने गोपी-उद्धव-संवाद में योग, कर्म एवं भक्ति-विरोधी ज्ञान की व्यर्थता पर बल दिया है। परन्तु यह भी न भूलना चाहिए कि योग ने सगुण भक्ति को अचल झटके जाने पर भी न छोड़ा, और वह अपने सामान्य रूप में मन्त्रयोग व प्रेम-भक्तियोग का भिन्न परिधान पहनकर उसके पीछे पड़ गया। इस योग का अन्तिम अंग 'भाव समाधि' है जिसका प्रतिफलन ईश्वर के प्रत्यक्ष दर्शन में होता है। कृष्ण-भक्ति शाखा के साधना-पक्ष को स्पर्श करनेवाले सिद्धान्तों का विश्लेषण करने पर ऐसा भान होता है कि कृष्ण-भक्त कवियों के मन पर योग के परम्परागत संस्कारों का स्पष्ट प्रतिबिम्ब एक प्रतिक्रिया के रूप में पड़ा, जिसे हटाने का उन्होंने भरसक प्रयत्न किया। जैसा कि पेन्सिल के गहरे निशान रबर से मिटाए जाने पर भी कागज पर गड़े हुए दिखलाई देते रहते हैं, उसी प्रकार योग के कुछ संकेत दृष्टि गड़ाने पर सगुण-साहित्य में दीख ही जाते हैं। इसलिए यदि यह धारणा ठीक है कि सूरदास वल्लभ-सम्प्रदाय में दीक्षित होने से पहले निर्गुण मत के विश्वासी थे।[1] तो यह अनुमान लगाना उचित ही है कि उस मत में अंगीकृत योग-भावना से भी वह प्रभावित हुए होंगे। जहाँ तक योग के परम्परानुमोदित आचरण का सम्बन्ध है, उक्त दोनों ही शाखाएँ उससे हटी हुई दिखाई देती हैं। यदि सन्तों ने योग-साधना को अपनाया भी हो तो उसे कोमलीकृत अथवा सहजीकृत करके ही अपनाया। सगुण साधकों का ध्यान-योग योग की ऊपरी सतह को तो स्पर्श करता ही है, भले ही उसे बार-बार अपने मूल स्थान पर लौट आना पड़ता है–"जैसे उड़ि जहाज कौ पंछी, फिर जहाज पै आवे।"

अष्टछाप के भक्त कवियों ने ईश्वर-प्रेम एवं सत्संग की विशेष महत्ता प्रतिपादित की है, क्योंकि इनके द्वारा प्राणी सांसारिक विषयों से मुक्त हो जाता है। वे चाहते थे कि जीवन में वैराग्य का सहज रूप से समावेश हो जाए, न कि ज्ञान और

---

1. डॉ. हरबंशलाल शर्मा : सूर और उनका साहित्य, पृ. 353।
(प्रथम संस्करण)।

योग-मार्गों की जबर्दस्ती से। इसलिए भक्त के लिए वन और भवन में कोई अन्तर नहीं है। किन्तु कुछ ऐसी मान्यताएँ भी हैं जिन्हें भक्ति, ज्ञान और योग ने समवेत स्वर से स्वीकार किया है, यथा सत्संग, शास्त्र-चिन्तन और सद्गुरु का महत्त्व। सूरदास ने भक्ति और वैराग्य की आवश्यकता पर बल दिया है। वैराग्य वस्तुतः योग-साधना का मुख्य अंग है, परन्तु इसके विपरीत सूरदास इसे भक्ति का पोषक तत्त्व मानते हैं। सूरदास चाहे सम्प्रदायगत योग-साधना के समर्थक नहीं थे, फिर भी उनके अनेक पदों के हठयोग के संकेत सन्निविष्ट हैं। यथा–

भक्ति-पंथ कौं जो अनुसरै, सो अष्टांग जोग कौं करै।
यम, नियमासन, प्रानायाम, करि अभ्यास होइ निष्काम।
प्रत्याहार, धारना, ध्यान, करै जु छाँड़ि वासना आन।
क्रम क्रम सौं पुनि करै समाधि, सूर स्याम भजि मिटै उपाधि॥[1]

ऐसे पदों से ज्ञात होता है कि सूरदास कदाचित् योग-साधना के तो मूलतः विरोधी न थे, उन्हें उन कुत्सित-कष्टसाध्य प्रक्रियाओं और भावनाओं से अवश्य चिढ़ थी, जिन्हें योग-मार्गी साधकों ने प्रचारित किया था। यह अनुमान किया जा सकता है कि उक्त योगपरक पदों की रचना में सूरदास के वे संस्कार सजीव हो उठे थे, जिनको उन्होंने दीक्षित होने से पूर्व शैव साधकों की संगति में अर्जित किया था।[2] भगवान् शिव तो योगीश्वर हैं, इसीलिए नाथ-पंथ में वह आदि-गुरु अथवा आदि-हठयोगी के रूप में प्रतिष्ठित हुए। इस प्रकार नाथ-योगी के वेषगत तथा साधनात्मक चित्र सूरदास के 'भ्रमर-गीत' में स्थान-स्थान पर मिलते हैं। इस पंथ में योगसाधक के लिए मुद्रा, नाद, विभूति, मेखला, आदेश आदि उपकरणों की आवश्यकता होती है। गुरु-दीक्षा-प्राप्ति के बाद तो नाथों का प्रभाव झुठलाना सूर के लिए स्वाभाविक ही था। यही कारण था कि उनकी गोपियों ने उद्धव की योगोक्तियों का मुँह-तोड़ जवाब दिया। कुछ भी सही, इन प्रसंगों के आधार पर यह कहना अनुचित न होगा कि परम भक्त सूरदास नाथ-पंथ की अन्तरंग बातों से पूर्णतः अवगत थे। इसके अतिरिक्त हम इस धारणा को ठीक मान लें कि अपने साधक-जीवन के प्रारम्भ में सूरदास सन्त-मत अथवा निर्गुण-पंथ के प्रति आस्थावान थे[3], तो भी उन पर योग-भावना के प्रभाव की सहज ही कल्पना की जा सकती है। इस तथ्य से प्रकट है कि भ्रमर-गीत में सूरदास ने निर्गुण-भक्ति की गुह्य रसमयता का निषेध न करके उसकी अव्यवहार्यता और कठिनता पर ही व्यंग्य किया है, उदाहरणतः 'अविगत गति कछु कहत न आवै।' इत्यादि। सूर ने निरालम्ब मन को

---

1. सूरसागर, प्रथम खंड, पद 364 तथा द्वि. खंड, पद 4049।
2. डॉ. मुंशीराम शर्मा : भारतीय साधना और सूर-साहित्य, पृ. 66।
3. डॉ. हरबंशलाल शर्मा : सूर और उनका साहित्य, पृ. 353 (प्र. सं.)।

अवलम्ब देने के लिए ही सगुण-लीला-पद गाए थे। सन्त साधकों के सदृश सूरदास ने अपने पदों में कहीं-कहीं जीव के कल्याणार्थ यज्ञ, जप, तप के साथ-साथ योगाचार का भी सत्परामर्श दिया है–

जोग-जग्य-जप-तप नहिं कीन्हौं, वेद विमल नहिं भाख्यौ।
अतिरस लुब्ध स्वान जू हनि ज्यौं, अनत नहीं चित राख्यौ।[1]

'योग' शब्द का व्यापक अर्थ लेकर सूरदास ने तीन प्रकार के भक्तों का निर्देश किया है–वे हैं कर्मयोगी, भक्तियोगी और ज्ञानयोगी भक्त।[2] इससे इतना तो पता चलता ही है कि योग की महत्ता सूर ने कम-से-कम इतनी तो मानी ही थी कि उसे प्राणोपम भक्ति के साथ संयुक्त कर दिया ('तुम्हारी भक्ति हमारे प्राण'–सूरसागर, प्र. खं., पद 169)। इस प्रकार योग की विशिष्ट शब्दावली को अपनी साम्प्रदायिक भावना के स्पर्श से सुविशिष्ट बनाने का जाना-अनजाना प्रयास भी सूर आदि सगुणवादियों ने किया था। उदाहरण के लिए इनके 'निरोध' का अर्थ चित्त का परिष्कार है और 'नाद' का अभिप्राय श्रवण व कीर्तन है न कि अनाहत नाद। उनकी इस प्रवृत्ति से आखिर योग-परम्परा की पुष्टि तो होती ही है। इस प्रकार 'सूरसागर' में योग-साधना के संकेत कहीं एक-दो शब्दों में और कहीं सांकेतिक वाक्यों में गुंफित दिखाई पड़ते हैं, जैसे साधन अभ्यास, श्रम साधना, पवन-आरोधन, गुफा घूँघट मौन, सुरनि साधे पौन, ध्यान समाधि लगाई, जिहिं समाधि नहीं ध्यान टरी।[3] इत्यादि कुछ ऐसे पद भी उपलब्ध होते हैं जिनमें सूरदास ने योग-साधना का अप्रत्यक्ष निर्देश किया है, यथा–रिषी दधीचि हाड़ लें दान। इस उदाहरण से यह ज्ञात होता है कि योगी लोग दधीचि की भाँति स्वेच्छा से प्राण त्याग सकते हैं। यहाँ पर कुछ ऐसे स्थल भी प्रस्तुत किए जा सकते हैं जिनके आधार पर सूरदास की योग-युक्ति में आस्था प्रमाणित प्रतीत होती है। उदाहरणतः "जोग जुगति बिसरी सबै, काम-क्रोध-मद जागे हो।" "तथा सहज समाधि साधि सठ"[4] इत्यादि । इसमें सन्देह नहीं कि 'सहज' शब्द से योग की कष्टसाध्यता पर महीन मार की गई है। सहज योग की चर्चा तो कबीर सूर से पहले ही कर चुके थे जिसे नाथ-सम्प्रदाय की योग-साधना से बेमेल माना गया है। फिर सूरदास ही उसे और सहज बनाने की बात क्यों न छेड़ते? वह यह भी खूब समझते थे कि कठिन तप अथवा साधना की परिणति अद्‌भुत 'रस' के पान करने में होती है। सौभाग्य से मोहन की मुरली को अपनी योगियों-सरीखी साधना का यही अभीष्ट फल मिला।

1. सूरसागर, प्रथम खंड, पद 111।
2. सूरसागर, प्रथम खंड, पद 394।
3. सूरसागर, पृ. 84, 121, 34, 1448, 1108, 120, 348, 80। सं. नन्ददुलारे वाजपेयी।
4. वही, पृ. 15 : 44; पृ. 102 : 312।

अधर-रस मुरली लूटन लागी॥

जा रस कौं षट्रितु तप कीन्हौ सो रस पियति सभागी॥

योगियों की-सी शब्द-साधना और उनकी सद्गुरु-निष्ठा को संकेत करनेवाले स्थल भी 'सूरसागर' में सुलभ हैं, यथा "सबदहि सबद भयौ उजियारौ, सतगुरु भेद बतायौ।"[1]

उपर्युक्त संकेतों के अतिरिक्त योग के उन मुख्य साधनात्मक प्रतीकों की भी 'सूरसागर' में गणना की गई है, जिन्हें सगुणमार्गियों के पूर्ववर्ती योग-साधकों ने अपनाया था, यथा–कमलासन (पद्मासन), हृदयकमल, इडा-पिंगला-सुषुम्ना, रेचक-पूरक-कुंभक, त्रिकुटी, त्राटक प्रयोग, अनाहत शब्द, सहज शून्य आदि। इन प्रतीकों व पारिभाषिक शब्दों के प्रति सूरदास भले ही प्रकट आस्था न रखते हों, किन्तु इनका परम्परागत संस्कार उन पर प्रत्यक्ष रूप में अवश्य पड़ा होगा। सूर-जैसे परम सत्संगी और समर्थ गुरु वल्लभाचार्य के 'सूरमा शिष्य' में इस प्रकार की विलक्षण बहुज्ञता का होना स्वाभाविक ही कहा जाएगा। उनकी अद्भुत अन्तर्दृष्टि कहाँ तक पहुँच पाई, कहना कठिन है। वह कहाँ नहीं पहुँची, यही कहना ठीक है। 'भ्रमर-गीत' के माध्यम से योग का खंडन करने में एक बहुत बड़ा कारण सूरदास की अपने विकासशील सम्प्रदाय के प्रति वफादारी थी। यदि ऐसे ही आग्रह न रहे होते तो सूरदास कदाचित् दार्शनिकता की भाँति योग-साधना की ओर भी उन्मुख हो जाते। नैतिक स्तर की महत्ता को ध्यान में रखकर सूरदास ने मानसिक एवं आचरण-सम्बन्धी शुद्धि पर बार-बार और तरह-तरह से जोर दिया है जैसा कि महर्षि पतंजलि ने, नाथ साधकों ने, निर्गुणियों ने और सभी ने दिया है।[2] यह एक बड़ी मौलिक और विचारणीय बात है कि क्या व्यापक दृष्टि से सूरदास के राधा-कृष्ण में वह योग-भावना परिलक्षित नहीं होती थी जो कि शिव-शक्ति, प्रकृति-पुरुष, प्रज्ञा-उपाय, इड़ा-पिंगला, पिंड-ब्रह्मांड आदि में विद्यमान है?

1. सूरसागर, पृष्ठ 149। 407।
2. योगदर्शन : साधनापद 30, 32।
   एस. एन. दासगुप्ता : हिन्दू मिस्टीसिज्म, पृ. 71।

पुष्टिमार्ग और सूरदास

रामचन्द्र तिवारी

पुष्टिमार्ग का प्रवर्तन वल्लभाचार्यजी (वि. सं. 1535-1587) ने किया था। सिद्धान्त की दृष्टि में आचार्य वल्लभ द्वारा प्रतिपादित मत 'शुद्धाद्वैतवाद', 'ब्रह्मवाद' और 'अविकृति परिणामवाद' के नाम से विख्यात है। अद्वैतवादियों के अनुसार निर्गुण-निर्विशेष ब्रह्म माया से सम्बद्ध होने के कारण सगुण प्रतीत होता है। आचार्य वल्लभ ने इस सिद्धान्त का खंडन करते हुए यह स्थापित किया कि ब्रह्म में उभयरूपता (निर्गुणत्व और सगुणत्व) स्वाभाविक है। उनमें विरोधी धर्मों की स्थिति उनकी महिमा के कारण है, माया-सम्बन्ध के कारण नहीं। कार्यकरण-रूप ब्रह्म 'माया सम्बन्ध-रहित' होने के कारण शुद्ध है।[1] इसीलिए आचार्य वल्लभ का सिद्धान्त 'शुद्धाद्वैतवाद' कहलाता है। आचार्य ने ब्रह्म को सत्-चित्-आनन्द स्वरूप माना है। उनकी दृष्टि में जीव भी ब्रह्म ही है, किन्तु उसमें केवल 'सत्' और 'चित्' इन्हीं दो तत्त्वों का समावेश है। 'आनन्द' का तत्त्व तिरोहित है। इसी प्रकार जगत् भी ब्रह्म ही है, किन्तु उसमें केवल सत् तत्त्व है। 'चित्' और 'आनन्द' तिरोहित हैं। 'ब्रह्म', 'जीव' और 'जगत्' तीनों को ब्रह्मरूप मानने के कारण इस सिद्धान्त को 'ब्रह्मवाद' कहते हैं। 'जगत्' की उत्पत्ति के विषय में आचार्य ने 'अविकृत परिणामवाद' का सिद्धान्त स्वीकार किया है। उनके अनुसार निर्गुण-निराकार ब्रह्म ही अविकृत भाव से जगत् के रूप में उसी प्रकार परिणत हो जाता है जिस प्रकार कनक बिना किसी विकार के कुंडल के रूप में परिणत हो जाता है। इसी कारण इस दर्शन का एक नाम 'अविकृत परिणामवाद' भी है।

साधन की दृष्टि से आचार्य वल्लभ के मत को 'पुष्टिमार्ग' कहते हैं। पोषण का अर्थ 'भगवान् का अनुग्रह' है।[2] इस मत में भगवान् के अनुग्रह को सब कुछ माना जाता है। जीव को भगवान् के अनुग्रह के बिना (पुष्टि के बिना) मुक्ति नहीं मिल

---

1. *माया सम्बन्ध रहितं शुद्धमित्युच्यते बुधैः।*
कार्यकारणरूपं हि शुद्धं ब्रह्म न मायिकम्॥
—भारतीय दर्शन, पृ. 758 पर उद्धृत—भागवत 2। 10
2. 'पोषण तदनुग्रह।'

सकती। भगवान् के पोषण (अनुग्रह) को अधिक महत्त्व देने के कारण ही यह मत 'पुष्टिमार्ग' कहलाता है।

सूरदास 'पुष्टिमार्ग' में विधिवत् दीक्षित थे। स्वयं आचार्य वल्लभ ने उन्हें तत्त्वबोध कराया था और लीला के रहस्य से परिचित कराया था।[1] अतः उनका पुष्टिमार्गीय सिद्धान्तों से प्रभावित होना स्वाभाविक है। हिन्दी जगत् में सूरदास की मान्यताओं को लेकर दो प्रकार के निर्णय सामने आए हैं। कुछ विद्वानों ने यह प्रतिपादित किया है कि सूरदासजी पूर्णतः आचार्य वल्लभ के सिद्धान्तों के अनुयायी हैं और कुछ की दृष्टि में कई स्थलों पर वे वल्लभाचार्य से भिन्न मत व्यक्त कर सके हैं। इस सम्बन्ध में किसी निश्चय पर पहुँचने के पूर्व संक्षेप में आचार्य वल्लभ के सिद्धान्तों को उपस्थित करना आवश्यक है।

वल्लभाचार्य ने 'ब्रह्म' के तीन रूप माने हैं–(1) आदि दैविक='परब्रह्म'; (2) आध्यात्मिक='अक्षर ब्रह्म'; (3) आदि भौतिक='जगत् ब्रह्म'। परब्रह्म सच्चिदानन्द रूप है। उसकी प्राप्ति केवल भक्ति-भाव से हो सकती है। वह रस रूप है। वह ज्ञानगम्य नहीं है। श्रीकृष्ण ही रस रूप परब्रह्म हैं। अक्षर ब्रह्म ज्ञानगम्य है। उसमें आनन्द का अंश किंचित् मात्रा में तिरोहित रहता है। कार्य-कारण में अभेद होने के कारण कारण-ब्रह्म से आविर्भूत कार्यरूप जगत् भी ब्रह्म ही है। परब्रह्म अन्तर्यामी रूप में निवास करता है, अतः उसका एक अन्तर्यामी रूप भी है। ब्रह्म की शक्ति अनन्त है। वे गुणातीत होने पर भी जगत् के कर्त्ता हैं। "वे सब कुछ हो सकते हैं, अतएव उनमें विरुद्ध धर्मों का समावेश हो सकता है।"

भगवान् की जब विलास की इच्छा होती है तब वे स्वयं जीव रूप में आविर्भूत होते हैं। जीव में ऐश्वर्य, यश, श्री, ज्ञान और आनन्द का अंश तिरोहित रहता है। इसी से वह दीन-हीन, विपत्तियों का आस्पद, अविद्याग्रस्त और दुःखी होता है। ब्रह्म और जीव अंशांशी-सम्बन्ध है। ब्रह्म अंशी है, जीव अंश। ब्रह्म से जीव की उत्पत्ति उसी प्रकार होती है जैसे अग्नि से स्फुलिंग की। जीव भी नित्य और सनातन है। वह ब्रह्म का चित् अंश है। जीवों की कई कोटियाँ हैं। अविद्या से सम्बद्ध होने के पूर्व जीव 'शुद्ध' रहता है। अविद्या से सम्बद्ध जीव 'संसारी' है। भगवान् का अनुग्रह प्राप्त कर लेने पर आनन्द अंश-मुक्त होने पर जीव 'मुक्त' हो जाता है।

यह जगत् ब्रह्म का ही रूपान्तर है। ब्रह्म ही अविकृत भाव से जगत् रूप में आविर्भूत होता है। जगत् की न तो उत्पत्ति होती है, न विनाश। इसका केवल आविर्भाव और तिरोभाव होता है। आचार्य वल्लभ के अनुसार 'जगत्' और 'संसार' में भेद है। जगत् नित्य है, संसार अनित्य। जगत् ब्रह्म का ही अधिकृत परिणाम है, संसार अविद्याग्रस्त जीव की मानसी सृष्टि है। विद्या के उदय होने पर जल-जीव का अध्यास मिट जाता है तो 'संसार' का नाश हो जाता है।

---

1. *'स्त्री वल्लभ गुरु तत्त सुनायौ, लीला भेद बतायौ'*–सूरदास।

भगवान् अनुग्रहपूर्वक जीव को अपने समान ही आनन्दमय बना देते हैं। इस आनन्दमयी स्थिति की प्राप्ति ही मुक्ति है। 'मुक्ति' की प्राप्ति के लिए भक्ति ही एकमात्र साधन है। भक्ति दो प्रकार की है–पुष्टि भक्ति और मर्यादा भक्ति। मर्यादा भक्ति में फल की आसक्ति बनी रहती है किन्तु पुष्टि भक्ति में किसी प्रकार के फल की आकांक्षा नहीं होती।[1] मर्यादा भक्ति भगवान् के चरणारविन्द की भक्ति है किन्तु पुष्टि भक्ति भगवान् के मुखारबिन्द की भक्ति है। मर्यादा दैन्य भाव की भक्ति है, पुष्टि कान्ताभाव की। पुष्टि चार प्रकार की मानी गई है–1 प्रवाह पुष्टि, 2. मर्यादा-पुष्टि, 3. पुष्टि-पुष्टि, 4. शुद्ध-पुष्टि। प्रवाह-पुष्टि के अनुसार भक्त संसार में रहते हुए भगवान् की भक्ति करता है। मर्यादा-पुष्टि के अनुसार वह संसार के समस्त सुखों में विरत होकर कीर्तनादि द्वारा भगवान् की भक्ति करता है। पुष्टि-पुष्टि की स्थिति में उसे भगवान् का अनुग्रह प्राप्त हो जाता है, किन्तु वह भक्ति-साधना में लीन रहता है। शुद्ध-पुष्टि के अनुसार भक्त 'भगवान्' की लीलाओं से अपना मानसिक तादात्म्य स्थापित कर लेता है। वह पूर्णतः भगवान् पर आश्रित हो जाता है। पुष्टि-भक्ति की यह सर्वोच्च स्थिति है। इसी की प्राप्ति वल्लभ सम्प्रदाय का चरम उद्देश्य है।

आचार्य वल्लभ के मत में 'माया' के तीन रूप मान्य हैं : 'अविद्या माया', 'विद्या माया' और 'शक्तिस्वरूपा माया'। अविद्या माया जीव को आत्म-विस्मृति की स्थिति में डाल देती है। वह अविद्या के कारण मोहग्रस्त होकर अपने 'चित्' रूप को भूल जाता है। विद्या माया इसके विपरीत, अज्ञान-नाशिनी है। वह जीव के मोहान्धकार को दूर कर उसके शुद्ध रूप का बोध कराती है। शक्तिस्वरूपा माया 'जगत् कारण भूत भगवत् शक्ति' है। इसे योगमाया भी कहा गया है।

ऊपर संक्षेप में आचार्य वल्लभ के सिद्धान्तों का विवेचन किया गया है। देखना यह है कि सूरदास ने कहाँ तक उपर्युक्त मान्यताओं का अनुसरण किया है। इस प्रसंग में एक बात बराबर ध्यान में रखनी होगी कि सूरदास तत्त्व-चिन्तक दार्शनिक नहीं थे। वे एक सच्चे भक्त थे। अतः उनकी कृतियों में आचार्य वल्लभ की मान्यताएँ ज्यों-की-त्यों अनूदित होकर नहीं आ सकतीं। सूरसागर में 'पुष्टि' शब्द का प्रयोग

---

1. This Pusti bhakti is of four kinds : (1) Pravaha Pusti bhakti, (2) Maryada Pusti bhakti, (3) Pusti-Pusti bhakti, (4) Suddha Pusti bhakti. The first is the Path of those who, while engaged in a wordly life with its me and mine, which is compared to a stream (Pravaha), do acts calculated to bring about the attainment of God. The second is of those who, withdrawing their minds from worldly enjoyments, devote themselves to God by hearing discourses about Him, singing His name, and such other Processes. The third is of those who already enjoy God's grace are made by another grace competent to acquire knowledge useful for adoration; and thuse come to know all about the ways of God. The fourth is of those who through mere love devote themselves to the singing and Praising of God as if it were a haunting passion.

–Collected Works of Sir R.G. Bhandarkar, vol. iv. p. 113.

कदाचित् नहीं किया गया है। प्रभुदयाल मीतल ने दो-एक ऐसे पदों को अवश्य उद्धृत किया है जिनमें पुष्टि शब्द प्रयुक्त है, किन्तु उन पदों की प्रामाणिकता संदिग्ध है। 'पुष्टिमार्ग के जहाज' होते हुए भी सूर ने 'पुष्टि' और उसके प्रकारों का विवेचन नहीं किया है किन्तु उसमें निहित भावना उनके अनेक पदों में व्यक्त हुई है। 'जापर दीनानाथ ढरैं', 'जाको दीनानाथ निवाजै', 'हरि की कृपा जापर होइ' आदि पदों में हरि के *'अनुग्रह'* को सर्वाधिक महत्त्व दिया गया है। गोपियों का व्यक्तित्व पुष्टिमार्गीय भक्ति-भावना के आधार पर ही संगठित किया गया है। पुष्टिमार्गी भक्त अपने को पूर्णतः भगवान् पर छोड़ देता है। विरहिणी गोपियों की स्थिति भी ऐसी ही है। उन्हें अपने अनन्य प्रेम पर विश्वास है। संसार के समस्त साधनों को त्यागकर वे एकमात्र प्रेम के बल पर भगवान् को वश में करती है। यही पुष्टि-भक्ति की सार्थकता है।

कृष्ण का परब्रह्मत्व, उनका विरुद्धधर्मत्व तथा जीव और जगत् का अंशरूपत्व भी सूर को मान्य है। दशम स्कन्ध के प्रारम्भ में वे कहते हैं–

आदि सनातन, हरि अविनासी। सदा निरन्तर घट-घट बासी।
पूरन ब्रह्म, पुरान बखानै। चतुरानन, सिव, अनन्त न जानै।
गुन-गन अगम, निगम, नहिं पावै। ताहि जसोदा गोद खिलावै।[1]

उपर्युक्त उद्धरण में कृष्ण को 'सनातन', 'अविनाशी', 'पूरन ब्रह्म' कहकर उनका 'निर्गुणत्व' प्रकट किया गया है। साथ ही 'ताहि जसोदा गोद खिलावै' कहकर उनका 'सगुणत्व' भी सूचित किया गया है। इस प्रकार उनमें विरोधी धर्मों की स्थिति स्वीकार की गई है। इसी सर्ग में अन्यत्र सूर ने समस्त जगत् को कृष्ण से मंडित माना है और यह भी कहा कि जल-थल में इनके अतिरिक्त कोई दूसरा नहीं है–

कीट ब्रह्म प्रजन्त जल-थल, इनहिं तैं यह मंड।[2]

× × ×

जल-थल मैं कोउ और न बियौ। दुष्टनि बधि सन्तनि कौं सुख दियौ।[3]

इससे जगत् की ब्रह्ममयता सिद्ध होती है। सूर ने 'अक्षर' ब्रह्म का वर्णन भी किया है–

अछर अच्युत अविकार है, निराकार है जोइ।
आदि अन्त नहिं जानियत, आदि अन्त प्रभु सोइ॥[4]

ब्रह्म का 'अन्तर्यामी' रूप भी सूर को मान्य है–

सूर स्याम तुम अन्तरजामी, वेद उपनिषद भाखै।[5]

1. सूरसागर, दशम स्कन्ध, पद 621, सभा-संस्करण।
2. सूरसागर, दशम स्कन्ध, पद 1603, सभा-संस्करण।
3. वही, दशम स्कन्ध, पद 1607, सभा-संस्करण।
4. वही, दशम स्कन्ध, पद 1175, सभा-संस्करण।
5. वही, दशम स्कन्ध, पद 1613।

'सूर-सारावली' में तो स्पष्ट रूप से 'सकल तत्त्व', 'ब्रह्मांड' देव, माया, काल, प्रकृति, पुरुष, श्रीपति, नारायण आदि सभी को गोपाल कृष्ण का अंश कहा गया है–

सकल तत्त्व ब्रह्मांड देव पुनि माया सब बिधि काल।
प्रकृति-पुरुष श्रीपति नारायण, सब है अंस गोपाल॥

सूर ने 'विद्या' और 'अविद्या' माया का भेद भी स्वीकार किया है। 'सूरसागर' के प्रथम स्कन्ध में कई पदों में 'अविद्या' का वर्णन है। *'माधौ जू, यह मेरी इक गाय', 'माधै, नकु हटकौ गाइ', 'हरी, तुव माया को बिगोयौ'* आदि पदों में अविद्या का ही वर्णन किया गया है। विद्या माया अज्ञान के अन्धकार को दूर करनेवाली है। भगवान् के अनुग्रह से ही 'विद्या' का उदय होता है। जीव का अध्यास मिट जाता है। 'मैं और मेरा' का भाव नष्ट हो जाता है। वह सबमें आत्मरूप का दर्शन करता है। सूर ने द्वितीय स्कन्ध में 'नमो-नमो हे कृपा निधान' टेक से आरम्भ होनेवाले पद में विद्या माया का वर्णन किया है–

नमो नमो हे कृपा निधान!
चितवत कृपा-कटाच्छ तुम्हारैं, मिटि गयौ तम अज्ञान।
मोहनिसा कौ लेस रह्यौ नहिं, भयौ विवेक-विहान।
आतम रूप सकल घट दरस्यौ, उदय कियौ रवि ज्ञान।
मैं-मेरी अब रही न मेरैं, छुट्यौ देह-अभिमान।[1]

भगवान् की शक्ति स्वरूपा माया के रूप में सूर ने राधा की प्रतिष्ठा की है। वल्लभाचार्य ने राधा की चर्चा नहीं की थी। उन्होंने 'या जगत्कारणभूता भगवच्छक्तिः सा योगमाया' यही कहा था। वल्लभ सम्प्रदाय में 'राधा' का प्रवेश विट्ठलनाथजी के समय में हुआ। 'राधा' भगवान् की 'आह्लादिनी' शक्ति हैं। सूर ने कृष्ण और राधा की अभिन्नता का वर्णन करके उन्हें पुरुष प्रकृति के रूप में उपस्थित किया है। दशम स्कन्ध में वे राधा-कृष्ण का दार्शनिक सम्बन्ध प्रकट करते हुए कहते हैं–

ब्रजहिं बसैं आपुहिं बिसरायौ।
प्रकृति-पुरुष एकहि कर जानहु, बातनि भेद करायौ।

× × ×

द्वै-तन जीव-एक हम दोऊ, सुख-कारन उपजायौ।
ब्रह्म रूप द्वितीया नहिं कोऊ, तब मन तिया जनायौ।[2]

उपर्युक्त पद से वल्लभाचार्य के 'ब्रह्मवाद' की भी पुष्टि हो जाती है। यह सब कुछ ब्रह्म-रूप है। ब्रह्म के अतिरिक्त और कुछ नहीं है। पुरुष और प्रकृति भी मूलतः एक ही तत्त्व के स्वेच्छया गृहीत दो रूप हैं।

---

1. वही, द्वितीय स्कन्ध, पद 33 (376)।
2. 'सूरसागर', दशम स्कन्ध, पद 1687 (2305)।

सूरदासजी को संसार की नश्वरता भी मान्य है। उन्होंने सांसारिक सम्बन्धों को 'बादर-छाँह', 'धूम-धौराहर' आदि के समान अस्थिर माना है। यही नहीं, वे तो यह भी कहते हैं–'यह संसार सुवा-सेमर ज्यों, सुन्दर देखि लुभायौ'। इस प्रकार 'सूरसागर' में 'जगत्' और 'संसार' का सूक्ष्म भेद भी मिल जाता है। सूर ने जहाँ 'संसार' को नश्वर और सारहीन कहा है, वहीं जगत् को ब्रह्म का विराट रूप माना है। वे कहते हैं–

नैननि निरखि स्याम स्वरूप।
रह्यौ घट-घट व्यापि सोई, जोति रूप अनूप।[1]
चरन सप्त पताल जाके, सीस है आकास।
सूर-चन्द्र-नछत्र-पावक, सर्व तासु प्रकास।[2]

ब्रह्म रूप होने के कारण जगत् नित्य है। 'संसार' के स्वरूप से वह तत्त्वतः भिन्न है। उद्धव से भी गोपियों ने कहा था कि भला जिस जगत् में भगवान् ने अपनी लीला का विस्तार किया था वह असत्य कैसे हो सकता है? इस प्रकार ब्रह्म, जीव, जगत्, संसार, माया, पुष्टितत्त्व आदि के सम्बन्ध में सूर के विचार प्रायः वैसे ही हैं जैसे आचार्य वल्लभ के। किन्तु यह तो सूर की रचनाओं में वल्लभाचार्य के सिद्धान्तों को ढूँढ़ना हुआ। व्यापक दृष्टि से सूर के समस्त कथनों पर विचार किया जाए तो अनेक स्थलों पर मत-वैभिन्य भी दिखाई देगा।

सूर ने कृष्ण और शिव (हरि और हर) में अभेद स्थापित किया है। वे कहते हैं–

सखी री, नन्द नन्दन देखु!
धूरि धूसरि जटा जूटिल, हरि किये हर-भेषु।[3]

यही नहीं, वे राम और कृष्ण में भी अभेद मानते हैं। माता यशोदा कृष्ण को सुला रही हैं। सुलाने के लिए वे राम की कथा सुनाती हैं। कृष्ण हुँकारी देते हुए सो जाते हैं। जब वे कहती हैं कि राम की स्त्री सीता को रावण हर ले गया, तो सहस कृष्ण जागकर 'चाप-चाप' चिल्ला उठते हैं–

सुनि सुत, एक कथा कहौं प्यारी।

× × ×

रावन हरन सिया कौ कीन्हौ, सुनि नन्द नन्दन नींद निवारी।
चापचाप कर उठे सूर प्रभु, लछिमन देहु, जननि भ्रम भारी।[4]

यह हरि, हर और राम के व्यक्तियों का समन्वय सूर की विशेषता है। सूर के समय में साम्प्रदायिक भेदों को मिटाने के लिए भक्त कवि इस प्रकार का समन्वयात्मक दृष्टिकोण अपनाने लगे थे। 'जगत्' और 'संसार' शब्दों की भेदात्मक

---

1. वही, प्रथम स्कन्ध, 335।
2. वही, द्वितीय स्कन्ध, पद 27 (370)।
3. सूरसागर, दशम स्कन्ध, पद 170 (788)।
4. वही, दशम स्कन्ध, पद 198 (816)।

मर्यादा का ध्यान भी सूर को बार-बार नहीं रहता। अनेक स्थलों पर उन्होंने जगत् को संसार के अर्थ में प्रयुक्त करते हुए मिथ्या कहा है–

मातु पितु कोइ नाहिं नारी, जगत मिथ्या लाइ।
सूर सूख दुख नहीं जाकैं, भजौ ताकौं जाइ।[1]

राधा की प्रकृति रूप में कल्पना करना और कृष्ण-राधा के सम्बन्ध को पुरुष-प्रकृति का सम्बन्ध मानना भी सूर की मौलिकता है। सूर की यह मान्यता 'ब्रह्मवैवर्त' पुराण के अनुकूल भले ही हो, वल्लभाचार्य के सिद्धान्तों से भिन्न तो है ही। इसी प्रकार 'ज्यौं दरपन प्रतिबिम्ब त्यौं सब सृष्टि करी' वाले पद में भी आचार्य वल्लभ से स्पष्ट भिन्नता है। आचार्य ने ब्रह्म और जगत् में बिम्ब-प्रतिबिम्ब भाव नहीं माना है। उनकी दृष्टि में जगत्, ब्रह्म का ही अविकृत रूप है, प्रतिबिम्ब नहीं। उपर्युक्त पंक्ति पर वल्लभ-दर्शनपरक अर्थ लेने में खींचतान करनी पड़ती है। सूर के दैन्य-भाव के पद भी वल्लभाचार्य की मान्यताओं से कुछ भिन्न ही पड़ते हैं। वल्लभाचार्य ने जीवन के प्रति आसक्ति और विश्वास उत्पन्न करने की चेष्टा की थी। उन्हें भक्तों का 'घिघियाना' कतई पसन्द नहीं था। वे स्वयं प्रवृत्तिमार्गी थे। अतः सूर के वैराग्यमूलक समस्त पद आचार्य वल्लभ की मूल भावना से भिन्न हैं।

सत्य तो यह है कि आचार्य वल्लभ के मन में दीक्षित होने के पूर्व सूरदासजी अपने भक्त-जीवन की एक लम्बी अवधि व्यतीत कर चुके थे। उन पर युग-जनित वैराग्यमूलक दैन्य-भावापन-दर्शन का प्रभाव पड़ चुका था। वे युग की अन्य सामान्य प्रवृत्तियों से भी प्रभावित थे। भक्त होने के नाते वे शब्दों की दार्शनिक मर्यादा के प्रति अधिक सचेष्ट भी नहीं थे। उनका लक्ष्य वल्लभाचार्य के सिद्धान्तों का निरूपण करना नहीं था वरन् उनके दर्शन के केन्द्रीय भाव (प्रेम तत्त्व) को ध्यान में रखकर कृष्ण-चरित्र का गान करना था। उन्होंने यही किया भी। सम्प्रदाय विशेष में दीक्षित होने के नाते उनकी गणना सर्वथा स्वतन्त्र कोटि के भक्तों में नहीं की जा सकती; किन्तु उन्हें आचार्य वल्लभ का शब्दशः अनुयायी भी नहीं माना जा सकता। उनकी अनेक मान्यताएँ मध्य युग के अन्य सन्तों और भक्तों के मेल में हैं। इस सम्बन्ध में एक बात और ध्यान में रखने की है। 'सूरसागर' में भागवत के अनेक प्रसंगों को केवल भर्ती के तौर पर रख दिया गया है। सर्वत्र सूर की निजी विचारधारा नहीं व्यक्त हुई है। उनका मन तो दशम स्कन्ध में ही रमा है। सूर के विचारों का अध्ययन यदि इसी स्कन्ध को दृष्टि में रखकर किया जाए तो उत्तम हो। वल्लभ-सम्प्रदाय में दीक्षित होने के बाद सूर ने साम्प्रदायिक मर्यादा का पूरा ध्यान रखा होगा। तभी उन्हें 'पुष्टिमार्ग' का जहाज कहा गया और 'अष्टछाप' के कवियों में सर्वोच्च स्थान प्राप्त हुआ।

●●●

1. वही, दशम स्कन्ध, पद 3685 (4303)।